일반화된 마르크스주의 세미나

공감개론신서 13

일반화된 마르크스주의 세미나

윤소영 외 지음

공감

공감개론신서 13

일반화된 마르크스주의 세미나

윤소영 외 지음

인쇄일 2014년 12월 24일
발행일 2014년 12월 31일

도서출판 공감
발행인 이범수
출판등록 22-1006 (1996. 5. 14.)
서울시 마포구 합정동 376-13 신우빌딩 b07호
전화 323-8124 / 팩스 323-8126
전자우편 alba21@naver.com

ISBN 978-89-86939-50-7 03320
값 20,000원

서문

『일반화된 마르크스주의 세미나』라는 제목의 이 책은 과천연구실 창립 20주년을 자축하기 위한 것이나.

「과천연구실 20년」에서 윤소영은 과천연구실의 성과를 개관하기 위해 처음 10년 동안의 성과와 다음 10년 동안의 성과를 비교한다. 이어지는 글들은 이러한 개관에 대해 부연한다. 처음 10년 동안의 성과는 이태훈과 공민석의 「일반화된 마르크스주의」에서 역사과학으로서 경제학 비판과 인권의 정치로서 이데올로기 비판이라는 두 개의 주제를 중심으로 개관된다. 다음 10년 동안의 성과는 송인주, 안종석, 박상현에 의해 개관되는데, 「경제학 비판」, 「역사학 비판」, 「2007-13년 정세분석」이라는 세 개의 주제가 중심이다. 마지막으로 개정판을 출판하는 것이 쉽지 않은 상황에서 독자 여러분의 편의를 위해 「공감개론신서 교정표」를 부록으로 실어둔다.

그 동안 남한의 척박한 풍토 속에서 과천연구실과 공감출판사가 존속할 수 있었던 것은 오로지 독자 여러분 덕분이었다. 앞으로도 관심과 성원을 부탁드리면서 감사의 마음을 전한다.

2014년 12월
윤 소 영

차례

과천연구실 20년*)

윤 소 영

*) 이 글은 2014년 9월 20일에 과천연구실에서 진행된 윤소영의 발제와 다른 집필자들과의 토론을 녹취한 것이다. 또 10월 25일에 진행된 이차 토론을 참고하여 녹취록을 수정하였다.

마르크스주의의 일반화를 위하여

이번 작업의 목적은 공감개론신서의 개관인데, 개론 자체가 개관이므로 '개관의 개관'이라고 할 수 있습니다. 이런 작업이 필요하겠다는 생각이 든 것은 지난 12월 초부터 1월 초까지 한 달 동안 심장병으로 입원해 있을 때 김용섭 선생의 회고록인 『역사의 오솔길을 가면서: 해방세대 학자의 역사연구 역사강의』(지식산업사, 2011)를 읽으면서였지요.

사실 봉건제에 대해 작업하면서 김용섭 선생이 박현채 선생과 쌍벽을 이루는 한국전쟁 이후 남한 최고의 지식인이었음을 새삼 깨닫게 되었습니다. 새삼스럽다고 한 것은 1980년대 한국사회성격 논쟁과 한국사회사 논쟁이 두 선생의 입론에서 출발했다는 것은 이미 누구나 알고 있는 사실이었기 때문인데, 1934년생인 박 선생이 1931년생인 김 선생보다 세 살 아래셨지요.

작년에 김용섭 선생이 50대에 집필한 논문 몇 편을 처음으로 읽었습니다. 그런데 이는 비전공자도 쉽게 읽을 수 있는 개론이자 개관이었고, 김 선생의 저작 전체를 검토할 수는 없었어요. 1970년에 김철준 교수의 주선으로 일조각에서 시작되어 2009년에 지식산업사에서 완결된 8권짜리 저작집은 4000쪽이 넘는 방대한 분량이었거든요. 게다가 대부분 전공자를 위한 학술논문집이었고요.

그러나 한국사를 전공하는 학부생이나 대학원생의 경우도 별 다를 바가 없었던 것 같습니다. 그래서 연구와 강의의 경험에 대한 보고서 형식의 회고록을 집필하시게 되었던 것인데, 출판사에서 홍보하고 있듯이, 이는 저작집에 대한 '안내서'라고 할 수도 있지요. 회고록의 1부는 450쪽 정도의 조선농업사에 대한 연구보고서였고, 2부는 300쪽 정도의 현대사학사에 대한 강의보고서였어요.

그런데 김 선생의 회고록을 읽으면서 과천연구실도 이런 작업이 필요하겠다는 생각이 든 것이었습니다. 지난 20년의 작업이 독자의 입장에서는 아주 난해할 수도 있겠다는 사실을 문득 깨닫게 된 것이었어요. 따라서 과천연구실의 작업에 대한 안내서 또는 오히려 일종의 '지도'를 만들어보려는 것이 이번 작업의 목적이라고 할 수 있지요. 굳이 지도라는 은유를 선택한 것은 그것을 읽는 것만으로 직접 길을 걷거나 산에 오르는 일을 대신할 수는 없다는 뜻을 강조하기 위해서예요.

게다가 이런 작업이 독자에게만 유용한 것은 아니라는 생각도 들었습니다. 과천연구실의 작업은 공자의 말씀처럼 '일이관지'(一以貫之, 하나로 꿰뚫는다, 즉 일관성을 유지한다)로 특징지을 수 있는데, 그러나 이것이 주관적 희망일 수도 있거든요. 달리 말해서 마르크스주의를 일반화한다는 문제설정을 견지해왔다고 해도 과연 매번의 작업이 이런 문제설정을 실현할 수 있었는지 검토할 필요도 있다는 것이에요. 따라서 이번 작업은 독자를 위한 지도의 제작인 동시에 과천연구실 자체의 일관성 테스트이기도 하지요.

지난 6월 10일은 과천연구실 20주년 기념일이었습니다. 첫 10년 동안의 작업은 이미 개관한 적이 있는데, 그것이 바로 『일반화된 마르크스주의 개론』이었지요. 2006년 2월에 출판된 이 책은 2005년 7월에 서울대학교 총학생회가 주최한 특강을 녹취한 것이었어요. 물론 기왕의 작업을 개관할 뿐만 아니라 또한 동시에 다음 10년 동안의 작업계획을 소개하는 것도 목적이었지만요.

어쨌든 『일반화된 마르크스주의 개론』을 제대로 읽으려면 '과천연구실 선언'이라고 할 수 있는 『알튀세르를 위한 강의: '마르크스주의의 일반화'를 위하여』도 함께 읽을 필요가 있을 것입니다. 1996년 6월에 출판된 이 책은 1995년 7월에 고려대학교 안암사회과학연구회가 주최한 특강을 녹취한 것이었지요.

『알튀세르를 위한 강의』는 마르크스주의의 위기에 대한 능동적 대응이 알튀세르와 발리바르가 제안한 바 있는 마르크스주의의 전화와 일반화일 수밖에 없는 이유를 설명하는 동시에 과천연구실의 작업계획을 설명하는 데 목적이 있었습니다. 1989-91년에 소련이 붕괴하면서 나타난 이론의 혼란과 운동의 쇠퇴에 대해 그런 위기를 돌파하기 위해서는 적어도 이론적 차원에서 어떤 작업이 필요한가를 선언적으로 제시한 셈이었지요.

그리고 그런 선언을 실현하기 위한 과천연구실의 지난 10년 동안의 작업을 개관하는 동시에 앞으로 10년 동안의 작업계획을 소개한 것이 『일반화된 마르크스주의 개론』이었습니다. 차례를 보면 크게 두 개의 축을 설정했음을 알 수 있는데, 하나는 '역사과학으로서 경제학 비판'이었고 또 하나는 '인권의 정치로서 이데올로기 비판'이었지요. 물론 서론격으로 박현채 선생과 한국사회성격 논쟁을 중심으로 남한 마르크스주의의 역사를 재구성하기도 했고요.

『알튀세르를 위한 강의』에서는 경제학 비판과 이데올로기 비판 또는 역사과학과 인권의 정치에 대해 얼마간 추상적으로 설명했습니다. 반면 『일반화된 마르크스주의 개론』에서는 마르크스주의를 일반화하는 과정에서 제기되는 다양한 이론적 쟁점들을 좀 더 구체적으로 설명했다고 할 수 있지요.

사실 『알튀세르를 위한 강의』에는 과천연구실의 독창적 주장이 별로 없었습니다. 알튀세르와 발리바르의 주장이 어떤 것인지 나름대로 충실하게 설명했을 따름이거든요. 하지만 『일반화된 마르크스주의 개론』은 알튀세르와 발리바르를 포함한 다양한 마르크스주의자들의 작업에 대한 비판적 검토를 통해 과천연구실의 독자적 입장을 확정하려는 시도였지요. 따라서 알튀세르와 발리바르의 철학에 대한 오해 운운하는 일부 철학연구자의 이의 제기는 과천연구실의 작업에 대한 그들 자신의 오해였을 따름이에요.

『일반화된 마르크스주의 개론』에 대한 서울대 특강 이후에 경제사에 대한 보강이 있었습니다. 그 해 11월에 대구의 신자유주의반대평등을향한민중행동이 주최한 특강이 그것이었는데, 여기서는 역사동역학이 무엇인지, 또 그것을 구체화하는 과정에서 미국경제사를 어떻게 재구성할 수 있는지, 나아가 금융세계화의 역사적 지위는 무엇인지를 설명했지요.

운동사와 관련된 보강도 있었는데, 어떤 사정으로 인해 그 개요만 실을 수밖에 없었습니다. 따라서 그 텍스트인 『역사적 마르크스주의: 이념과 운동』을 직접 읽을 필요가 있는데, 이것은 2003년 7월에 사회진보연대가 주최한 특강을 녹취하여 2004년 12월에 출판한 것이었지요.

공감개론신서

구성

2008년 7월에 출판된 『일반화된 마르크스주의 개론』 개정판이 공감개론신서 1권이었습니다. 또 『역사적 마르크스주의』 개정판을 12권으로 계획하고 있어요. 공감개론신서를 개관하는 이번 작업은 13권이 될 예정이고요. 어쨌든 공감개론신서 2권부터 11권까지 모두 열 권이 『일반화된 마르크스주의 개론』 이후 10년 동안 진행된 작업의 핵심이었던 셈이에요.

이 열 권의 공감개론신서는 세 개의 범주로 분류할 수 있습니다. 첫 번째 범주는 『마르크스의 '자본'』, 『현대경제학 비판』, 『사회과학 비판』으로 구성되었고, 두 번째 범주는 『역사학 비판』, 『문학 비판』, 『봉건제론: 역사학 비판』으로 구성되었으며, 세 번째 범주는 2007-12년 정세분석과 관련된 3부작인 『2007-09년 금융위기』, 『2007-09년 금융위기 논쟁』, 『2010-12년 정세분석』[1]과 함께 『금융위기와 사회운동노조』로 구성되었지요.

1) 아직 출판되지 않은 '2013년 정세분석'은 박상현의 「2007-13년 정세분석」의 보론을 참조하시오.

처음 두 범주의 작업이 경제학 비판이나 역사과학과 관련된 기왕의 작업의 연장선에 있었다는 것은 쉽게 알 수 있을 것입니다. 반면 이데올로기 비판이나 인권의 정치와 관련된 작업은 상대화되었고, 심지어 부재했다고 할 수도 있겠는데, 그 이유는 바로 세 번째 범주의 작업과도 관련되는 것이었지요.

2007-12년 정세분석 3부작도 실은 경제학 비판이나 역사과학의 연장선에 있었던 것입니다. 정세분석은 우선적으로 경제정세를 판단하는 것이기 때문이지요. 물론 알튀세르와 발리바르가 강조하는 것처럼, 경제정세와 이데올로기정세의 관련에 대해 주목할 수도 있는데, 다만 이번 정세의 역설은 경제적 모순과 이데올로기적 모순이 결합되기는커녕 거의 완전하게 분리되었다는 것이에요.

따라서 이데올로기 비판이나 인권의 정치를 발전시킬 수 있는 현실적 근거 자체가 부재했다고 할 수 있습니다. 하지만 그렇다고 해서 이런 작업을 완전히 포기할 수도 없었는데, 『역사적 마르크스주의』의 연장선에서 사회운동노조를 재검토한 『금융위기와 사회운동노조』가 그 증거였다고 할 수 있지요. 또 정세분석 3부작에서 최근의 운동 상황에 대해 간간이 언급하기도 했고, 특히 『2010-12년 정세분석』에서는 보론으로 '미국 비즈니스노조의 역사'를 검토하기도 했고요. 방금 언급한 『역사적 마르크스주의』의 개정판에 이런 작업을 추가할 예정이에요.

요컨대 이데올로기 비판이나 인권의 정치가 상대화되었던 것은 과천연구실의 주관적 판단의 결과가 아니었다는 것입니다. 그런 것이 아니라 오히려 과천연구실의 작업이 특정한 객관적 정세를 반영했다는 사실의 방증이었다고 할 수 있지요. 이번 금융위기의 가장 큰 특징은 공산주의적 이념과 운동이 거의 완전하게 소멸했다는 데 있거든요. 물론 과천연구실은 사회운동노조를 통해 공산주의를 재건할 수 있는 조건을 지속적으로 탐색해 왔지만요.

그런데 위에서 세 개의 범주로 분류한 작업이 『일반화된 마르크스주의 개론』 이후에 순서대로 진행된 것은 아니었습니다. 앞에서 언급한 것처럼, 2008년 7월에 출판된 『일반화된 마르크스주의 개론』 개정판이 공감개론신서 1권이었지요. 반면 『일반화된 마르크스주의 개론』 초판은 2006년 2월에 출판되었고요.

따라서 2년 정도의 시차가 있었는데, 그 동안 진행된 작업은 기왕의 과천연구실세미나의 연장선에 있었습니다. 예를 들어 『일반화된 마르크스주의의 쟁점들』이나 『일반화된 마르크스주의의 경계들』이라는 제목의 연구노트를 중심으로 『일반화된 마르크스주의 개론』의 작업을 '인문학 비판'으로 심화해보려고 했던 것이 애초의 작업계획이었지요. 그러나 그 성과의 일부를 '일반화된 마르크스주의 세미나'라는 제목으로 출판하려고 준비하던 와중에 이번 금융위기가 발생한 것이었어요.

어쨌든 '일반화된 마르크스주의 세미나'의 출판을 연기하는 대신 『일반화된 마르크스주의 개론』 개정판과 『금융위기와 사회운동노조』 두 권으로 공감개론신서를 출판하기 시작했습니다. 다만 '일반화된 마르크스주의 세미나'는 공감개론신서를 개관하는 이번 작업의 제목으로 사용해도 좋겠다는 생각이에요.

1995-2008년에 출판된 과천연구실세미나는 『마르크스주의의 전화와 '인권의 정치': 알튀세르를 위하여』와 『마르크스의 철학, 마르크스의 정치』(발리바르의 번역본)부터 『알튀세르의 철학적 유산』과 『화폐·금융과 전쟁의 세계사』까지 모두 서른여섯 권(번역본 열 권 포함)인데, 자세한 서지사항은 『봉건제론』에 실린 목록을 참조하실 수 있습니다. 또 1997년에 출판된 『베토벤: '윤리적 미' 또는 '승화된 에로스'』(솔로몬의 번역본)는 유일한 공감예술신서이고요. 여기에 『일반화된 마르크스주의 개론』 개정판부터 이번 『일반화된 마르크스주의 세미나』까지 공감개론신서 열세 권을 더하면 지난 20년 동안의 작업은 꼭 오십 권을 채운 셈이에요.

개요

경제학 비판

이제 세 범주의 작업 각각에 대해 좀 더 자세하게 설명해보겠습니다. 먼저 2009년 6월에 출판된 『마르크스의 '자본'』은 그 해 2월에 고려대학교 대학원 총학생회가 주최한 특강의 녹취록이었는데, 『마르크스의 '경제학 비판'』이 그 텍스트였습니다. 따라서 『마르크스의 '자본'』은 2001년과 2005년에 초판과 개정판이 출판된 『마르크스의 '경제학 비판'』 증보개정3판인 셈이었지요.

굳이 '증보'라고 한 것에는 물론 이유가 있었는데, 특히 마르크스의 철학에 대한 설명을 추가했음을 강조하기 위해서였습니다. '일반화된 마르크스주의 세미나'로 출판하려던 작업의 일부, 특히 헤겔이나 아리스토텔레스와의 관련을 염두에 두면서 마르크스의 철학적 관점을 재구성하려던 시도를 포함했거든요. 달리 말해서 인문학 비판을 주제로 한 '일반화된 마르크스주의 세미나'를 그대로 포기한 것만은 아니었다는 것이에요.

나아가 2007-09년 금융위기가 전개되는 과정에서 마르크스의 경제학 비판을 현재화하려고 시도했습니다. 그 결과가 바로 2011년 1월과 11월에 출판된 『현대경제학 비판』과 『사회과학 비판』이었지요. 고전경제학에 대한 마르크스의 비판을 현대경제학과 그것을 보완하려던 사회과학, 즉 사회학과 정치학에 대한 비판으로 한 단계 더 심화하려던 것이 목적이었지요.

이번 금융위기를 둘러싼 논쟁에서 가장 중요한 쟁점으로 부각되었던 것은 마르크스의 경제학 비판을 특징짓는 역사동역학, 특히 구조적 위기론이었다는 것이 제 생각입니다. 『마르크스의 '경제학 비판'』과 『마르크스의 '자본'』에서도 물론 역사동역학과 구조적 위기론에 주목했었지만, 『현대경제학 비판』과 『사회과학 비판』을 통해 그 중요성을 좀 더 강조하려고 했던 것이에요.

먼저 『현대경제학 비판』에서는 마르크스의 역사동역학과 구조적 위기론의 특징을 설명하기 위해 현대경제학의 경제성장론, 즉 솔로우-램지 모형과 비교했습니다. 나아가 『사회과학 비판』에서는 현대경제학을 보완하려던 사회학이나 정치학에 대한 비판을 추가했는데, 특히 인구변천론과 복지국가론이라는 쟁점에 주목했지요.

제가 알튀세르와 그의 후예들에게서 배운 가장 중요한 교훈 중 하나는 마르크스주의의 본질이 경제학 비판이라는 사실이었습니다. 마르크스가 평생을 바쳐 고전경제학을 비판했다는 것은 우연이 아니었지요. 따라서 현대경제학과 사회학·정치학 같은 사회과학을 비판하지 못하면서 마르크스의 계승자를 자임할 도리는 없다는 것이 제 생각이에요.

나아가 경제학 비판을 특징짓는 역사동역학과 구조적 위기론을 발전시키려면 경제학적 개념은 물론이고 수학적 모형에 대해서도 관심을 가질 필요가 있습니다. 얼핏 보면 뜬금없다는 생각이 들 수도 있겠지만, 『마르크스의 '경제학 비판'』과 『마르크스의 '자본'』 이상으로 『현대경제학 비판』과 『사회과학 비판』에서 수학의 중요성을 강조한 것은 이 때문이었지요.

역사학 비판

현대경제학과 사회과학에 대한 비판에 이어 인문학에 대해서도 비판할 필요가 있었습니다. 『일반화된 마르크스주의 개론』의 후속 작업에 대한 애초의 계획이 인문학 비판이었다고 했는데, 그 중에서 철학과 관련된 작업은 『마르크스의 '자본'』에 포함한 셈인 반면 역사학과 관련된 작업은 『역사학 비판』으로 분리한 셈이었지요.

부르주아 역사학의 가장 큰 결함은 역사동역학과 구조적 위기론의 부재라고 할 수 있습니다. 이런 관점에서 볼 때 『역사학 비판』은 『현대경제학 비판』과 『사회과학 비판』에 이어지는 것이기도 했지요. 역사학 비판은 인문학 비판의 일부를 구성하는 작업인 동시에 경제학 비판에 후속하는 작업이기도 했다는 것이에요.

현대 서양의 인문학은 문·사·철로 구성되므로 철학·역사학 비판에 문학 비판이 추가될 필요도 있었습니다. 2012년 4월에 출판된 『역사학 비판』의 후속 작업이 그 해 10월에 출판된 『문학 비판』인 것은 사실 당연한 일이었는데, 현대에 들어와 역사학이 변모되는 과정은 문학이 변모되는 과정이기도 했기 때문이지요. 현대 이전의 문학을 대표한 것은 시였던 반면 현대 문학을 대표한 것은 소설이었고, 또 소설을 대표한 것이 바로 역사학의 성과를 대중화하려는 역사소설을 발단으로 한 리얼리즘 소설이었어요.

나아가 알튀세르적 문학론에 경도되어 루카치적 문학론을 폄하했던 경향에 대한 자기비판이 필요했다는 사실도 지적해두겠습니다. 소설의 역사에 대한 루카치의 입장이 경제학의 역사에 대한 마르크스의 입장과 평행한다는 사실을 뒤늦게나마 깨달은 덕분이었지요. 스미스와 리카도의 고전경제학이 밀에 의해 속류화되는 동시에 마르크스와 그로스만에 의해 비판적으로 계승되었듯이, 스코트와 발자크의 리얼리즘 소설이 플로베르에 의해 속류화되는 동시에 고르키와 숄로호프의 사회주의 리얼리즘 소설에 의해 비판적으로 계승되었다고 할 수 있거든요.

물론 문학 이외에도 다양한 예술이 존재하는데, 그 중에서도 특히 음악에 주목해야 한다는 것이 여전히 저의 지론입니다. 문학의 한계를 지양하는 것이 음악이고, 그 표준은 역시 베토벤이라는 것은 이론의 여지가 없는 사실이거든요. 그러나 이런 제 입장이 '고답적'이라고 간주되는 것도 또한 사실이에요. 그래서 좀 더 실제적인 수준에서 사회주의 리얼리즘 소설까지는 아니더라도 리얼리즘 소설에 대해 주목해본 것이지요.

문·사·철에 대한 이런 비판은 고전경제학에 대한 비판, 나아가 현대경제학·사회과학에 대한 비판과 표리관계에 있는 것입니다. 모두 계몽주의 이후의 현대 서양사상을 비판의 대상으로 하기 때문이에요. 따라서 현대 이전의 사상, 특히 동양사상에 대해서는 어떻게 비판할 수 있을까라는 질문이 제기될 수밖에 없지요.

그런데 현대 이전의 동양사상에 대해 비판할 수 있으려면 먼저 자본주의 분석에 버금가는 봉건제 분석이 필요할 것입니다. 또 그렇게 하기 위해서는 마르크스의 아시아적 생산양식론을 둘러싼 미로와도 같은 논쟁에 대한 입장을 확정할 필요가 있고요. 사실 엄두가 나질 않아서 미뤄두었던 난제였는데, 이번에 인문학 비판의 연장선에서 해결을 시도해본 것이었지요.

2013년 10월에 출판된 『봉건제론』이 공감개론신서의 최신작이었습니다. 짐작했듯이 얼마간 무리한 작업이었는데, 뜻밖의 수확도 있었어요. 중국 봉건제의 출현에서 '기축시대'(Achsenzeit, Axial Age), 즉 노예제에서 봉건제로의 이행에 수반된 사상적 변혁의 시대의 중요성을 발견한 것이었지요. 특히 그리스의 관념철학이나 서아시아의 유일신교와 구별되는 유가사상, 특히 경세사학의 발전이 중요했지요. 중국의 춘추전국시대는 유럽의 계몽주의시대에 비견되는 인류사상사의 획기라고 할 수 있어요.

이런 맥락에서 공산주의의 계보도 수정할 수 있다는 것이 제 생각입니다. 바디우의 기독교적 공산주의와 논쟁하면서 발리바르는 시민적 공산주의를 계기로 마르크스적 공산주의가 출현했다고 주장한 바 있지요. 그러나 기독교적 공산주의의 역사적 의의를 부정한 것은 아니었어요. 그래서 제가 예수에서 비롯하여 스피노자와 베토벤을 거쳐 마르크스에 이르는 계보를 설정했던 것인데, 그러나 이번에 예수와 스피노자를 생략하고 공자-베토벤-마르크스라는 새로운 계보로 대체할 수 있었지요.

2007-13년 정세분석

정세분석에 대해서도 간단하게 설명을 추가해두겠습니다. 먼저 2008년 11월에 출판된 『금융위기와 사회운동노조』는 금융위기가 폭발하기 직전인 9월 초에 사회진보연대가 주최한 특강의 녹취록과 그 직후인 10월 초에 공공노조·사회공공연구소가 공동주최한 특강의 녹취록이었지요.

또 2009년 11월에 출판된 『2007-09년 금융위기』는 공공노조·사회공공연구소 특강 녹취록의 개정본과 2009년 8월에 사회진보연대가 주최한 특강의 녹취록이었고, 2010년 4월에 출판된 『2007-09년 금융위기 논쟁』은 2009년 12월에 광주의 평등과연대를위한민중행동이 주최한 특강의 녹취록이었습니다. 2013년 3월에 출판된 『2010-12년 정세분석』[2)]은 기왕의 정세분석을 보충하는 것이었고요.

『금융위기와 사회운동노조』는 이번 금융위기가 구조적 위기를 심화하고 있다는 판단 아래 노동자운동의 능동적 대응을 촉구했습니다. 또 『역사적 마르크스주의』의 연장선에서 사회운동노조에 주목할 필요성을 재차 강조했고요. 나아가 『2007-09년 금융위기』를 비롯한 정세분석 3부작에서는 금융위기의 전개과정을 거의 실시간으로 분석했다고 자부할 수 있는데, 특히 마르크스적 역사동역학과 구조적 위기론의 관점을 강조했지요.

『2007-09년 금융위기 논쟁』과 『2010-12년 정세분석』 사이에, 즉 2010-12년에 『현대경제학 비판』과 『사회과학 비판』, 나아가 『역사학 비판』과 『문학 비판』이 출판되었다는 사실에 주목할 수 있을 것입니다. 이번 금융위기가 종료되었다는 항간의 낭설에 맞서 마르크스적 역사동역학과 구조적 위기론을 체계화하는 동시에 스스로 평정심을 유지할 수 있는 방법을 모색하기 위한 것이었지요.

이른바 '피케티 현상'에 대하여

'프랑스 이데올로기'

앞에서 경제적 모순과 이데올로기적 모순의 분리가 이번 금융위

2) 「2007-13년 정세분석」의 보론으로 실린 '2013년 정세분석'은 2014년 3월에 집필된 것이다.

기의 역설이라고 지적했습니다. 이데올로기적 모순이 경제적 모순과 분리되었다는 것은 쉽게 말해서 구조적 위기의 심화에도 불구하고 공산주의적 이념과 운동은 거의 소멸했다는 뜻이에요. 대신 인민주의적 이념과 운동이 출몰한다는 뜻이기도 한데, 예를 들어 오큐파이월스트리트운동이라든지 또는 그 이념적 토대로 간주되는 각양각색의 정의론과 행복론에 주목할 수 있지요.

『알튀세르를 위한 강의』와 『일반화된 마르크스주의 개론』 이래 과천연구실은 마르크스주의의 위기에 능동적으로 대응하기 위해 마르크스주의를 일반화하는 동시에 포스트구조주의를 비롯한 각종의 '프랑스 이데올로기'를 비판해왔다고 자부하고 있습니다. 작년에 출현한 위고(『레 미제라블』) 열풍이나 올해에 출현한 피케티 현상은 최신의 프랑스 이데올로기라고 할 수 있겠고요.

피케티 현상은 이번 금융위기에 대한 프랑스 좌파의 대응의 일부입니다. 정세분석에서 이미 지적한 것처럼, 가장 중요한 것은 포스트케인즈주의적 과소소비설에 근거한 프랑스판 경제학인 아글리에타의 조절이론이지요. 소득과 부의 불평등으로 인한 과소소비가 금융위기의 원인이므로, 소득과 부의 재분배가 해결책이라는 것이에요. 그러나 이런 입장은 뒤메닐의 비판처럼 '정치적/이데올로기적 정당성'에도 불구하고 '경제학적/과학적 오류'라고 할 수 있지요.

물론 금융위기가 전개되는 과정에서 조절이론을 지양하려는 시도도 출현했습니다. 이른바 '탈성장'(décroissance, degrowth), 즉 경제성장으로부터의 탈출에 주목하는 프랑스식 생태주의가 그것이에요. 그 주창자인 라투슈의 저서도 올해 초에 국역되었는데, 그러나 별로 주목받지는 못한 것 같아요. 어쨌든 정세분석에서 이미 지적한 것처럼, 과소소비설과 탈성장론은 프랑스 아탁(ATTAC)이 채택한 최신의 이데올로기이기도 하지요.

그런데 피케티는 아글리에타나 라투슈 같은 비주류경제학자가 아니라 주류경제학자입니다. 파리의 고등사범학교(ENS)에서 수학과 경제학을 복수전공한 그는 파리의 사회과학고등연구원(EHESS)과

런던경제대학(LSE)이 공동으로 수여하는 경제학박사학위를 취득한 다음 미국의 매서추세츠공과대학(MIT)의 조교수로 임명되었습니다. 그러나 곧 프랑스로 귀국했는데, 영미경제학이 마음에 안 들었다는 그의 말을 곧이곧대로 믿을 수는 없다는 것이 제 생각이에요.

피케티의 스승인 런던경제대학-옥스퍼드대학의 앳킨슨이나 그와 함께 피케티의 가장 중요한 공동작업자인 버클리대학의 사에즈는 모두 저명한 주류경제학자입니다. 어쨌든 매서추세츠공과대학에서 종신임명(tenure)의 가능성이 별로 없어서 귀국했을지도 모르겠다는 생각이 들어요.

앳킨슨의 스승인 미드에 대해서도 언급해두겠습니다. 밀과 케인즈의 후예인 그는 영국 노동당이 당헌 4조, 즉 국유화 조항을 폐기함으로써 웹 부부의 페이비언주의적 사회경제론에서 케인즈주의적 현대경제학으로 이행하는 데 결정적으로 기여했지요. 솔로우 모형과 유사한 신고전파 경제성장론을 논거로 해서 밀이 주장한 바 있는 부유세(wealth tax)를 부활시키려는 것이 그의 지론이었어요. 한 마디로 말해서 웹 부부의 국유화에 대한 미드의 대안이 바로 부유세였던 것이지요.

사실 미드에 대해서는 제가 학부과정과 석사과정에서 관심을 갖고 공부한 적이 있습니다. 케인즈의 직계 제자이기도 한 그는 로빈슨의 포스트케인즈주의보다는 오히려 새뮤얼슨의 신고전파-신케인즈주의 종합에 찬성했는데, 이 때문에 로빈슨과 달리 1977년에 스웨덴의 올린과 공동으로 9회 노벨경제학상을 수상할 수 있었다는 것이 제 생각이에요.

어쨌든 피케티의 주장은 영미경제학의 주류와 대동소이한 것입니다. 한 마디로 말해서 그는 밀과 케인즈의 후예이자 미드와 앳킨슨의 제자라고 할 수 있거든요. 위고 열풍이 멜로드라마화된 낭만주의였던 반면 피케티 현상은 본질적으로 밀과 케인즈를 계승하는 자유주의라는 것이에요. 프랑스나 남한이나 이념과 운동이 쇠퇴하면서 결국 이론도 쇠퇴했음을 알 수 있는 대목이지요.

피케티 논쟁의 개요

피케티의 『21세기 자본』(*Capital in the Twenty-First Century*, Harvard University Press, 2014 [2013]; 국역: 문학동네/글항아리, 2014)에 대한 비판은 주로 경제학적 개념이나 수학적 모형에 대해 제기되고 있습니다. 가장 중요한 비판가는 매서추세츠공과대학의 아제몰루(애쓰모글루, http://economics.mit.edu/faculty/acemoglu/)인데, 프랑스에서도 뒤메닐(http://www.jourdan.ens.fr/levy/)이 장문의 서평을 발표했지요. 반면 영국의 보수주의적 경제전문지 『파이낸셜 타임즈』가 통계학적 자료에 대한 비판을 제기하기도 했는데, 핀트가 어긋났다는 것이 중론이에요.

경제학적 개념

먼저 피케티는 현대경제학의 기본개념을 수정하려고 시도합니다. 그 증거가 바로 자본이라는 경제학적 개념에 대한 재해석인데, 이것이 아제몰루와 뒤메닐이 제기하는 비판의 주요한 대상이기도 하지요. 기원 후 1년부터 2100년까지를 '자본주의'로 간주하는 피케티는 전현대 '자본주의'를 특징짓는 것은 토지 같은 '자본'이라고 주장합니다. 물론 현대 자본주의에서는 고정자본과 금융자산이 중요한데, 다만 20세기 이후에는 중산층('중간계급'), 즉 소득과 부의 상위 10-50% 계층이 부르주아화되면서 주택 같은 '자본'의 중요성이 점차 부각된다고 주장하고요.

반면 아제몰루와 뒤메닐은 자본과 부를 구별할 필요성을 강조하고 있습니다. 불평등에 초점을 맞출 경우에는 토지나 주택 같은 부동산을 포함하는 부에 주목할 수 있겠지만, 거시경제적 전망, 특히 경제성장의 전망에 초점을 맞출 경우에는 역시 고정자본과 금융자산 같은 자본에 주목해야 한다는 것이에요. 자본과 부를 구별할 필요가 있는 것은 물론 경제적 메커니즘에서 수행하는 역할에 차이가 있기 때문이지요.

이런 측면에서 리카도나 마르크스와 새뮤얼슨이나 솔로우의 주장은 본질적으로 동일합니다. 『현대경제학 비판』에서 설명한 것처럼, 새뮤얼슨이 솔로우의 경제성장론을 '리카도-마르크스-솔로우 모형'이라고 부른 것은 일리가 있어요. 반면 마르크스적 관점에서도 고전경제학이나 현대경제학은 현실을 부분적으로나마 반영한다는 의미에서 철학이나 신학 같은 순수한 이데올로기는 아니지요.

토지나 주택 같은 부동산은 마르크스처럼 말해서 가공자본입니다. 고정자본은 물론 현실자본이자 실물자산이고요. 금융자산의 경우는 조금 복잡한데, 예금은 가공자본이 아닌 반면 증권은 가공자본이거든요. 어쨌든 자본과 부를 혼동하면 안 되는 것은 마르크스주의든 현대경제학이든 마찬가지라는 것이에요.

수학적 모형과 통계학적 자료

나아가 피케티는 현대경제학의 수학적 모형도 수정하려고 시도합니다. 그의 웹사이트(http://piketty.pse.ens.fr/en)에 있는 '기술적 부록'을 보면, 그도 역시 솔로우-램지의 모형에서 출발한다는 사실을 알 수 있어요. 다만 자본 개념의 새해석에 따라 두 모형을 재해석하는 것이지요. 아제몰루와 뒤메닐은 이런 시도에 대해서도 비판하고 있는데, 그러나 핀트가 어긋났다는 것이 제 생각이에요. 조금 이따가 마르크스적 비판과 관련하여 설명하겠어요.

피케티의 모형은 두 개의 수식으로 구성됩니다. 하나는 '자본주의의 기본법칙(fundamental law)'이라고 불리는 수식이고 또 하나는 '자본주의의 기본모순(central contradiction)'이라고 불리는 수식이지요. 그런데 전자는 등식이고 후자는 부등식일 따름이에요. 기본등식이나 기본부등식이 아니라 기본법칙과 기본모순이라고 부르는 것은 일종의 인민주의적 수사법이겠지요.

먼저 자본주의의 기본법칙은 자본계수 $\beta \equiv K/Y$ 와 지속상태(steady state)의 성장률 $g \equiv (dK/dt)/K \equiv (dY/dt)/Y$ 사이의 반비례관계인데, 반비례계수는 저축률 $s \equiv S/Y$ 입니다.

$$\beta = s\frac{1}{g}.$$

이 등식이 성립하는 것은 지속상태에서 저축 S와 투자 $I \equiv dK/dt$가 일치하여 등식 $S=I$가 성립하기 때문이에요. 또 『현대경제학 비판』에서 설명한 것처럼, 지속상태의 성장률 $g \equiv (dK/dt)/K \equiv (dY/dt)/Y$는 기술성장률 $x \equiv (dX/dt)/X$와 인구성장률 $n \equiv (dN/dt)/N$의 총계와 일치하므로 $g=x+n$ 이고요.

자본계수 $\beta \equiv K/Y$의 역수인 자본생산성 $P_K \equiv Y/K$를 이용하면, $\beta = s/g$ 를 $P_K = g/s$ 로 변형할 수 있습니다. 또 이윤율 $r \equiv \Pi/K$와 자본생산성 $P_K \equiv Y/K$의 비례관계 $r \equiv \pi P_K$(π가 아니라 α를 사용하는 피케티의 표기법으로는 $r \equiv \alpha/\beta$)를 이용하면,

$$r = \frac{\pi}{s}g.$$

이윤분배율 $\pi \equiv \Pi/Y$는 저축률 $s \equiv S/Y$와 달리 상수가 아니라는 것이 그의 주장인데, 그러나 조금 이따가 설명할 것처럼, 이것은 잘못이에요.

이제 피케티가 강조하는 자본주의의 기본모순을 도출할 수 있습니다. 일반적으로 $\pi > s$, 즉 $\pi/s > 1$ 이므로,

$$r > g,$$
$$r - g > 0.$$

피케티가 자본주의의 기본모순이라고 부르는 것은 사실 이 부등식이에요. 그는 이 부등식의 의미를 국민소득의 성장률을 초과하는 자본·부의 성장률로 해석하기도 하는데, 요령부득이라고 할 수 있습니다. 지속상태의 성장률 g는 자본·부의 성장률 $(dK/dt)/K$이자 국민소득의 성장률 $(dY/dt)/Y$이거든요.

게다가 피케티는 부등식 $r>g$, 즉 $r-g>0$ 에서 자본의 집적과 집중이라는 결론을 도출할 수 있다고 주장합니다. 나아가 이윤율 $r \equiv \Pi/K$가 불변이기 때문에 $r-g$ 의 부호는 결국 지속상태의 성장률 $g \equiv (dK/dt)/K \equiv (dY/dt)/Y$, 즉 기술성장률 $x \equiv (dX/dt)/X$와 인구성장률 $n \equiv (dN/dt)/N$의 총계에 의해 결정되는 셈이라고 주장하고요.

피케티는 다양한 조세자료를 동원하여 기원 후 1년부터 2100년까지의 통계를 세계적 차원에서 재구성하는데, 핵심은 18세기부터 20세기까지 프랑스와 영국의 통계입니다. 21세기는 물론 그의 예측일 따름이고요. 자세한 내용은 역시 '기술적 부록'을 참조할 수 있어요. 처음에 『파이낸셜 타임즈』가 제기한 피케티의 통계에 대한 비판은 핀트가 어긋났다고 했는데, 그러나 역시 조금 이따가 마르크스적 비판과 관련하여 설명할 것처럼, 그의 통계에 대한 비판이 전혀 불가능한 것만은 아니에요.

일단 피케티의 통계에 따르면, 17세기까지 4.5%였던 이윤율은 18세기부터 20세기 전반기까지 5.0-5.1%로 상승하고 20세기 후반기에 5.3%로 상승했습니다. 그러나 자본 파괴와 조세 부과를 고려할 때 이윤율은 20세기 전반기의 1.1%와 후반기의 3.2%로 하락했지요. 반면 17세기까지 0.0-0.2%였던 성장률은 18세기의 0.5%와 19세기의 1.5%를 거쳐 20세기 전반기의 1.8%와 후반기의 3.8%로 상승했어요. 특히 기술성장률을 보면, 18세기까지 0.0%, 19세기와 20세기 전반기에 0.9%, 20세기 후반기에 2.1%였고요.

요컨대 20세기에는 세계전쟁으로 인한 자본 파괴와 법인소득세와 불로소득세(개인소득세 중 자본소득세·자본이득세) 같은 조세 부과 때문에 이윤율이 성장률을 0.6-0.7%포인트 하회하면서 불평등이 개선되었다는 것이 피케티의 주장입니다. 반면 성장률이 하락할 것으로 예상되는 21세기에는 불평등도 악화될 것으로 예상되고요. 따라서 피케티는 경제성장의 결과로 불평등이 개선된다는 쿠즈네츠의 '역(逆)U자형 가설'을 비판하는 'U자형 가설'을 제시하는 셈이에요.

피케티는 21세기의 사회를 'patrimonial society'로 특징짓는데, 자본의 축적보다는 오히려 자본의 상속이 중요한 사회라는 의미입니다. 'patrimony'는 상속재산, 즉 유산(遺産)이라는 의미이거든요. 케인즈 이래 현대경제학에서는 'rentier society'라고 부르는 것이 좀 더 일반적인데, 'rentier'는 금리나 지대로 생활하는 불로소득자라는 의미이지요.

상속자 또는 불로소득자가 지배하는 사회에 대한 피케티의 해법은 정상상태에 대한 밀의 해법과 동일한 것입니다. 성장률이 하락하는 상황에서 불평등을 개선하려면 부유세(상속세·재산세)를 통해 이윤율을 하락시켜야 한다는 것이에요. 케인즈처럼 말하자면, 금리나 지대로 생활하는 불로소득자를 안락사시켜야 한다는 것이고요. 피케티는 역시 미드와 앳킨슨의 제자라는 사실을 확인할 수 있는 대목이지요.

마르크스적 비판

피케티가 말하는 '21세기의 자본'은 물론 상속재산 또는 유산이라는 의미입니다. 그런데 일부 논자처럼 이것을 마르크스의 『자본』에 대한 대안이라는 의미로 확대 해석할 수도 있지요. 사실 피케티 자신도 마르크스의 역사동역학을 특징짓는 이윤율 하락을 비판하고 있거든요. 그리고 그런 비판의 논거는 고전파와 마르크스가 공유하는 정상상태(stationary state) 개념에 대한 밀과 케인즈의 재해석이라고 할 수 있고요.

그런데 이윤율의 하락은 마르크스만의 주장이 아닙니다. 『현대경제학 비판』과 『역사학 비판』에서 설명한 것처럼, 솔로우의 주장도 동일하다고 해석할 수 있어요. 하지만 아제몰루나 뒤메닐이나 모두 이윤율이 불변이라는 피케티의 주장에 대해서는 침묵하고 있지요. 아제몰루는 피케티처럼 이윤율이 불변이라고 간주하는 반면 뒤메닐은 이윤율이 상승한다고 간주하거든요. 또 아제몰루는 기본법칙이나 기본모순보다는 오히려 제도에 주목해야 한다고 주장하는 반면 뒤메닐은 경제학적 개념의 혼란을 해결하는 방향으로 피케티의 수학적 모형을 개선할 수 있다고 주장하고요.

아제몰루의 '경제성장의 정치경제론'에 대해 부연해두겠습니다. 『국가는 왜 실패하는가』(*Why Nations Fail: The Origins of Power, Prosperity, and Poverty*, Random House/Crown Business, 2012; 국역: 시공사, 2013)에서 그는 경제적 인센티브를 제공하는 평등한 포섭적(inclusive, 포용적) 제도와 그렇지 않은 불평등한 수탈적(extractive, 착취적) 제도의 구별을 통해 세계사를 재구성하려고 시도한 바 있는데, 그런 시도에 대한 비판은 『사회과학 비판』을 참조하세요.

이 대목에서 피케티에 대해 반비판하기 위해서는 자본주의의 기본법칙이 그가 오해하는 것처럼 항등식이 아니라 방정식, 그것도 시간 t가 독립변수인 미지함수를 구해야 하는 미분방정식이라는 사실에 주목해야 합니다. 또 성장률도 자본성장률, 경제성장률, 인구성장률로 구별해야 하는데, 설명의 편의상 생략하겠어요. 이제 마르크스의 축적률 $a \equiv S/\Pi \equiv s/\pi$를 이용하여 변형하면,

$$r(t) = \frac{\pi}{s} g(t),$$
$$g(t) = a r(t).$$

'자본축적론의 기본방정식'이라고 부를 수 있는 이 미분방정식을 풀려면, 새로운 방정식을 하나 추가해야 합니다. 미지함수는 두 개인 반면 방정식은 하나이므로 과소결정된 상태이거든요. 따라서 솔로우는 거시생산함수를 추가하고 뒤메닐이나 저는 이윤율함수나 자본성장함수를 추가하는 것인데, 자세한 설명은 『현대경제학 비판』과 『역사학 비판』을 참조하실 수 있어요.

방금 설명한 것처럼, 피케티의 핵심적 주장은 이윤율이 불변이라는 것입니다. 이윤율의 정의식 $r \equiv \pi P_K$에서 알 수 있듯이, 이런 주장은 자본생산성 P_K의 변동을 이윤분배율 π의 변동이 상쇄한다는

주장이기도 하지요. 그런데 바로 이 대목에서 그의 통계에 대해서도 비판할 수 있다는 것이 제 생각이에요.

먼저 피케티가 제시한 19세기 영국의 통계는 『사회과학 비판』에서도 인용한 바 있는 앨런의 통계를 재해석한 것입니다. 굳이 재해석이라고 한 것은 앨런의 통계는 본래 자본생산성 P_K가 불변인 상황에서 이윤율 $r \equiv \pi P_K$의 변동이 이윤분배율 π의 변동을 반영한다는 의미이기 때문이에요. 반면 『사회과학 비판』에서 저는 이윤율 $r \equiv \pi P_K$의 변동이 이윤분배율 π의 변동보다는 오히려 자본생산성 P_K의 변동을 반영하는 방향으로 그의 통계를 재구성할 수도 있을 것이라고 주장한 바 있지요.

나아가 피케티가 상대화하는 20세기 미국에 주목하면서 뒤메닐의 통계를 인용할 수도 있을 것입니다. 그럴 경우에는 당연히 이윤율 $r \equiv \pi P_K$의 변동이 이윤분배율 π의 변동이 아니라 자본생산성 P_K의 변동을 반영한다고 할 수밖에 없는데, 이것은 뒤메닐 자신의 지론이기도 하지요.

마지막으로 피케티에 대한 뒤메닐의 입장이 일종의 비판적 지지라는 사실에 주목해두겠습니다. 1999-2000년경부터 신자유주의 비판을 위해 피케티의 불평등 분석에 주목한 바 있는 그는 '역설적이지만' 경제학적 이견에도 불구하고 정치적 결론은 공유할 수 있다고 주장하고 있지요. 그런데 이것은 아글리에타의 조절이론에 대해 '정치적 정당성'에도 불구하고 '경제학적 오류'라고 비판한 것과는 정반대라고 할 수 있어요.

정세분석에서 이미 비판했듯이, 뒤메닐도 자본주의를 변혁하는 것이 아니라 개혁할 따름인 관리자사회가 현정세에서 유일하게 실행가능한 전망이라고 주장합니다. 그가 주장하는 21세기의 뉴딜 등등도 결국 불로소득자를 안락사시키자는 것이 핵심이에요. 이런 맥락에서 뒤메닐이 피케티의 부유세를 불로소득자를 안락사시키고 관리자사회를 확립시킬 수 있는 일종의 '이행강령'으로 간주한다는 것이 제 생각이에요.

질의와 응답

일반화된 마르크스주의의 현재성

— 마르크스주의의 위기에 대한 대응으로서 마르크스주의의 전화와 일반화의 관계에 대해 설명해주세요.

— 마르크스주의의 전화(transformation)는 알튀세르의 용어였고 일반화(generalization)는 발리바르의 용어였는데, 두 용어 모두 쇄신(renewal) 또는 개조(recasting)라는 의미였습니다. 다만 전화보다는 오히려 일반화의 의미가 좀 더 분명하다고 할 수 있겠지요. 『일반화된 마르크스주의 개론』에서 설명한 것처럼, 예를 들어 물리과학에서의 용어법을 참조할 수 있거든요.

물리과학에서 뉴튼의 중력이론을 일반화한 두 가지 사례가 있었습니다. 아인슈타인은 질량의 변화를 고려하여 뉴튼의 가속도법칙을 일반화하는 특수상대성이론을 통해 뉴튼의 중력이론을 일반화하는 일반상대성이론을 제시했고, 맥스웰은 뉴튼이 잘 몰랐던 전자기력을 분석함으로써 뉴튼의 동역학을 새로운 영역으로 확장했지요. 물론 거시적 힘인 중력과 미시적 힘인 전자기력을 결합하려는 시도도 일반화인데, 그러나 아직 성공했다고 할 수는 없어요.

과천연구실의 작업은 이런 사례를 참조하면서 마르크스의 역사과학을 일반화하려는 시도였습니다. 역사과학의 측면에서 그로스만을 비롯해 브뤼노프와 폴리, 뒤메닐과 아리기를 원용하면서 미국경제사와 금융세계화를 분석한 것은 '마르크스주의의 아인슈타인'을 추구한 셈이었지요. 또 인권의 정치라는 측면에서 성차의 페미니즘을 비롯해 교육, 생태, 보건의료를 분석한 것은 '마르크스주의의 맥스웰'을 추구한 셈이었고요.

『일반화된 마르크스주의 개론』은 역사과학과 인권의 정치라는 두 가지 측면에서 일반화에 대해 설명했습니다. 또 물리과학과 달리 이 두 가지 일반화의 결합에 대해서도 설명했고요. 그러나 이번에는 주로 전자에 치중하면서 후자는 상대화할 수밖에 없겠지요. 두 가지 일반화가 분리되었기 때문인데, 공산주의가 소멸하면서 인권의 정치를 발전시킬 수 있는 가능성도 소멸했거든요.

예전에 발리바르가 페미니즘의 부침을 결정하는 것은 노동자운동의 부침이라고 지적한 바 있는데, 탁견이었다고 할 수밖에 없습니다. 성차의 페미니즘을 비롯한 다양한 쟁점이 소멸하면서 인권의 정치를 일반화할 수 있는 가능성이 소멸한 것은 결국 공산주의가 소멸했기 때문이에요.

인권의 정치를 일반화하기 이전에 그 조건으로서 공산주의를 재건할 필요가 있고, 그것이 바로 평의회노조로서 사회운동노조라는 것이 제 생각입니다. 『역사적 마르크스주의』에서 노동자운동의 원칙적 조직형태로서 평의회에 주목한 반면 이번에는 또 다른 원칙적 조직형태로서 노조, 나아가 평의회로 발전하는 노조인 평의회노조로서 사회운동노조를 강조한 것은 이 때문이에요.

— 마르크스주의의 일반화가 위기에 대한 능동적 대응이라면, 역으로 일반화를 시도하지 못했기 때문에 위기가 발생했다고 할 수도 있을까요?

— 물론입니다. 먼저 역사과학과 관련해서 기존의 제국주의론이나 국가독점자본주의론으로는 20세기 미국자본주의를 제대로 분석할 수 없다는 결함이 있었습니다. 발리바르를 비롯해서 많은 마르크스주의자가 아글리에타의 조절이론에 희망을 걸었던 것은 이 때문이었지요. 나아가 아글리에타의 조절이론이 사회자유주의적으로 변질된 다음에는 뒤메닐의 자본주의적 역사동역학이나 아리기의 역사적 자본주의 분석에서 또 다른 희망을 발견할 수 있었다는 것은 물론 제 생각이었고요.

동시에 인권의 정치와 관련해서도 아주 중요한 논쟁이 제기되었습니다. 20세기의 마르크스주의적 노동자운동이 전위당을 중심으로 조직되면서 노동자운동인가 아니면 사회운동인가라는 양자택일적 쟁점이 제기되었지요. 따라서 인권의 정치라는 관점에서 노동자운동과 사회운동을 결합시키기 위해서는 평의회를 중심으로 노동자운동을 재건할 필요가 있다고 할 수 있어요.

『역사적 마르크스주의』의 부제는 '이념과 운동'이었는데, 이것은 인권의 정치라는 이념에 따라 노동자운동을 재건하자는 의미였습니다. 또 그렇게 할 수 있는 제도로서 평의회에 주목한 것이었고요. 반면 노조라는 제도에 대해서는 별로 주목하지 못했지요. 대안세계화운동이 발전하고 있던 상황에서는 그 정도로 충분하다고 생각할 수 있었거든요.

그런데 2007-09년 금융위기가 폭발하는 동시에 대안세계화운동이 퇴조하는 역설적 상황이 전개되었습니다. 따라서 평의회로 발전하는 노조, 즉 평의회노조로서 사회운동노조에 주목할 수밖에 없었지요. 물론 『역사적 마르크스주의』에서도 이미 평의회노조나 사회운동노조를 언급한 적이 있기 때문에 입장이 변화한 것은 아닙니다. 다만 강조점이 변화한 것이에요.

— 마르크스주의의 일반화는 물론이고 마르크스주의의 위기에 대한 관심도 거의 소멸한 것 같습니다만….

— 1989-91년에 소련이 붕괴하면서 마르크스주의의 위기를 부정할 수 없게 되었습니다. 그러나 『일반화된 마르크스주의 개론』 1강에서 개관한 것처럼, 남한에서는 마르크스주의의 위기가 아주 특수한 양상으로 전개되었어요. 또 마르크스주의의 일반화를 주장한 과천연구실의 입장은 소수파일 수밖에 없었는데, 가장 친화성이 큰 사회진보연대도 종종 이견을 표출해온 것이 그 증거였지요.

그런 와중에 남한 마르크스주의는 결국 '서서 죽은'(알튀세르) 상태라는 것이 제 생각입니다. 이번 금융위기에 대한 정치적 대응은커

녕 경제학적 분석과 논쟁도 거의 없었다는 것이 그 방증이라고 할 수 있겠지요. 위고 열풍이나 피케티 현상 같은 최신의 프랑스 이데올로기가 풍미하는 상황에서 이념과 운동으로서 마르크스주의는 물론이고 과학으로서 마르크스주의도 무력할 따름이에요.

물론 마르크스주의의 소멸은 남한만의 문제가 아닙니다. 과천연구실이 기대를 걸었던 이탈리아의 공산주의재건당(PRC)이 2009년에 분열된 것은 너무나도 큰 손실이었습니다. 그런데 그런 분열을 촉발시킨 프랑스의 새로운반자본주의정당(NPA)도 결국 2012년에 분열되고 말았어요. 이 두 사례 정도로 중요하지는 않지만 영국의 사회주의노동자당(SWP)도 2008-13년에 사분오열되었고요. 나아가 이번 금융위기에 대한 마르크스주의적 분석과 논쟁이 거의 없었던 것도 역시 실망스런 일이었어요.

이런 상황에서 이번 작업이 계획된 것입니다. 과학이든 이념과 운동이든 조만간 마르크스주의가 부활할 전망은 거의 존재하지 않는 것 같습니다. 물론 자본주의적 현실이 지속되는 한, 따라서 그 모순을 지양하려는 시도가 지속되는 한, 언젠가는 마르크스주의가 부활하겠지요. 그 때 우리 후배들을 안내할 수 있는 지도를 그려보자는 것이 이번 작업의 의도라고 할 수 있어요.

돌이켜보면, 1970-80년대 남한에서 마르크스주의를 공부한다는 것은 참으로 막막한 일이었습니다. 한국전쟁 이후 마르크스주의가 소멸한 상태였거든요. 그래서 대부분 일본의 마르크스주의에 의존했던 것인데, 저 역시 마찬가지였지요. 그러나 그 한계를 점차 분명하게 인식하면서 프랑스를 비롯한 유럽의 마르크스주의를 공부하게 되었지요. 당시 저의 화두는 스탈린주의 비판이었는데, 예를 들어 소련의 마르크스주의 중에서도 유독 짜골로프학파에게 주목한 것은 이 때문이었어요.

아무튼 마르크스주의가 서서 죽은 현재의 상태가 앞으로도 오랫동안 지속된다면, 다음 세대에 마르크스주의를 공부하려는 우리 후배들도 역시 막막할 수밖에 없을 것입니다. 그래서 그 때 그들을 안내할 수 있는 지도라도 남겨두자는 것이 이번 작업의 의도라고 할 수 있어요.

— 인권의 정치와 프로이트-마르크스주의나 스피노자-마르크스주의 사이의 관계에 대해 좀 더 설명해주세요.

— 알튀세르는 「이데올로기와 이데올로기적 국가장치」라는 유명한 논문에서 이데올로기적 국가장치라는 개념을 통해 자본주의적 사회구성체를 특징짓는 역사적으로 특수한 이데올로기로서 법이데올로기를 설명했습니다. 그리고 이어서 프로이트-마르크스주의를 통해 이데올로기 일반을 설명했지요.

그런데 알튀세르 사후에 출판된 「이데올로기와 이데올로기적 국가장치」의 원본인 『생산관계의 재생산에 대하여』를 보면, 그의 주요한 관심은 역시 역사적으로 특수한 이데올로기였다는 사실을 알 수 있습니다. 이데올로기 일반은 모두 열두 장으로 구성된 원본의 마지막 12장에 불과했거든요.

어쨌든 발리바르는 프로이트-마르크스주의를 스피노자-마르크스주의로 대체하는 동시에 법이데올로기 대신 정치이데올로기, 즉 '현대정치의 이데올로기적 형식'으로서 인권의 정치에 주목했습니다. 또 나중에는 스피노자-마르크스주의로 인권의 정치를 설명하는 것이 곤란하다는 사실을 발견하고서 급기야 헤겔-마르크스주의에 주목하기도 했고요.

발리바르의 경우에도 중요한 것은 역시 역사적으로 특수한 이데올로기였다는 사실을 알 수 있는 대목입니다. 프로이트-마르크스주의를 대체한 스피노자-마르크스주의를 또다시 헤겔-마르크스주의로 대체할 수밖에 없었던 것은 그래야만 인권의 정치를 설명할 수 있었기 때문이거든요.

그런데 마르크스주의자의 관점에서 볼 때 이데올로기 일반과 역사적으로 특수한 이데올로기의 관계에 대한 이런 설명은 사실 당연한 것입니다. 마르크스의 분석대상도 생산양식 일반이 아니라 역사적으로 특수한 생산양식이었지요. 생산양식 일반을 대상으로 한 '노동의 인간학'은 역사철학의 변종일 따름이에요. 이데올로기 일반을 대상으로 한 '교통의 인간학'도 역시 마찬가지이고요.

게다가 역사적으로 특수한 생산양식이나 이데올로기에 대한 설명에서 그칠 수도 없습니다. 이 때문에 『일반화된 마르크스주의 개론』에서 『자본』에 대한 보강으로 미국경제사를 추가한 것인데, 다만 인권의 정치에 대한 보강은 부실한 상태였지요. 그래서 직접 『역사적 마르크스주의』를 읽을 필요가 있다고 한 것이고요. 경제학 비판에 대한 경제사 보강이 있듯이 이데올로기 비판에 대한 운동사 보강이 있어야 하거든요.

— 그러나 『알튀세르를 위한 강의』에서는 이데올로기 일반에 대한 설명도 강조하셨는데요….

— 당시의 정세에서는 포스트구조주의와의 논쟁이 중요했기 때문입니다. 예를 들어 프로이트의 해석을 둘러싼 라캉과 알튀세르의 논쟁, 나아가 스피노자의 해석을 둘러싼 들뢰즈와 발리바르의 논쟁이 제기하는 쟁점을 설명할 필요가 있었거든요. 그러나 그 후 포스트구조주의의 전개과정을 보면, 처음에 생각했던 것과는 달리 용렬한 사상이었다는 생각을 지울 수가 없습니다. 결국 프랑스에서도 알튀세르가 사상의 마스터였고, 데리다나 푸코나 들뢰즈 같은 그의 후배 또는 발리바르는 어떨지 몰라도 랑시에르나 바디우 같은 제자는 에피고넨에 불과했지요.

— 『알튀세르를 위한 강의』에서 브뤼노프나 이리가레에게 주목하신 이유는 무엇인가요?

— 『알튀세르를 위한 강의』의 주요한 대상은 알튀세르나 발리바르가 말하는 마르크스주의의 전화나 일반화였는데, 다만 그 단계에서도 경제학 비판이나 이데올로기 비판에 대한 보충이 필요하겠다는 생각이 들었습니다. 따라서 『알튀세르를 위한 강의』의 1-3강에서

알튀세르와 발리바르를 설명한 다음에 4강과 5강에서는 브뤼노프와 이리가레를 설명한 것이지요.

먼저 경제학 비판의 보충과 관련해서는 발리바르의 조언이 중요했다고 할 수 있습니다. 1980년대 초에 박사논문을 쓰면서 발리바르에게 경제학 비판과 관련해 질문했더니 브뤼노프의 『국가와 자본』을 추천해주더군요. 그래서 『국가와 자본』과 그 속편인 『시장의 시간』을 중심으로 경제학 비판에 대한 브뤼노프의 관점을 설명했던 것이지요.

반면 이데올로기 비판의 보충은 저 혼자 생각해낸 것입니다. 물론 발리바르도 탈현대적 조건에서 인권의 정치를 전망하면서 성적 차이에 대해 언급한 적은 있지만, 성차의 페미니즘을 중심으로 역사적 페미니즘을 복원할 필요성은 거의 모두 제가 생각해낸 것이에요. 그런 와중에 이리가레에게 주목한 것은 포스트구조주의를 비판하는데 적합했기 때문이기도 했고요.

— 『알튀세르를 위한 강의』에서 브뤼노프를 설명하면서 신자유주의에 대한 비판도 세기하셨는데요….

— 알튀세르는 제국주의론이나 국가독점자본주의론의 결함이 미국자본주의를 설명하지 못했다는 데 있다고 주장했는데, 1990년대에는 구조적 위기에 대한 반작용으로서 미국자본주의의 신자유주의적 변모를 설명할 필요성도 추가되었습니다. 김영삼 정부의 문민화 이후 남한에서도 신자유주의에 대한 관심이 점차 제고되면서 각양각색의 신자유주의론이 제기되기도 했고요.

그런 상황에서 제가 미국자본주의의 역사에 대한 분석을 염두에 두면서 신자유주의가 무엇인지 설명하고자 했던 것입니다. 『국가와 자본』에서 케인즈주의에 대한 마르크스적 비판을 수행한 바 있는 브뤼노프는 『시장의 시간』에서는 통화주의의 압력 아래 변질된 케인즈주의로서 신자유주의에 대해서도 비판했지요.

다만 브뤼노프의 이런 비판에도 한계가 있었는데, 케인즈주의와 신자유주의의 역사적 지위를 좀 더 분명하게 설명할 필요가 있었기 때문입니다. 그래서 제가 브뤼노프에 대한 후속 작업으로 아리기의 역사적 자본주의 분석과 뒤메닐의 자본주의적 역사동역학을 검토했던 것이지요. 또 폴리의 『자본』 해석을 매개로 해서 이 모든 것을 그로스만적 전통의 복원으로 종합한 것이 바로 『일반화된 마르크스주의 개론』이었고요.

철학자는 항상 정세 속에서 작업한다는 것이 발리바르의 지론인데, 사실 과학자도 정세 속에서 작업하기는 마찬가지입니다. 흔히 말하는 이론의 '현실적합성'이 바로 그런 뜻이거든요. 동시에 철학자에게는 어떨지 몰라도 과학자에게는 일관성을 유지하는 것이 중요하기도 합니다. 정세적 대응에 따라 강조점이 변화할 수는 있어도 마르크스주의의 일반화라는 목표는 불변이기 때문이에요.

— 공감개론신서 중에서 녹취록이 아닌 경우에도 구어체를 사용하시는 특별한 이유가 있나요?

— 그렇습니다. 학술서에는 두 가지가 있는데, 논저(treatise, 논문집과 저서)와 교과서(textbook) 내지 참고서(manual/handbook, 교본)가 그것이지요. 과천연구실세미나는 대체로 전자라고 할 수 있는 반면 공감개론신서는 대체로 후자라고 할 수 있고요. 논저와 교과서·참고서에 사용되는 문체가 동일할 수 없다는 것은 당연한 일인데, 그래서 과천연구실세미나에서 공감개론신서로의 이행을 계기로 저 나름대로 '문체반정'을 시도해본 것이에요.

좀 더 구체적으로 설명해보겠습니다. 제 문체에 대해서는 난삽하다는 '불만'이 많았는데, 특히 정운영 선배나 김현 선배가 그랬지요. 그러나 두 분 선배 같은 필력이 없던 저로서는 문어체로 쉽게 쓸 도리가 없었어요. 대신 구어체의 녹취록은 읽기 쉽다는 독자가 많아서 녹취록이 아닌 경우에도 구어체를 사용한 것이지요.

사실 이런 시도는 19세기 영국 경제학계에서 이미 출현했던 것입니다. 예를 들어 일반 독자는 물론이고 경제학도라고 할지라도 스미스의 『민부론』을 읽는 것은 쉬운 일이 아니었거든요. 그래서 다양한 교과서가 집필되었는데, 그 중 가장 인기가 있었던 것이 바로 '대화체'나 '설교체' 교과서였답니다. 굳이 비교하자면 공감개론신서는 '강의체'나 '강연체' 교과서라고 할 수 있겠지요.

역사동역학

— 『마르크스의 '자본'』과 『마르크스의 '경제학 비판'』의 차이에 대해 좀 더 설명해주세요.

— 먼저 1강에서는 경제학 비판의 대상과 관련해서 플란 문제를 상당히 부연했습니다. 또 새로 추가한 6강에서는 경제학 비판의 방법을 포함해서 마르크스의 철학을 전반적으로 설명했고요. 방금 발리바르가 스피노자-마르크스주의에서 헤겔-마르크스주의로 이행했다고 했는데, 마르크스와 헤겔의 관계를 검토할 때 아리스토텔레스를 참조할 필요가 있다는 것이 저의 결론이었어요.

6강에서 인용한 펜로즈의 의견에 따르면 과학에도 등급이 있는데, 물리과학 같은 일급의(superb) 과학과 달리 역사과학 같은 시론적(tentative) 과학에서는 아직도 철학의 도움이 필요합니다. 마르크스주의의 위기를 돌파하는 과정에서 알튀세르와 발리바르의 개입이 결정적이었는데, 사실 그들의 도움을 받지 않고서 마르크스주의를 일반화할 수는 없다고 할 수 있어요.

나아가 2-5강에서도 이번 금융위기에 대한 분석을 염두에 두면서 『자본』의 논지에 대한 설명을 추가했습니다. 먼저 마르크스의 화폐론과 금융론의 관계에 대한 설명을 대폭 보충했지요. 그러나 훨씬 더 중요한 것은 역사동역학을 구성하는 법칙, 즉 가치법칙과 잉여가치법칙 같은 정의법칙, 자본생산성 하락 또는 이윤율 하락의 법칙과 자본 성장의 법칙 같은 인과법칙을 좀 더 체계적으로 설명하려는 시도라고 할 수 있어요.

역사동역학에 대한 설명은 『현대경제학 비판』과 『사회과학 비판』

으로 확장되었습니다. 역사동역학의 수학적 모형을 둘러싸고 뒤메닐-아리기와 논쟁할 필요성이 제기되었기 때문이지요. 그래서 『현대경제학 비판』에서 솔로우-램지의 경제성장론을 비판했고, 나아가 『사회과학 비판』에서는 인구변천론과 복지국가론에 대한 비판을 추가했던 것이지요. 전자는 주로 뒤메닐 비판과 관련된 것인 반면 후자는 주로 아리기 비판과 관련된 것이었어요.

— 『사회과학 비판』에서는 사회학과 정치학에 대한 비판도 얼마간 시도하셨는데요….

— 고전경제학과 비교해볼 때 현대경제학의 문제설정이 대폭 축소되었다는 사실은 쉽게 알 수 있습니다. 따라서 고전경제학에 포함되었던 문제설정 중 일부가 사회학이나 정치학으로 분화되면서 현대경제학과 사회과학의 보완관계가 형성되었던 것이지요. 그러나 결국 사회학은 현대경제학과 경합관계를 선택했고 정치학은 보완관계를 유지했는데, 전자를 대표하는 것이 새경제사회학이고 후자를 대표하는 것이 정치경제론이에요.

고전경제학에 대한 마르크스의 비판을 계승하려면 현대경제학 비판과 아울러 사회학이나 정치학에 대해서도 비판할 수 있어야 할 것입니다. 또 현대경제학과 경합하는 새경제사회학에 대한 비판보다는 오히려 그것을 보완하는 정치경제론에 대한 비판이 필요할 것이고요. 특히 역사동역학의 관점에서는 아제몰루의 경제성장의 정치경제론에 대한 비판에 주목할 필요가 있지요.

『사회과학 비판』에서 아제몰루의 정치경제론를 비판하면서 체계론에 대한 인식을 좀 더 심화시킬 수 있었습니다. 그는 구조와 제도를 경제성장의 '직접적 원인'(immediate cause)과 '궁극적 원인'(ultimate cause), 달리 말해서 근인(近因)과 원인(遠因)으로 구별했는데, 체계론의 관점에서 볼 때는 오히려 보편법칙으로서 엔트로피와 반작용요인으로서 네겐트로피(네거티브 엔트로피)로 구별하는 것이 합리적이겠지요.

이번에 피케티를 비판하면서 아제몰루는 제도주의적 편향을 더욱 강화하고 있는데, 결국 보편법칙이 아니라 반작용요인으로 모든 것을 설명할 수 있다고 주장하는 셈입니다. 그러나 체계론의 관점에서 볼 때 이런 입장은 아주 불합리한 것이라고 할 수밖에 없다는 것이 제 생각이에요.

— 체계론의 관점이 필요한 것은 결국 구조적 위기론 때문이라고 할 수 있나요?

— 그렇다고 할 수 있습니다. 마르크스는 구조적 위기를 설명하기 위해 자본의 과잉생산, 달리 말해서 과잉축적에 주목하고, 나아가 상대적 과잉축적과 절대적 과잉축적을 구별했지요. 전자는 이윤율이 하락한다는 의미였고 후자는 그 결과로 조만간에 이윤도 감소한다는 의미였어요.

그로스만 이후 마르크스적 의미에서 구조적 위기론을 결정적으로 발전시킨 사람이 바로 아리기였습니다. 그는 구조적 위기를 징후적 위기와 최종적 위기로 구별했는데, 제가 제시한 수학적 모형에서 징후적 위기는 상대적 과잉축적과 일치하고 최종적 위기는 절대적 과잉축적과 일치했지요. 아리기는 징후적 위기와 최종적 위기 사이에 벨 에포크를 설정하기도 했는데, 금융화로 인해 이윤율이 얼마간 상승하는 시기라는 의미였어요.

이렇게 재구성한 아리기의 구조적 위기론은 사실 장기파동론을 둘러싼 만델과 샤이크의 논쟁을 해결하는 것이기도 했습니다. 본래 콘드라티에프의 장기파동론은 국민소득의 절대치나 그 성장률, 즉 경제성장률에 주목했는데, 쿠즈네츠의 비판에 의해 논파되었지요. 그래서 새뮤얼슨이 장기파동론은 '공상과학소설'일 따름이라고 주장할 수 있었던 것이에요.

그러나 만델이 이윤율의 장기파동을 주장하면서 그 부활을 시도했던 것입니다. 또 샤이크는 경향적으로 하락하는 이윤율이 아니라 이윤의 장기파동이 있을 따름이라는 비판을 제시했고요. 아리기 자신이 만델과 샤이크의 논쟁을 의식했는지 못했는지 저로서는 알 도리가 없지만, 그를 통해 그들의 논쟁을 해결할 수 있었다는 것이 제 생각이에요.

『역사학 비판』에서 설명한 것처럼, 그로스만부터 아리기까지 마르크스적 의미의 구조적 위기론을 체계론의 관점에서 합리적으로 재구성할 수 있습니다. 반면 뒤메닐이 상대적 과잉축적과 달리 절대적 과잉축적이 불가능하다고 단언한 것은 사실 논거가 박약한 억지 주장일 따름이에요. 그는 그로스만과 아리기의 구조적 위기론을 완전히 무시하고 있는데, 저로서는 납득할 수 없어요. 어쨌든 자세한 설명은 『역사학 비판』을 참조하세요.

— 정상상태론에 대해서도 좀 더 설명해주세요.

— 스미스의 민부(wealth of nations, 국부)는 본래 국민소득을 의미합니다. 그런데 국민소득 Y의 성장을 결정하는 것은 노동생산성 Y/N의 상승과 생산적 노동자 N의 증가라는 두 가지 요인이지요.

$$Y \equiv \frac{Y}{N} \times N.$$

노동생산성 Y/N의 상승을 결정하는 것이 분업의 정도이고, 분업의 정도를 결정하는 것이 시장의 규모인데, 이것이 『민부론』 1책의 주제입니다. 또 생산적 노동자 N의 증가를 결정하는 것이 자본의 축적인데, 이것은 2책의 주제이고요.

『민부론』 1-2책에서 스미스가 제시한 역사동역학은 사회를 진보상태(advancing/progressive state), 정상상태(stationary state), 퇴보상태(declining[/regressive] state)라는 세 국면으로 구별했습니다. 이 세 국면은 각각 성장률이 플러스, 0, 마이너스라는 의미였고요. 『민부론』 3책에서 스미스는 이런 역사동역학을 이용하여 로마제국 이후의 유럽경제사를 설명했는데, 이것이 '개념적으로 설명된 역사'(histoire raisonnée, reasoned history), 즉 '이론적 역사'의 효시였지요. 『민부론』 4책의 주제는 자유무역의 관점에서 제시된 중상주의에 대한 비판, 또 5책의 주제는 재정학이었고요.

어쨌든 고전파 이후에도 마르크스나 밀-케인즈는 모두 부유한 진보상태에서 빈곤한 퇴보상태로 이행하는 임계점인 정상상태, 달리 말해서 성장의 한계에 주목했습니다. 그러나 양자의 목적은 정반대였지요. 마르크스의 목적은 성장이 중지되는 정상상태에 도달하기 이전에 공산주의를 건설하는 변혁의 실행이었던 반면 밀과 케인즈의 목적은 자본주의를 재건하는 개혁의 실행이었거든요. 물론 마르크스가 지적한 것처럼, 이런 두 개의 대안이 공멸할 수도 있는데, 그 결과 파시즘이 출현했던 것이지요. 어쨌든 성장의 한계라는 고전파적 개념은 변혁지향적인 마르크스주의와 개혁지향적인 현대경제학이 공유하는 개념이라는 것이 제 생각이에요.

다만 성장률을 좀 더 세분할 필요가 있습니다. 『사회과학 비판』에서 설명한 것처럼, 인구변천까지 포함하는 역사동역학에 따르면, 인구성장률, 경제성장률, 자본성장률의 순서로 0이 된다고 할 수 있지요. 경제성장률이 0이 되면서 국민소득에 비례하는 이윤이 감소하는 것이 아리기 식으로 말해서 최종적 위기의 개시인데, 그 이전에 인구감소가 발생하고, 그 이후에 자본감소가 발생한다는 것이에요. 물론 로지스틱모형에서는 자본감소가 발생하지 않지만, 설명의 편의상 무시하겠어요. 어쨌든 붕괴는 성장률이 마이너스인 퇴보상태를 의미하므로, 방금 설명한 역사동역학에 따르면, 세 가지 붕괴 또는 퇴보상태가 존재한다고 할 수 있지요.

사실 제가 학부과정이나 석사과정에 다니던 1970년대는 아리기식으로 말해서 징후적 위기의 시기여서 현대경제학에서도 정상상태나 성장의 한계라는 개념이 아주 중요했습니다. 그 후 벨 에포크가 전개되면서 점차 소실되었던 이 개념이 이번 금융위기를 계기로 새삼 주목받기 시작했는데, 앞으로 주목할 만한 연구가 많이 나올지도 모르겠다는 생각이 들어요.

— 생태론자도 정상상태론에 주목하지 않나요?

— 맞습니다. 다만 생태론자는 붕괴, 즉 마이너스 성장을 두려워하지 말자고 주장하지요. 게다가 마이너스 성장이 더 나을 수 있다고 주장하는 탈성장론도 출현하고요. 이런 주장은 본질적으로 풍요가 아니라 청빈을 표방하는 엘리트주의적 함의를 갖는 것인데, 게다가 파시즘적 인간혐오론으로 발전할 가능성도 내포하고 있다는 것이 제 생각이에요.

— 1970년대 이후를 구조적 위기라고 부르기도 하고 2007-09년 금융위기를 구조적 위기라고 부르기도 하는데요….

— 방금 설명한 것처럼, 이윤율이 하락하는 상대적 과잉축적으로 인해 구조적 위기가 시작되므로 1970년대 이후를 구조적 위기라고 부르는 것입니다. 그런데 아리기처럼 구조적 위기를 세 개의 국면으로 구분할 때 1990-2000년대는 징후적 위기에 대한 반작용으로 금융화가 본격적으로 전개되면서 이윤율이 얼마간 회복되는 벨 에포크이지요. 또 그런 벨 에포크의 종언에 따른 이윤율의 급락을 예고하는 것이 2007-09년 금융위기이고요. 따라서 이번 금융위기를 구조적 위기라고 부르는 것은 구조적 위기의 벨 에포크 국면에서 최종적 위기 국면으로 이행한다는 의미라고 할 수 있어요.

— 최종적 위기의 시점에 대한 예측을 둘러싸고 여전히 논란이 많습니다만….

— 2001년에 출판된 『마르크스의 '경제학 비판'』 초판에서 제가 예측한 최종적 위기의 시점이 바로 2012-13년입니다. 물론 아리기처럼 2010년대라고 할 수도 있겠고요. 나아가 이번 금융위기를 계기로 현대경제학에서도 경제성장률의 하락 가능성에 대한 연구가 많이 진행되고 있는데, 제가 가끔 인용하는 고든이 대표적인 경우이지요. 또 피케티도 경제성장률의 하락을 전제로 해서 자신의 주장을 전개하는 셈이에요.

케인즈가 지적하는 것처럼, 역사에 대한 예측은 일기예보 이상으로 곤란한 것입니다. 게다가 양자 모두 실험이 불가능한 것이고요. 따라서 기상학의 경우처럼 역사과학의 경우에도 개념적·수학적이고 통계학적인 연구는 더더욱 필요한 것이지요. 칸트를 패러디하여 '감히 예측하라'고 말할 수 있겠는데, 이런 것이 바로 과학자의 용기라는 것이 제 생각이에요.

비록 과학자의 예측력이 취약하다고 하더라도 그것을 점차 개선할 수 있다는 것이 점술가와의 차이입니다. 제가 어렸을 적에는 기상청이 참 욕을 많이 먹었는데, 심지어 일기예보와 반대로 하는 것

인문학 비판

— 인문학 비판의 맥락에서 『문학 비판』이 『역사학 비판』에 후속한다고 할 수 있나요?

— 그렇습니다. 『역사학 비판』이 단순히 『현대경제학 비판』의 속편만은 아니거든요. 역사를 인식하는 관점 자체가 쟁점인 것이고, 그래서 자본주의와 사회주의의 관계를 검토한 것인데, 그러다보니까 언젠가는 자본주의와 봉건제의 관계도 검토해야겠다는 생각이 결국 『봉건제론』으로 실현된 것이지요.

나아가 역사학뿐만 아니라 문·사·철 전체에 대해서도 정리가 필요하다는 생각이 들었습니다. '철학 비판'은 『마르크스의 '자본'』에서 얼마간 정리되었으므로, 『역사학 비판』에 후속하여 『문학 비판』을 집필했던 것이에요. 또 『봉건제론』에서도 철학과 문학에 대한 검토가 계속되었고요.

— 뒤메닐-아리기와의 논쟁도 『역사학 비판』을 집필하신 계기라고 할 수 있나요?

— 맞습니다. 『일반화된 마르크스주의 개론』에서는 알튀세르와 발리바르가 복권시킨 경제학 비판이 뒤메닐과 아리기로 계승되는 과정을 설명하고 나서 맨 마지막에 이것을 그로스만적 전통이라고 불렀지요. 그러나 『역사학 비판』에서는 아리기와 뒤메닐이 그로스만적 전통을 계승하는 과정에서 제기될 수 있는 쟁점을 좀 더 자세하게 검토한 셈이에요.

— 『알튀세르를 위한 강의』에서는 그로스만에 대해 언급하지 않으셨는데요….

— 그렇습니다. 그로스만은 워낙 유명해서 박사논문을 쓸 때부터 이미 알고 있었는데, 다만 저 역시 몇 가지 편견을 갖고 있었지요. 그러나 나중에 아리기나 뒤메닐과 함께 그로스만을 읽어보고서 그

런 왜곡된 생각을 정정하게 되었어요. 평의회마르크스주의를 연구하는 과정에서 그로스만을 재발견한 것도 물론 중요했고요. 이처럼 이론적으로는 아리기와 뒤메닐을 통해서, 운동론적으로는 평의회마르크스주의를 통해서 그로스만을 다시 평가한 셈이에요.

— 역사동역학을 재구성하는 과정에서 뉴튼에 대한 폴리의 유비도 중요했지요?

— 물론입니다. 폴리가 가치법칙을 가속도법칙에 유비하여 정의법칙으로 해석한 것이 중요했지요. 그런데 『일반화된 마르크스주의 개론』이나 『2007-09년 금융위기』를 집필하는 과정에서 뉴튼의 동역학을 직접 연구해보니까 폴리가 언급하지 않은 두 가지 법칙, 즉 원인과 관련되는 중력의 법칙과 결과와 관련되는 행성운동의 법칙이 존재하더군요.

따라서 마르크스에게서 중력의 법칙과 행성운동의 법칙에 해당하는 것은 무엇인가라는 질문이 제기되었던 것입니다. 저의 결론은 중력의 법칙에 해당하는 것은 자본생산성 하락 또는 이윤율 하락의 법칙이라고 할 수 있고 행성운동의 법칙에 해당하는 것은 자본 성장의 법칙이라고 할 수 있다는 것이에요.

경제학설사적으로 말해서 스미스는 생산가격의 형성을 중력의 작용에 유비한 반면 리카도는 이윤율의 하락을 중력의 작용에 유비했습니다. 밀과 마르크스도 대동소이한 입장이었는데, 다만 반작용요인 때문에 중력이 경향적으로 작용한다고 부연했지요. 그러나 자본의 성장에 대한 명시적 언급은 없었는데, 그것을 중력의 법칙이라는 원인의 결과로서 행성운동의 법칙에 유비한 것은 제가 최초인 것 같아요. 이윤율의 균등화라는 원인의 결과가 생산가격의 형성인 것처럼, 이윤율의 하락이라는 원인의 결과가 자본의 성장이거든요.

물론 역사동역학을 재구성하면서 뉴튼의 동역학에 대한 유비에만 주목한 것은 아닙니다. 특히 슈뢰딩어의 열역학적 생명론에 대한 유비도 아주 중요했는데, 그로스만처럼 자본주의를 하나의 체계로 인식할 경우에는 이윤율 하락의 법칙을 '자본주의적 축적의 엔트로피 법칙'이라고 부를 수 있는 반면 반작용요인을 네겐트로피라고 부를 수 있거든요.

이런 일련의 작업을 통해 발리바르가 말하는 두 개의 원인론에 대한 대안을 체계론에서 발견할 수 있었던 것입니다. 또 체계론의 관점이 자본주의에 대한 분석 이상으로 봉건제에 대한 분석에서도 유효하다는 사실을 깨닫게 되었고요. 물론 역사학의 최근 성과인 거대사(big history), 즉 물질사와 생명사의 연장선에서 분석되는 인류사도 체계론의 관점에서 제시된 것이에요.

— 『일반화된 마르크스주의 개론』에서 관리자혁명의 특징으로 강조하신 슬론주의는 아리기에게서 원용된 것인가요?

— 기본적인 영감은 물론 아리기에게서 비롯된 것입니다. 그러나 아리기의 경제학적 개념은 너무 엉성해서 제가 마르크스적 관점에서 보완하기도 했지요. 예를 들어 생산비용만 절약하는 테일러주의·포드주의에 비해 슬론주의는 생산비용과 동시에 유통비용도 절약한다는 식으로 말이에요.

그러나 가장 중요한 차이는 사실 관리자혁명을 산업혁명으로 인식해야 한다는 데 있습니다. 이것은 아리기뿐만 아니라 또한 동시에 뒤메닐과의 차이이기도 하고요. 관리자혁명의 시기는 산업혁명의 시기이기도 한데, 19세기 영국자본주의의 선도산업인 면직물산업을 대체하는 20세기 미국자본주의의 선도산업인 자동차산업과 가전산업이 출현하는 시기이거든요.

— 면직물산업의 1차 산업혁명에 이은 2차 산업혁명은 철강산업에서 발생했다고 주장하는 경우도 있던데요….

— 블랑키(아돌프)와 엥겔스의 산업혁명 개념을 체계화한 것이 바로 마르크스의 『자본』 1권입니다. 『마르크스의 '자본'』에서 설명한 것처럼, 산업혁명은 면직물산업에서 매뉴팩처를 대체하는 기계제대

공업의 출현을 의미하지요. 좀 더 구체적으로 말해서 도구를 대체하는 작업기의 발명에서 시작하여 작업기를 생산하는 공작기계의 발명, 즉 '기계에 의한 기계의 생산'으로 완성된다는 것이에요.

부르주아 경제사학은 산업혁명이라는 용어를 수용하는 동시에 그 개념화를 둘러싸고 논쟁을 제기했습니다. 가장 중요한 쟁점은 1차 산업혁명의 본질에 대한 것인데, 면직물산업에서 작업기나 공작기계의 발명이 아니라 전산업에서 활용할 수 있는 증기기관 같은 범용(汎用, general-purpose) 기술을 강조했다는 차이가 있어요. 자동차산업이나 가전산업이 아니라 철강산업이나 정보산업에 주목하면서 2차 산업혁명이니 3차 산업혁명이니 하는 주장도 역시 동일한 맥락에서 제기되었고요.

아까 19세기 영국자본주의에 대한 앨런의 통계에 대한 피케티의 해석과 저의 해석에 차이가 있다고 언급했습니다. 『사회과학 비판』에서 설명한 것처럼, 저는 자본생산성이 상승하면서 이윤율이 상승했을 것으로 추정하는데, 그 근거가 바로 작업기를 생산하는 공작기계의 발명, 즉 기계에 의한 기계의 생산을 통한 고정자본의 절약이라는 것이에요.

마르크스적 산업혁명론의 관점에서 볼 때 자동차산업과 가전산업이 면직물산업을 대체했다는 것은 산업혁명이 한 단계 심화되었다는 의미입니다. 면직물이라는 소모성 소비재를 대체하는 자동차와 가전이라는 내구성 소비재가 출현함으로써 생산이 아니라 소비에서도 일종의 '기계제'가 출현했던 셈이거든요.

그런데 1차 산업혁명과 비교할 때 2차 산업혁명에서는 자본생산성과 이윤율을 상승시킬 수 있는 새로운 방법이 필요했습니다. 기계에 의한 기계의 생산이 이미 보편화된 상황에서 고정자본을 절약할 수 있는 새로운 방법이 요구되었다는 것인데, 그것이 바로 규모의 경제를 대체하는 속도의 경제, 나아가 범위의 경제를 실현한 관리자혁명이었던 것이에요. 게다가 방금 설명한 것처럼, 관리자혁명은 생산비용과 동시에 유통비용을 절약할 수 있었고요.

마지막으로 소모재를 생산하는 19세기 산업혁명과 비교할 때 내구재를 생산하는 20세기 산업혁명은 훨씬 더 큰 규모의 세계시장을 필요로 했다는 사실에 주목할 수 있습니다. 앨런이 주장하는 것처럼, 수입대체산업화가 실패하고 수출지향산업화가 성공할 수밖에 없었던 것도 역시 이 때문이었고요.

— 19세기 영국자본주의에 대한 앨런의 작업을 20세기 미국자본주의에 대한 뒤메닐의 작업에 비견할 수 있을까요?

— 물론입니다. 게다가 뒤메닐은 미국정부의 국민회계를 기초자료로 활용할 수 있었지만 앨런은 그런 기초자료 없이 통계를 새로 만들어낸 셈이에요. 영국 출신으로 네덜란드 흐로닝언대학 교수였던 매디슨에게서 시작된 그런 작업을 보통 '역사적 국민회계'라고 부르는데, 남한에서는 낙성대학파의 작업이 대표적이지요.

어쨌든 앨런의 통계와 뒤메닐의 통계는 공통점과 차이점이 있습니다. 먼저 두 통계에서 모두 이윤율의 등락이 확인되지요. 그러나 이미 지적한 것처럼, 앨런의 통계에서는 이윤율의 등락이 이윤분배율의 등락을 반영하는 반면 뒤메닐의 통계에서는 이윤율의 등락이 자본생산성의 등락을 반영한다고 할 수 있어요.

그런데 19세기 영국자본주의에서는 이윤율이 이윤분배율을 반영한 반면 20세기 미국자본주의에서는 이윤율이 자본생산성을 반영한다는 이론 같은 것은 존재할 수 없습니다. 마르크스의 입장은 물론 이윤율이 이윤분배율이 아니라 자본생산성을 반영한다는 것이고요. 따라서 피케티와는 다른 방식으로 앨런의 자료를 해석할 수 있다는 것이 제 생각이에요.

앨런의 작업이 아제몰루의 작업에 대한 비판이기도 했다는 사실도 지적해두겠습니다. 아제몰루는 경제성장에 대한 지리결정론이나 문화결정론을 비판하면서 구조와 제도의 상호작용에 주목했어요. 물론 구조보다는 오히려 제도를 강조했지만요. 반면 앨런은 제도보다는 오히려 구조를 강조하는 입장이었습니다. 또 바로 이 대목에서 뒤메닐이나 폴리가 주목한 바 있는 편향적 기술진보의 중요성에도 주목했고요.

— 20세기 자본주의의 표준이 미국이라는 것은 19세기 자본주의의 표준이 영국이라는 마르크스의 주장을 수용하기 때문인가요?

— 그렇습니다. 나아가 19세기 후반에 출현한 이윤율의 하락이라는 엔트로피법칙에 대하여 가장 효과적으로 반작용하는 네겐트로피를 조직한 것이 미국이기 때문이기도 한 것이고요. 영국의 금융화나 독일의 독점화가 이윤율을 상승시키는 데 실패한 반면 미국의 법인화는 관리자혁명과 케인즈혁명을 통해 이윤율을 상승시키는 데 성공했거든요. 모든 제도가 동등하다는 비교자본주의론의 주장에 찬성할 수 없다는 것이에요.

이 대목에서 마르크스가 말하는 표준에 대한 설명을 보충해두겠습니다. 독어로 표준은 'Maßstab'과 'Muster'인데, 영어로는 각각 'yardstick/criterion'과 'example/model'(또는 'type')이고, 불어로도 비슷하지요. 국어로는 물론 기준과 모범이고요. 그런데 독어와 달리 영어와 불어에는 이 두 가지 의미를 포괄하는 'standard'라는 단어도 있는데, 그것을 번역한 것이 바로 표준(標準)이에요.

화폐의 표준(본위화폐)이나 노동의 표준(근로기준)이라고 할 때 그것은 'Maßstab'이라는 의미인 반면 영국과 미국이 자본주의의 표준이라고 할 때는 'Muster'라는 의미입니다. 서양문학의 표준이 그리스비극이라고 할 때도 역시 'Muster'라는 의미이고요. 그런데 표준으로서 'Maßstab'과 'Muster'는 모두 보편이기도 합니다. 예를 들어 화폐의 표준은 보편적 등가물(allgemeines Äquivalent)이고 자본주의의 표준은 이념적/개념적 평균(idealer Durchschnitt), 즉 보편적 전형(allgemeiner Typus)이거든요.

'Muster'에는 등급의 존재라는 의미도 있다는 사실에 주목할 필요가 있습니다. 자본주의를 대표하는 보편적 표준이 있어서 중심자본주의와 주변자본주의라는 등급을 구별할 수 있다는 것이지요. 반면 비교자본주의론은 이런 등급을 인정하지 않습니다. 그런데 모든 이론은 사실 표준으로서 보편을 이론화하는 것이므로, 비교자본주의론에는 이론이 있을 수 없는 것이지요.

문학과 예술도 역시 마찬가지입니다. 문학과 예술을 대표하는 보편적 표준이 있어서 중심의 문학·예술과 주변의 문학·예술이라는 등급을 구별할 수 있거든요. 이데올로기 비판 같은 교양(Bildung, 문화)이 전자의 기능인 반면 후자의 기능은 소일거리(Zerstreuung)나 심지어 현실도피 같은 오락이라는 이론도 제시할 수 있고요. 반면 비교문학·예술론은 이런 등급이나 이론을 인정하지 않아요.

— 구조-제도의 관계가 논리-역사의 관계와 일치한다고 할 수 있나요?

— 반드시 그런 것은 아닙니다. 먼저 마르크스의 『자본』에서 제시된 이론, 즉 개념의 전개를 역사를 반영하는 논리라는 관점에서 해석한 사람이 엥겔스인데, 이런 역사주의적 해석에 반대하여 서독의 68세대가 논리주의적 해석을 제기하면서 『자본』의 방법을 둘러싸고 일대 논쟁이 전개되었지요. 그런데 저는 『마르크스의 '경제학 비판'』과 『마르크스의 '자본'』에서 알튀세르의 주장에 따라 개념의 전개로서 이론에서 논리와 역사를 분리할 것이 아니라 오히려 결합해야 한다고 주장했어요.

저의 해석에서 논리적 전개는 구조의 설명이고 역사적 전개는 제도의 설명입니다. 특히 두 개의 특수한 상품으로서 화폐와 노동력에 대한 설명이 그렇지요. 먼저 화폐의 본질로서 보편적 등가물에 대한 설명은 단순상품생산의 구조에 대한 논리적 설명인 반면 화폐의 기능으로서 본위화폐에 대한 설명은 단순상품생산의 제도에 대한 역사적 설명입니다. 나아가 노동력의 본질로서 노동할 수 있는 육체적·정신적 능력에 대한 설명은 자본주의적 상품생산의 구조에 대한 논리적 설명인 반면 노동력의 기능으로서 잉여가치의 생산에 대한 설명은 자본주의적 상품생산의 제도에 대한 역사적 설명이에요.

그런데 『자본』에 대한 이런 해석은 자본주의적 생산양식에 대한 설명일 따름이고 자본주의적 사회구성체에 대한 설명은 아닙니다. 달리 말해서 『자본』의 관점에서 19세기 영국자본주의나 20세기 미국자본주의를 분석하려면 또 다른 제도와 기능에 주목할 필요가 있다는 것이에요. 예를 들어 공장(factory)과 구별되는 기업(firm)의 역사적 형태인 개인기업(enterprise)과 법인기업(corporation)이 그것이지요. 『자본』에 개인기업과 관련된 분석이 얼마간 존재하는 반면 그것과 비교하여 법인기업을 분석한 것은 역시 아리기의 『장기20세기』라고 할 수 있어요.

어쨌든 자본주의적 생산양식의 분석에서 구조-본질과 대비되는 제도-기능과 자본주의적 사회구성체의 분석에서 추가되는 또 다른 제도-기능을 구별할 필요가 있다는 것입니다. 방금 설명한 것처럼 전자의 사례는 공장인 반면 후자의 사례는 기업인데, 전자에 대한 설명은 이론의 내부에서 논리와 대비되는 역사라는 의미에서 '역사적 이론'이라고 부를 수 있는 반면 후자에 대한 설명은 개념적으로 설명된 역사라는 의미에서 '이론적 역사'라고 부를 수 있다는 것이 제 생각이에요.

— 두 번째 의미의 제도가 기능이 아니라 역기능(dysfunction)으로 특징지어질 수는 없나요?

— 먼저 두 번째 의미의 제도가 반드시 네겐트로피로 기능하는 것은 아니라는 사실에 주목할 필요가 있습니다. 법인기업이 20세기 미국자본주의의 네겐트로피로 기능하는 반면 개인기업이 19세기 영국자본주의의 네겐트로피로 기능하는 것은 아니거든요. 방금 설명한 것처럼, 네겐트로피로 기능하는 것은 개인기업이 아니라 기계에 의한 기계의 생산이에요.

어쨌든 제도가 기능이 아니라 역기능으로 특징지어질 경우에 아제몰루가 말하는 '국가의 실패'(nation failure)가 발생한다고 할 수 있습니다. 달리 말해서 '체계의 실패'(system failure)라고 할 수도 있고요. 국가 또는 체계의 실패는 제도가 구조의 재생산에 기여하는 것이 아니라 오히려 그것에 장애가 된다는 의미인 셈이지요.

그런데 국가와 체계의 실패는 자본주의가 아니라 오히려 봉건제를 설명하는 데 적합하다는 것이 제 생각입니다. 봉건제에서는 역기능을 하는 제도나 이데올로기가 좀 더 일반적이었는데, 그것이 바로 종교였지요. 유럽은 물론이고 서아시아에서조차 봉건제가 안정적일 수 없었던 것은 종교 때문이었어요. 심지어 동아시아의 당황조나 고려왕조도 불교를 중시하여 멸망을 자초했고요.

반면 정교분리를 통해 세속화된 자본주의에서는 역기능을 하는 불안정한 제도나 이데올로기가 예외적이라고 할 수 있습니다. 대신 기능부전(malfunction, 오작동)에 따른 등급이 존재하는데, 그 결과 노동생산성과 1인당 국민소득으로 측정되는 효율성의 격차가 존재하는 것이지요. 앨런이 증명한 것처럼, 이런 의미에서 유럽자본주의는 미국자본주의에 비해 비효율적이라고 할 수 있어요.

물론 자본주의에서도 국가와 체계의 실패를 발견할 수 있습니다. 방금 지적한 것처럼, 영국의 금융화에 대항한 독일의 독점화가 그런 사례인데, 그 결과가 바로 양차 대전이라는 인류사의 비극이었지요. 이슬람을 청산하고 세속주의로 이행하지 못한 아랍세계도 물론 국가와 체계의 실패로 특징지을 수 있고요.

현정세

— 얼마 전까지도 책 뒤에 실린 과천연구실세미나 개관에 신자유주의 비판이라는 범주가 있었는데요….

— 그렇습니다. 1998년부터 2011년까지 10여 년 동안 과천연구실 세미나를 '일반화된 마르크스주의와 성적 차이의 페미니즘', '포스트구조주의 비판', '신자유주의 비판'이라는 세 범주로 분류했지요. 그러나 이제는 이런 분류를 폐기하고 그냥 순서대로 나열하고 있는데, 몇 가지 이유가 있어요.

먼저 과천연구실의 작업을 이 세 범주로 분류하여 그것도 세 쪽으로 열거하는 것이 점차 곤란해졌다는 형식적인 이유가 있습니다. 물론 또 다른 실질적인 이유도 있어요. 뒤메닐의 주장과 달리 신자유주의의 위기와 자본주의의 위기를 분리할 수 없다고 한다면, 신자유주의 비판을 상대화할 수 있거든요. 달리 말해서 현재의 위기가 신자유주의의 위기인 동시에 자본주의의 위기라고 한다면, 신자유주의 비판도 역시 자본주의 비판과 결합되어야 한다는 것이지요. 나아가 포스트구조주의 비판도 별로 의미가 없는데, 피케티 현상이라는 최신의 프랑스 이데올로기에서 드러나듯이 인민주의화된 자유주의 이데올로기가 확산되고 있기 때문이에요.

나아가 일반화된 마르크스주의와 성차의 페미니즘도 처음 10년 동안의 성과를 특징짓는 데 유효했을 따름입니다. 이미 설명한 것처럼, 그 다음 10년 동안에는 주로 일반화된 마르크스주의라는 주제에 대해 천착하면서 경제학 비판, 역사학 비판, 정세분석이라는 세 범주의 작업이 진행되었지요. 또 과천연구실세미나가 아니라 공감개론신서가 부각되었고요.

— 그런데 신자유주의의 위기가 신자유주의의 종언이 아니라 변형을 의미할 수는 없나요?

— 이번 금융위기에 대한 미국정부의 정책대응을 플랜 A와 플랜 B로 구별할 수 있을 것입니다. 만일 금융세계화를 지속하기 위한 플랜 A가 성공할 수 있었다면, 신자유주의의 종언이 아니라 오히려 변형이라고 하는 것이 옳겠지요. 그러나 정세분석에서 이미 강조한 것처럼, 미국정부의 정책대응은 플랜 B로 이행하는 중인데, 이것은 결국 신자유주의에 의해 지지되는 금융세계화가 지속불가능하다는 사실을 인식했기 때문이라고 할 수 있어요.

이런 맥락에서 2011-12년에 오바마 정부가 선언한 '태평양으로의 선회'(pivot toward/to the Pacific)에 주목할 필요가 있는 것입니다. 좀 더 구체적으로 말해서 태평양에서 중국의 부상으로 인한 세력균형의 교란에 대한 조정(rebalancing)을 목적으로 하는 범태평양파트너십(TPP)과 합동작전접근개념(JOAC)이 플랜 B의 핵심이라고 할 수 있다는 것이에요.

달리 말해서 플랜 B는 '2차 대불황', 즉 최종적 위기에 대한 대책이라고 할 수 있습니다. 물론 미봉책일 따름이라고 할 수밖에 없지만요. 그러나 어쨌든 부시 정부처럼 서아시아에 집착할 경우에 붕괴는 가속화될 것인 반면 동아시아로 선회할 경우에는 붕괴를 지연시킬 수 있겠지요.

물론 미국이 서아시아에서 완전히 발을 뺄 수는 없을 것입니다. 이스라엘을 고려할 필요도 있겠지만, 그보다 훨씬 더 중요한 것은 역시 유럽에 대한 고려라고 할 수 있어요. 서아시아에서 발을 뺀다는 것은 결국 유럽에서 발을 뺀다는 뜻이에요. 역사적으로 볼 때 서아시아의 난맥상은 결국 미국과 이스라엘의 '특수관계' 이전에 산유국에 대한 영국과 프랑스의 제국주의적 수탈로 소급하는 문제라고 할 수밖에 없거든요.

— 남한의 관점에서 플랜 B는 어떤 의미인가요?

— 이미 한미자유무역협정이 체결된 상황에서는 역시 안보 문제가 중요할 것입니다. 특히 북한의 핵·미사일실험이 지속되는 상황에서 전시작전통제권의 환수가 계속 연기될 수밖에 없다는 사실에 주목할 필요가 있지요. 게다가 전작권 환수의 전제조건으로 미사일방어체계(MD) 참여가 부상되면서 중국과의 갈등이 발생할 가능성도 아주 많고요.

전작권의 환수는 부시 정부의 이해타산이 노무현 정부의 그것과 일치한 결과라고 할 수 있습니다. '테러주의와의 전쟁'에 몰두하던 부시 정부는 미군의 '전략적 신축화(유연화)'를 위해 전작권 반환이 필요했던 것이고, 또 노무현 정부는 한미자유무역협정에 대한 면피용으로 전작권 환수가 필요했던 것이에요.

반면 오바마 정부와 이명박 정부의 입장은 그들과 다른 것이었습니다. 그런 와중에 2009년의 2차 핵·미사일실험, 나아가 2010년의 천안함 침몰이 전작권 환수 연기를 위한 빌미를 제공한 셈이었지요. 그래서 2010년 한미정상회담에서 전작권 환수가 2015년으로 연기되었던 것이에요.

박근혜 정부에서는 2012-13년의 3차 핵·미사일실험 이외에도 전작권 환수를 위한 새로운 조건이 추가되었습니다. 그런 조건의 충족을 위해 미사일방어체계 참여가 추진되는 것이고요. 그러나 결국 전작권 환수는 계속 연기될 수밖에 없다는 것이 제 생각이에요. 한국군사령관이 한미연합군의 전시작전을 통제할 수 있는 능력은 항상 부족할 수밖에 없을 것이기 때문이지요.

[의회와의 갈등, 나아가 2013년 일본의 참여로 인해 지연되던 범태평양파트너십 협상은 2015년에 타결될 것으로 예상된다. 아베 정부와 달리 범태평양파트너십 협상에 참여하지 않은 박근혜 정부는 이명박 정부가 2012년에 시작한 한중자유무역협정 협상을 2014년에 타결했는데, 노무현 정부처럼 미국과 중국 사이에서 줄타기놀음을 하려는 것인지 좀 더 두고 볼 일이다.]

— 국방예산의 제약 때문에 태평양으로의 선회가 곤란할 것이라는 예상도 있던데요….

— 오히려 그런 이유 때문에 이른바 '집단적 자위권' 개념을 통해 자위대가 정규군으로 승격되는 것을 미국이 지지한다고 할 수 있습니다. 태평양으로의 선회에는 일본의 '보통국가화'가 이미 전제조건으로 설정되어 있다는 것이에요. 물론 그 대가로 일본이 범태평양파트너십에 참여하는 것이고요.

나아가 국방예산의 제약 때문에 주일·주한미군의 핵심이 육·공군에서 해·공군으로 이전한다고 할 수도 있습니다. 인건비 절감이 문제의 핵심이거든요. 따라서 주일미군의 핵심은 요코스카의 7함대이고 주한미군의 핵심은 오산의 7공군이 되겠지요. 대신 육군의 주력은 자위대와 한국군이 제공하는 것이고요.

— 김대중-노무현 정부처럼 김영삼-이명박 정부도 인민주의적이라고 평가할 수는 없나요?

— 1970-80년대 운동권에서 두 김 씨에 대한 평가를 둘러싸고 논쟁이 참 많았습니다. 당시의 평가에 따르면, 김영삼 씨는 철저한 의회주의자였어요. 반면 김대중 씨는 의회주의에는 별로 관심이 없었고, 그래서 운동권과 친화성을 갖기도 했는데, 돌이켜보면 인민주의로 변질될 기미가 다분했다고 할 수 있지요.

1987년 대선에서 '후보 단일화파'와 '비판적 지지파'의 구별도 그런 기준에 따른 것입니다. 운동권 중에서도 의회주의를 중시했던 사람은 김영삼 씨를 지지하면서 후보 단일화를 주장한 반면 의회주의를 부정했던 사람은 김대중 씨를 비판적으로 지지한 것이에요. 그래서 전자에는 민중민주(PD)파가 비교적 많은 반면 후자에는 민족해방(NL)파가 비교적 많았던 것이고요.

어쨌든 김대중 정부는 인민주의적이라고 평가해야 마땅한 반면 김영삼 정부는 인민주의적이라고 평가할 수 없습니다. 또 김대중 정부를 계승한 노무현 정부는 인민주의를 심화시켰고요. 반면 김영삼 정부를 계승한 이명박 정부나 박근혜 정부에 대해 인민주의자들은 파쇼나 독재라는 몰개념적 비판을 제기하기도 하지만, 그냥 무능한 정부일 따름이라는 것이 제 생각이에요. 인민주의적 김대중-노무현 정부의 '10년 동란'을 거치면서 보수주의자들의 정치적 사보타주가 심화된 결과라고 할 수 있거든요.

— 대안세계화운동이 단기간에 쇠퇴한 이유는 무엇인가요?

— 여러 가지 이유가 있겠지만, 공산주의자들과 트로츠키주의자들의 연대의 실패가 가장 중요한 이유라는 것이 제 생각입니다. 예를 들어 이탈리아의 공산주의재건당이 약진하면서 이탈리아와 유럽에서 대안세계화운동이 주목받을 수 있었던 것은 이탈리아공산당의 후예와 제4 인터내셔널의 정통 트로츠키주의자가 연대했기 때문이

었어요. 그리고 공산주의재건당이 해체되면서 대안세계화운동도 쇠퇴한 것은 그런 연대가 해체되었기 때문이었고요.

사실 그런 연대가 형성될 수 있었던 것은 베르티노티의 파트너로 마이탄이 존재했기 때문인데, 그는 만델과 막역한 동지였습니다. 또 마이탄이 사망하면서 그런 연대도 파괴되었고요. 결국 만델이나 마이탄 같은 구세대 트로츠키주의자 이후에 트로츠키주의가 변질되었다는 사실에 주목할 필요가 있다는 것입니다. 심지어 사회주의노동자당의 사분오열도 클리프의 사망과 무관한 일이 아니라는 것이 제 생각이에요. 발리바르처럼 말해서 현정세에서 공산당은 '노조적 좌파'인 반면 트로츠키주의는 '포스트68혁명적인 문화적 아나키즘'이라고 할 수 있거든요.

— 대안세계화운동 내부의 취약성은 없었을까요?

— 베르티노티처럼 말해서 대안세계화운동이라는 계기를 통해 공산주의를 재건하고 대안좌파를 건설하는 것이 쟁점이었습니다. 물론 대안세계화운동 그 자체가 희망이라는 아나키즘적 주장이 없었던 것은 아니에요. 그러나 마르크스주의적 관점에서 대안세계화운동은 역시 하나의 계기였을 따름이고, 그런 계기를 통해 공산주의를 재건하고 대안좌파를 건설해야 했던 것이지요.

좀 더 정확하게 말하자면 대안세계화운동이 쇠퇴했다고 할 수는 없고 그 자체로 건재하다고 할 수 있습니다. 세계사회포럼도 계속 개최되고 있고, 아랍의 봄이나 오큐파이월스트리트운동 같이 대안세계화운동과 친화성을 갖는 새로운 운동도 출현하고 있거든요. 따라서 대안세계화운동이 위기에 빠진 것이 아니라 오히려 그것을 계기로 공산주의를 재건하고 대안좌파를 건설하려던 시도가 좌절했을 따름이라고 할 수 있어요.

— 피케티 현상에 대한 비판은 이데올로기 비판인가요 아니면 경제학 비판인가요?

— 둘 다라고 할 수 있을 것입니다. 포스트구조주의적 낭만주의 내지 아나키즘에서 출발한 프랑스 이데올로기가 피케티에 이르러 밀의 자유주의를 수용한 셈이에요. 그런데 밀의 자유주의는 고전경제학에서 현대경제학으로의 이행을 예고하는 것이므로 피케티 비판은 이데올로기 비판인 동시에 경제학 비판이라고 할 수 있지요.

물론 밀과 피케티에 대한 비판에서는 경제학 비판보다 오히려 이데올로기 비판이 훨씬 더 중요하다고 할 수 있습니다. 『자본』 1권 재판의 「후기」에서 마르크스는 밀의 시도를 '생산과 분배를 분리시킴으로써 자본의 경제학과 프롤레타리아의 권리 주장을 조화시키려는 무지한 절충론'이자 '부르주아 경제학의 파산 선언'으로 규정하지요. 따라서 마르크스의 경제학 비판에서 스미스나 리카도와 달리 밀은 별로 중요하지 않아요.

그럼에도 불구하고 굳이 피케티 현상을 비판한 것은 인민주의가 횡행하는 현정세를 특징짓는다는 판단 때문이었습니다. 인민주의 시대에는 '경제학적/과학적 오류'에도 불구하고 '정치적/이데올로기적 정당성'만으로도 대중을 사로잡을 수 있거든요. 이 때문에 피케티의 이론이 오큐파이월스트리트운동의 논거라는 주장도 종종 제기되는 것이지요.

그렇다고 해서 밀이나 피케티 자신이 인민주의자라는 것은 아닙니다. 그들은 철저한 자유주의자이지요. 특히 피케티는 그랑제콜 출신의 프랑스 엘리트답게 학력주의(meritocracy, 능력주의)의 복원을 주장하고 있어요. 현대경제학은 '기능적 분배'에 따른 생산요소소득의 불평등과 '계층적 분배'에 따른 가계소득의 불평등을 구별하는데, 상속으로 인한 계층적 불평등이 학력으로 정당화할 수 있는 기능적 불평등을 초월함으로써 자본주의의 위기를 자초하고 있다는 것이 그의 핵심적 주장인 셈이에요.

일반화된 마르크스주의

이태훈·공민석

서론

1994년 6월에 결성된 과천연구실은 마르크스주의의 위기에 대한 돌파구로서 마르크스주의의 일반화라는 연구계획을 제시하고, 그것에 기초해서 연구를 진행해 왔다. 마르크스주의의 일반화는 마르크스주의의 위기가 쇄신의 기회가 될 수 있으며, 마르크스주의의 모순을 작동시킴으로써 마르크스주의의 일반화를 위한 토대를 마련할 수 있다는 알튀세르와 발리바르의 입장에 준거하는 것이다.

마르크스주의의 일반화를 위한 연구계획은 『알튀세르를 위한 강의: '마르크스주의의 일반화'를 위하여』에서 선언적인 형태로 표현되었다. 여기서 일반화된 마르크스주의의 핵심개념으로서 '생산양식과 주체화양식의 결합'이 제시되었으며, 이후 과천연구실의 작업은 생산양식을 분석하는 경제학 비판과 주체화 양식을 분석하는 이데올로기 비판이라는 두 축을 중심으로 진개되었다.

경제학 비판의 측면에서 『알튀세르를 위한 강의』는 임금이나 노동력 같은 마르크스의 한계개념을 중심으로 『자본』을 재해석하려는 시도에 주목한다. 또 이데올로기 비판의 측면에서는 스피노자를 원용해 이데올로기 일반의 메커니즘을 제시하고, 인권의 정치라는 역사적 이데올로기에 대한 분석을 제시한다.

나아가 『알튀세르를 위한 강의』는 마르크스의 경제학 비판을 현재화하려는 시도인 브뤼노프의 신자유주의 비판, 그리고 마르크스주의적 이데올로기 비판의 한계개념으로서 성적 차이에 주목하는 이리가레의 성적 차이의 페미니즘을 소개한다.

『알튀세르를 위한 강의』 이후 처음 10년 동안의 과천연구실의 이론적 시도는 여기서 제시된 연구계획에 입각해 진행되었다. 그 과정에서 마르크스주의의 일반화를 실현하는 과천연구실의 독자적인 연구성과가 출현했는데, 이러한 성과가 집약된 저작이 바로 『일반화된 마르크스주의 개론』과 『역사적 마르크스주의: 이념과 운동』이었다.

『일반화된 마르크스주의 개론』은 경제학 비판의 '그로스만적 전통'에 입각해 자본주의의 역사동역학과 역사적 자본주의 분석을 제시함으로써 과학적 이론으로서 경제학 비판의 복원을 시도한다. 나아가 이에 기초해 미국자본주의의 역사를 분석함으로써 경제학 비판의 함의를 신자유주의와 금융화에 대한 과학적 비판으로 구체화한다.

또한 이데올로기 비판의 측면에서는 스피노자의 아포리아가 강조되면서 이데올로기 일반에 대한 분석이 상대화되고, 대신 역사적 이데올로기로서 인권의 정치에 관한 분석이 강조된다. 특히 현대정치의 이데올로기적 형식으로서 인권의 정치가 마르크스주의와 공산주의의 역사 속에서 분석된다.

이러한 내용은 『역사적 마르크스주의』에서 더 자세히 논의된 바 있다. 특히 이 책은 마르크스주의와 공산주의의 이념과 운동의 역사에 대한 논의를 통해 지금까지 억압되어 왔던 평의회 마르크스주의의 전통이 금융세계화와 그에 평행하는 군사세계화를 비판하고 마르크스주의를 복원하는 데 적합한 이념과 운동을 시사할 수 있다고 주장한다.

이 글은 우선 당대의 이론적 정세에 개입하기 위한 과천연구실의 시도를 1980-90년대 남한에서 마르크스주의의 부활과 위기라는 맥락에서 설명한다. 다음으로 『알튀세르를 위한 강의』를 중심으로 마르크스주의의 위기와 그것에 대한 대응으로서 마르크스주의를 일반화하려는 과천연구실의 문제의식을 개관한다.

나아가 이러한 문제의식이 심화되고 구체화되는 과정에서 나타난 이론적 성과와 의의, 그리고 새로운 쟁점들을 『일반화된 마르크스주의 개론』과 『역사적 마르크스주의』를 중심으로 소개한다. 특히 마르크스주의의 일반화를 위한 두 축인 역사과학으로서 경제학 비판과 인권의 정치로서 이데올로기 비판의 주요 논점을 개관한다.

『일반화된 마르크스주의 개론』과 『역사적 마르크스주의』는 마르크스주의의 일반화라는 이론적 기획이 제시된 이래 처음 10년 동안의 이론적 성과를 정리하는 중간 결산의 의미를 갖는 저작이다. 이에 대한 검토를 통해 마르크스주의의 위기라는 이론적 정세에 개입하기 위한 과천연구실의 작업이 갖는 성과와 의의를 확인하는 동시에, 공감개론신서로 이어지는 다음 10년 동안의 연구가 지향하는 방향 역시 가늠해 볼 수 있을 것이다.

남한 마르크스주의의 역사와 위기

서구에서 마르크스주의의 위기에 대한 인식은 1970년대 말에 보편적으로 확산되었다. 그러나 남한에서는 마르크스주의의 위기에 대한 인식에서 상당한 정도의 시차가 존재했으며, 위기의 원인이 마르크스 자신까지 소급된다는 인식도 부재했다. 이러한 현상이 나타난 것은 남한에서 마르크스주의의 역사와 위기가 특수한 형태로 전개되었기 때문이다.

『일반화된 마르크스주의 개론』의 1강에서 남한의 이론적 정세를 비교적 상세히 설명하는 것 또한 바로 이러한 특수성 때문이다. 또 위기의 특수성으로 인해 남한에서는 위기에 대한 대응 또한 알튀세르가 제시한 세 가지 범주로 분석될 수 없는 특이한 형태로 표현되었다. 남한에서 마르크스주의의 위기에 대한 과천연구실의 개입은 이러한 상황에 대한 대응이었다.

서구에서 마르크스주의의 위기

위기의 폭발

마르크스주의의 역사에서 마르크스주의의 위기 담론이 폭발하기 시작한 것은 1970년대 말이다. 그러나 스탈린주의의 위기라는 형태로 나타난 마르크스주의의 위기의 징후는 1950년대로 소급한다. 흐루쇼프(흐루시초프)의 스탈린 비판을 발단으로 국제공산주의 운동의 분열이 가시화되었는데, 바로 이것이 마르크스주의의 위기의 첫 번째 계기였다.

스탈린주의의 위기에 대응하는 과정에서 이른바 '신좌파'가 출현하게 되는데, 가장 중요한 조류는 알튀세르로 대표되는 비판적 마르크스주의이다.[1] 또 이들의 가장 중요한 주장은 스탈린주의가 마르크스주의를 왜곡시켰으며, 레닌주의를 복원함으로써 스탈린주의의 위기를 극복할 수 있다는 것이다.[2]

그러나 신좌파의 시도가 실패하면서 스탈린주의의 위기라는 형태를 띠던 마르크스주의의 위기는 1970년대 후반에 레닌주의의 위기라는 형태로 폭발하기에 이른다.

특히 알튀세르는 1970년대 후반에 마르크스주의의 위기를 공개적으로 선언했다. 그에 따르면 스탈린주의의 위기나 레닌주의의 위기는 마르크스주의의 위기의 하나의 계기에 불과하다. 또 마르크스주의의 위기는 경제학 비판의 '곤란'과 이데올로기 비판의 '공백'이라는 이론적 위기인 동시에 국제공산주의운동의 패퇴와 위기로 나타난 정치적 위기이기도 했다. 알튀세르는 스탈린의 마르크스주의뿐만 아니라 레닌의 마르크스주의도 위기에 봉착한 것은 마르크스 자신의 마르크스주의에 위기의 원인이 있기 때문이라고 강조했다.

위기에 대한 인식과 태도

『일반화된 마르크스주의 개론』은 알튀세르를 따라 마르크스주의

---

1) 남한에서 신좌파는 흔히 비마르크스주의적 급진주의와 혼동되는 경향이 있다. 그러나 본래적 의미에서 신좌파와 구좌파를 구별하는 기준은 스탈린주의에 대한 태도이다.

2) 비판적 마르크스주의로서 신좌파의 시도는 이론적 시도와 정치적 시도로 나뉜다. 전자가 알튀세르로 대표되는 서구마르크스주의이며, 후자가 이탈리아공산당 좌파인 잉그라오 좌파로 대표되는 유로공산주의이다.

의 위기에 대한 인식과 태도를 세 가지로 분류한다.

첫째, 공산당의 태도처럼 마르크스주의의 위기가 존재하지 않는다는 입장이다. 둘째, 일부 기층활동가의 태도처럼 마르크스주의의 위기에 대해 침묵하면서 노동자운동의 역량에서 희망의 근거를 발견하자는 입장이다. 이상의 두 가지 태도는 구좌파적 태도로 분류될 수 있으며, 마르크스주의의 자기비판의 필요성을 기각하는 것이다.

마르크스주의의 위기에 대한 세 번재 태도는 마르크스주의의 위기가 폭발했다는 사실을 인식하고, 나아가 마르크스주의의 이론적·실천적 무능을 인식함으로써 위기를 통해 마르크스주의를 쇄신하려는 시도이다. 신좌파로 분류될 수 있는 이러한 태도가 바로 알튀세르가 제시한 대안이다.

남한에서 마르크스주의의 위기에 대한 과천연구실의 개입은 이러한 알튀세르의 입장에 준거하는 것이다. 그러나 남한 마르크스주의 역사의 특수성으로 인해 남한에서 마르크스주의의 위기가 나타나는 양상과 그에 대한 태도 역시 특수한 형태를 취할 수밖에 없었다.

남한 마르크스주의의 역사

마르크스주의의 소멸과 부활

한국전쟁이 끝난 이후 1950년대 남한에서는 마르크스주의가 생존할 수 있는 조건이 소멸했다. 그러나 4·19의거와 5·16쿠데타를 거치면서 1964년 인민혁명당(인혁당) 사건이 발생하는데, 이는 1945-53년 이후 남한에서 최초로 토착 마르크스주의가 부활하는 계기라고 할 수 있다.[3] 나아가 전태일 열사의 분신을 계기로 민주노조운동이

3) 통일혁명당(통혁당)이나 남조선민족해방전선(남민전) 같은 시도는 북한의 지도 아래 당조직을 건설하려고 시도했다는 점에서 인혁당과 다른 성격을 갖는다. 1960년대 말 북한이 평화공존론을 채택한 이후 남한의 혁명세력은 '사회주의조국'으로서 북한을 보위하는 역할로 그 지위가 변화된다. 그 결과가 바로 독자적인 마르크스주의 정당의 필요성에 대한 기각, 평화공존을 지향하는 진보주의 정당에 대한 지지였다.

전개되기 시작하면서 지식인운동과는 구별되는 새로운 노동자운동도 등장하기 시작했다.

남한에서 마르크스주의가 본격적으로 전개된 것은 1980년대였다. 1979년에 발전주의가 위기에 봉착하자 박정희 정부는 경제정책을 개혁하려고 시도한다. 그리고 그 와중에 발생한 부마항쟁과 광주항쟁은 남한에서 마르크스주의가 부활하는 주요 계기였다.

1979년 4월에 실시된 경제안정화종합시책은 남한 최초의 신자유주의적 정책개혁이었다. 특히 군수산업은 일차적인 구조조정의 대상이 되었는데, 이 때문에 창원에서 마산과 부산으로 이어지는 지역에서 최초의 신자유주의적 정책개혁의 가장 중요한 압력이 나타날 수밖에 없었다.

따라서 부마항쟁은 박정희 정부에 대한 저항인 동시에 신자유주의적 정책개혁에 대한 최초의 투쟁이기도 했다. 나아가 신군부가 신자유주의적 정책개혁을 완수하려고 했다는 측면에서 부마항쟁을 계승하는 광주항쟁도 신자유주의적 정책개혁에 대한 투쟁이었다.

부마항쟁과 광주항쟁 이후 노동자운동과 지식인운동을 결합하려는 시도가 본격적으로 출현했다. 가장 중요한 사건은 전후 최초의 동맹파업인 1985년의 구로동맹파업이었다. 구로동맹파업을 계기로 민주노조운동과 당건설운동, 즉 노동자운동과 지식인운동의 결합이 가능해졌다. 그것을 상징하는 것이 바로 구로동맹파업 직후에 결성된 서울노동운동연합(서노련)이었다. 또 1987년에는 인천민주노동자연맹(인민노련)이 결성되었다.

한국사회성격 논쟁

이러한 상황에서 한국사회성격논쟁이 전개되었던 것이다. 1980년대에는 다수의 활동가·연구자가 종속이론에 주목했고, 이러한 입장에서 박현채 선생의 민족경제론에 대한 비판이 제기되었다. 박현채 선생이 이를 반비판하면서 민족경제론을 발전시켜 신식민지국가독점자본주의론(신식국독자론)을 제기한 것이 논쟁의 발단이었다.

나아가 1987년 대선에서의 전술 논쟁을 계기로 활동가와 연구자들이 비판적 지지(비지), 후보 단일화(후단), 민중후보 진영으로 분열되었다. 이후 민중후보론과 후단론 일부는 피디(PD, 민중민주)로 체계화되었고, 비지론과 후단론 일부는 엔엘(NL, 민족해방)로 결집했다. 그 결과 1987-88년 이후 한국사회성격 논쟁에서 주요 쟁점을 형성한 것은 피디와 엔엘의 논쟁이었다.

1988년에 피디를 체계화하기 위해 『현실과 과학』이 창간되었고, 1990년에는 서울사회과학연구소(서사연)가 창립되었다. 『현실과 과학』과 서사연을 통해 피디가 더욱 체계화될 수 있었고, 연구자와 활동가의 상호작용도 나타났다.

이처럼 서구와 달리 남한에서는 1990년대 초까지 마르크스주의의 위기가 인식될 수 없었다. 오히려 남한에서는 마르크스주의가 부활하는 과정에서 피디와 엔엘의 논쟁이 진행되는 상황이었다. 그러나 소련의 붕괴로 인해 정세는 피디의 체계화와 동시에 마르크스주의의 위기가 도래하는 이념적 혼란으로 급반전된다.

남한 마르크스주의의 위기

소련의 붕괴와 이념적 혼란

1989-91년에 소련이 붕괴하면서 점차 마르크스주의의 위기를 부정할 수 없는 상황이 전개되었다. 마르크스주의의 위기 담론이 이미 전개되고 있었던 서구와 달리, 남한에서는 마르크스주의가 부활하고 있던 상황이었기 때문에 그 충격은 더욱 클 수밖에 없었다. 레닌주의에 기초해 스탈린주의와 주체사상을 비판한 피디의 현실적 준거는 소련일 수밖에 없었기 때문이다.

나아가 이러한 상황의 차이 때문에 남한에서 마르크스주의의 위기는 특수한 양상으로 나타났다. 알튀세르가 분류한 것처럼, 서구에서는 마르크스주의의 위기에 대응하는 세 가지 방식이 나타난 반면 남한에서는 이와 구별되는 특수한 구좌파적 태도가 등장했다.

여기에는 두 가지 종류가 있었는데, 하나는 공개적인 전향이었다. 1992년에 인민노련의 공개적이고 집단적인 전향이 이러한 태도를 대표했다. 다른 하나는 '알리바이'로서 소련의 붕괴는 스탈린주의의 위기일 뿐, 트로츠키주의의 위기는 아니라는 태도였다. 나아가 이들은 소련의 붕괴를 트로츠키주의가 부활할 수 있는 기회로 인식하기도 했다. 이러한 태도로 인해 1990년대 이후 남한에서 전개된 마르크스주의의 위기는 제대로 인식될 수 없었다.

3저 호황과 문민화를 거치면서 피디와 엔엘의 다수가 주류화 전략을 취했고, 신식국독자론자들 중 일부는 중진국론을 수용해 독점강화–종속심화 테제 대신 독점강화–종속완화 테제를 주장했다.[4] 유사한 맥락에서 문민화를 선진국으로 이행하는 과정의 정치적 완성으로 이해하고, 부르주아 민주주의 혹은 절차적 민주주의의 확립을 주장하는 입장도 출현했다.

한편 양대 정파였던 피디와 엔엘이 주류화하는 와중에 씨디(CD, 시민민주) 혹은 지디(GD, 일반민주)가 세력을 확장해 경제정의실천연합(경실련)이나 참여연대같은 이른바 '시민단체'를 조직하고, 신자유주의적 통치성을 확립하는 데 기여했다.

노동자운동의 주류화

마르크스주의의 위기와 이로 인한 이념적·사상적 혼란을 상징하는 가장 중요한 사건은 1995년에 전국노동조합협의회(전노협)를 해체하고 민주노총을 건설한 사건이었다. 이는 1970-80년대 민주노조운동을 계승한 노조연합체로서 사회운동적 성격을 띠던 전노협과의 단절을 의미하는 것으로, 노동자운동 자체의 주류화를 상징했다.

전노협으로 대표되는 남한의 노동자운동이 세계노동자운동의 주

4) 그러나 3저 호황은 남한경제가 신자유주의적으로 재편되는 과정에서 나타난 일시적인 현상이었을 뿐이다. 국제경제적 상황의 변화에 따라 3고 불황이 3저 호황으로 역전되었듯이 3저 호황도 지속가능한 것은 아니었기 때문이다. 3저 호황을 제대로 이해하지 못한 중진국론은 1997-98년의 경제위기와 외환위기를 제대로 설명할 수 없다.

목을 받았던 것은 바로 실리주의 혹은 코퍼러티즘적 노선을 비판하는 사회운동적 노조주의 때문이었다. 그러나 역설적으로 남한의 노동자운동은 전노협을 해체하고, 위기에 빠진 서구 노동자운동의 특징인 산별노조와 코퍼러티즘을 지향하는 민주노총을 건설한 것이다.

주류화에 대한 비판이 부재했던 것은 아니다. 그러나 그러한 비판은 '알리바이'라는 아주 특수한 양상으로 제기되었고, 이로 인해 마르크스주의의 위기나 주류화에 대한 생산적인 토론의 공간은 봉쇄될 수밖에 없었다. 주류화에 찬성하지 않았던 상당수의 지식인과 활동가들이 트로츠키주의로 대표되는 이러한 입장으로 포섭되었고, 마르크스주의의 위기나 자기비판의 필요성은 인식될 수 없었다.

1997-98년 경제위기와 대선을 거치면서 민주노총의 위기가 시작되었는데, 가장 중요한 계기는 이른바 노·사·정 협상의 수용이었다. 이는 민주노총의 코퍼러티즘적·실리주의적 성격상 당연한 결과였지만, 1970년대 이후 전개된 남한 노동자운동 전통과의 중대한 단절을 의미했다. 마르크스주의의 위기에 대한 몰인식, 주류화라는 기본 노선으로 인해 민주노총은 위기를 또 다시 주류화의 심화로 돌파할 수밖에 없었다. 2000년 민주노동당 창당은 주류화의 심화를 상징하는 사건이었다.[5]

과천연구실의 작업

과천연구실이 결성된 이후 2000년대 중반까지의 이론적 작업은 마르크스주의의 위기와 그에 대한 특수한 대응이라는 남한의 이론적 정세에 알튀세르적 입장에 기초해 개입하려는 시도였다. 이는 레닌주의를 통해서 스탈린주의의 위기를 극복하려는 『현실과 과학』이

---

5) 피디나 엔엘의 주류화 전략에 대한 예상치 못한 트로츠키주의적 비판이 제기된 것과 마찬가지로, 민주노총의 주류화와 민주노동당의 창당에 대해서도 네그리주의라는 예상치 못한 비판이 등장했다. 급진주의·아나키즘적 성향을 띠는 비마르크스주의 신좌파인 네그리주의는 마르크스주의의 위기에 대해 공개적인 전향과 '알리바이'를 결합한 태도로 대응했는데, 이 또한 남한 마르크스주의의 위기의 특수한 양상이었다.

나 서사연의 시도가 갖는 한계를 자기비판하고, 마르크스주의 자체의 위기와 모순을 인정하면서, 그것을 통해 마르크스주의를 쇄신하려는 이론적 시도이다.

이러한 문제의식은 1991년 이후 『현실과 과학』이나 서사연의 작업, 그리고 1992년에 창간된 동인지 『이론』의 시도로 소급하는 것이다. 그러나 이러한 시도들이 좌초되고 과천연구실이 결성되면서 마르크스주의의 일반화를 위한 이론적 작업이 본격화된다.

1994년부터 2000년까지 과천연구실은 알튀세르와 발리바르의 입장에 준거해서 마르크스주의의 위기와 일반화 자체에 관한 작업을 진행했다. 그 과정에서 마르크스주의에 대한 대안으로 제시된 포스트구조주의와의 논쟁에 초점을 맞추었다. 또한 신자유주의와 금융화에 대한 마르크스주의적 비판 역시 마르크스주의의 일반화하려는 작업의 일환이었다.

한편, 2000년대 초·중반에는 마르크스주의의 핵심으로서 경제학 비판이라는 과학적 문제설정에 적합한 정치이념과 사회운동에 관련된 작업이 추가된다. 이는 소련사회주의와 마르크스주의·공산주의의 역사를 포괄하는 작업으로서, 그 결과 경제학 비판에 적합한 정치이념·사회운동이 평의회 마르크스주의와 사회운동적 마르크스주의라는 결론이 제시된다.[6)]

마르크스주의의 일반화

1996년에 출간된 『알튀세르를 위한 강의』는 과천연구실의 초기 문제설정을 개관하는 저작이다. 이 책의 핵심 주장은 마르크스주의

6) 그러나 과천연구실의 이론적 성과가 이러한 작업들로 국한되는 것은 아니다. 과천연구실세미나 형태로 출간된 과천연구실의 작업은 일반화된 마르크스주의의 경계를 확장하기 위한 다양한 주제들을 포괄하는 것인데, 여기에는 페미니즘, 교육, 생태, 보건의료 등과 관련된 작업이 포함된다.

의 위기에 대한 대응으로서 마르크스주의의 일반화를 위해서는 역사적 마르크스주의에 대한 연구를 통해 마르크스주의를 변화시켜야 한다는 것이다. 이 때 핵심이 되는 것은 역사과학으로서 경제학 비판과 인권의 정치로서 이데올로기 비판, 다시 말해 생산양식에 대한 분석과 주체화양식에 대한 분석의 결합이다. 이렇게 전화된 마르크스주의가 바로 스피노자-마르크스주의인 것이다.

나아가 『알튀세르를 위한 강의』는 마르크스의 경제학 비판을 현대경제학 비판으로 발전시키는 브뤼노프의 작업, 마르크스주의의 '역사적 타자'이자 인권의 정치의 한계로서 성적 차이에 관한 이리가레의 작업에 주목한다. 이는 마르크스주의의 일반화가 가지는 함의를 인권의 정치와 관련해서 더욱 구체화하고, 신자유주의에 대한 마르크스주의적 비판의 방향성을 제시하기 위한 것이다.

마르크스주의의 위기와 일반화

마르크스주의의 위기와 알튀세르

『알튀세르를 위한 강의』는 마르크스주의를 연구하고, 이를 통해 마르크스주의를 변화시키기 위해 후기 알튀세르의 작업과 이를 계승한 발리바르의 작업에 주목한다. 마르크스주의의 위기에 대한 알튀세르의 전략은 위기를 인정하고 마르크스의 이론, 특히 그 핵심인 『자본』의 한계를 확인함으로써, 마르크스주의를 쇄신하기 위한 단초들을 검출하는 것이다.

이러한 입장에 기초해서 알튀세르는 1970년대 후반 이후 마르크스주의의 이론적·정치적 위기를 돌파하기 위한 새로운 이론적 시도를 시작한다. 특히 『알튀세르를 위한 강의』가 주목하는 것은 경제학 비판의 '곤란'과 이데올로기 비판의 '공백'과 관련되는 것이다.

경제학 비판의 곤란과 관련해서 알튀세르는 『자본』의 과학적 성과의 한계를 지시하는 노동력이나 임금 같은 한계개념들에 주목하면서 『자본』을 독해할 것을 제안한다. 나아가 그는 『자본』의 서술순서와 관련되는 방법으로서 변증법과 관련된 곤란도 지적하면서, 논리적인 장들에 대한 역사적인 장들의 우위를 강조한다.

한편, 노동력이나 임금 같은 한계개념이 『자본』에 존재하지만 그 한계를 지시하는 것이라면, 이데올로기 개념은 『자본』에 완전히 결여되어 있는 공백이다. 알튀세르는 국가, 정당 등에 관한 이론이 마르크스주의의 공백으로 남아 있다고 지적하면서, 이로 인해 마르크스주의의 정치적 위기가 불가피했다고 강조한다.7)

이러한 상황에서 알튀세르는 정당이 프롤레타리아 계급투쟁의 '잠정적 조직형태'일 뿐이라는 테제를 제출한다. 자본주의적 생산양식과 계급투쟁의 메커니즘이 변화한다면, 그에 따라 새로운 계급적 동일성과 조직형태가 발생할 수 있기 때문이다. 나아가 그는 정당조직에 기초한 정치를 상대화하면서 대중운동의 우위 아래 공산주의 정치를 재건하자고 제안한다.

발리바르와 마르크스주의의 일반화

『알튀세르를 위한 강의』는 알튀세르의 이러한 문제의식을 더욱 체계화한 발리바르의 작업에도 주목한다. 경제학 비판의 곤란이라는 측면에서 발리바르는 역사적인 장들을 중심으로 『자본』을 독해하자는 알튀세르의 제안에 기초해 '자본에 의한 노동의 포섭', '자본의 추상화와 노동의 구체성' 개념을 중심으로 경제학 비판을 재구성한다. 또 이데올로기 비판의 측면에서는 '계급과 대중의 변증법'에 기초해 마르크스의 계급이론을 개조하기 위한 단초를 제시한다.

발리바르에 따르면 경제학 비판의 목표는 경제학의 곤란을 해결하는 것이 아니라 경제학이 해결할 수 없는 모순을 제기하는 것이

---

7) 마르크스의 경제학 비판은 '정치의 진리'가 경제에 있다는 것을 보여줌으로써 '정치의 자율성'을 비판하는 효과를 가졌다. 그러나 그것은 이데올로기 비판을 결여하고 있었기 때문에 정치의 또 다른 진리의 장소로서 이데올로기를 인식할 수 없었다. 이 때문에 알튀세르는 프로이트·라캉의 정신분석학을 통해, 발리바르는 스피노자의 철학적 인간학을 통해 이데올로기에 대한 개념화를 시도한다.

며, 그 모순의 핵심은 잉여가치 개념이다. 그러나 잉여가치에 대한 대부분의 해석은 그것을 단지 회계적으로 이해함으로써 잉여가치 생산의 역사적 조건을 간과한다는 문제점을 가진다. 발리바르는 '노동의 이중성'에 대한 분석을 통해 가치를 생산양식의 적대관계에 의해 지배되는 사회적 과정으로 정의하고, 자본에 의한 노동의 포섭을 『자본』의 핵심 개념으로 설정한다.

또 발리바르는 『자본』의 논리적인 장들에서 마르크스가 제시하는 자본의 추상적 운동과 그 경제적 법칙은 그 배후에 있는 계급투쟁, 즉 노동의 구체성과의 연관 속에서만 이해될 수 있음을 강조한다. 그는 착취가 잉여가치와 잉여노동의 통일임을 강조하면서, 이를 자본의 추상화와 노동의 구체성으로 개념화한다.[8)]

한편, 발리바르가 제시한 자본의 추상화와 노동의 구체성의 변증법은 계급과 대중의 변증법과 밀접한 연관을 갖는 것이다. 발리바르는 자본의 초민족화로 인해 계급투쟁의 메커니즘이 변화하는 과정에서 구성되는 새로운 계급적 동일성을 인식해야 함을 강조했다. 대중이 계급으로 구성되는 메커니즘은 자본주의의 역사 속에서 나타나는 계급적 동일성의 변화를 통해 설명되어야 하기 때문이다.[9)]

대중운동을 통한 프롤레타리아의 조직화를 강조하는 이러한 정식화는 이데올로기에 대한 분석을 중요한 문제로 제기한다. 『자본』은

---

8) 발리바르의 이러한 시도는 『자본』이 상품 일반과 구별되는 특수 상품으로서 화폐와 노동력에 대한 이론이라고 해석한 브뤼노프에 의해 더 발전된다. 또 브뤼노프는 경제적 국가장치에 의한 화폐와 노동력의 관리를 중심으로 케인즈주의를 비판하고 나아가 신자유주의로의 변질을 비판함으로써 경제학 비판을 현대경제학 비판으로 확장한다.

9) 『자본』은 19세기 영국자본주의를 자본주의의 이념적 평균으로 전제했기 때문에 산업자본가와 그것에 대칭되는 산업노동자를 계급투쟁의 주역으로 등장시켰다. 그러나 자본의 추상화와 노동의 구체성이라는 테제에 기초해 계급적 동일성의 변화를 설명한다면, 자본주의의 역사적 변화에 따라 전통적인 계급적 동일성이 변화하는 상황을 설명할 수 있게 된다. 브뤼노프의 케인즈주의·신자유주의 비판, 미국자본주의에 관한 뒤메닐의 분석, 아리기의 역사적 자본주의 분석 등도 이러한 문제의식의 연장선에 있는 것인데, 이는 과천연구실의 후속 작업에서 체계적으로 결합된다.

이데올로기 개념을 결여하고 있었기 때문에 프롤레타리아 대중을 계급으로 조직하는 메커니즘을 설명하지 못했다. 발리바르는 이데올로기를 분석하기 위한 후기 알튀세르의 시도를 마르크스의 생산양식과 스피노자의 주체화양식의 결합이라는 방식으로 체계화한다. 경제학 비판과 이데올로기 비판이라는 두 축을 중심으로 전개된 과천연구실의 마르크스주의 일반화 시도 역시 발리바르의 이러한 문제제기에 기초하는 것이다.

스피노자-마르크스주의와 인권의 정치

스피노자-마르크스주의

발리바르는 마르크스주의의 위기에 대한 대안으로서 생산양식과 주체화양식의 결합을 통해 일반화된 마르크스주의를 스피노자-마르크스주의라고 부른다. 이 때 주체화양식과 결합될 수 있는 생산양식은 방금 설명한 것처럼 자본에 의한 노동의 포섭, 자본의 추상화와 노동의 구체성을 중심으로 『자본』을 재해석하여 도출될 수 있다.

한편, 역사 속에서 구성되는 주체라는 관점에 기초한 주체화양식에 관한 이론화는 지금까지 마르크스주의에 부재했던 세계론과 인간학에 대한 철학적 검토를 요구하는 것이다. 발리바르는 이를 위해 스피노자의 인간학을 복권시키고 알튀세르의 이데올로기론을 주체화양식이라는 개념으로 재구성한다.

이데올로기 일반

알튀세르는 이데올로기 일반을 이론화하면서 프로이트와 라캉의 정신분석학에 의존한다. 특히 그는 주체의 형성을 설명하면서 라캉의 정신분석학을 원용해서 주권을 가진 상징적 주체와 그것에 예속되어 있는 가상적 주체를 구별한다. 이데올로기적 가상은 보편적 상징에 대한 개인적 동일화를 통해 형성되며, 모든 개인은 이데올로기적 호명을 통해 주체로 구성된다.

그러나 알튀세르의 프로이트-마르크스주의적 시도는 지배이데올로기를 지배계급에게 그 기원이 있는 것으로 간주하기 때문에 피지배계급의 이데올로기적 반역의 가능성을 설명하지 못한다. 나아가 그것은 이데올로기적 갈등을 개인적 가상화의 수준에 위치시킴으로써 집단적 수준에서 나타나는 이데올로기적 반역의 가능성을 설명하지 못한다는 문제가 있다.

반면 발리바르는 지배이데올로기는 지배계급의 이데올로기가 아니라 피지배계급의 이데올로기의 특수한 보편화라고 주장한다. 이 때문에 착취에 모순이 존재하는 것과 마찬가지로 이데올로기적 지배에도 모순이 존재한다. 피지배계급이 지배이데올로기의 보편성, 예를 들어 자유·평등의 이념을 있는 그대로 받아들이고 그에 따라 집단적으로 행동하기 시작할 때 그들은 더 이상 기존의 질서를 인정하지 않고 반역할 것이기 때문이다.

발리바르의 이러한 논의는 알튀세르에게 불안정한 형태로 존재하는 프로이트-마르크스주의적 기획을 대신해서 스피노자의 인간학을 통해 이데올로기를 사고한 결과다. 그는 스피노자의 인간학을 통해 개인적인 것과 집단적인 것의 결합을 사고하면서 이데올로기를 집단적 상징의 개인적 가상화의 메커니즘으로 제시한다.

스피노자의 인간학은 감정(정념)의 교통으로서 주체화양식의 이론을 제공함으로써 마르크스의 생산양식론을 보완한다. 이처럼 생산양식과 주체화양식을 평행적으로 이론화함으로써 발리바르는 '두 가지 토대'[10]로서 양자의 결합을 통해 역사가 결정된다고 주장한다. 이에 따라 혁명은 착취의 모순과 이데올로기적 모순의 해후, 즉 우연한 결합으로 정의한다.

---

10) 경제와 이데올로기 양자가 모두 역사를 움직이는 힘, 즉 역사의 원인일 수 있다는 이러한 입장은 과천연구실의 연구가 진행되어 나가는 과정에서 상대화된다. 경제와 이데올로기 양자 모두 역사에 작용한다는 관점을 수용한다고 하더라도, 역사에 두 가지 원인이 있다는 주장은 다원주의라는 비판에 취약하기 때문이다.

인권의 정치

이데올로기 일반에 관한 이론만으로는 이데올로기 비판이 완성되지 않는다. 따라서 『알튀세르를 위한 강의』는 이데올로기 일반보다는 오히려 역사적 이데올로기에 대한 분석이 필요함을 강조하면서 그 사례로 인권의 정치에 관한 발리바르의 논의에 주목한다.

발리바르는 프랑스혁명 이후 현대정치의 이데올로기적 형식에 주목함으로써 정치이데올로기를 중심으로 역사적 이데올로기를 이해할 것을 제안한다. 그에 따르면, 프랑스혁명 이후 현대정치는 인간과 시민의 동일성, 그리고 평등과 자유의 동일성으로 특징지어지는 '인권의 정치'를 통해 사고되고 실천된다. 이에 관한 논의는 이후 과천연구실의 작업 속에서 마르크스주의·공산주의의 역사가 분석될 수 있는 토대가 된다.

노동권과 노동자연합

프랑스혁명 이후 현대정치는 인권의 정치라는 이데올로기적 형식 속에서 전개되지만, 인권을 표상하는 보편적 상징이 갈등성을 내포하기 때문에 정치이데올로기가 분화된다. 평등과 자유에 대한 갈등적 해석, 소유와 공동체라는 시민성의 사회적 매개를 둘러싼 대립과 투쟁이 필연적이기 때문에, 시민의 형상을 제도화하는 과정에서 누가 시민인가를 둘러싸고 정치가 개시되는 것이다.

우선 시민성의 토대로서 소유와 공동체 사이의 쟁점이 형성된다. 소유를 강조하는 입장에서 자유주의가 유래하며, 공동체를 강조하는 입장에서 공화주의가 유래한다.

그러나 소유와 공동체 사이의 모순이 지양되면서 소유 내부의 모순과 공동체 내부의 모순이 제기된다. 소유권과 민족공동체가 결합되는 공화주의적·민족주의적 자유주의가 출현하고 노동권과 노동자연합이 결합되는 공산주의가 출현하면서 현대정치의 이데올로기적 형식으로서 인권의 정치가 본격적으로 전개되는 것이다.

소유 내부의 모순은 소유권과 노동권 사이의 모순을 가리키는 것이다. 부르주아지에게 자유는 자본으로서 소유의 자유이다. 그러나 프롤레타리아에게 자유는 노동자로서 '자기 소유', 즉 노동력 소유의 자유로서 노동권을 의미한다. 노동권은 소유권에 대한 근본적인 비판을 의미하며, 여기서 자유주의를 비판하는 현대적 공산주의로서 사회주의가 비롯된다.

자본의 소유라는 우익적 해석에 대한 최초의 좌익적 대응은 로베스피에르를 비롯한 자코뱅이 제시한 생존권이었다. 이는 1848년 혁명을 거치면서 바뵈프와 푸리에에 의해 노동권이라는 봉기적 권리로 발전해 나갔다.

『알튀세르를 위한 강의』는 마르크스가 노동권이라는 용어를 사용하지 않으면서도 오히려 노동자연합과 '개인적 소유의 재건'이라는 요소를 추가해 그것을 더욱 발본화했음을 강조한다. 바뵈프나 푸리에의 노동권 개념에 대한 마르크스의 비판은 노동권 자체에 대한 비판이 아니라 평등주의적 공동체나 집단주의적 소유에 대한 비판이다. 따라서 사회화된 생산과 노동자연합을 전제로 하는 개인적 소유의 재건을 마르크스적 의미의 노동권의 핵심으로 설정할 수 있다는 것이다.[11]

한편, 공동체 내부의 모순은 민족공동체와 계급공동체의 모순, 즉 민족공동체와 노동자연합 사이의 모순을 가리키는 것이다. 부르주아지에게 공동체는 민족공동체, 결국 자본 소유자의 공동체를 의미하지만, 프롤레타리아트에게 그것은 인민의 공동체, 즉 노동자연합으로서 공동체를 의미한다. 이것이 바로 민족주의와 공산주의의 대립의 원천이다.

그러나 주체화양식과 공동체에 관한 논의는 더 복잡한 쟁점들을 제기한다. 푸리에나 바뵈프가 설정했던 대안적 공동체나 마르크스

---

11) 『자본』에서 마르크스는 자본주의적 생산의 사회화를 전제로 개인적 소유를 재건함으로써 자본주의적 사적 소유를 지양해야 하며, 이를 위해서는 노동자연합이 필연적이라고 강조했다. 『알튀세르를 위한 강의』는 역사적 사회주의가 지향한 국가 소유나 협동조합 소유 같은 집단적 소유는 사적 소유의 일종일 뿐이며, 소유권에 대한 대안이 될 수 없다고 강조한다.

가 설정했던 노동자연합은 현실에서 존재한 적이 없었기 때문이다. 이로 인해 역사적 사회주의와 공산주의는 자본주의와 민족공동체를 공유할 수밖에 없었다.

노동자계급은 1848년 혁명에서 패배함으로써 시민성에서 완전히 배제되었다가, 19세기 말 이후, 특히 1917년 러시아혁명 이후 다시 시민성의 영역으로 포섭된다. 여기에는 두 가지 계기가 있는데, 하나는 보통선거권이고, 다른 하나는 이른바 '노동의 권리', 즉 노동법에 의해 보장되는 노동권이다.

이처럼 노동자적 시민성은 자유주의의 변모에 따른 부르주아적 개량주의의 결과라고 할 수 있다. 그러나 『알튀세르를 위한 강의』는 인권의 정치가 주장하는 시민성 개념이 보통선거권이나 '노동의 권리'로 국한될 수 없는 것이라고 강조한다.

인간학적 차이와 여성권

나아가 발리바르는 주체화양식과 공동체에 관한 논의를 인권의 정치의 한계와 관련된 논의로 확장한다. 그가 특히 강조하는 것은 민족공동체의 구성과 관련된 문제들이다. 노동자계급이 시민성의 영역으로 포섭될 때, 성적·인종적 차별로 인해 특정한 부류의 노동자들만이 시민으로 인정되었기 때문이다.

발리바르는 민족형태에 의해 억압되었다가 현재 복귀하고 있는 중인 존재론적이고 인간학적인 차이와 그것이 야기하는 갈등을 지적인 것, 성적인 것, 인종적인 것이라는 세 가지로 개념화한다. 그중에서도 그는 신자유주의와 세계화로 인해 시민성과 민족성의 결합이 해체되면서 나타나는 인종적 차이와 갈등에 대해 주목한다.

발리바르가 인종적 문제를 특히 강조하는 반면 『알튀세르를 위한 강의』의 5강은 성적 차이와 여성권을 특히 강조한다. 이를 위해 이리가레의 성적 차이의 페미니즘을 통해 발리바르의 논의를 보완하고, 노동권에 평행하는 봉기적 권리로서 여성권이라는 쟁점을 제기한다.[12)]

마르크스주의가 제기하는 재생산이라는 쟁점은 주로 자본과 노동력의 재생산을 의미한다. 그러나 노동력의 재생산이란 결국 인간 개인의 재생산을 보증하는 가족이데올로기와 결혼제도를 전제하는 것이다. 따라서 이리가레가 주장하는 여성의 독자적 권리란 결혼이라는 제도, 가족이라는 이데올로기, 나아가 민족형태라는 공동체의 위기에 대한 발본적인 대안을 제시하는 것이다.[13)]

나아가 여성권이 또 다른 봉기적 권리로서 노동권과 연대하고 교통하기 위해서는 마르크스주의의 한계개념으로서 임금, 특히 가족임금이 중요한 문제로 제기되어야 한다. 동일노동·동일임금에서 더 나아가 사회보장과 같은 간접임금에서의 성차별을 해소하기 위해서는 가족 이데올로기 자체에 대한 비판이 필요하다. 평등의 차원에서 제기되는 여성의 권리는 한계적일 수밖에 없기 때문에 이리가레와 발리바르는 자유의 전제로서 차이 혹은 '평등 속에서 차이의 권리'를 강조한다.[14)]

인권의 정치와 일반화된 마르크스주의

발리바르는 노동권과 여성권의 결합을 핵심으로 하는 인권의 정치가 계급의 정치, 특히 정당의 정치라는 형태로 전개된 계급의 정치를 전화하려는 시도라는 점을 강조한다.

『알튀세르를 위한 강의』는 계급의 정치, 정당의 정치를 넘어선

---

12) 이리가레는 여성권의 대상으로서 '인간적 존엄성' 뿐만 아니라 '처녀성과 모성'을 중시한다. 가족에 유폐되어 남성을 위해 '추상적 노동'(성교와 출산)을 수행하는 여성에게 처녀성과 모성에 대한 권리는 독자적인 의미를 지닐 수 있는 것이다.

13) 이러한 의미에서 노동권과 여성권이라는 두 봉기적인 권리의 결합은 생산양식과 주체화양식의 결합을 통한 스피노자-마르크스주의의 정치적 함의로서 인권의 정치의 핵심을 가장 명확하게 보여주는 것이다.

14) 성차의 페미니즘에 대한 이론적 검토는 과천연구실의 후속 작업에서 더 구체화·체계화된다. 특히 페미니즘의 역사 속에서 역사적 마르크스주의·공산주의와의 관계가 주요 쟁점이었으며, 나아가 금융세계화를 비판하는 대안세계화운동 속에서 페미니즘의 위상과 역할을 포함하는 것이다.

변화된 마르크스주의, 인권의 정치가 지향하는 정치적 입장이 다양한 진보적 정치와의 연대와 교통이며, 계급적대까지 포괄하는 다양한 차이와 갈등을 포섭하는 포괄적 담론이어야 함을 강조한다. 이러한 맥락에서 마르크스의 소유론 비판은 노동에 대한 권리는 물론이고 성·지식·생태·건강에 대한 권리로 확장되어야 한다.

나아가 『알튀세르를 위한 강의』는 인권의 정치가 함의하는 여러 가지 쟁점이 결합될 수 있는 방식이나 그 결과에 대한 토론을 위해서는 마르크스주의의 역사, 역사적으로 존재했던 사회주의나 공산주의에 대한 평가도 제시되어야 함을 강조한다.15)

신자유주의 비판

브뤼노프의 경제학 비판

『알튀세르를 위한 강의』 4강은 신자유주의라는 정세 하에서 인권의 정치와 그것의 경계에 관해서 설명한다. 특히 노동권이라는 쟁점과 관련해서 1-3강이 추상적인 내용을 다룬다면, 4강은 신자유주의적 정세에서 전개되는 자본의 초민족화에 관한 분석 속에서 그것을 더 구체화한다.

알튀세르와 발리바르는 경제학 비판의 측면에서 마르크스주의의 일반화를 위한 기본적인 방향성을 제시했다. 그러나 그것이 현대경제학과 대결할 수 있는 논의와 직접적으로 결합될 수 있는 것은 아니다. 『알튀세르를 위한 강의』는 마르크스주의의 일반화와 결합될 수 있는 경제학적 논의를 제공해 준다는 점에서 브뤼노프의 이론적 시도에 주목한다. 나아가 브뤼노프의 작업을 통해 마르크스의 경제학 비판을 케인즈주의로 대표되는 현대경제학 비판으로 확장하고, 신자유주의 비판의 단초를 발견할 수 있다는 점을 강조한다.

15) 이와 관련된 내용은 『일반화된 마르크스주의 개론』, 특히 『역사적 마르크스주의』에서 더 체계적으로 제시된다.

특수한 상품으로서 노동력과 화폐

『알튀세르를 위한 강의』는 브뤼노프의 작업이 마르크스주의의 일반화와 결합될 수 있는 이유를 두 가지로 설명한다. 한편으로는 자본의 추상화와 노동의 구체성이라는 발리바르의 테제와 상호보완적인 성격을 갖기 때문이며, 다른 한편으로는 생산양식과 주체화양식의 결합이라는 스피노자-마르크스주의의 문제설정과 결합가능하기 때문이라는 것이다.

브뤼노프가 『자본』 해석에서 가장 주목하고 있는 것은 『자본』의 한계개념인 노동력과 임금에 대한 분석이다. 나아가 브뤼노프는 노동력의 재생산과정에 국가가 개입하는 양상을 구체적으로 분석한다. 이는 『자본』의 논리적 장에 대한 역사적 장의 우위라는 알튀세르의 테제, 혹은 자본의 추상화와 노동의 구체성이라는 발리바르의 테제와 친화성을 갖는 것이다.[16]

발리바르는 마르크스주의 일반화의 핵심으로 생산양식과 주체화양식의 결합, 즉 경제학 비판과 이데올로기 비판의 결합을 주장했다. 이 때 전자에 대한 분석의 핵심은 현실의 모순으로서 계급투쟁의 조건·형태·메커니즘에 대한 분석, 즉 '상품적 인과성'에 입각한 경제법칙론이다. 또 후자에 대한 분석의 핵심은 상징의 가상화의 조건·형태·메커니즘에 대한 분석인데, 발리바르는 이를 '비상품적 인과성'이라고 부른다.

브뤼노프는 발리바르의 인과성 개념과 유사한 제약 개념을 사용하는데, 그것은 크게 '상품적 제약'과 '비상품적 제약'으로 구별된다. 또 상품적 제약은 임노동제약과 화폐제약이라는 두 측면을 가진다. 임노동제약과 화폐제약은 가치관계로 표상되는 자본의 추상적 운동에 포섭되어 있는 것이다.

---

16) 그러나 양자의 작업에는 중요한 차이가 있다. 알튀세르나 발리바르가 『자본』을 해석할 때 직접적 생산과정 혹은 노동과정을 가장 핵심적으로 사고한다면, 브뤼노프는 노동과정보다는 노동력의 재생산과정에 초점을 맞추기 때문이다.

그러나 임노동제약과 화폐제약은 단지 가치법칙과 밀접한 관련을 갖는 상품적 제약의 일종으로 환원될 수만은 없다. 이 때문에 노동력과 화폐의 국가적 관리에 대한 분석이 중요한 쟁점으로 부상하는데, 브뤼노프는 이를 위해 국가제약이라는 비상품적 제약 개념을 도입한다.

브뤼노프는 국가제약을 설명하는 과정에서 경제정책, 특히 케인즈주의적 경제정책에 대한 분석을 강조한다. 브뤼노프는 경제정책의 형태와 일반적인 정치적·정책적 쟁점 사이의 관계를 설명하면서, 경제정책의 선택은 계급투쟁이라는 일반적인 정치적·정책적 쟁점에 따라 결정된다는 사실을 강조한다. 이처럼 국가제약은 단순히 상품적 제약을 보완하는 것이 아니라, 그 배후에 있는 계급투쟁을 반영하는 비상품적 제약인 것이다.

브뤼노프는 노동력 및 화폐의 재생산과정을 설명하면서 국가에 대한 분석, 특히 20세기에는 국가의 경제정책에 대한 분석이 갖는 중요성을 강조했다. 이는 결국 경제적 국가장치라는 국가의 또 다른 측면을 국가이론에 도입하는 계기가 되었다.

나아가 노동력의 재생산과정에 대한 분석은 다양한 제도에 대한 검토를 요구하는 것이다. 여기서 학교와 가족은 특히 중요한 제도로서 주목할 필요가 있는데, 이것은 이데올로기 비판의 측면에서도 성적 차이와 지적 차이라는 중요한 쟁점들과 관련된다. 이러한 방식으로 브뤼노프의 문제설정은 경제학 비판의 내용을 확장하고 풍부하게 만드는 효과를 가져왔다.

신자유주의 비판

케인즈주의적 경제정책에 관한 분석을 강조하는 브뤼노프의 문제설정은 케인즈주의적 경제정책의 해체와 역전이라는 의미에서 신자유주의에 대한 비판의 출발점을 제공한다. 이러한 문제의식 하에서 『알튀세르를 위한 강의』는 노동력과 화폐에 대한 국가관리 방식의 역사적 변화 속에서 신자유주의를 이해해야 한다고 강조한다.

브뤼노프는 불황으로 인한 경제관리 방식의 변화라는 측면에서 신자유주의를 분석한다. 미국 헤게모니의 전성기가 케인즈주의적 경제정책의 성공을 위한 조건이었다면, 신자유주의적 경제정책은 그 위기를 반영하는 것이기 때문이다.

1970년대 이후 이윤율의 하락과 함께 이른바 스태그플레이션 현상이 나타나기 시작했다. 이에 대응하는 반인플레이션 정책 속에서 신자유주의적 정책이 출현했고, 노동자계급에 대한 공격이 본격화되기 시작했다. 브뤼노프는 신자유주의가 구조적 위기의 시기에 노동력과 화폐가 관리되는 특수한 형태라는 점을 강조한다.

우선 노동력 관리의 측면에서는 초민족적 금융자본의 출현으로 인해 유효수요정책을 통한 노동력 관리가 불가능해졌다는 사실이 강조된다. 신흥공업국의 등장으로 인해 값싼 노동력의 재생산이 용이해졌고, 이 때문에 노동의 신축성에 대한 요구가 더욱 강화되었던 것이다. 나아가 공공부조나 사회보장과 관련된 재정 역시 신축화되어 노동자계급에 대한 공격이 더욱 강화되었다.

다음으로 화폐 관리의 측면에서는 금태환의 중지와 고정환율제의 폐지로 인해 금융자본의 자율성이 강화되고, 나아가 금융자본의 초민족화 경향이 나타나기 시작했다. 또한 그 과정에서 인플레이션 압력이 국제적인 금융투기로 이전되어 외채위기나 거품경제 같은 현상이 나타났다.

1980년대부터 주기적으로 발생하고 있는 금융위기는 이러한 맥락에서 이해될 수 있다. 나아가 이로 인해 세계경제의 불안정성이 증대되었고, 신흥공업국이 그 희생양이 되었다는 측면에서 세계화가 비대칭적인 과정이라는 사실에 주목할 수 있다.

『알튀세르를 위한 강의』는 브뤼노프의 분석을 로블랭의 분석으로 보충한다. 로블랭은 세계시장의 구조적 변화의 원인을 자본의 초민족화에서 찾는데, 중요한 것은 그것을 주도하는 것이 산업자본이나 독점자본이 아니라 금융자본이라는 것이다. 로블랭의 논의는 산업자본과 독점자본 개념을 핵심으로 하는 제국주의론의 한계를 비판하는 출발점이 될 수 있다.

나아가 『알튀세르를 위한 강의』는 신자유주의적 정세 속에서 노동자운동이 채택하는 코퍼러티즘적 대응이 갖는 한계를 인권의 정치의 관점에서 지적한다. 노동자운동에서 인권의 정치라는 쟁점, 즉 노동권 개념을 중심으로 통일과 단결을 이루어내지 않는 한 초민족적 금융자본이 주도하는 신자유주의적 공세에 대한 대안을 제시할 수 없기 때문이다. 『알튀세르를 위한 강의』는 이에 대한 대안으로 인권의 정치에 준거해서 코퍼러티즘의 한계를 극복할 수 있는 사회운동적 노조주의에 주목한다.

역사과학으로서 경제학 비판

『일반화된 마르크스주의 개론』 2-3강은 역사과학으로서 경제학 비판과 관련되는 과천연구실의 처음 10년 동안의 연구를 정리하고, 향후 연구의 방향을 제시한다. 이러한 문제의식에 입각한 과천연구실의 작업은 이후 지속적으로 심화·발전되는데, 그 구체적인 내용은 이 책에 수록된 「경제학 비판」과 「역사학 비판」에서 서술될 것이다.

『일반화된 마르크스주의 개론』 2강은 경제학 비판의 완성에 기여한 이론들을 개관하고, 그것을 '경제학 비판의 그로스만적 전통'이라고 부른다. 나아가 이러한 이론들을 통해 경제학 비판의 대상과 방법을 설명하고, 다른 과학들과 비교하면서 그것이 갖는 과학성을 검토한다. 이러한 작업은 과천연구실의 가장 중요한 이론적 성과 중 하나인 자본주의의 역사동역학 개념을 구성하는 중요한 요소이다.

나아가 『일반화된 마르크스주의 개론』 3강은 2강의 분석을 구체화하면서 자본주의 역사동역학의 모형을 더 상세히 설명하고, 그것에 기초해서 미국자본주의의 역사, 특히 신자유주의와 금융세계화를 분석한다.

경제학 비판의 그로스만적 전통

마르크스주의의 일반화와 경제학 비판의 발전

『일반화된 마르크스주의 개론』은 우선 『알튀세르를 위한 강의』에서 소개된 알튀세르, 발리바르, 그리고 브뤼노프의 기여를 간략히 설명한다. 그러나 그 초점은 달라지는데, 『알튀세르를 위한 강의』에서는 신자유주의에 대한 분석 및 그것에 대한 대응이 전체적인 화두였다면, 『일반화된 마르크스주의 개론』에서는 역사과학으로서 경제학 비판의 이론적 계보라는 관점에서 이러한 이론들이 설명된다.

『일반화된 마르크스주의 개론』은 마르크스주의의 일반화에서 알튀세르와 발리바르의 가장 중요한 이론적 기여가 마르크스주의의 핵심으로서 경제학 비판을 복권시킨 데 있다고 평가한다. 또 마르크스의 고전경제학 비판을 현대경제학 비판으로 발전시킨 브뤼노프 작업이 갖는 중요성 역시 강조한다.

나아가 『일반화된 마르크스주의 개론』은 뒤메닐의 자본주의 역사동역학과 아리기의 역사적 자본주의 분석에도 주목한다. 이윤율의 운동과 그에 반작용하는 제도에 관한 분석에 기초하는 이들의 이론적 작업 속에서 미국자본주의에 대한 과학적 분석을 위한 토대가 마련되었기 때문이다.

이처럼 일반화된 마르크스주의의 핵심으로서 경제학 비판을 발전시킬 수 있는 토대가 알튀세르와 발리바르, 브뤼노프(그리고 폴리), 나아가 뒤메닐과 아리기의 작업에서 발견되는데, 『일반화된 마르크스주의 개론』은 이러한 계보를 그로스만적 전통이라고 부른다.

『일반화된 마르크스주의 개론』은 그로스만적 전통에 입각한 이론적 작업이 100년에 걸친 마르크스주의 경제학 논쟁사에서 억압되어 온 하나의 전통의 복권을 의미한다고 강조한다. 『자본』의 핵심이 경제학 비판이라는 사실을 최초로 강조한 마르크스주의 경제학자가 그로스만이기 때문이다. 또한 경제법칙의 핵심이 이윤율 하락이고 그 반작용요인으로서 제도가 자본주의의 역사를 설명한다고 주장한 사람도 역시 그로스만이다. 따라서 알튀세르 이후의 경제학 비판을 그로스만의 경제학 비판을 현대화하는 시도로 해석하는 것이 타당하다는 것이다.

이러한 문제의식은 자본주의적 생산양식의 논리와 다양한 제도로 현상하는 역사의 관계라는 문제를 제기한다. 이는 마르크스주의의 역사에서 역사주의와 논리주의의 논쟁이라는 형태로 등장한 것이며, 알튀세르가 『자본』을 경제학 비판 또는 역사과학으로 해석하면서 제기한 문제, 즉 『자본』의 난점으로서 논리와 역사의 관계 혹은 변증법의 문제에 해당하는 것이다.

이에 대해 『일반화된 마르크스주의 개론』은 이러한 알튀세르의 문제가 해결되는 방식에 중점을 두고 발리바르와 브뤼노프의 이론을 소개한다.[17] 『일반화된 마르크스주의 개론』과 이후의 저작들에서 역사과학으로서 경제학 비판에 관한 연구가 심화되면서, 알튀세르, 발리바르, 브뤼노프에게서 발견되는 이러한 문제의식은 자본주의의 역사동역학 및 역사적 자본주의 분석과 결합된다.

자본주의의 역사동역학과 역사적 자본주의 분석

자본주의의 역사에 관한 연구에서 『일반화된 마르크스주의 개론』은 우선 미국경제에 대한 뒤메닐의 분석에서 도출되는 자본주의의 역사동역학 개념에 주목한다. 나아가 뒤메닐의 역사동역학을 장기적인 역사적 관점에서 보충할 수 있는 이론으로서 아리기의 역사적 자본주의 분석이 갖는 중요성도 강조한다.

자본주의의 역사에 대한 분석에서 과천연구실이 뒤메닐과 아리기의 논의에 주목하는 이유는 크게 두 가지로 나뉜다. 첫 번째 이유는

---

17) 이러한 내용들은 『알튀세르를 위한 강의』에서도 다루어진 것이지만, 『일반화된 마르크스주의 개론』에서는 역사과학적 관점에서 논의가 더욱 심화된다. 또 『알튀세르를 위한 강의』의 주요 주제였던 신자유주의에 대한 분석과 비판은 자본주의의 역사에 관한 설명으로 포섭된다.

양자의 이론 모두 자본주의의 역사에 관한 기본적인 동역학적 법칙을 제시한다는 점에서 발견된다.

뒤메닐은 1978년에 출간된 『'자본'의 경제법칙』에서 이윤율 하락 개념을 복권시킨다. 그는 여기서 제시된 자신의 경제법칙론을 '이윤율의 경제학'이라는 테제로 요약한다. 이윤율의 경제학은 이윤율의 운동을 중심으로 『자본』의 경제법칙을 재구성할 수 있다는 사실에 주목한다.[18)]

한편, 『장기20세기』(1994)로 집대성되는 아리기의 이론은 이윤율 하락설과 결합되는 축적체계론을 제시한다. 아리기는 아날학파의 경기순환론을 발전시킨 월러스틴의 장기파동론 대신 축적체계를 설명하기 위해 자본의 로지스틱 성장 모형을 도입한다.

뒤메닐과 아리기의 이론은 모두 동역학적 법칙을 통해 자본주의의 역사를 설명하고 있는데, 이러한 시도는 마르크스주의의 일반화가 강조하는 경제법칙론적 관점과 결합될 수 있는 것이다.

뒤메닐과 아리기의 논의에 주목하는 두 번째 이유는 양자 모두 동역학적 법칙을 통해 자본주의의 역사를 설명하는 동시에 이러한 동역학적 경향에 반작용하는 요인으로서 제도에 주목한다는 점에서 발견된다.

뒤메닐은 『이윤율의 경제학』(1993)에서 미국 자본주의의 역사를 분석한다. 그에 따르면, 19세기 말 이윤율 하락은 영국경제를 지지해 온 제도로서 개인자본의 한계를 보여주는 것이다. 그러나 20세기 초 미국에서 이러한 경향에 반작용하는 새로운 제도가 발명되면서 이윤율은 다시 상승한다. 『일반화된 마르크스주의 개론』은 법인혁명과 관리자혁명을 이윤율을 다시 상승시키는 제도의 발명으로 해석하고, 케인즈주의적 경제정책을 법인자본에 고유한 거시적 불안정

---

18) 미국경제를 분석하려는 최초의 시도는 1970년대 후반 아글리에타의 조절이론으로 소급하는 것이다. 그러나 알튀세르적인 관점에서 국가독점자본주의론을 대체하려고 시도했던 조절이론은 구조적 위기의 원인을 과소소비에서 발견하고, 나아가 금융세계화를 설명하지 못한다는 한계를 가지고 있었다.

성을 해결하기 위한 제도로 해석한다.[19]

『장기20세기』에서 아리기는 영국자본주의까지 포괄하는 더 장기적인 역사적 관점에서 뒤메닐과 유사한 분석을 제시한다. 그는 영국자본주의에서 미국자본주의로의 이행을 설명하면서 거래비용을 내부화한 20세기 초 기업의 조직혁신과 케인즈주의적 타협이 미국자본주의의 전성기에 중요한 역할을 했다고 강조한다. 아리기는 뒤메닐의 논리적 분석과 구별되는 역사적 분석을 제시한다는 차이가 있지만 그가 제시하는 미국자본주의의 제도적 특징 역시 반작용요인으로 개념화할 수 있다.

경향과 그에 대한 반작용요인으로서 제도에 관한 뒤메닐과 아리기의 분석은 『자본』의 해석에 있어서 논리와 역사의 관계를 체계화한다. 여기서 이윤율의 하락과 자본의 로지스틱 성장이라는 경제법칙, 즉 구조가 논리의 영역이라면, 법인혁명이나 케인즈주의 같은 제도적 반작용은 역사의 영역이다. 구조와 제도라는 두 가지 차원은 역사동역학의 기본적 틀을 이루게 된다.[20]

그런데 구조는 결국 생산양식을 원인으로 하는 경제법칙이고 제도는 이데올로기의 현실화라고 한다면, 위와 같은 역사동역학적 틀에서 경제와 이데올로기는 비대칭적 역할을 갖게 된다. 경제와 이데올로기는 동등한 두 가지 원인이 아닌 것이다.

---

19) 영국자본주의를 특징짓는 개인자본의 불안정성이 불비례로 표현되는 미시경제적 불균형에서 비롯되는 것이라면, 미국자본주의를 특징짓는 법인자본은 고유한 거시경제적 불안정성을 갖는다. 『일반화된 마르크스주의 개론』은 이를 유효수요 부족과 금융적 불안정성으로 구별한다. 케인즈주의는 전자를 해결하기 위해 '투자의 사회화', 후자를 해결하기 위해 '금리생활자의 안락사'를 주장했는데, 로즈벨트가 이를 수용하면서 미국자본주의의 전성기를 특징짓는 자유기업의 원리가 확립된다.

20) 『일반화된 마르크스주의 개론』에서는 구조적 차원에서 자본주의의 경제법칙과 반작용요인으로서 제도에 관한 이론을 '자본주의의 역사동역학', 더 구체적인 역사적 과정을 포함하는 설명을 '역사적 자본주의 분석'이라고 부른다. 이것은 자본주의 역사에 관한 과천연구실의 연구에 두 가지 기원이 있음을 반영하는 것인데, 이후의 작업에서는 이 두 가지 차원을 구별하지 않고 '자본주의의 역사동역학'으로 통일하게 된다.

이는 과천연구실의 입장이 『알튀세르를 위한 강의』에서 제시된 입장, 즉 역사가 생산양식과 주체화양식이라는 두 가지 원인을 갖는다는 입장으로부터 변화했음을 보여준다. 이후의 작업은 이를 원인으로서 생산양식이라는 구조, 그리고 그것에 대한 반작용요인으로서 이데올로기 혹은 제도로 개념화한다.

자본주의의 역사동역학

경제학 비판의 대상과 방법

『일반화된 마르크스주의』 2강은 『마르크스의 '경제학 비판'』의 1장을 토대로 경제학 비판의 대상과 방법을 개관한다. 이러한 논의의 출발점은 과학적 연구에 관한 알튀세르의 테제들이다.

알튀세르의 가장 중요한 유물론적 테제는 모든 과학은 자신의 대상을 갖는다는 것이다. 또 알튀세르는 현실대상과 사고대상의 구별을 강조하면서 양자를 혼동하는 관념론을 비판한다. 나아가 그는 합리적 사고를 통해서 주체가 외부 대상을 인식할 수 있다는 엥겔스와 레닌의 테제를 강조한다.

알튀세르와 발리바르는 마르크스의 대상이 생산양식 일반이라면 마르크스의 이론은 역사철학일 뿐이라고 주장한다. 그러나 마르크스의 대상은 생산양식 일반이 아니라 역사적으로 특수한 생산양식으로서 자본주의이기 때문에 그의 이론은 역사과학으로 규정될 수 있다. 또 마르크스의 역사과학이 경제학 비판이라는 형식을 띠는 이유는 자본주의적 생산양식에 관한 이론, 즉 고전경제학이 이미 존재하기 때문이다.

알튀세르는 과학이 고유한 대상을 갖고 있다고 주장했을 뿐만 아니라 그것을 인식하기 위한 방법에 관해서도 언급한다. 그는 현실의 대상을 인식하기 위한 수단으로서 합리적 사고의 대상은 항상 과학적 개념의 형태를 띤다는 것을 지적하면서 이론은 개념들의 관계 속에서 개념의 전개를 통해 구성된다고 주장한다.

나아가 알튀세르는 사고의 대상으로서 과학적 개념이 전개되는 방법은 고유한 대상을 갖는 개별 과학마다 특수하기 때문에 모든 과학에 적용될 수 있는 방법으로서 이른바 '방법론'(methodology)은 없다고 주장한다. 여기서 경제학 비판에 고유한 방법으로서 변증법이라는 문제가 제기된다.

'1857-58년 원고'에 붙인 경제학 비판의 방법에 관한 「서론」에서 마르크스는 변증법의 핵심을 '추상에서 구체로의 상승'이라는 테제로 요약한다. 이 때 가장 단순한 규정에 새로운 규정이 추가되면서 사고구체물이 구성되는데, 이러한 상승 과정에서 개념을 전개하는 변증법이 바로 논리로서 변증법이다.

문제는 헤겔의 관념변증법과 마르크스의 유물변증법 사이의 관계이다. 알튀세르는 변증법적 논리의 한계에 역사가 존재한다고 강조한다. 즉 추상에서 구체로의 상승 과정은 순수한 논리적 도출 과정이 아니며, 제도라는 역사적 계기가 개입한다는 것이다. 따라서 알튀세르에게 유물변증법은 논리와 역사의 결합을 의미하는 것이며, 논리로서 변증법에 대해 역사로서 변증법, 즉 역사변증법이 우위에 있는 것이다.

그러나 과학에 관한 알튀세르의 유물론적 테제에 따라 자신의 대상과 방법을 설정한다고 해서 경제학 비판의 과학성이 보증되는 것은 아니다. 이 때문에 경제학 비판의 과학성을 확인하는 한 가지 방법으로서 다른 과학과의 비교를 통해 그 이론적 형식이 과학적 이론의 요건을 잘 갖추고 있는지 검토해 볼 필요가 있는 것이다.

이를 위해 『일반화된 마르크스주의 개론』은 물리과학이나 생명과학 같은 자연과학의 예를 들면서 과학적 이론에 관해 부연한다. 그 과정에서 뉴튼의 동역학의 이론적 형식이 『자본』, 그리고 경제학 비판의 이론적 형식과 상당히 유사하다는 점을 지적한다.

뉴튼의 역학(力學, mechanics)은 모든 과학의 원형이기 때문에, 과학적 이론과 관련된 논의에서 가장 큰 중요성을 가질 수밖에 없다. 『일반화된 마르크스주의 개론』은 특히 그것이 최초로 힘이라는 현실 대상에 관해 사고했다는 것을 강조한다.[21] 그리고 과학이론의 정성적 측면과 정량적 측면을 구별하면서 개념의 전개로서 이론이 전자에 해당한다면 그런 이론을 수학적 법칙으로 표현하는 것이 후자에 해당한다고 지적한다.

나아가 『일반화된 마르크스주의 개론』은 수학적으로 표현되는 과학적 모형의 예로 역학적 모형, 특히 미분방정식으로 표현되는 역학적 모형으로서 동역학(dynamics)의 사례를 제시한다. 또 시간에 따른 상태의 변화를 분석하는 동역학을 시간이 고려되지 않는 정역학(statics), 나아가 힘을 고려하지 않고 운동법칙만으로 구성되는 운동학(kinematics)과 비교하면서 동역학이 과학적 모형의 핵심이라는 것을 강조한다.

이러한 설명을 통해 『일반화된 마르크스주의 개론』은 경제학 비판이 과학의 표준에 아주 근접한다는 것을 주장한다. 『자본』은 매우 수학적인 책일 뿐만 아니라, 경제학 비판의 이론적 구조가 뉴튼 동역학과 유사하기 때문이다.

뉴튼의 동역학은 가속도법칙이라는 정의법칙과 중력법칙과 행성운동법칙이라는 경험법칙으로 구성된다. 마르크스의 경제학 비판도 이와 유사한 방식으로 설명될 수 있는데, 가속도법칙, 중력법칙, 행성운동법칙에 해당하는 것이 각각 가치법칙과 잉여가치법칙, 자본생산성 하락의 법칙과 이윤율 하락의 법칙, 자본의 로지스틱 성장 법칙이다.

마르크스의 가치법칙이 가속도법칙처럼 정의법칙이라는 사실에 최초로 주목한 사람이 폴리이다. 폴리는 이러한 입장에서 뒤메닐과 함께 마르크스주의 경제학의 난제 중 하나인 이른바 '전형 문제'를

---

21) 진화론이나 경제학이 역학과 구별되는 것은 물체에 작용하는 힘이 아니라 인구에 작용하는 힘을 대상으로 하기 때문이다. 또 진화론과 경제학이 구별되는 것은 그것들이 대상으로 하는 인구가 개체군과 고정자본이기 때문이다. 알튀세르의 철학을 과학적 현실주의로 발전시킨 바스카처럼 역학, 진화론, 경제학의 이러한 관계를 '출현적 구조들'(emerging structures)이라고 부를 수 있다.

최종적으로 해결하기도 한다.

자본이 성장하는 과정에서 자본생산성이 하락하는데, 중력법칙과 마찬가지로 경험법칙인 자본생산성 하락의 법칙은 자본주의적 기술진보의 편향성을 표현한다. 자본주의적 기술진보의 핵심은 노동을 절약하는 데 있고, 그 수단이 바로 자본의 소비라는 것이다. 마르크스주의 경제학의 또 다른 난제인 이윤율 하락의 법칙을 편향적 기술진보로 인한 자본생산성의 하락으로 설명한 것도 역시 폴리와 뒤메닐의 기여이다.

자본주의의 역사동역학

경제학 비판의 대상과 방법에 관해 설명한 후 『일반화된 마르크스주의 개론』은 『마르크스의 '경제학 비판'』 2-4장의 내용을 개관한다. 그것은 『자본』 1권의 경제학 비판에 해당하는데, 특히 앞에서 소개된 발리바르와 브뤼노프, 그리고 폴리와 뒤메닐로 이어지는 알튀세르적 경제학 비판의 관점에 따라 재해석된 것이다.22)

『마르크스의 '경제학 비판'』 2-4장에서 경제학 비판은 두 단계로 제시되는데, 하나는 특수 상품으로서 화폐를 분석하는 것이고, 다른 하나는 특수 상품으로서 노동력을 분석하는 것이다.

경제학 비판이 화폐와 노동력이라는 특수 상품에 대한 분석에서 출발하는 것은 그것이 자본주의적 생산양식에 대한 설명의 전제조건이기 때문이다. 이러한 두 단계의 경제학 비판을 통해서 가치법칙과 잉여가치법칙을 도출하고, 나아가 자본생산성 하락과 이윤율 하락의 법칙을 설명할 수 있다.

자본주의적 생산양식에 대한 설명의 핵심은 잉여가치의 생산방법, 나아가 그것에 의해 추동되는 자본주의적 생산력의 발전이다. 마르크스는 생산과정의 이중성, 즉 생산과정이 노동력과 생산수단을 소

22) 이와 관련된 내용은 이 책에 수록된 「경제학 비판」에서 보다 상세히 다루어진다. 여기서는 그 내용을 대폭 축약하고 그러한 이론이 갖는 의미만을 설명한다.

비하여 사용가치를 생산하는 노동과정인 동시에 가치와 잉여가치를 생산하는 가치증식과정이라는 사실에 기초해서 잉여가치의 생산방법을 분석한다.

또 마르크스는 자본주의적 생산력인 기계제대공업이 자본에 의한 노동의 실질적 포섭과 상대적 잉여가치의 생산으로 특징지어진다고 설명하면서, 이를 자본에 의한 노동의 형식적 포섭과 절대적 잉여가치 생산으로 특징지어지는 매뉴팩처와 구별한다.

화폐라는 특수한 상품에 대한 분석에서 가치법칙이 도출되고, 노동력이라는 특수한 상품에 대한 분석에서 잉여가치법칙이 도출되는 것처럼, 잉여가치의 생산방법에 관한 분석에서 자본생산성 하락과 이윤율 하락의 법칙이 도출된다. 이것이 바로 마르크스가 자본주의적 축적의 보편적 법칙이라고 부르는 가장 중요한 경제법칙이다.

나아가 『일반화된 마르크스주의 개론』은 그로스만이 이윤율 하락의 법칙을 열역학적 개념을 원용해서 '자본주의적 축적의 엔트로피 법칙'이라고 불렀다는 점에 특히 주목한다. 이윤율 하락의 법칙이 엔트로피 증가의 법칙이라면, 그것에 대한 반작용요인은 엔트로피를 감소시키는 네거티브 엔트로피, 즉 '네겐트로피'라고 할 수 있다.

엔트로피와 네겐트로피에 대한 이러한 개념화는 구조와 제도의 관계에 상응하는 것이다. 이러한 개념화를 통해서 『일반화된 마르크스주의 개론』은 이윤율이 하락하는 자본주의적 축적의 엔트로피 법칙과 그러한 경향에 반작용하는 역사적·제도적 요인이라는 네겐트로피의 상호작용을 통해서 자본주의의 역사를 설명할 수 있다는 사실을 강조한다.

나아가 이것은 마르크스의 동역학과 뉴튼의 동역학 사이의 차이를 보여주는 것이기도 하다. 뉴튼의 동역학이 행성운동과 같은 순환적 운동을 분석한다면 마르크스의 동역학은 자본축적을 분석한다. 이것은 순환모형이 아니라 성장모형이라는 점에서 오히려 생물종의 분화를 분석하는 다윈의 진화론과 유사하다. 물론 역사과학과 진화론 사이에도 차이가 존재한다. 역사과학에서는 모순 개념이 핵심적인 반면 진화론에서는 그렇지 않기 때문이다.

『일반화된 마르크스주의 개론』은 사회의 본질이 모순이라고 강조한다. 또 엔트로피와 네겐트로피의 상호작용으로 인해 역사가 존재한다면, 공산주의 같이 자본주의와 모순적인 또 다른 역사도 존재할 수 있다고 주장한다. 이러한 주장은 마르크스가 주장한 이행의 두 가지 방식, 즉 부정적 이행과 긍정적 이행의 구별과 밀접한 관련을 갖는 것이다.

마르크스는 이윤율 하락을 설명하면서 부정적 이행과 긍정적 이행이라는 이행의 두 가지 방식을 지적한다. 전자가 새로운 자본주의적 제도의 반작용에 의한 자본주의의 개혁을 의미한다면, 후자는 평의회 같은 공산주의적 제도에 의한 자본주의의 변혁을 의미한다.

이윤율 하락에 따라 금융화와 궁핍화가 진행되면서 두 가지 이행의 길이 개방되는데, 두 가지 이행의 길을 두고 전개되는 모순 때문에 역사변증법이 작동한다. 이러한 점에서 마르크스의 변증법은 궁극적으로 역사적이라고 할 수 있다.

미국자본주의의 역사

미국자본주의의 역사

『일반화된 마르크스주의 개론』이 경제학 비판의 대상과 방법을 설명하고, 그에 기초해서 자본주의의 역사동역학을 정식화한 것은 궁극적으로 자본주의의 역사, 특히 미국자본주의의 역사를 설명하기 위한 것이다. 『일반화된 마르크스주의 개론』 3강은 원인으로서 구조와 그에 대한 반작용요인으로서 제도를 결합한 분석틀에 따라 미국자본주의의 역사, 특히 신자유주의와 금융세계화를 분석한다.

『일반화된 마르크스주의 개론』은 자본주의의 역사동역학에 준거해서 20세기 자본주의의 역사를 두 시기로 구분한다. 이윤율이 상승하는 1914년부터 1965년까지의 성장기, 이윤율이 하락하는 1965년 이후의 불황기가 바로 그것이다.[23]

이러한 시기구분을 기준으로 해서 미국자본주의의 역사를 한편으로는 이윤율의 운동을 중심으로 설명하고 다른 한편으로는 반작용 요인으로서 제도의 역사를 중심으로 설명한다. 전자의 경우 우선 설명하고자 하는 '정형화된 사실'(stylized facts)로서 이윤율의 운동을 개관한 뒤 그것을 설명할 수 있는 이론 모형을 제시한다. 후자의 경우 이렇게 설명된 자본의 운동에 따라, 특히 성장기에 요구되는 제도적 기능과 불황기에 등장하는 제도적 개혁, 혹은 기존 제도의 파괴를 중심으로 제도적 변화를 검토한다.

또 『일반화된 마르크스주의 개론』은 이윤율의 운동을 분석하기 위한 자본주의의 역사동역학을 수학적으로 설명한다. 뉴튼의 동역학이 브라헤의 통계자료를 묘사하는 케플러의 행성운동법칙을 증명하기 위한 것이라면, 역사동역학도 경험적으로 관찰된 자본축적을 설명하기 위한 것이다.

이 때 역사동역학의 수학적 모형에서 가장 중요한 것은 자본축적에 한계가 있다는 사실을 설명하는 것이고, 그것이 바로 자본의 로지스틱 성장 모형인 것이다.

신자유주의와 금융세계화

자본주의의 역사동역학에 기초해 미국자본주의의 역사를 분석하면서, 『일반화된 마르크스주의 개론』은 신자유주의에 대한 분석이 갖는 현재적·정세적 의의를 강조한다. 그러나 정세에 대한 인식은 장기적인 역사적 흐름에 대한 인식과 결합될 때에만 완전해 질 수 있다. 따라서 『일반화된 마르크스주의 개론』은 신자유주의에 대한 분석이 자본주의의 역사에 대한 설명과 결합되어야 하고, 역사과학의 완성이 신자유주의라는 정세에 대한 인식과 필연적 관련을 맺고 있다고 강조한다.

---

23) 『일반화된 마르크스주의 개론』은 이윤율 하락의 법칙과 그에 대한 반작용으로서 제도라는 자본주의 역사동역학의 두 가지 차원을 결합해 미국경제의 역사적 변화과정을 상세히 설명하는데, 이와 관련된 내용은 이 책에 수록된 「역사학 비판」에서 다루고 있다.

『일반화된 마르크스주의 개론』은 신자유주의가 이윤율 하락에 대한 반작용으로서 금융세계화에 의해 추동되는 벨 에포크로 규정될 수 있다고 설명한다. 또 신자유주의를 설명하기 위해서는 이윤율의 운동 뿐만 아니라 제도를 중심으로 한 설명도 필요하다고 지적한다. 제도적 측면을 고려할 때 중요한 것은 신자유주의 시대는 이른바 '개혁'의 시대라는 것이고, 신자유주의적 개혁의 특징은 성장기를 특징지었던 제도, 즉 법인혁명·관리자혁명·케인즈혁명을 통해서 형성된 법인자본의 다양한 제도의 해체이다.

인권의 정치로서 이데올로기 비판

『일반화된 마르크스주의 개론』 2강이 경제학 비판의 문제의식이 갖는 의의, 그것의 대상과 방법을 설명하고, 3강이 자본주의의 역사동역학과 미국자본주의의 역사에 관한 분석으로 그것을 구체화한다면, 『일반화된 마르크스주의 개론』 4강과 『역사적 마르크스주의』는 이데올로기 비판을 구체화하면서 마르크스주의, 나아가 공산주의나 사회주의 같은 이념의 역사 속에서 인권의 정치가 갖는 함의를 확인한다.

이렇게 이데올로기 비판이 전개되는 과정에서 『알튀세르를 위한 강의』에서 이데올로기 일반의 메커니즘으로 제시되었던 스피노자-마르크스주의의 아포리아가 부각되면서 이데올로기 일반과 관련된 논의가 상대화된다.

이데올로기 일반에 관한 논의만으로는 마르크스주의 이론과 정치를 혁신하기 위한 대안을 모색하는 것은 불가능하고, 경제학 비판에 적합한 이데올로기 비판은 결국 자유주의에 대한 공산주의의 비판일 수밖에 없기 때문에, 역사적 공산주의 속에서 마르크스주의가 갖는 의미에 대한 평가가 중요한 문제로 제기된다.

따라서 『일반화된 마르크스주의 개론』 4강과 『역사적 마르크스주의』에서는 마르크스주의·공산주의의 역사에 관한 구체적 분석이 더 강조되며, 그 과정에서 일반화된 마르크스주의에 적합한 정치이념 혹은 운동론으로서 평의회 마르크스주의와 그것의 현재적 함의가 강조된다.

한편, 『일반화된 마르크스주의 개론』 4강과 『역사적 마르크스주의』에서는 인권의 정치의 한계로서 페미니즘에 관한 논의 역시 더욱 심화된다. 특히 페미니즘의 역사에 대한 분석을 통해 사회주의 페미니즘의 전통이 복원되고, 평의회 마르크스주의 전통에 기초한 사회운동과 성차의 페미니즘의 결합 가능성이 모색된다.

인권의 정치와 역사적 공산주의

스피노자의 아포리아

『알튀세르를 위한 강의』에서 설명한 것처럼, 발리바르는 경제학 비판에 적합한 이데올로기 비판을 전개하기 위해서 스피노자의 인간학에 주목했다. 그러나 발리바르는 이데올로기 비판을 발전시키면서 스피노자의 인간학이 갖는 아포리아를 강조하기 시작한다. 발리바르는 스피노자의 인간학이 갖는 아포리아를 '대중의 공포'로 개념화한다.[24)]

『일반화된 마르크스주의 개론』은 스피노자의 인간학이 대중의 공포라는 아포리아를 갖는 것은 현대정치의 이데올로기적 형식으로서 인권의 정치에 미달하기 때문이라고 설명한다. 또 마르크스에게 이데올로기 비판이 공백인 것과 마찬가지로 스피노자에게는 경제학 비판이 공백으로 남아 있다는 점 역시 스피노자의 인간학이 갖는 한계로 지적된다.

---

24) 대중의 공포는 이중적인 의미를 갖는다. 우선 그것은 지배하는 통치자에 대한 대중의 공포를 의미한다. 다른 한편으로 그것은 봉기하는 대중에 대한 통치자의 공포를 의미한다.

따라서 스피노자를 현재화하기 위해서는 역사적 이데올로기로서 인권의 정치, 나아가 마르크스주의나 공산주의 같은 정치이념과 그것에 기초한 운동의 역사에 대한 검토를 통해 스피노자의 아포리아를 해결해야 한다.[25]

네 가지 공산주의

『일반화된 마르크스주의 개론』과 『역사적 마르크스주의』는 발리바르가 주목한 바 있는 공산주의의 네 가지 형태를 구별하고, 그 속에서 인권의 정치가 갖는 함의를 분석한다.[26]

공산주의의 첫 번째 형태는 기독교적 공산주의이다. 두 번째 공산주의는 시민혁명 이후에 출현하는 현대적 의미의 공산주의인 시민적 공산주의이다. 기독교적 공산주의 같은 종교적 공산주의와 달리 시민적 공산주의는 메시아 사상이 아니라 자기해방 사상이며, 이를 대표하는 것은 바뵈프와 블랑키이다. 시민적 공산주의의 핵심은 소유권을 비판하는 노동권이며, 여기서 현대적 계급투쟁의 이데올로기적 형식으로서 인권의 정치가 시작된다.

노동권 개념으로 인해 시민적 공산주의는 마르크스주의와 결합할 수 있는데, 그런 결합을 매개하는 것이 바로 유토피아 사회주의이다. 유토피아적인 프롤레타리아 사회주의를 대표하는 푸리에는 바뵈프의 노동권을 자기 자신에 대한 소유로 개념화한다.[27] 소유권에 대한

---

25) 인권의 정치는 봉기와 구성이라는 메커니즘 속에서 작동한다. 『알튀세르를 위한 강의』에서 제시된 인권의 정치에 관한 설명이 봉기에 초점을 맞춘 것이라면, 『일반화된 마르크스주의 개론』은 봉기와 구성의 변증법을 강조한다. 봉기가 극단적 폭력이 아니라 주체화로 귀결되기 위해서는 구성과 결합되어야 하기 때문이다. 봉기와 구성의 변증법에 대한 사고 속에서 헤겔이 복권되는데, 『일반화된 마르크스주의 개론』 이후의 작업에서 이는 헤겔-마르크스주의로 명명된다.

26) 바디우가 공산주의의 본질은 첫 번째 형태인 기독교적 공산주의에서 발견된다고 주장하는 반면 발리바르는 그것이 두 번째 형태인 시민적 공산주의, 세 번째 형태인 마르크스주의로 변모하는 과정을 강조한다. 따라서 바디우의 입장을 공산주의 상수론, 발리바르의 입장을 공산주의 변수론이라고 부를 수 있을 것이다.

비판으로서 노동권이라는 관점은 마르크스에 의해서 경제학 비판으로 발전하는데, 『자본』의 결론은 시민적 공산주의와 마르크스주의의 결합이다.[28]

『자본』의 결론인 자본주의적 축적의 역사적 경향에서 마르크스는 공산주의를 '연합적 생산양식'으로 정의한다. 연합적 생산양식는 물론 노동자연합에 의한 소유로 특징지어진다. 마르크스가 주장하는 연합적 소유는 두 가지 의미를 갖는다. 우선 연합적 소유는 사회적 소유이다. 마르크스는 법인자본이나 국가자본의 소유도 사회적 소유라고 부른다. 그러나 『역사적 마르크스주의』는 마르크스가 연합적 소유가 긍정적 방식으로 소유를 사회화하는 것인 반면 법인자본이나 국가자본은 부정적 방식으로 소유를 사회화하는 것임을 강조했다는 사실에 주목한다

나아가 연합적 소유는 개인적 소유이기도 하다. 그러나 로크에게 개인적 소유가 소유권이라면, 마르크스에게 그것은 소유권에 대한 발본적인 비판으로서 노동권이다. 『자본』에서 마르크스는 두 가지 측면에서 로크의 소유권을 비판한다. 그 중 하나는 자본의 축적과정에서 개인적 소유의 법칙이 자본주의적 영유의 법칙으로 반전되기 때문에 자본주의에서는 개인적 소유가 실현될 수 없다는 논리적 비판이다. 다른 하나는 역사적 비판으로 자본의 본원적 축적과정에 대한 비판이다.

---

27) 바뵈프부터 푸리에까지의 계보는 평의회 마르크스주의와 대안세계화 운동이 주목하는 19세기적 사회운동의 원형으로 이해될 수 있다. 또한 노동권과 결합할 수 있는 새로운 권리, 여성의 고유한 권리로서 여성권과 성차의 페미니즘의 기원 역시 푸리에의 자기 자신에 대한 소유로 소급하는 것이다. 푸리에의 영향을 받은 생시몽주의 여성들은 성욕에 대한 권리와 모성에 대한 권리를 강조한다.

28) 발리바르는 유토피아 사회주의에서 비롯되는 노동권이나 노동자연합 같은 해방(emancipation)의 사상을 변혁(transformation)의 사상으로 발전시킨 것이 마르크스주의라고 주장한다. 봉기와 구성으로서 해방과 시빌리테(civilité)의 사상을 근거짓는 것이 바로 인권의 정치로서 이데올로기 비판이라면, 변혁의 사상을 근거짓는 것이 바로 역사과학으로서 경제학 비판이라는 것이다.

세 번째 공산주의는 사회주의적 공산주의이다. 시민적 공산주의 이후에 나타나는 사회주의적 공산주의가 바로 현대적인 의미에서의 공산주의이며, 혁명적인 프롤레타리아가 주체가 되는 사회주의인 것이다.

그런데 사회주의는 본래 자본주의에 반대한다는 의미이기 때문에 공산주의적 사회주의 이외에도 여러 가지 조류가 존재한다는 사실에 주목해야 한다. 우선 봉건적 사회주의가 있다. 나아가 프티-부르주아 사회주의나 부르주아 사회주의도 있는데, 이런 입장은 모두 자본주의의 개혁을 지향한다. 마지막으로 프롤레타리아 사회주의가 있는데, 마르크스는 프롤레타리아 사회주의를 유토피아적 사회주의와 혁명적 사회주의의 두 가지로 구별한다. 마르크스는 프롤레타리아 사회주의 중에서 후자를 지지하면서, 이것을 전자와 구별해서 공산주의라고 부른다.[29)]

공산주의의 네 번째 형태는 국제주의 혹은 평화주의, 그리고 성차의 페미니즘이다. 나아가 『역사적 마르크스주의』는 국제주의·평화주의나 성차의 페미니즘과 결합할 수 있는 대안세계화 운동도 네 번째 공산주의의 새로운 형태로 간주될 수 있다고 주장한다. 이는 경제학 비판의 발전을 통한 금융세계화에 대한 분석, 그리고 그 과정에서 나타나는 대안적 정치로서 인권의 정치의 현재화를 통해 실현될 수 있는 것으로 미래에 대한 전망의 성격을 가지는 것이다.

낭만주의와 아나키즘

『역사적 마르크스주의』는 마르크스주의를 사회주의와 공산주의라는 정치이념의 역사 속에서 평가하는 작업의 일환으로 낭만주의와 아나키즘, 나아가 노조주의에 관해서도 상세한 평가를 제시한다.

---

29) 『자본』에도 사회주의라는 표현이 등장하지만, 그것은 유토피아적 사회주의를 지칭하는 것일 따름이다. 마르크스는 사회주의라는 표현의 사용에 있어서 신중했으며, 자신의 정치이념을 지시하기 위해 공산주의라는 용어를 사용했다.

낭만주의는 기독교적 공산주의가 현대에 새로운 형태의 이데올로기로 변모하면서 등장한다. 정치이념으로서 낭만주의는 천년왕국론의 계보에 속하면서도 메시아주의를 기각한다는 측면에서 세속화된 천년왕국론이라고 부를 수 있다. 프랑스혁명과 산업혁명 이후에 출현한 정치이념으로서 낭만주의는 자본주의나 계몽주의 같은 현대성에 반대하는 복고주의적 성향을 갖게 된다.

기독교적 공산주의는 낭만주의를 거치면서 아나키즘으로 계승된다. 유토피아 사회주의 이후에 출현하는 아나키즘은 세속화된 천년왕국론으로서 낭만주의의 계보에 속하는 동시에 유토피아주의를 계승하는 정치이념이다. 아나키즘도 마르크스주의와 유토피아적 사회주의를 공유하는데, 그러나 낭만주의라는 특징 때문에 마르크스주의와 쟁점을 형성할 수밖에 없다.

마르크스주의와 마찬가지로 아나키즘도 연합을 자신의 이념으로 채택한다. 그러나 마르크스가 도덕경제론을 경제학 비판으로 대체하면서 이행의 객관적 조건을 제시하는 것과 달리 아나키즘은 도덕경제론과 반(反)경제론을 절충한다. 따라서 프루동과 바쿠닌의 아나키즘은 이행의 객관적 조건에 대해 설명을 제시할 수 없다.

아나키즘은 마르크스주의와의 논쟁을 거치면서 변화하기 시작하는데, 이 때문에 아나키즘의 역사는 마르크스주의 이전과 이후로 구별될 수 있다. 마르크스의 논적이던 아나키스트는 프루동과 바쿠닌인데, 특히 바쿠닌의 아나키즘은 테러리즘을 특징으로 한다. 바쿠닌의 테러리즘에 대해서 자기비판하면서 아나키즘을 변모시킨 것이 바로 크로포트킨의 아나코-생디칼리즘이다.

노조주의

노조주의는 도덕적 사회주의에서 유래하는 것이며, 아나키즘과 마찬가지로 유토피아주의를 계승한다. 노조주의의 기원은 영국식 유토피아적 사회주의인 오언주의로 소급한다. 오언주의는 생시몽주의나 푸리에주의와 달리 경제학적 토대를 갖는데, 그것이 바로 마르크스가 『잉여가치학설사』에서 주목한 리카도파 사회주의이다.

리카도파 사회주의의 입장을 도덕경제론이라고 부를 수 있는데, 이 때 도덕은 개인의 주관적 도덕이 아니라 공동체의 객관적 도덕을 의미한다. 도덕경제론은 아나키즘과 달리 시장경제에 대한 거부가 아니라 그것에 대한 공동체적 규제를 시도하는 것이다.

오언주의는 생산자협동조합이라는 일종의 연합주의를 자신의 이념으로 채택하고, 특수주의적인 노조에 대한 대안으로 일반노조 운동을 지지한다. 그러나 차티즘이 득세하면서 오언주의는 쇠퇴한다. 1848년 혁명을 전후로 차티즘 역시 소멸하고, 1850-60년대에 영국 노동자운동의 개량화가 본격화되면서 노조주의가 형성된다. 이후 노조주의는 1870년대를 거치면서 급진화되어 1880년대에는 새노조주의가 등장하기에 이른다.

도덕경제론은 도덕적 사회주의를 대체하는 페이비언주의에 의해 사회경제론으로 변모하는데, 그 과정에서 노조주의가 출현한다. 노조주의는 시장경제에 대한 규제라는 측면을 도덕적 사회주의와 공유하지만, 규제의 주체가 공동체가 아니라 사회라는 측면에서 차이점이 발견된다. 이 때 사회는 국가도 아니고 시장도 아닌 제3자를 의미하는데, 이런 의미에서 사회경제론은 코퍼러티즘이기도 하다.

노조주의의 역사에 대한 검토는 마르크스주의가 영국 노동자운동에서 배제된 이유를 설명할 수 있는 단서를 제공해주는 동시에 마르크스주의적 정치가 정당 형태를 전제한다는 입장을 비판하는 근거가 된다.

영국에서 새노조주의가 등장하는 대불황기에 독일을 비롯한 유럽에서는 정당을 중심으로 하는 노동자운동이 출현한다. 마르크스에 따르면, 자본주의 세계체계의 중심부인 영국에서의 사회변혁이 세계체계 전체를 변혁하는 출발점이 되어야 했다. 이에 따라 마르크스는 제1 인터내셔널 이후 줄곧 영국의 노동자운동에서 자신의 이론이 수용되기를 기대했다.

그러나 영국 노동자운동의 전통적인 도덕적 사회주의는 마르크스주의와 양립하기 힘들었고, 그런 전통 위에서 출현한 노조주의가 마르크스주의와 대립하면서 영국 노동자운동에서 마르크스주의가 배제된다. 이 때문에 마르크스와 엥겔스는 차선책으로 독일의 정당적 마르크스주의와의 결합을 선택할 수밖에 없었다. 엥겔스의 지도에 따라 1889년에 결성된 제2 인터내셔널은 정당 건설을 기본과제로 설정한다. 그러나 페이비언주의가 확산되는 과정에서 독일 사민주의는 결국 영국 노조주의의 이데올로기를 수용한다.

도덕적 사회주의를 대체하는 페이비언주의를 대표하는 것은 시드니 웹과 비어트리스 웹이다. 노동자와 시민의 분리를 전제하는 웹 부부의 입장은 새노조주의가 출현하기 이전의 노조를 특징지었던 개량주의 혹은 노조가 출현하기 이전의 조합을 특징지었던 조합주의적 특수주의, 즉 코퍼러티즘을 부활시키려는 것이다.

특히 이들의 이론적 토대인 사회경제론은 시장경제를 사회적 개혁으로 보완하자는 것인데, 이는 결국 국가주의로 귀결된다. 이들의 국가주의는 1차 세계전쟁 기간 중 영국노동당의 국유화 강령30)으로 완성되며, 베른슈타인을 매개로 해서 독일사민당에서도 수용되기에 이른다.

평의회 마르크스주의

마르크스의 이행론

마르크스는 『자본』에서 자본주의를 교체하는 새로운 생산양식을 정당이나 노조가 아니라 노동자연합이 주체가 되는 연합적 생산양식에서 발견한다. 19세기 후반 노조와 정당이 출현하면서 그것들에

30) 이들이 주장하는 국유화는 프롤레타리아 독재를 전제하지 않는다는 측면에서 마르크스와 엥겔스, 나아가 레닌의 국유화와 구별된다. 1945년부터 6년간 집권한 노동당은 국유화 강령을 실행하지만, 1930년대 이후 미국에서 현대화된 자유주의가 출현하고 영국의 노동당이 미국의 민주당의 노선으로 수렴하면서, 페이비언주의적 사회경제론은 케인즈주의적 현대경제학으로 대체된다.

대항하는 과정에서 다양한 형태가 시도되는데, 그것을 평의회라고 부를 수 있다.31)

자본주의적 축적의 역사적 경향의 핵심인 연합적 생산양식은 『자본』의 결론을 압축적으로 표현하는 것이다. 연합적 생산양식은 자본주의적 사회화를 교체하는 새로운 사회화, 나아가 자본주의적 생산관계를 특징짓는 자본-임노동관계의 소멸과 더 나아가서 상품-화폐관계의 소멸로 특징지어진다.32)

『프랑스 내전』에서 마르크스는 정당이 아니라 코뮌, 즉 평의회의 역할을 강조한다. 또한 『공산주의자 선언』에서 마르크스와 엥겔스는 공산당이 별개의 '조직'이 아니라 공통의 '의식'으로 특징지어진다고 주장한다. 따라서 공산주의자는 독자적인 정당을 조직할 필요가 없으며, 실제로 제1 인터내셔널은 다양한 정당에 소속된 의식적인 활동가들로 구성되어 있었다.

그러나 제1 인터내셔널이 해체되고 영국 노동자운동에서도 배제되면서 마르크스와 엥겔스는 점차 독자적인 정당을 조직하는 데 주목한다. 조직으로서의 정당의 전형은 독일사민당이다. 이러한 조직형태는 자코뱅부터 독일사민당을 거쳐 볼셰비키까지 이어지는 것이기도 하다. 이러한 조직형태가 바로 20세기적인 노동자정당의 전형으로서 모든 사회운동을 지도하는 전위당이다.

마르크스주의 이론은 코뮌의 역할을 강조하지만, 현실에서는 의식으로서 정당이 조직으로서 정당으로 변모하기 시작했고, 이로 인해 야기된 모순은 『고타 강령 비판』을 계기로 폭발한다. 또 마르크스와 엥겔스는 『고타 강령 비판』을 집필하기 직전에 베벨에게 보낸

---

31) 평의회(council)를 표현하는 용어는 국가별로 상이하다. 가장 널리 알려진 것은 불어의 코뮌(commune)이며, 러시아어로는 소비에트(soviet), 독일어로는 라트(Rat)가 평의회를 지칭한다. 영국에도 노조주의의 확산에 대항하는 평의회주의적 경향이 있는데 이들은 평의회를 표현하기 위해 길드(guild)라는 용어를 사용했다.

32) 자본-임노동관계와 상품-화폐관계의 소멸로 특징지어지는 새로운 생산관계가 바로 노동의 사회화에 적합한 넓은 의미의 사회화이다. 따라서 사회화는 국유화보다 훨씬 높은 단계를 가리키는 용어일 수밖에 없다.

편지에서 독일사민당의 두 개의 중심, 즉 이론의 중심과 정치의 중심을 구별하고 있는데, 『역사적 마르크스주의』와 『일반화된 마르크스주의 개론』은 발리바르를 따라 이를 의식으로서 정당과 조직으로서 정당의 분리로 해석한다.

수정주의·대중파업·붕괴론 논쟁

현실에서 의식으로서 정당은 결국 조직으로서 정당으로 포섭된다.[33] 그러나 평의회주의 입장에서 정당에 대한 급진적 비판이 지속적으로 제기되었는데, 이는 로자에게서 유래하는 것이다. 따라서 로자가 제기한 쟁점들을 더 구체적으로 검토할 필요가 있다.

마르크스주의가 영국의 노조주의에 의해 배제되고 독일의 정당적 마르크스주의에 의해 수용되는 과정에서 수정주의와 개량주의를 둘러싼 논쟁이 제기된다. 이러한 논쟁에 대한 마르크스주의적 대안은 레닌적 노선과 로자적 노선과 두 가지 형태로 제시된다. 『역사적 마르크스주의』는 후자를 볼셰비키주의와 구별되는 평의회 마르크스주의로 분류한다.[34]

1896-98년에 베른슈타인이 독일사민당 기관지에 「사회주의의 문제」를 연재하면서 수정주의·개량주의 논쟁이 촉발된다. 여기서 베른슈타인은 독일사민당의 이론과 정치 사이의 괴리를 지적하면서

33) 모든 정당은 통치를 목적으로 한다. 의식으로서 정당을 대체하는 조직으로서 정당이 코뮌과 모순적일 수밖에 없는 것은 바로 이 때문이다. 대안세계화 운동의 전개 속에서 조직으로서 정당을 의식으로서 정당으로 대체하려는 새로운 시도가 출현하고 있는데, 이러한 입장은 정당의 목적은 통치가 아니라 사회운동에 있으며, 정당은 사회운동을 지도하는 것이 아니라 사회운동으로 해소될 수도 있다고 주장한다. 『역사적 마르크스주의』는 조직으로서 정당을 의식으로서 정당으로 대체하려는 이런 정당을 사회운동적 정당이라고 부른다.

34) 볼셰비키주의는 스탈린주의와 트로츠키주의로 다시 분화되는데, 양자의 입장은 대동소이한 것이다. 그러나 어떤 의미에서든 레닌주의는 볼셰비키주의와 양립하기 힘든 것이다. 「4월 테제」와 『국가와 혁명』을 계기로 레닌적 노선과 로자적 노선이 수렴하고, 여기서 평의회 마르크스주의의 단초가 발견되기 때문이다.

개량주의적 정치에 적합한 자유주의적 이론으로 마르크스주의를 수정할 것을 주장한다. 1899년에 베른슈타인은 자신의 수정주의를 『사회주의의 전제와 사민주의의 과제』로 집대성한다.

반면 로자는 『개량인가 혁명인가』(1898)를 통해 베른슈타인을 비판한다. 나아가 카우츠키도 『베른슈타인과 사민주의 강령』(1899)에서 베른슈타인을 비판하면서 에어푸르트 강령을 옹호한다. 로자의 혁명주의는 1896-99년의 논쟁에서 이론적으로 승리하지만, 현실에서는 결국 수정주의·개량주의가 승리한다. 이를 상징하는 것이 1905년의 만하임 협정이다. 이를 계기로 독일사민당에서도 영국의 노동당과 마찬가지로 노조주의가 주류적 흐름으로 부상하게 된다.

이러한 상황에서 로자는 논쟁을 심화시키면서 자신의 입장을 더욱 구체화한다. 1905년 러시아혁명을 계기로 로자는 대중파업 논쟁을 제기하는데, 이는 이전까지 노동자운동을 지배해왔던 정당 건설인가 총파업인가라는 논쟁을 상대화하는 효과를 갖는 것이다.

로자가 주목하는 대중파업은 조직되지 않은 파업이므로, 정당이나 노조의 지도력이 상대화될 수밖에 없다. 그러나 로자는 대중파업을 통해 정당이나 노조와는 전혀 다른 평의회라는 새로운 조직이 형성된다는 사실의 중요성을 인식하지는 못한다.

레닌 역시 로자의 이러한 한계를 공유한다. 1905년 혁명 직후 레닌은 『무엇을 할 것인가?』를 자기비판하면서 볼셰비키적 전위당은 비합법적 상황을 반영하는 것이고, 혁명 과정에서 자생적인 대중파업이 중요한 역할을 한다는 것을 인정한다. 나아가 레닌은 「4월 테제」와 『국가와 혁명』에서 소비에트를 중심으로 하는 노동자통제로서 프롤레타리아 독재의 중요성을 강조한다. 그러나 레닌의 이러한 자기비판 역시 평의회주의로 발전하지 못한다.[35]

---

35) 로자, 레닌과 달리 트로츠키는 1905년 혁명의 과정에서 소비에트의 중요성을 인식한다. 그러나 트로츠키가 소비에트의 중요성에 대한 일관된 이론적 입장을 견지하는 것은 아니다. 그는 혁명전략의 관점에서 소비에트에 주목할 뿐, 정당과 노조에 대한 대안적 조직으로서 소비에트에 주목한 것은 아니다.

나아가 로자는 『자본축적』(1913)에서 힐퍼딩의 『금융자본』(1910)을 비판하면서 붕괴론 논쟁을 개시한다. 붕괴론 혹은 구조적 위기론을 설명하려는 것이 마르크스가 『자본』에서 설명하는 이윤율 하락의 법칙이다. 붕괴론 논쟁은 마르크스의 경제학 비판이 한 단계 발전하는 중요한 계기인데, 이 때 로자에 의해 제시된 입장은 그로스만에 의해 계승된다. 그로스만은 힐퍼딩의 불비례설을 비판하고 로자의 과소소비설을 이윤율 하락설로 대체하면서 붕괴론을 재구성한다. 나아가 마틱은 그로스만의 이윤율 하락설을 평의회 마르크스주의의 이론적인 토대로 채택한다.

『역사적 마르크스주의』는 1917년 러시아혁명 직전부터 레닌의 자기비판을 계기로 로자적 노선과 레닌적 노선이 수렴하기 시작한다고 평가한다. 나아가 이를 계기로 평의회 마르크스주의적 문제의식으로 발전할 수 있는 가능성이 개방되는데, 『역사적 마르크스주의』는 독일혁명의 과정에서 나타나는 이러한 시도를 상세히 설명한다.

독일혁명과 평의회 마르크스주의

러시아혁명이 유럽으로 확산되는 과정에서 1918년 독일에서도 혁명이 발생한다. 1차 세계전쟁에서 독일이 패배하면서 대중파업과 동시에 평의회운동이 전개된다. 그러나 1919년 집권에 성공하면서 통치당이 되는 독일사민당은 '볼셰비키적 아나키즘', 즉 노동자와 병사의 자생적인 평의회운동에 반대한다. 나아가 독일사민당은 사회화를 부르주아 독재 아래 국유화로 환원하면서 평의회운동이 주장하는 사회화를 변질시키려고 시도한다.

그러나 전쟁 배상을 둘러싼 갈등과 하이퍼인플레이션으로 인해 정세가 급진화되면서 독일사민당이나 그 조직적 기반인 노조는 대중적 신뢰를 상실한다. 이 시기에 평의회운동은 더욱 본격적으로 전개된다.

1918년에 결성된 독일공산당은 1919년에 무장봉기를 시도하지만, 독일사민당에 의해 곧 진압당한다. 또한 로자와 칼 리프크네히트가 암살당한 이후 판네쿠크, 호르터, 롤랑-올스트, 륄레 등의 평의회주의자들은 독일공산당에서 출당당한다. 공산당에서 출당당한 평의회주의자들은 독일노동자총연합이라는 평의회운동연대조직, 나아가 독일공산주의노동자당을 결성하면서 본격적으로 평의회운동을 전개한다.

그러나 평의회주의자들 내부의 논쟁과 그로 인한 조직적 분리, 나아가 독일공산당에 대한 코민테른의 지원으로 인해 평의회운동은 약화된다. 평의회주의자들 사이의 논쟁은 코민테른에 의한 모든 민족 지부의 볼셰비키화가 본격적으로 추진되는 계기인 레닌의 『좌익공산주의의 소아병』에 대한 반비판과 관련된다.

호르터는 레닌의 비판을 러시아혁명과 독일혁명 사이의 전략적 차이에 대한 몰이해에서 비롯된 것으로 해석하는데, 판네쿠크 역시 이러한 입장을 지지한다. 반면 륄레는 전략적 차이가 아니라 원칙적 차이가 문제라는 입장을 취한다. 즉 평의회운동에서 전위당의 역할에 대해 반비판하는 동시에 소련사회성격이 프롤레타리아 독재 없는 국가자본주의라고 반비판한 것이다. 륄레의 비판은 『자본』의 결론대로 연합적 생산양식, 즉 소비에트에 기초하지 않는 공산주의는 존재하지 않는다는 입장을 근거로 하는 것이다.36)

로자를 기원으로 하는 평의회 마르크스주의가 전개되는 데 가장 큰 역할을 한 것은 네덜란드와 독일의 마르크스주의자들인데, 『역사적 마르크스주의』는 이들의 계보를 복원하면서 이를 알튀세르와 잉그라오 좌파의 시도와 연결시킨다.

평의회 마르크스주의의 전개에 있어 판네쿠크, 호르터, 롤랑-올스트, 륄레 이외에도, 칸네-메이어, 마틱 등이 중요한 역할을 수행했는데, 칸네-메이어를 매개로 판네쿠크에게서 마틱으로 이어지는 평의회 마르크스주의의 계보가 중요하다. 또 마틱은 1930년대에 소멸된

36) 트로츠키도 관료제적으로 변질된 노동자국가라는 입장에서 소련사회성격을 규정한다. 그러나 스탈린처럼 사회주의의 본질을 전일화된 국유화로 인식한 트로츠키의 비판은 국가자본주의론의 관점에서 제기되는 륄레의 비판에 미달하는 것이다.

이후 1968년을 전후로 한 시기까지 평의회 마르크스주의를 계승시키는 데 결정적인 역할을 한 것으로 평가된다.

그러나 평의회 마르크스주의자들이 공통된 입장을 가지고 있었던 것은 아니다. 1933-34년에 로자의 붕괴론을 발전시킨 그로스만의 붕괴론 수용을 둘러싸고 판네쿠크와 마틱 사이에서 논쟁이 벌어진 것이다. 판네쿠크는 경제위기가 노동자계급의 주체적 행동의 객관적 결과이기 때문에 그로스만의 붕괴론이 로자의 붕괴론과 마찬가지로 평의회 마르크스주의에 적합하지 않다고 주장했다.[37] 반면 마틱은 평의회 마르크스주의의 입장에서 그로스만의 붕괴론을 옹호한다. 그는 경제위기가 노동자계급의 주체적 행동의 객관적 조건이라고 주장하면서 판네쿠크의 의지주의를 비판한다.

퀼레의 국가자본주의론은 1960년대에 베틀렘에 의해 계승되고, 그의 제자인 샤방스와 사피르에 의해 더욱 발전된다. 그들은 『자본』에 준거해서 자본주의의 역사적 형태를 분석할 수 있어야 한다는 알튀세르와 발리바르의 입장을 토대로 국가자본주의론을 발전시킨다.

알튀세르와 잉그라오 좌파

『역사적 마르크스주의』는 1968년을 전후한 시기에 평의회 마르크스주의적인 맥락에서 마르크스주의의 이론과 정치를 쇄신하려는 시도로서 알튀세르의 서구마르크스주의와 잉그라오 좌파의 유로공산주의에 주목한다. 프랑스공산당의 스탈린주의적 편향으로 인해 프랑스에서는 알튀세르의 이론적 혁신에 조응하는 정치적 혁신이 나타나지 않는다. 반면 다원주의를 특징으로 했던 이탈리아공산당에서는 좌익 반대파가 형성될 수 있었고, 그 결과 정치적 혁신의 시도가 활성화될 수 있었다.[38]

---

37) 그의 이러한 입장은 나중에 오페라이스모로 계승되는데, 특히 트론티는 '노동의 거부'가 이윤율의 하락을 추동한다고 주장한다.

38) 잉그라오 좌파의 이러한 시도는 이탈리아공산당이 해체된 이후 공산주의 재건당과 대안세계화 운동으로 계승된다.

이론적 혁신으로서 알튀세르의 시도와 정치적 혁신으로서 잉그라오 좌파의 시도를 매개한 것은 서구마르크스주의 내부에서 마오주의적 경향을 대표하는 마니페스토 그룹이다.[39] 특히 로산다는 마오주의적 입장에서 평의회 마르크스주의를 수용한다.

1960년대의 경제기적을 토대로 이탈리아에서는 노동자운동이 활성화된다. 이에 따라 공산당과 사회당 좌파가 헤게모니를 갖는 제1노총, 기민당이 헤게모니를 갖는 제2노총, 사회당 우파와 사민당·공화당이 헤게모니를 갖는 제3노총 사이에서 행동통일이 모색되는데, 그 과정에서 잉그라오 좌파가 탄생한다.

잉그라오 좌파는 이탈리아공산당의 주류인 톨리아티의 중앙파가 제시하는 반독점 구조개혁이라는 국유화 강령을 비판한다. 톨리아티의 반독점 구조개혁은 국유화와 노동자통제를 절충하려는 시도인데, 잉그라오 좌파는 이를 비판하면서 국유화보다 노동자통제가 더 중요하다는 입장을 제기한다. 그 중에서도 노동자통제를 가장 급진적으로 주장한 것은 마니페스토 그룹을 형성하게 되는 로산다와 마그리이다. 로산다와 마그리는 노동자통제론의 관점에서 소련사회주의와 볼셰비키주의도 비판한다.

1969년의 '뜨거운 가을'을 거치면서 평의회 마르크스주의적 시도는 더욱 확장된다. '뜨거운 가을'을 추동한 대중파업은 숙련·직능·산업에 기초한 임금률 격차라는 문제를 제기함으로써 자본주의가 강제하는 노동자의 분할을 비판하고 노동자운동의 목표를 급진화한다. 나아가 지적 차이를 비판하는 150시간 유급·무상교육에 대한 요구도 출현한다. 그 과정에서 여성노동자들이 페미니즘에 대한 교육을 요구했고, 그 결과 노조페미니즘이 출현한다.

---

39) 1968년을 전후한 시기 평의회주의는 마르크스주의와 무관한 아나키즘으로 변질되었기 때문에 알튀세르는 평의회 마르크스주의에 직접적으로 준거할 수 없었다. 또한 그의 시도는 공산당 내부에서 공산당의 위기를 해결하려는 것이었다. 이 때문에 알튀세르는 '가상적으로' 재구성된 마오주의에 의존하는 전략을 채택한다.

트렌틴과 평의회노조

대중파업이 전개되면서 노동자의 분할, 지적 차이, 성적 차이에 대한 급진적 비판이 제기된다. 잉그라오 좌파는 정당이나 노조와 무관하게 자생적으로 발생한 대중파업에 대해 적극적으로 대응한다.

이 때 가장 중요한 역할을 한 것이 마니페스토 그룹과 트렌틴이다. 로산다와 마그리가 1968년에 마니페스토 그룹을 형성하면서 마오주의 또는 평의회 마르크스주의를 수용하기 시작한다면, 트렌틴은 대중파업 속에서 평의회노조를 건설하려고 시도한다.

경제학자인 동시에 제1노총 활동가인 트렌틴이 제기한 평의회노조는 마르크스주의의 역사 속에서 줄곧 제기되어온 평의회와 정당 사이의 갈등을 노조를 매개로 해결하려는 주목할 만한 시도이다.

트렌틴의 평의회노조는 노조가 정당으로부터 자율성을 확보하고, 나아가 정당으로부터 자율적인 노조들 사이에서 행동통일을 달성하는 데서 출발한다. 이러한 트렌틴의 문제제기에 따라서 1973년에 3대 노총 사이에 느슨한 연맹이 결성되면서 정파성이 지양된다. 나아가 트렌틴은 전국적인 수준의 노동자평의회의 건설을 주장하면서 현장성의 지양을 시도한다.[40]

평의회노조를 통해 정파성과 현장성을 지양하려는 트렌틴의 시도는 노조주의를 지양하려는 사회운동노조의 발단이기도 하다. 사회운동노조는 정당에 기초한 노동자운동을 비판하는 동시에 코퍼러티즘의 특수주의를 지양하고 보편주의를 복권시키려는 시도이다.

평의회노조가 채택한 연동제, 즉 임금을 정액으로 인상하는 제도 역시 평의회노조의 사회운동적 성격을 잘 보여준다. 연동제는 반숙련노동자와 숙련노동자 사이의 임금격차를 축소함으로써 노동자 내부의 경쟁을 제한하고, 코퍼러티즘을 비판하는 효과를 갖는다.

---

40) 트렌틴의 평의회노조는 독일혁명기 평의회운동에 대한 중요한 정정이기도 하다. 당시 평의회운동은 공장주의적이고 노동자주의적인 편향을 가졌다. 이에 대한 레닌의 비판이 정파성을 일방적으로 강조했다면, 그것에 대한 릴레의 반비판은 현장성을 일방적으로 강조했다.

나아가 트렌틴의 평의회노조는 노동자통제를 목표로 설정한다. 공장에서의 통제를 목표로 하는 공장평의회는 지역평의회, 나아가 전국평의회로 확대될 수 있는데, 전국평의회는 물론 소비에트를 의미한다.

『역사적 마르크스주의』는 평의회노조를 마르크스의 노조론 이후 나타난 가장 중요한 발전으로 평가한다. 그러나 1970년대에 약진했던 평의회노조는 1980년대 이후 이탈리아 경제가 신자유주의로 이행하면서 쇠퇴하기 시작한다.

베르티노티와 공산주의재건당

평의회운동의 쇠퇴, 트렌틴을 중심으로 하는 제1노총의 전향에도 불구하고, 1980년대 후반부터 평의회주의를 계승하려는 새로운 시도가 등장하는데, 『역사적 마르크스주의』의 연장선에서 『금융위기와 사회운동노조』는 베르티노티와 공산주의재건당을 중심으로 그러한 시도를 평가한다.

톨리아티를 계승한 베를링게르의 중앙파는 1973년 역사적 타협을 선언하고, 기민당과의 연정을 시도한다. 기민당과의 민족연대를 통해 경제위기 극복이라는 이데올로기가 역사적 타협을 정당화하면서 평의회운동은 점차 쇠퇴한다.

나아가 1983년에 크락시의 사회당이 주도하는 연립정부가 신자유주의적인 정책개혁을 시도하는 동시에 노·사·정 협약을 제도화하려고 시도한다. 제2 노총과 제3 노총이 정부의 전략에 협조하면서 20여년 간 지속되어온 3대 노총의 행동통일은 붕괴되고, 그 결과 평의회운동은 완전히 소멸하게 된다.

또한 새로운 정세 속에서 코퍼러티즘을 지향하는 공공부문노조인 코바스가 부상한다. 1987년에 출현한 코바스는 연동제를 비판하면서 제1노총의 교섭권을 거부했다. 1990년대 초에는 트렌틴의 제1노총 역시 코퍼러티즘을 수용해 연동제가 폐지되었고, 단체교섭 구조 역시 집권화된 구조와 분권화된 구조로 이원화되었다.

이러한 상황에서 1980년대 말부터 베르티노티로 대표되는 제1 노총 내부의 좌파가 코퍼러티즘을 비판하면서 평의회노조의 부활을 시도한다. 베르티노티는 트렌틴과 함께 잉그라오 좌파를 대표하는 노조활동가이다. 그는 트렌틴의 제1 노총이 입장을 전환한 이후, 1991년에 좌파를 결집시켜 '노조답자'(Essere sindacato)라는 슬로건을 제시한다.

베르티노티는 평의회노조의 계승이라는 관점에서 자본과 국가, 나아가 정당으로부터 자율적인 사회운동으로서의 노조를 재건할 것을 주장하는데, 그의 이런 시도를 사회운동노조로 해석할 수 있다.

한편 이탈리아공산당은 1990-91년의 논쟁을 통해 사민주의로 노선을 전환한 이후 좌파민주당으로 당명을 바꾸고, 1992년에는 사회주의 인터내셔널에 가입한다. 이에 대한 대응으로 새로운 공산당의 건설을 모색하는 시도가 출현하는데, 그 결과가 신좌파와 구좌파의 연대를 통해 건설되는 공산주의재건당이다. 공산주의재건당 내부의 주류로서 신좌파를 대표하는 것은 잉그라오 좌파와 마그리 그룹이고, 구좌파를 대표하는 것은 스탈린주의 및 트로츠키주의 그룹이다.

베르티노티는 1993년에 잉그라오 좌파를 인솔하고, 공산주의재건당에 입당한다. 또 1994년의 2차 당대회에서는 총서기로 선출된다. 1996년에 공산주의재건당은 좌파민주당이 주도하는 선거연합인 올리브연합에 참여한다. 올리브연합이 총선에서 승리한 이후에도 공산주의재건당은 좌파민주당을 비판적으로 지지한다.

그러나 좌파민주당의 정책이 노골적인 신자유주의적 지향을 드러내면서 공산주의재건당은 1998년에 올리브연합을 탈퇴한다. 1999년의 4차 당대회에서 베르티노티는 트로츠키주의자들과의 연대를 통해 다수파의 재구성을 시도하고, 2002년 5차 당대회에서는 다수파 테제를 제출한다.

다수파 테제는 스탈린주의 비판, 금융세계화와 군사세계화에 대한 대응, 사회운동을 지향하는 노동자운동, 경제학 비판의 복권과 페미니즘의 수용 등을 주장하는데, 『역사적 마르크스주의』는 공산

주의재건당의 이런 시도가 평의회 마르크스주의의 전통을 부활시키려는 중요한 시도라는 사실에 주목한다.41)

성차의 페미니즘

페미니즘의 역사

『알튀세르를 위한 강의』는 인권의 정치의 한계인 동시에 일반화된 마르크스주의의 핵심으로 노동권과 결합할 수 있는 여성권을 제시했다. 『알튀세르를 위한 강의』에서 이리가레의 작업을 매개로 소개된 성적 차이의 페미니즘은 이후의 작업들에서 더욱 구체화된다.

『역사적 마르크스주의』와 『일반화된 마르크스주의 개론』은 페미니즘의 역사에 대한 분석을 통해 사회주의나 공산주의와 페미니즘의 관계를 설명한다. 또 그 과정에서 페미니즘의 역사에서 억압되어온 사회주의 페미니즘의 역사를 복원한다.

페미니즘의 역사에 대한 통상적인 시기구분은 19세기 후반의 1세대 페미니즘과 20세기 후반의 2세대 페미니즘이다. 이 때 1세대 페미니즘은 자유주의 페미니즘, 2세대 페미니즘은 급진주의 페미니즘을 의미한다. 그러나 『역사적 마르크스주의』는 이러한 시기구분의 문제점을 지적하면서, 페미니즘의 기원을 프랑스혁명과 유토피아 사회주의까지 소급한다. 이러한 작업을 통해 성차의 페미니즘으로서 사회주의 페미니즘의 계보를 복원할 수 있기 때문이다.42)

---

41) 금융세계화와 군사세계화에 대한 분석과 비판, 그리고 그에 대한 대안으로서 대안세계화 운동에 관한 자세한 내용은 이 책에 수록된 「2007-13년 정세분석」에서 설명된다.

42) 생시몽주의 여성들에서 콜론타이까지의 시기를 대표하는 페미니즘이 영국을 중심으로 하는 1세대 페미니즘이다. 그러나 1세대 페미니즘이라는 명칭은 부르주아적 조류로서 자유주의 페미니즘을 페미니즘의 주류로 설정함으로써 프롤레타리아적 조류로서 사회주의 페미니즘을 페미니즘의 역사에서 억압하려는 시도이다. 급진주의를 자신의 정치이념으로 채택하는 2세대 페미니즘 역시 사회주의 페미니즘과는 무관한 것이다. 사회주의 페미니즘으로서 노조페미니즘과 시기적으로 중복되는 2세대 페미니즘은 노조페미니즘과 사실상 경쟁 관계에 있었다.

『역사적 마르크스주의』는 1830-40년대 유토피아 사회주의 전성기에 페미니즘이 사회주의와 본격적으로 결합되기 시작한다는 사실에 주목한다. 이를 주도한 것은 푸리에인데, 당시 생시몽주의를 대표하던 앙팡탱은 푸리에의 이런 시도를 수용한다. 이후 드루앵, 부알캥, 데마 같은 생시몽주의 여성들은 성차의 페미니즘이라는 형태로 사회주의 페미니즘을 제시한다.

그러나 이후 사회주의 페미니즘의 역사는 단속적으로 진행된다. 노동자운동이 고양되는 시기에는 사회주의 페미니즘이 출현하지만, 노동자운동이 퇴조하는 시기에는 사회주의 페미니즘도 쇠퇴하기 때문이다.

20세기 초 러시아혁명에서 콜론타이가 사회주의 페미니즘을 복권시키고, 1970년대 후반 이탈리아의 평의회노조에서 노조페미니즘이 또다시 사회주의 페미니즘의 복권을 시도하는 것 역시 이런 맥락에서 설명될 수 있다. 『역사적 마르크스주의』는 콜론타이나 노조페미니즘의 사회주의 페미니즘 양자 모두 성차의 페미니즘이라는 형태를 띤다는 점을 강조한다.

생시몽주의 여성들, 콜론타이, 노조페미니즘이라는 사회주의 페미니즘의 계보를 중심으로 페미니즘의 역사를 재구성해 본다면, 1세대 페미니즘은 물론이고 2세대 페미니즘의 가장 중요한 특징은 노동자운동과의 분리라고 할 수 있다. 반면 생시몽주의 여성들이나 콜론타이나 노조페미니즘의 사회주의 페미니즘은 노동자운동과의 결합으로 특징지어진다.

『역사적 마르크스주의』와 『일반화된 마르크스주의 개론』에서 제시된 페미니즘의 역사는 성차의 페미니즘의 사례로서 사회주의 페미니즘과 노조페미니즘에 주목함으로써 인권의 정치의 한계를 확장하면서 노동권과 여성권이 결합될 수 있는 토대를 제시한다. 나아가 이러한 작업은 평의회 마르크스주의 전통에 기초한 사회운동과 성차의 페미니즘의 결합을 모색하는 것이다.

마르크스주의의 일반화와 성차의 페미니즘

마르크스주의의 일반화는 경제학 비판과 이데올로기 비판이라는 두 축을 중심으로 전개된다. 『역사적 마르크스주의』는 페미니즘과 여성권이라는 문제를 제기하면서 경제학 비판과 이데올로기 비판이라는 두 측면에서 일반화된 마르크스주의가 성차의 페미니즘과 결합될 수 있는 방향을 더 구체적으로 모색한다.

우선 경제학 비판의 측면에서 마르크스주의의 일반화는 직접적으로 성차의 페미니즘과 결합될 수는 없는 것이다. 그러나 구조나 경향에 대한 반작용이라는 측면에서 제도에 관한 분석이 유의미한 것처럼, 가족형태나 가족임금에 대한 분석을 통해 노동력의 재생산이라는 측면에서 페미니즘과 일반화된 마르크스주의가 결합될 수 있을 것이다.

발리바르는 성차의 페미니즘을 마르크스주의와 결합될 수 있는 네 번째 공산주의로 제시했다. 『역사적 마르크스주의』는 성차의 페미니즘이 마르크스주의와 결합되기 위해서는 노동력의 재생산에 핵심적인 기능을 하는 가족형태에 관한 역사적 분석이 필요하다고 강조한다.

또한 적대적 모순으로 특징지어지는 자본이나 국가와 달리 가족에 의해 조직되는 성적 차이는 비적대적인 모순을 의미한다. 따라서 하나의 성이 다른 성을 억압하지 않는 새로운 형태의 결합을 발명해야 하며, 자본이나 국가와 달리 가족의 변혁은 소멸이 아니라 변형이어야 한다.

『역사적 마르크스주의』는 가족을 변형시킬 수 있는 대안으로 두 가지를 제시한다. 첫 번째 대안은 노동, 즉 가사와 양육의 사회화이다. 두 번째 대안은 남성과 여성 사이의 새로운 형태의 결합, 즉 '자유결합'이라는 새로운 시빌리티이다.

반면 스피노자적인 이데올로기 비판은 성적 차이의 페미니즘과 결합될 수 없는 것이다. 스피노자의 이데올로기 비판은 지적 차이에 주목하는 것으로, 이와 구별되는 존재론적이고 인간학적인 차이에 근거하는 성적 차이를 인식할 수 없다.

특히 지적 차이가 지식인과 무지자의 차이를 소멸시키는 방식으로 해소될 수 있는 반면 남성과 여성의 차이로서 성적 차이는 이러한 방식으로 해소될 수 없다. 지적 차이가 차이의 제거를 통해 해결될 수 있다면, 성적 차이는 차이의 추가를 통해서 해결되어야 하기 때문이다.

이 때문에 『역사적 마르크스주의』와 『일반화된 마르크스주의 개론』은 스피노자가 결여하고 있는 시빌리테 개념을 제시하는 헤겔에게 주목한다. 공동체의 객관적 도덕을 의미하는 시빌리테를 통해서 스피노자와 구별되는 공동체의 규제 원리나 윤리를 개념화할 수 있기 때문이다.

노조페미니즘과 『여성헌장』

『역사적 마르크스주의』는 성차의 페미니즘이자 사회주의 페미니즘의 사례로 이탈리아의 노조페미니즘에 주목한다. 이탈리아에서는 1968년을 전후해서 급진주의 페미니즘이 유행했지만, 평의회노조를 계기로 성차의 페미니즘이 노조페미니즘으로 발전하게 된다.

미국에서 수입된 급진주의 페미니즘은 자유주의 페미니즘의 분리주의를 계승하면서, 그것을 한층 더 강화한다. 또 급진주의 페미니즘의 분리주의는 구좌파는 물론이고 신좌파에 대해서도 반대하는 입장을 취했다.

그러나 1970년대 중반이 되면 페미니즘의 조류가 급변하게 된다. 이러한 변화의 가장 중요한 계기는 밀라노여성서점이라는 페미니스트그룹이 이리가레의 성차의 페미니즘을 수용한 것이었다. 또 성차의 페미니즘은 마오주의나 평의회 마르크스주의 같은 마르크스주의적 전통과 친화성을 갖기 때문에, 성차의 페미니즘이 수용되는 과정에서 노조페미니즘도 출현했다.

평의회노조는 노동자의 분할을 지양하는 동시에 다른 한편으로 지식에 대한 노동자의 권리를 주장했다. 이는 150시간 유급·무상교육의 요구로 이어졌는데, 이 교육이 여성노동자들에게 결정적인 영향을 끼치게 된다. 또 그 과정에서 이탈리아 3대 노총 전체를 아우르는 여성조정위원회가 출현했는데, 이는 평의회노조와 마찬가지로 현장성과 정파성의 지양을 특징으로 했다.

나아가 이탈리아공산당 내부에서도 성차의 페미니즘이 수용되어 큰 영향을 미치게 된다. 보치아와 로산다가 성차의 페미니즘을 수용하면서 1983년에 이탈리아공산당은 성차의 페미니즘을 수용하기로 약속하고, 1986년에는 공산당 역사상 최초로 『여성헌장』을 채택한다. 1991년에 공산당이 해체된 이후 좌파민주당은 『여성헌장』을 계승하지만, 공산주의재건당은 『여성헌장』을 폐기한다. 그러나 1998-99년 개혁과정에서 일부 스탈린주의자가 탈당하면서 공산주의재건당은 『여성헌장』의 계승을 약속한다.

경제학 비판

송 인 주

서론

『마르크스의 '자본'』(2009), 『현대경제학 비판』(2011), 『사회과학 비판』(2011)은 『자본』에서 마르크스가 제시한 경제학 비판을 체계화·현재화하는 작업으로서 일반화된 마르크스주의의 이론적 토대를 이룬다. 같은 시기에 발표된 역사학 비판과 2007-09년 금융위기에 대한 정세분석은 모두 여기서 검토할 경제학 비판의 핵심, 즉 마르크스주의적 역사동역학에 기초한다.

과천연구실은 창립 초기부터 역사과학으로서 경제학 비판을 복원하려고 노력해왔는데, 그 일차적 성과는 『마르크스의 '경제학 비판'』(2001; 개정판, 2005)이었다. 그리고 『일반화된 마르크스주의 개론』(2006; 개정판, 2008)은 뉴튼의 『프린키피아』에 비견될 수 있는 『자본』의 구성에 주목하면서 『자본』의 과학성을 강조했다. 또 그것은 신자유주의와 금융세계화에 대한 분석이라는 측면에서 경제학 비판을 현재화했다.

이와 달리 『마르크스의 '자본'』은 2007-09년 금융위기라는 새로운 현실을 맞아 『자본』을 다시 읽는다. 『마르크스의 '경제학 비판'』을 교재로 삼은 강의의 녹취록으로서 『마르크스의 '자본'』은 마르크스의 경제학 비판이 자본주의의 역사적 운동을 동역학적 법칙으로 설명하는 역사과학이라는 핵심적 테제를 그대로 유지한다. 그러나 『마르크스의 '자본'』은 『마르크스의 '경제학 비판'』에 대한 단순한 해설에 머무르지 않는다. 구조적 위기가 전개되는 오늘의 자본주의를 이론적으로 설명하기 위해 『마르크스의 '자본'』은 지난 100여년 동안 축적된 마르크스주의의 이론적 성과를 독창적인 방식으로 정리하고 요약한다.

『마르크스의 '자본'』에 후속하는 『현대경제학 비판』과 『사회과학 비판』은 『마르크스의 '자본'』에서 밝힌 마르크스적 경제학 비판을 20세기의 현대경제학과 사회과학에 대한 비판으로 확대한다. 이는 현대 자본주의를 설명하는 데 적합한 형태로 『자본』의 분석을 재구성하는 동시에 새뮤얼슨에 의해 현대화된 경제학이나 그것을 보완하려는 사회과학과 이론적 쟁점을 형성하는 작업이다.

이 글은 세 부분으로 구성된다. 먼저 『마르크스의 '자본'』의 1강과 6강을 중심으로 경제학 비판의 대상과 방법을 설명한다. 다음에 『마르크스의 '자본'』의 2-5강을 재구성하여 역사동역학, 즉 마르크스가 밝힌 자본주의 경제법칙의 핵심을 현재적 관점에서 정리한다. 마지막으로 『현대경제학 비판』과 『사회과학 비판』을 중심으로 마르크스의 경제학 비판을 현대경제학 비판 및 사회과학 비판으로 확장한 연구성과를 요약한다.

마르크스의 『자본』

『마르크스의 '자본'』은 마르크스의 경제학 비판의 핵심을 재구성하여 19세기에 이어 20세기 자본주의로 현실화된 자본주의의 운동법칙을 설명한다. 그 중 1강 '역사과학으로서 경제학 비판'은 『자본』의 대상과 방법에 대해 설명하는 동시에 마르크스주의를 둘러싼 100년 동안의 논쟁을 개괄한다. 그리고 6강 '헤겔-마르크스주의와 변증법'은 『자본』의 변증법이 마르크스에게 고유한 현실변증법 또는 역사변증법이라는 점을 부연한다.

『자본』의 대상

대다수 마르크스주의자는 『자본』이 마르크스의 대표작이라는 인식을 공유했다. 그러나 『자본』의 이론적 지위와 성격에 관한 논쟁은

100년에 걸쳐 지속되었다. 논쟁의 핵심적 쟁점들 중 하나는 『자본』의 대상이 무엇인가라는 문제였다. 과천연구실은 『자본』이 역사적으로 특수한 생산양식으로서 자본주의를 대상으로 하는 역사과학이라는 점을 일관되게 주장해왔다.

마르크스의 지적 여정

『마르크스의 '자본'』의 1강은 『자본』의 대상과 방법을 설명하면서 마르크스의 생애와 저작·원고 전반에 관한 문헌학적 분석을 상세하게 소개한다. 이는 역사과학자로서 마르크스의 지적 여정이 자본주의적 생산양식이라는 자신의 고유한 대상을 발견해가는 과정에 다름 아니었다는 것을 보여주기 위한 것이다.

마르크스는 철학박사로 자신의 지적 생애를 시작하는데, 당시 그의 주된 비판 대상은 정치철학, 특히 헤겔의 『법철학』이었다. 그러나 알튀세르가 강조한 것처럼 마르크스는 곧 '소외의 인간학'이라는 청년기 문제설정으로부터 인식론적 절단을 단행한다. 1845-46년의 「포이어바흐 테제」와 『독일 이데올로기』가 그 결정적인 불귀점이다. 그것을 계기로 마르크스의 작업 궤도는 철학 비판에서 경제학 비판으로 전환된다.

특히 1848-49년 혁명이 실패한 이후 영국의 런던으로 망명한 마르크스는 그곳에서 리카도로 대표되는 고전경제학을 대면한다. 마르크스는 영국의 고전경제학이 역사과학은 아니지만 그렇다고 해서 그것이 독일의 관념철학 같은 이데올로기도 아니라는 사실을 발견한다. 고전경제학에는 과학적 요소와 이데올로기적 요소가 결합되어 있었던 것이다. 그 결과 마르크스는 경제학 비판을 역사과학적 분석으로 더욱 구체화·체계화한다.

반면 루카치로 대표되는 서구마르크스주의의 철학적 조류는 철학 비판에서 경제학 비판으로의 마르크스의 지적 전환을 상대화한다. 또한 마르크스주의문헌학(Marxology)으로 발전하는 인문학적 조류의 해석은 『자본』을 현실에 대한 과학적 분석이기보다는 혁명적 실천을 위한 인간학적·철학적 작품으로 간주한다. 이 같은 경향은 결국 마르크스를 과학자가 아니라 인문학자로 이해할 따름이다.

플란 논쟁

경제학 비판을 위한 마르크스의 플란(Plan)은 이중적인 의미를 갖는다. 즉 그것은 작업의 계획을 의미하기도 하고 작업의 성과로서 저작의 구성을 의미하기도 한다. 마르크스는 『1844년 원고』 이래로 『1857-58년 원고』에 이르기까지 수차례 경제학 비판의 플란을 제시한다. 특히 『1857-58년 원고』에서는 플란이 6부로 체계화되는데, 전반부는 자본·토지소유·임노동으로 구성되고 후반부는 국가·국제무역·세계시장으로 구성된다. 그런데 마르크스에 따르면 '경제학원리'에 해당하는 전반부는 '상세한 분석'이 필요한 반면 그 응용인 후반부는 '개요에 대한 서술'로도 충분하다.

1894년에 『자본』이 완간된 직후로 소급되는 플란 논쟁은 6부 플란이 『자본』에서 완결되었는가 여부를 쟁점으로 제기한다. 카우츠키의 플란변경설과 빌브란트의 플란불변설의 대립에서 시작된 논쟁은 결국 로스돌스키의 절충설로 이어진다. 로스돌스키는 『1857-58년 원고』의 관점에서 『자본』을 재해석하면서 플란 후반부는 불변이고 플란 전반부는 변경되어 『자본』으로 실현된다고 주장한다.

그러나 『마르크스의 '자본'』은 1929년에 그로스만이 제시한 것처럼 『자본』의 플란에 대한 이해가 문헌학이 아니라 『자본』에 대한 이론적 분석에 근거해야 한다는 점을 강조한다. 또 이런 시각에서 볼 때 『1857-58년 원고』보다 『1861-63년 원고』가 더 중요한 의미를 갖는다는 사실에 주목한다.[1] 왜냐하면 『1861-63년 원고』에서 비로소 마르크스가 잉여가치의 생산에 대한 논리적 분석과 역사적 분석을 결합하기 때문이다. 나아가 그것을 집필하는 중에 작성된 『잉여가치

---

1) 『자본』의 원고는 『1857-58년 원고』, 『1861-63년 원고』, 『1863-65년 원고』가 있다. 특히 『1863-65년 원고』에는 『자본』 1권과 3권의 원고뿐만 아니라 2권의 최초의 원고도 포함되어 있다.

학설사』에서 부문내 경쟁과 부문간 경쟁으로 경쟁 개념이 분화되고, 특히 자본의 유기적 구성 개념이 출현한다. 결국 경제학설사에 대한 면밀한 검토를 통해 마르크스는 6부 플란을 변경하여 자본의 기능에 따라 『자본』의 설명을 편성한 것이다.[2)]

이와 같은 이론적 분석에 기초해서 『마르크스의 '자본'』은 플란의 핵심을 이루는 전반부, 즉 경제학원론에 대한 비판의 플란이 변경되어 『자본』으로 실현되었다는 것을 증명한다. 또한 『마르크스의 '자본'』은 플란의 후반부, 특히 응용경제학으로서 국제경제학에 대한 비판의 플란도 변경되어 『자본』에서 실현되었다고 주장한다. 왜냐하면 『자본』 1권은 국제무역론에 대한 비판을 시도하고 3권은 국제수지론·환율론에 대한 비판을 시도하기 때문이다.[3)]

경제학 비판을 둘러싼 논쟁

스미스에서 시작되어 리카도에 의해 완성되는 고전경제학은 자본주의적 생산양식에서 관찰되는 고유한 현상으로서 자본축적과 경제성장을 대상으로 한다. 마르크스는 자본주의적 생산양식을 잉여가치의 생산방법으로 정의하고 그것에 근거해서 자본축적과 경제성장이라는 현상을 설명한다. 달리 말해 동일한 현실대상을 다룬다는 점에서 마르크스의 경제학은 고전경제학의 연장선에 있다.

그러나 마르크스의 이론은 '비판'이라는 점에서 고전경제학과 구별된다. 헤겔적 의미에서 비판은 이론의 결함을 발견하고 해결한다는 의미인데, 마르크스의 비판은 특히 리카도를 겨냥한다. 경제학의 시조로 간주되는 스미스는 엄밀한 의미에서 경제학자는 아니다. 반면 리카도는 부르주아 경제학이 아직도 과학적 지향을 유지하던 시기에 가치법칙과 이윤율 하락의 법칙이라는 경제법칙을 정립하고

---

2) 게다가 『1861-63년 원고』를 집필하면서 마르크스는 저작의 제목을 '자본'으로 대체하고 '경제학 비판'은 부제로 설정한다.

3) 다만 인구와 재정을 대상으로 하는 국가론에 대한 비판은 『자본』에서도 여전히 미완이라고 할 수밖에 없다.

논증함으로써 현대적 의미에서 경제학을 체계화한다.

그런데 문제는 두 법칙에 대한 리카도의 분석에 결함이 존재한다는 것이다. 리카도는 가치법칙과 이윤율 하락의 법칙을 각각 미시적 등가교환과 토지생산성 하락으로 설명한다. 마르크스는 이를 비판하면서 가치법칙을 거시적 부등가교환으로 설명하고 이윤율 하락의 법칙을 자본생산성 하락을 제시한다.

그러나 19세기 말의 제국주의와 벨 에포크라는 시대적 상황으로 인해 『자본』의 분석은 제대로 수용되지 못한다. 불비례설로 이윤율 하락설을 비판한 투간-바라노프스키의 비판을 발단으로 베른슈타인과 로자·카우츠키 사이에서 수정주의·개량주의 논쟁, 대중파업 논쟁, 붕괴론 논쟁이 전개된 것이다.

그 후 논쟁은 마르크스주의와 비마르크스주의 사이에서 전개된다. 리카도 시대의 속류경제학을 계승하는 신고전파 경제학은 아예 가치법칙을 기각한다. 나아가 1960년대 이후에는 신고전파 경제학에 대한 비판과정에서 스라파의 '잉여의 경제학'을 통해 리카도가 복권되기도 한다. 여기에 수학화된 현대경제학의 역공이 더해지면서 마르크스주의는 이론적 위기에 처한다.

그럼에도 불구하고 가치법칙과 이윤율 하락의 법칙을 둘러싼 100년 논쟁은 알튀세르와 발리바르에서 시작되어 브뤼노프,와 폴리, 뒤메닐과 아리기로 이어지는 '그로스만적 전통'에 의해 해결된다. 물론 논쟁의 해결이 경제학 비판의 '종결'을 의미하는 것은 아니다. 마르크스의 경제학 비판은 곧 자본주의 분석이라는 역사과학이고, 자본주의의 역사는 지금도 지속되고 있기 때문이다. 『자본』의 합리적 핵심을 계승하는 일반화된 마르크스주의의 경제학 비판이 21세기에도 지속되어야 하는 이유가 여기에 있다.[4)]

4) 본서에 실린 「역사학 비판」이 보여주는 것처럼 과천연구실이 1990년대 중반 이후에 전개된 뒤메닐과 아리기의 작업에 대해 비판적 입장을 취하는 것도 동일한 맥락에서 이해될 수 있다. 즉 특정한 이론적 작업이 마르크스주의의 일반화에 얼마나 기여할 수 있는가는 그것이 『자본』의 경제학 비판과 일관되는가를 기준으로 평가되어야 한다는 것이다.

경제학 비판의 한계로서 이데올로기

『마르크스의 '자본'』은 『마르크스의 '경제학 비판'』에는 존재하지 않는 한 가지 주제, 즉 이데올로기론을 추가적으로 다루고 있다. 여기서 경제학 비판의 한계를 설명하는 것은 마르크스에게 고유한 '비철학적 철학'으로서 이데올로기 비판의 정수가 『자본』에서 제시되기 때문이다. 이 때문에 6강은 『역사적 마르크스주의: 이념과 운동』이나 『일반화된 마르크스주의 개론』의 설명을 보완하면서 『자본』과 관련된 마르크스와 엥겔스의 지적 여정을 중심으로 마르크스주의 이데올로기론의 이론적 원천을 설명한다.

마르크스는 '실천의 유물론'으로 집약되는 『독일 이데올로기』에서 현실의 세계를 다루는 경제학 비판을 환상, 즉 소외된 의식으로서 이데올로기에 대한 비판과 결합해야 한다는 과제를 제시한다. 그러나 이 시기 마르크스는 소외된 의식으로서 이데올로기가 보편적 계급으로서 프롤레타리아에게는 해당되지 않는다고 부당전제한다. 이러한 이론적 약점으로 인해 마르크스는 곧 이데올로기 개념을 포기하고 『자본』으로 귀결될 경제학 비판에 집중한다.

그러나 마르크스는 1871년 파리 코뮌을 경험한 이후 경제적 이행이 아닌 정치적 이행, 즉 혁명적 실천에 다시 주목하게 된다. 그 과정에서 프롤레타리아 독재 개념이 정정되고 실천 개념이 복권된다. 이데올로기 없는 실천 또는 의식 없는 실천은 존재할 수 없기 때문에 파리 코뮌 이후 마르크스의 자기비판은 이데올로기에 대한 (재)이론화의 계기가 될 수도 있었다. 그러나 마르크스 자신은 그런 과업을 완수하지 못한다.

마르크스가 미해결로 남겨둔 과제는 엥겔스에 의해 수행된다. 엥겔스는 '세계관'이라는 표현을 통해 프롤레타리아도 이데올로기를 갖는다는 사실을 인정한다. 동시에 그는 이데올로기 개념에 내포된 소외된 의식 또는 환상이라는 부정적 함의를 실천적 의식이라는 긍정적 함의로 전환시킨다. 나아가 그는 프롤레타리아 이데올로기를 중세의 종교적 이데올로기나 현대의 법적 이데올로기와 구별한다. 종교나 법이 정치를 매개하는 중세나 현대의 이데올로기와 달리 프롤레타리아 이데올로기는 무매개적으로 정치적인 이데올로기이기 때문이다. 나아가 엥겔스는 정치적 이데올로기의 원천이 대중의 이데올로기라는 테제를 제시한다.

『일반화된 마르크스주의 개론』에서 상세하게 설명된 것처럼 알튀세르의 이데올로기 일반론을 발전시킨 발리바르의 역사적 이데올로기론은 엥겔스의 이데올로기론, 특히 무매개적으로 정치적인 이데올로기라는 개념에 기초한다. 프롤레타리아 이데올로기로서 정치적 이데올로기는 종교나 법 같은 지배적 제도와 무관하게 현실의 계급정치에서 곧바로 물질적인 힘으로 전화된다. 현대정치의 이데올로기적 형태로서 인권의 정치는 이와 같은 정치적인 이데올로기에 기초를 둔다.

『마르크스의 '자본'』은 역사과학으로서 경제학 비판과 인권의 정치로서 이데올로기 비판의 결합을 마르크스주의의 일반화라고 규정하면서 『자본』의 경제학 비판이 노동자상태론을 의미한다면 이데올로기 비판은 노동자운동론을 의미한다고 주장한다.[5] 계급투쟁으로서의 정치(la politique, politics)를 설명하는 것이 경제학 비판이라면 이데올로기에 대한 이론은 노동자계급에게 적합한 이념에 기초한 운동론일 수밖에 없기 때문이다. 그러한 이념이 바로 인권이고 이데올로기 비판은 바로 그 이론적 형태인 것이다.

중요한 것은 경제학 비판으로서 『자본』의 역사과학과 결합될 수 있는 이데올로기 비판의 구체적인 내용이다. 『자본』은 그런 비판의 기준을 제시하는데, 『마르크스의 '자본'』은 특히 로크의 소유론에 대한 마르크스의 비판, 즉 단순상품생산의 소유법칙이 자본주의적 상품생산의 영유법칙으로 반전된다는 비판에 주목한다. 그것은 노동자의 관점에서 제기되는 인권의 정치가 기본적으로 소유권을 비판

---

5) 운동론으로서 이데올로기론에 대한 설명은 이 책에 실린 「일반화된 마르크스주의」를 참조하시오.

하는 노동권 개념에 기초한다는 것을 의미한다. 이런 관점에서 볼 때, 마르크스의 이데올로기론은 『자본』과 별도로 존재하는 것이 아니라 『자본』의 분석에 이미 내재해 있는 것이다.

『자본』의 방법

모든 과학은 자신의 고유한 대상에 적합한 고유한 방법을 갖는다. 그런데 이와 관련해서 마르크스는 『자본』의 서두에서 '추상에서 구체로 상승하는 변증법'을 언급할 뿐 자신의 방법을 명시적으로 제시하지 않는다. 오히려 그는 자신의 방법은 '숨겨져 있다'고 말한다. 그 결과 『자본』을 둘러싼 100년 논쟁에서 헤겔과 마르크스의 관계는 항상 쟁점이 된다. 알튀세르가 지적한 것처럼, 마르크스의 변증법이 가치론과 함께 경제학 비판의 또 다른 난점이 되는 것이다.

경제학 비판의 방법으로서 변증법

『자본』에서 마르크스가 채택한 경제학 비판의 방법은 헤겔의 관념변증법을 전도한 유물변증법으로 알려졌는데, 그 핵심은 『자본』 1권의 서술순서 또는 개념의 전개방법과 관련된다.

마르크스는 『자본』 1권 초판의 「서문」과 1권 재판의 「후기」에서 『자본』의 유물변증법을 언급하면서 현실대상과 그것의 추상화로서 사고대상, 즉 개념을 구분하고, 추상에서 구체로 상승하는 개념의 전개방법을 강조한다. 복잡한 현실을 파악하기 위해서 가장 단순한 추상적 개념에서 시작하지만 현실대상에 적합하도록 개념적 규정을 순차적으로 추가함으로써 사고대상을 복잡화·구체화하는 개념의 전개가 바로 이론이다.

그런데 개념의 전개라는 이 같은 서술방법은 헤겔 변증법의 주요한 특징이기도 하다. 실제로 『자본』 1권에서 제시되는 가치형태의 변증법은 헤겔의 변증법과 큰 차이가 없다. 이 때문에 마르크스의 변증법과 헤겔의 변증법을 구별하는 것이 마르크스의 방법을 둘러싼 가장 큰 쟁점이 되어 왔다. 『자본』에서 나타나는 상품, 화폐, 자본의 논리적 전개가 역사적 전개를 표현할 뿐이라는 엥겔스의 역사주의와 이에 대한 비판으로 가치형태론을 특권화하면서 마르크스의 유물변증법과 헤겔의 관념변증법을 동일시한 서독 68세대의 논리주의의 대립이 그 대표적인 사례다.

『마르크스의 '자본'』은 헤겔의 변증법과 마르크스의 변증법을 구별하기 위해 6강에서 양자를 체계적으로 비교·대조한다. 마르크스가 『자본』에서 경제학 비판의 방법으로 원용하는 헤겔의 변증법은 1812-16년에 출판된 『대논리학』의 변증법이지만 양자가 동일한 것은 아니다. 『대논리학』에서 헤겔은 특히 절대정신으로 대표되는 관념변증법의 핵심, 즉 주체-대상-관념으로 전개되는 '주체의 변증법'을 강조한다. 반면 『자본』에서 활용되는 『대논리학』의 변증법은 주체의 변증법의 하위 요소인 '개념의 변증법', 특히 보편-특수-개별의 변증법이다.

게다가 개념의 변증법 내에서도 헤겔과 마르크스의 차이가 존재하는데, 특히 보편에 대한 상이한 이해가 중요하다. 『마르크스의 '자본'』은 마르크스의 보편과 헤겔의 보편의 차이를 설명하기 위해 아리스토텔레스에게 주목하면서 서양철학사를 재구성한다. 이상주의적 관념론으로 발전하는 플라톤적 실념론과 경험주의 또는 실증주의로 발전하는 명목론을 모두 지양하는 아리스토텔레스의 현실주의(realism)는 현실대상의 객관적 본질로서 구조가 존재한다는 입장으로 집약된다. 플라톤적 전통이 사고를 가능케 하는 가장 단순한 추상인 '유(genus)로서의 보편'을 사고하고 명목론적 전통이 그런 보편을 부정한다면, 현실주의는 현실에 실재하는 개별자들의 공통성인 '종(specie)으로서 보편'을 사고한다.

요컨대 추상에서 구체로 상승하는 마르크스의 변증법은 유적 보편이 아니라 종적 보편에서 출발해서 사고대상을 개별성으로 특수화하는 것이다.6) 유적 보편을 선호하는 철학적 개념과 달리 과학적 개념은 경험적으로 확인될 수 있는 개체들의 보편적 본질, 즉 종적 보편에 근거한다. 아리스토텔레스는 그런 본질을 형태(form)라고 지칭하는데, 본질로서 형태가 곧 구조다. 이런 관점에서 볼 때, 아리스토텔레스의 현실주의는 보편주의인 동시에 본질주의, 즉 구조주의라고 할 수 있다. 그리고 마르크스의 유물변증법도 현실대상과 사고대상을 구분할 뿐만 아니라 나아가 보편주의·본질주의·구조주의의 관점에서 사고대상을 현실대상에 근접시킨다는 점에서 현실주의라고 할 수 있다.

마르크스의 역사변증법

마르크스의 방법이 아리스토텔레스적 현실주의를 따른다는 것은 그것이 단순히 서술의 방법에 국한되는 것이 아니라는 사실을 함의한다. 모든 과학은 연구의 방법(분석)과 서술의 방법(종합)을 갖는데, 서술은 연구의 결과를 설명하는 것이다. 달리 말해서 『자본』은 자본주의적 생산양식이라는 역사를 대상으로 하는 과학이기 때문에 분석된 내용을 종합할 때에도 유물변증법이라는 특수한 방법이 필요한 것이다.

문제는 변증법적 서술에 선행하는 마르크스의 연구방법으로서 분석이다. 그것은 추상에서 구체로 사고대상이 점점 더 복잡화되어가는 과정 중에 추가되는 새로운 개념 규정과 관련된다. 즉 역사적·제도적 요소들 속에서 기존 개념의 결함을 해결하는 새로운 규정을 발견하는 것이 바로 분석인 것이다.

이 같은 측면에서 알튀세르와 발리바르는 마르크스의 유물변증법을 역사변증법으로 특징지은 바 있다. 역사과학의 개념 전개는 주어진 추상 수준에서 대상의 본질을 구명하는 논리적 차원과 그것의 현

---

6) 물론 보편-특수-개별의 변증법을 전개하더라도 현실의 개체나 개인이 모두 설명되는 것은 아니다. 개체의 특이성은 변증법적 개념 전개, 즉 과학적 인식에서의 '잔차'라고 할 수 있는데, 그런 잔차에 기초해서 모든 보편성을 부정하는 것이 명목론의 특징이다.

실적 기능을 구명하는 역사적 차원을 갖는데, 둘 중에서 더 중요한 것은 역사적 차원이다. 달리 말해 『자본』은 역사의 우위 아래 논리와 역사를 통일적으로 인식한다. 헤겔과 대조되는 마르크스의 현실주의적 모순 개념이 그런 인식을 집약한다.

헤겔의 변증법에서 개념이 전개되는 것은 그 개념에 내재된 결함 때문이다. 즉 헤겔이 찾는 결함은 개념에 내재된 모순, 즉 상이한 추상수준으로 인해 사고대상들 사이에서 발생하는 논리적 모순이다. 따라서 그것은 사고 속에서 해결이 가능한 상보적 모순이다.

반면 마르크스가 발견한 결함은 개념일 뿐 아니라 역사에서 실제로 발견되는 현실이다. 그것은 사고 속에서 해결될 수 없는 현실대상의 본질로서 역사적 모순인데, 따라서 그 해결도 오직 현실의 역사 속에서만 가능하다. 자본과 임노동의 적대가 바로 그런 모순인데, 그것은 기계제대공업을 특징짓는 편향적 기술진보를 둘러싼 계급투쟁으로 구체화된다. 또 계급투쟁이 그런 모순을 해결할 수 있는 유일한 방법이다.

요컨대 『자본』의 방법으로서 유물변증법은 논리로서 변증법에 대한 역사로서 변증법의 우위를 특징으로 한다. 또 발리바르가 강조한 것처럼 역사변증법은 역사인과론, 즉 모순과 투쟁이 역사의 효과가 아니라 원인이라는 의미를 갖는다.

일반화된 마르크스주의와 『자본』

『마르크스의 '자본'』의 2-5강은 마르크스주의의 일반화라는 연구계획의 이론적 성과를 『자본』의 경제법칙에 대한 설명으로 체계화·현재화한다. 여기서는 먼저 『자본』 1권이 '마르크스적 거시경제학'이라는 관점에서 체계적으로 설명된다. 그것은 자본주의적 생산양식 분석의 전제로서 '상품과 화폐'(2강), 자본주의적 생산양식의 본질로서 '노동력과 잉여가치의 생산'(3강), 자본주의적 생산양식의 운동법칙으로서 '자본주의적 축적의 보편적 법칙'(4강)에 대한 설명으로 구성된다. 나아가 『자본』 2-3권의 주요 내용을 '잉여가치의 유통·실현과 분배'(5강)로 설명한다. 여기서는 자본주의 분석의 서론에 해당하는 2강의 상품·화폐론을 정리한 다음 3강과 5강을 묶어 잉여가치의 생산·유통·분배론을 정리하고, 이어 4강의 자본주의적 축적의 보편적 법칙을 정리한다.

상품과 화폐

『마르크스의 '자본'』은 『자본』 1권의 상품·화폐론을 상품의 이중성과 노동의 이중성, 그리고 화폐의 본질과 기능으로 나누어 설명하고 그 전체를 거시적 가치법칙으로 요약한다. 이 같은 설명의 출발점은 단순상품생산 개념에 대한 설명이다. 단순상품생산은 자본주의의 본질로서 자본-임노동관계라는 생산관계를 생략한 채 자본주의의 현상으로서 교환관계만을 분석하기 위한 이론적 추상화이다. 상품과 화폐를 먼저 설명함으로써 자본주의의 논리적 기원을 밝히는 것이다. 그러나 논리적 분석이 주를 이루는 여기서도 이미 마르크스의 고유한 역사변증법이 출현한다. 화폐의 본질을 논리적으로 설명하는 가치형태론에 이어 화폐의 기능과 관련된 역사적 분석이 제시되기 때문이다.

상품의 이중성과 노동의 이중성

상품에 대한 마르크스의 설명은 사용가치와 가치라는 상품의 이중성에 대한 설명에서 시작해서 그것이 표현하는 구체적 노동과 추상적 노동의 이중성에 대한 설명으로 전개되는데, 2강은 그 핵심이 바로 '노동의 추상화' 메커니즘이라고 지적한다.

스미스 이래 고전파 경제학은 상품의 이중성을 교환가치와 사용가치로 설명한다. 그러나 마르크스에 따르면 상품의 이중성은 교환가치와 사용가치가 아니라 사용가치와 가치로 파악되어야 한다. 교환가치는 교환관계에서 두 상품이 교환되는 비율에 불과하기 때문이다.[7] 더 중요한 것은 상품의 사용가치와 가치 사이에 어떤 내재적 관계도 없으며 상품의 이중성은 단지 노동의 이중성을 표현할 뿐이라는 사실이다. 구체적 노동과 추상적 노동이라는 노동의 이중성에 대한 분석은 고전파의 노동가치론과 마르크스의 노동가치론을 구별짓는 결정적 분기점이 된다.

'시장에서 교환되는 노동생산물'이라는 상품의 정의가 보여주는 것처럼 사용가치는 상품의 물리적 성격으로서 그것을 생산하는 구체적 노동을 표현한다. 또 가치는 시장에서의 교환가능성, 즉 상품의 사회적 성격을 가리키며 추상적 노동을 표현한다. 현실에 실재하는 것은 질적으로 상이한 구체적 노동뿐이기 때문에 상품의 이중성처럼 노동의 이중성 사이에도 내재적 관계는 존재하지 않는다. 서로 상이한 사용가치들이 교환된다는 것은 질과 무관하게 양으로만 구분되는 어떤 공통성이 상품들에 내재해 있다는 것이고, 바로 그 공통성이 가치로 표현되는 추상적 노동이다.

달리 말해 구체적 노동과 추상적 노동은 노동의 질과 양에 대한 정의이며, 현실에서 직접적으로 관찰되는 전자에 비해 후자는 교환이라는 현상을 통해서만 간접적으로 관찰된다. 이 때문에 추상적 노동이라는 개념은 가치론을 둘러싼 논쟁에서 가장 중요한 쟁점이 된다. 노동력 지출 일반이라는 생리적 노동 개념이나 노동의 사회화를 통해 가치가 형성된다는 구성주의적 가치 개념이 모두 그것과 관련된다. 그러나 『마르크스의 '자본'』은 현실주의적 입장에서 양자를 비판하면서 루빈의 해석을 따라 추상적 노동은 구체적 노동이 추상화되는 메커니즘을 의미한다고 정리한다.

마르크스가 강조한 것처럼 고대 그리스 같은 사회에서는 노예만 노동하기 때문에 구체적 노동의 공통성 같은 것을 생각할 수 없었

---

7) 마르크스 역시 초기에는 두 용어의 사용에서 혼동을 보인다. 그러나 『자본』 1권의 재판부터 그는 가치와 교환가치를 명확히 구별한다.

다. 그러나 누구나 노동하는 현대사회에서는 노동자라는 공통성에 기반해서 양의 차이로만 구별되는 '노동 그 자체'를 생각할 수 있다. 즉 추상적 노동의 근저에는 모든 인간에게 공통된 능력으로서 노동력이 존재한다. 교환의 실행 여부를 떠나서 상품의 생산과 관련되는 그런 공통의 노동 그 자체가 상품들 사이의 가치관계의 기초가 되는 것이다.

따라서 시장을 통해 분업이 조직되는 단순상품생산에서 구체적 노동은 항상 이미 추상화되는 과정 중에 있다고 할 수 있다. 달리 말하면 상품을 통해 교환되는 노동은 가치관계를 통해 이미 추상화된 노동이다. 개별적 노동을 사회화하는 현실의 교환은 추상적 노동을 표현하는 가치관계를 전제로 한다. 그리고 교환이 전제되면 대칭성을 특징으로 하는 가치관계는 이제 비대칭성을 특징으로 하는 가치표현, 즉 화폐의 출현으로 발전할 수 있다.

화폐의 본질과 기능

『마르크스의 '자본'』은 가치형태론이 가치가 아니라 화폐를 설명하기 위한 논리적 분석이라는 점을 최초로 해명한 루빈을 따라서 마르크스의 가치형태론을 화폐본질론으로 정리한다. 그러한 화폐본질론의 핵심은 이미 설명한 노동의 추상화 메커니즘을 전제로 하는 '노동의 사회화' 메커니즘이다.

마르크스는 먼저 실체로서 가치와 형태로서 가치, 즉 가치실체와 가치형태를 구별한다. 전자가 노동의 추상화와 관련되는 가치의 내용이라면 후자는 그 내용을 표현하는 형식이다. 가치실체는 노동가치, 즉 가치를 생산하는 노동으로서 추상적 노동을 의미한다. 추상적 노동은 질적 차이가 없기 때문에 가치실체 사이의 관계라는 측면에서 가치관계는 대칭성을 특징으로 한다. 반면 가치형태는 가치실체를 표현하는 것과 관련되기 때문에 비대칭성을 특징으로 한다. *A*라는 한 상품의 가치는 *B*라는 다른 상품의 사용가치를 통해서만 표현된다는 것이다.

가치표현의 문제는 고전파 경제학과 마르크스의 경제학 비판을 구별 짓는 중요한 차이점이다. 가치실체론은 고전파 경제학에서 유래하지만 가치형태론은 마르크스의 경제학 비판에 고유한 것이다. 사실 고전파 경제학이 가치의 생산가격으로의 전형이라는 문제를 해결하지 못한 이유의 하나도 가치관계와 가치표현을 혼동했기 때문이다. 반면 베일리의 속류경제학에서 연원하는 신고전파 경제학은 가치표현의 문제를 가치관계의 문제로 환원한다. 그 결과 그들은 상품간 교환비율로서 상대가격을 설명할 뿐 화폐액수로 표현되는 현실의 가격은 설명하지 못한다.

가치표현은 네 가지 가치형태로 전개된다. 먼저 단순한 가치형태가 확대된 가치형태를 거쳐서 보편적 가치형태로 전개된다. 이 같은 전개는 기존 가치형태의 모순, 즉 가치표현의 결함을 해결하기 위한 것이다. 보편적 등가물이 금이나 은 같은 특수한 상품으로 고정되면 화폐형태가 출현한다. 그 결과 개별 상품은 모두 화폐 M의 사용가치로 자신의 가치를 표현할 수 있게 된다.

화폐형태의 출현으로 귀결되는 가치형태론은 결국 화폐의 본질이 가치를 표현하는 사용가치로서 보편적 등가물이라는 것을 증명한다. 달리 말해서 화폐의 논리적 기원은 추상적 노동으로서 가치가 화폐라는 보편적 등가물로 표현된다는 사실에 있다. 노동가치가 화폐의 수량, 즉 화폐가격으로 표현된다는 것이다.

『마르크스의 '자본'』은 이 같은 가치표현, 특히 보편적 등가물의 출현이 노동의 사회화 메커니즘이라는 것을 강조한다.[8] 노동의 사회화는 분리된 사적 노동이 사회적 노동으로 결합되는 것을 의미한다. A의 사용가치가 '사회적으로 인정되는' 보편적 등가물이 되면, A로 표현되는 B, C, …의 가치표현도 비로소 '사회적으로 인정된다.' 개별 상품의 생산에 투하된 사적 노동은 화폐상품의 생산에 투

8) 그런데 자본주의적 생산양식에서 노동이 사회화되는 메커니즘은 이중적이라는 사실에 주목할 필요가 있다. 시장에서의 사회적 분업뿐만 아니라 공장에서의 기술적 분업도 존재하기 때문이다. 자본주의적 생산관계를 전제로 하는 기술적 분업은 3강에서 분석된다.

하된 노동을 매개로 해서 자신이 사회적 분업에 참여하고 있다는 것을 간접적으로 인정받는 것이다.[9)]

보편적 등가물이라는 화폐의 본질은 상품의 유통 속에서 화폐가 수행하는 기능으로 표출된다.[10)] 마르크스가 주목하는 화폐의 기능은 가치척도·가격표준, 유통수단, 지불수단, 세계화폐로 요약된다. 그는 특히 보편적 등가물이라는 본질에서 도출되는 가치척도 기능을 가장 중요한 것으로 간주한다. 그러나 『마르크스의 '자본'』은 브뤼노프를 따라 화폐의 첫 번째 기능에서 가치척도보다는 오히려 가격표준을 강조한다.

가치척도가 현실에 존재하지 않는 '관념적 계산화폐'라면 가격표준은 국가에 의해 결정되는 고유한 명칭과 시세를 갖는 본위화폐로서 '현실의 금속화폐'를 지칭한다. 바로 여기서부터 화폐에 대한 논리적 분석이 역사적 분석과 결합된다. 본위화폐의 확립과 함께 국가가 그것의 재생산을 담당하기 때문이다. 나아가 가격표준을 비롯한 화폐의 여러 기능들 사이의 관계도 국가에 의해 제도화된다. 브뤼노프가 지적한 것처럼, 화폐는 국가에 의해 관리되는 특수한 상품인 것이다. 따라서 마르크스적 화폐론에는 필연적으로 역사적·제도적 요소가 도입될 수밖에 없다.

---

9) 상품에서 화폐로 전개되는 이 같은 논리적 분석이 헤겔의 변증법을 따르고 있다는 사실에 주목할 필요가 있다. 구체적 노동과 추상적 노동의 모순이 사용가치와 가치의 모순으로 전개되고 그것이 다시 상품과 화폐의 모순으로 전개되는데, 교환관계에서의 이런 모순은 상보적 모순이다. 즉 대립하는 것처럼 보이는 모순의 양극은 한 사물 또는 현실에 통일되어 있다. 상품 없는 화폐는 없고, 화폐 없는 상품도 없다. 그러나 그 각각의 본질은 다르며 이 때문에 변증법에 기초한 논리적 분석이 필요하다.

10) 마르크스는 가치형태론에 이어 물신숭배론과 교환과정론을 설명한다. 그런데 『마르크스의 '자본'』은 물신숭배론이 가치형태론의 논리적 분석을 보충하는 교환과정론의 역사적 분석을 위한 전제라는 사실에 주목한다. 화폐형태의 발생을 역사적으로 설명하는 교환과정론에서는 상품의 소유자가 등장할 수밖에 없는데, 이를 위해서는 법적 소유주체로서 인격을 먼저 설명해야 하기 때문이다. 이런 측면에서 물신숭배론이 이데올로기론과는 다른 방식으로 주체의 구성을 설명한다는 사실에도 주목해야 한다.

화폐의 두 번째 기능인 유통수단에 대한 설명은 현실에서 사용되는 새로운 종류의 화폐에 대한 설명이기도 하다. 금화·은화 같은 본위화폐를 대신하는 동전 같은 표장화폐(상징화폐)가 바로 그것이다. 표장화폐는 높은 유통비용이라는 본위화폐의 문제점을 해결하지만 동시에 액면가치와 실체가치의 괴리라는 고유한 문제를 갖는다. 이 때문에 국가는 표장화폐와 본위화폐 사이의 태환가능성을 보장해야 한다. 또한 유통수단으로서 화폐의 기능은 경제위기와도 밀접히 관련된다. 유통수단으로서 화폐의 사용이 보편화되면서 결국 상품의 매매가 분리되고, 그 결과로 상업위기가 발생할 가능성이 증가하기 때문이다.[11]

화폐의 세 번째 기능인 지불수단은 화폐의 유통비용을 절약하기 위해 등장한 신용화폐와 관련된다. 신용거래가 본래 외상거래인 것처럼 은행권이나 당좌수표 같은 신용화폐는 본래 부채증서다. 본위화폐는 그런 채권-채무관계를 청산할 수 있는 유일한 지불수단이고, 그것이 부족할 때 신용위기 나아가 은행위기가 발생할 수 있다. 즉 금융위기의 가능성은 신용화폐의 보편적 사용과 관련된다.

이상의 세 가지 기능은 고전파 경제학 시대의 금본위제를 전제로 한 분석이다. 그러나 케인즈주의 경제학 시대에는 국가화폐로서 중앙은행권이 금화를 대체한다. 따라서 화폐의 세 기능이 20세기의 관리통화제 하에서도 타당한지를 둘러싸고 논쟁이 전개된다. 국가화폐를 신용화폐로 간주하는 힐퍼딩이나 케인즈의 '금융적 화폐론'이 한 축을 이룬다면, 마르크스와 브뤼노프의 '화폐적 금융론'이 다른 한 축을 이룬다. 후자의 관점에서 중앙은행권은 유통비용을 절약할 수 있는 새로운 본위화폐다. 게다가 브뤼노프가 강조하는 것처럼, 관리통화제는 인플레이션을 통해 경제위기의 가능성을 완화할 수도 있다.

---

11) 이는 리카도도 수용했던 세의 판로법칙이나 그것의 변형으로서 불비례설이 결함을 갖고 있다는 것을 시사한다. 화폐론의 부재는 고전경제학의 중대한 결함이다.

『마르크스의 '자본'』은 국가화폐로서 중앙은행권의 본질에 대한 분석을 부연한다. 먼저 중앙은행권이 국민에 대한 국가의 부채라는 사실에 주목해야 한다. 따라서 중앙은행권의 가치는 부채를 청산할 수 있는 국가의 지불능력으로 결정되는데, 국가의 지불능력은 일차적으로는 조세, 궁극적으로는 국가의 자산인 영토·자원과 사회간접자본 같은 '국부'가 된다. 이런 측면에서 관리통화제는 일종의 '국부본위제'라고 할 수 있다.

지불수단이라는 기능의 연장선에 있는 세계화폐라는 네 번째 기능은 특히 국부본위제의 결함과 관련하여 문제가 된다. 19세기의 금본위제는 초민족적으로 보편적인 등가물, 즉 금이나 은에 기초해서 중심환율이 결정되는 고정환율제다. 20세기의 관리통화제에 기초하는 국제화폐제도로서 브레튼우즈 체제는 달러의 금태환을 보장하는 미국의 약속에 기초하여 중심환율이 결정되는 일종의 고정환율제다. 그러나 1971년에 금태환이 중지되고 1973년에 고정환율제가 포기되면서 출현한 순수한 달러본위제에서 중심환율의 결정이라는 난제가 제기된다.

순수한 달러본위제는 미국의 국가화폐를 세계화폐로 사용하는 것인 만큼 그 본질은 여전히 국부본위제다. 따라서 달러의 가치를 결정하는 문제는 곧 그 배후에 존재하는 국부의 가치를 어떻게 결정하는가라는 문제가 된다. 그러나 미국의 국부는 세계시장에서 거래되지 않기 때문에 그 가치를 결정할 수 없다. 게다가 달러를 미국의 국부와 태환해달라는 요구도 현실적으로 실행불가능하다.

달리 말해서 미국이 사실상의 세계국가로 인정되는 셈인데, 그렇다면 그 이유가 무엇인가라는 질문이 제기되지 않을 수 없다. 『마르크스의 '자본'』은 이와 관련하여 미국의 군사력에 주목하고, 그 연장선에서 금융세계화와 결합하는 군사세계화를 강조한다. 이러한 문제는 2007-09년 금융위기로 인해 더 이상 회피할 수 없게 되는데, 더 자세한 분석은 2007-13년 정세분석의 대상이 된다.

가치법칙과 화폐가치

법칙은 개념을 전개시킨 이론을 수식의 형태로 간명하게 표현한 것이다. 『마르크스의 '자본'』은 상품과 화폐에 대한 이제까지의 설명을 가치법칙으로 요약한다. 가치법칙은 힘을 정의하는 뉴튼의 가속도법칙처럼 거시적 관점에서 가치를 정의하는 경제법칙으로서 이후 본격적으로 전개되는 자본주의 분석의 전제가 된다.[12)]

가치법칙은 가치형태로서 화폐가격과 가치실체로서 노동가치의 비례관계, 달리 말해서 국민소득 Y와 부가가치 L의 비례관계라는 항등식으로 표현된다.

$$Y \equiv mL.$$

여기서 부가가치는 산업노동자의 1인당 연평균 노동시간과 산업노동자 수의 곱을 의미한다.

이 등식에서 특히 마르크스가 '추상적 노동의 화폐적 표현'이라고 부른 바 있는 비례상수 m에 주목할 수 있다. 그것은 추상화된 노동을 화폐로 환산해준다.[13)] 금본위제와 관리통화제 같은 화폐제도의 역사적 차이는 이 비례상수의 크기를 결정하는 방식의 차이와 관련되는 것이다.

동시에 화폐가치도 설명할 수 있다. 화폐가치는 추상적 노동의 화폐적 표현의 역수를 의미한다.

$$\frac{1}{m} \equiv \frac{L}{Y}.$$

---

12) 여기서 결정적 중요성을 갖는 것은 가치법칙이 거시법칙이라는 사실이다. 리카도는 가치법칙을 등가교환의 미시법칙으로 이해함으로써 가치에서 생산가격으로의 전형이라는 미해결의 문제를 제기한다. 반면 뒤메닐과 폴리는 마르크스를 따라 가치법칙을 부등가교환의 거시법칙으로 해석함으로써 전형 문제를 해결한다.

13) 마르크스는 『자본』에서 비례상수 m을 1로 가정한다. 즉 추상적 노동 1시간이 1파운드로 표현된다고 가정한다.

나아가 화폐수량설에 대한 비판도 제시할 수 있다. 『마르크스의 '자본'』은 간단한 수식을 통해서 화폐수량설의 결함을 보여준다. 먼저 화폐가치 $1/m$은 물가 P에 반비례하는 동시에 노동생산성 Y_r/L에 반비례한다.

$$\frac{1}{m} \equiv \frac{L}{Y} \equiv \frac{L}{P \times Y_r} \equiv \frac{1}{P} \times \frac{1}{Y_r/L}.$$

따라서 화폐가치가 물가에 반비례한다고 주장하는 화폐수량설은 노동생산성이 불변일 경우에만 타당하다는 사실을 알 수 있다.[14)]

노동력과 잉여가치의 생산

단순상품생산과 구별되는 자본주의적 생산의 역사적 특수성을 설명하려면 교환관계를 근거짓는 생산관계를 분석해야 한다. 그리고 상품과 화폐의 모순과 구별되는 자본주의적 생산양식의 내재적 모순으로서 자본과 임노동의 모순을 설명하기 위해서는 먼저 노동력이라는 특수한 상품이 분석되어야 한다. 『마르크스의 '자본'』은 노동력도 화폐와 동일하게 본질과 기능으로 나누어 설명한다. 이어 상품과 화폐에 대한 설명을 가치법칙으로 요약한 것처럼 노동력의 본질과 기능에 대한 설명을 잉여가치법칙으로 요약한다. 가치법칙과 잉여가치법칙에 이어서 자본주의적 생산양식, 즉 잉여가치의 생산방법에 대한 설명이 본격적으로 전개된다. 여기서 마르크스는 논리적 분석과 역사적 분석을 결합한다. 전자가 가치증식과정에 대한 분석이

14) 화폐수량설에 대한 비판은 '화폐의 유통법칙'으로 귀결되는데, 화폐수량설은 유통되는 화폐량으로서 통화량이 국민소득을 결정한다고 주장하는 반면 화폐의 유통법칙은 국민소득이 통화량을 결정한다고 주장한다. 가치법칙이 가치척도 또는 가격표준으로서 화폐의 기능을 요약하는 것이라면, 화폐의 유통법칙은 유통수단으로서 화폐의 기능을 요약하는 것이다.

라면, 후자는 노동과정에 대한 분석인데, 그 전체는 결국 산업혁명에 대한 분석이라고 할 수 있다.

자본의 일반적 공식

마르크스는 상품과 화폐에 대한 설명에 이어서 '자본의 일반적 공식'을 소개한다. 자본에 대한 가장 일반적 규정을 담고 있는 이 공식에 내포된 모순이 경제학 비판의 본격적 출발점이 된다. 『마르크스의 '자본'』은 마르크스를 따라서 상품순환의 도식 $C-M-C$와 자본순환의 도식 $M-C-M'$을 비교한다. 화폐를 매개로 한 상품간 교환으로서 상품순환과 상품을 매개로 한 화폐간 교환으로서 자본순환은 사실 교환의 목적에서 완전히 상이한 의미를 갖는다. 이러한 비교는 결국 '화폐의 자본으로의 변형', 즉 자본의 논리적 기원을 설명하기 위한 것이다.15) 여기서 자본은 스스로 증식하는 '(유통)과정 속의 가치'로 정의된다.

그러나 자본의 일반적 공식에는 논리적 모순이 존재한다. 가치법칙에 따르면 가치의 증식은 가치실체인 추상적 노동의 증가, 즉 산업노동자의 노동시간의 연장을 의미한다. 따라서 유통과정에서는 가치가 증식될 수 없다. 자본의 일반적 공식에 내재된 이 같은 중대한 결함을 논리적으로 해결하는 것이 바로 산업자본의 순환도식, 즉 화폐자본뿐만 아니라 생산자본과 상품자본이라는 또 다른 자본형태를 포괄하는 $M-C\cdots P\cdots C'-M'$이다.

노동력의 본질과 기능

산업자본의 순환도식에서 가치가 실제로 증식되는 곳은 노동력과 생산수단이라는 상품이 생산자본으로 결합되어 '생산적으로 소비'되는 생산과정이다. 여기서 증식된 가치는 상품자본의 형태를 거쳐 화폐자본으로 회수된다.

---

15) 『자본』에서 자본의 논리적 기원에 대한 이 같은 분석은 '자본의 본원적 축적', 즉 자본의 역사적 기원에 대한 분석으로 보충된다.

그런데 중요한 사실은 불변자본과 가변자본으로 표현되는 생산수단과 노동력이 가치증식에서 비대칭적으로 작용한다는 것이다. 과거 노동의 생산물인 생산수단은 그 가치를 새로운 생산물로 이전시킬 뿐이다. 반면 노동력은 자신의 가치에 새로운 가치를 추가한다. 여기서 노동력의 본질이 드러난다. 그것은 노동할 수 있는 인간의 육체적이고 정신적인 능력으로서 가치의 실체인 추상적 노동을 수행할 수 있는 특수한 사용가치이다.

요컨대 노동력이라는 특수한 상품이 단순상품생산에서 생략된 자본주의적 생산의 본질이다. 노동력의 상품화가 자본주의적 생산관계로서 자본-임노동 관계의 핵심을 이루며, 따라서 이 관계에 대한 분석에서 경제학 비판의 본론이 시작된다. 상품과 화폐의 모순, 즉 상보성으로서 모순과 달리 자본과 임노동의 모순, 즉 계급적대라는 본질의 모순이 도입되는 것이다.

경제학 비판은 먼저 노동력이 상품화되어 자본-임노동관계가 형성되는 조건을 분석한다. 임금노동자의 '이중적 자유'에 대한 설명은 임금노동자의 논리적 기원에 대한 설명이기도 하다.[16] 그리고 잉여가치의 생산이라는 관점에서 노동력의 기능에 대한 예비적 분석이 이어진다. 이러한 설명에서 가장 중요한 것은 노동과정과 가치증식과정이라는 생산과정의 이중성이다.

생산과정은 자본가가 자신이 구매한 노동력의 사용가치를 생산적으로 소비하는 과정이다. 그것은 일차적으로 자본가의 관리 아래 임금노동자가 노동력을 지출하여 새로운 사용가치로서 생산물을 생산하는 과정, 즉 구체적 노동과정이다. 그런데 자본주의적 생산에서는 항상 노동의 추상화 메커니즘이 작용하고 있기 때문에 이것은 '추상화된 노동과정', 즉 가치와 잉여가치의 생산과정이기도 하다.

마르크스가 강조한 것처럼 바로 이 때문에 생산자본의 두 형태를 고정자본과 유동자본이 아니라 가변자본과 불변자본으로 구별하는

16) 임금노동자의 논리적 기원을 보충하는 그 역사적 기원에 대한 분석 역시 '자본의 본원적 축적'에 대한 분석에서 제시된다.

것이 중요하다. 부가가치의 형성은 오직 가변자본으로서 노동력만 할 수 있는 기능이기 때문이다. 그리고 부가가치가 가변자본의 가치를 초과하는 한 새롭게 형성된 부가가치에는 항상 잉여가치가 포함되어 있다. 그러나 이러한 분석에서 잉여가치의 생산은 아직 가능성일 따름이다. 노동력의 기능은 이러한 예비적 분석은 더욱 구체화될 필요가 있는데, 그것이 바로 잉여가치를 생산하는 두 가지 방법에 대한 분석이다.

노동력가치와 잉여가치법칙

그러나 잉여가치의 생산방법을 분석하기 위해서는 먼저 잉여가치법칙을 설명할 필요가 있다. 이윤이 잉여노동에 비례한다는 거시법칙으로서 잉여가치법칙은 노동력의 본질과 기능에 대한 분석에서 곧바로 도출된다. 그것은 가치법칙과 함께 자본주의적 생산양식을 특징짓는 또 하나의 정의법칙이다. 다만 가치법칙을 설명한 다음에 화폐가치를 설명하는 것과는 반대로 잉여가치법칙을 설명하기 위해서는 먼저 노동력가치를 설명해야 한다.

노동력이 상품화된 자본주의적 생산양식에서 노동력의 가치 V는 노동력이 시장에서 구매될 때 지불되는 가격, 즉 임금 W의 크기에 비례한다.[17)]

$$W \equiv m\,V.$$

따라서 노동력가치는 화폐가치와 임금의 곱으로 정의된다.

$$V \equiv \frac{1}{m}\,W.$$

17) 가치법칙을 구성하는 부가가치와 국민소득처럼 잉여가치법칙을 구성하는 노동력가치와 임금도 모두 거시변수다. 즉 임금은 노동자 1인당 임금으로서 임금률과 구별되어야 한다.

노동력가치를 실질임금으로 설명하는 것이 아니라 이렇게 화폐임금으로 설명하는 것은 마르크스와 케인즈가 공유하는 관점이다. 나아가 임금의 결정에서 노동조합 같은 역사적 제도의 역할을 강조하는 관점도 양자에 공통적이다.[18]

이렇게 정의된 노동력가치 개념이 가치법칙에 추가되면 잉여가치 법칙이 도출된다. 이윤 Π는 국민소득 Y에서 임금 W를 공제한 나머지이고, 지불되지 않은 노동시간으로서 잉여가치 S는 전체 노동시간 L에서 지불된 노동시간인 노동력가치 V를 공제한 나머지이므로, 잉여가치의 화폐형태로서 이윤은 항상 잉여가치에 비례한다는 경제법칙이 성립한다.

$$\Pi \equiv Y - W \equiv mL - mV \equiv m(L-V) \equiv mS,$$
$$\Pi \equiv mS.$$

동시에 노동력가치 V에 대한 잉여가치 S의 비율로서 잉여가치율 e와 국민소득 Y에 대한 이윤 Π의 비율로서 이윤분배율 π 사이의 관계도 설명된다.

$$e \equiv \frac{S}{V} \equiv \frac{\Pi/m}{W/m} \equiv \frac{\Pi}{Y-\Pi} \equiv \frac{\Pi/Y}{1-\Pi/Y} \equiv \frac{\pi}{1-\pi},$$
$$\pi \equiv \frac{\Pi}{Y} \equiv \frac{mS}{mL} \equiv \frac{S}{V+S} \equiv \frac{S/V}{1+S/V} \equiv \frac{e}{1+e}.$$

절대적 잉여가치와 상대적 잉여가치

잉여가치의 생산에 대한 설명은 절대적 잉여가치의 생산, 상대적 잉여가치의 생산, 절대적 잉여가치의 생산과 상대적 잉여가치의 생

---

18) 『마르크스의 '자본'』은 바로 여기서 『자본』의 경제학 비판이 일반화될 수 있는 지점을 적시한다. 지불되는 노동으로서 노동력가치는 노동력을 재생산하는 데 필요한 노동과는 전혀 다른데, 가족과 학교로 대표되는 국가적 관리가 노동력의 재생산에 항상 개입하기 때문이다. 특히 가족 내에서 이루어지는 여성의 가사노동과 그것을 지지하는 가족임금에 대한 비판은 마르크스적 경제학 비판이 페미니즘적 가족형태 분석과 결합하는 지점이다.

산의 결합에 대한 설명으로 구성된다. 여기서 절대적 잉여가치의 생산은 노동시간의 연장을 통해 잉여가치를 증가시키는 방법으로 정의되고, 상대적 잉여가치의 생산은 노동력가치의 하락을 통해 잉여가치를 증가시키는 방법으로 정의된다. 마르크스에 따르면, 두 방법은 모두 잉여가치율을 상승시킨다.

그런데 『마르크스의 '자본'』은 앞서 나온 수식을 변형하여 이 같은 절대적·상대적 잉여가치 생산의 논리를 정리하는 동시에 마르크스의 오류를 정정한다. 먼저 절대적 잉여가치의 생산에서 잉여가치율의 상승은 임금노동자 수의 변화 없이 노동시간을 연장할 경우에만 해당된다. 따라서 절대적 잉여가치의 생산에 대한 설명은 잉여가치율의 상승 없이 임금노동자의 수를 증가시키는 방법에 대한 설명을 포함하는 것으로 확대된다.

물론 더욱 중요한 것은 상대적 잉여가치의 생산에서 노동력가치가 하락하게 되는 메커니즘에 대한 설명이다. 바로 여기서 『자본』 1권 중 가장 중요한 논리적 분석, 즉 편향적 기술진보론이 도출되기 때문이다. 상대적 잉여가치 생산은 자본주의적 생산력의 발전을 전제로 하는데, 동일한 양의 사용가치 생산에 필요한 노동시간을 감소시킴으로써 노동생산성을 상승시키는 방법, 즉 기술진보가 그 핵심이다. 폴리가 명명한 대로 자본을 소비하면서 노동을 절약하는 방향으로 기술진보가 이루어지는 편향적 기술진보가 자본주의적 생산력의 본질적 특징인 것이다.[19]

편향적 기술진보로 인해 시장가치와 개별가치의 차이, 즉 초과잉여가치가 발생한다. 개별자본은 초과잉여가치의 화폐형태인 초과이윤을 획득하기 위해 노동절약적 기술진보를 수행한다. 동일한 부문 내에서 전개되는 이와 같은 경쟁은 결국 첨단기술의 범용화로 귀결된다. 요컨대 자본의 부문내 경쟁에 따른 기술진보의 보편화가 생활

19) 이 같은 기술진보론은 다른 어떤 경제학자와도 구별되는 마르크스의 고유한 업적이다. 부르주아 경제학에서 유일하게 기술진보를 설명한 사람은 슘페터인데, 그러나 그의 기술진보론은 마르크스의 기술진보론을 잘못 표절한 것이다.

수단의 가치 하락을 야기하고 그럼으로써 상대적 잉여가치 생산이 가능해지는 것이다.

자본에 의한 노동의 포섭

가치증식과정이라는 측면에서 살펴본 절대적 잉여가치의 생산과 상대적 잉여가치의 생산은 사실 가능성일 뿐이며 그것의 현실성은 역사 속에서만 확인된다. 즉 자본주의적 생산력 발전과 편향적 기술 진보에 대한 논리적 분석은 잉여가치의 생산방법으로서 노동과정에 대한 역사적 분석을 통해서만 완성될 수 있는 것이다. 화폐의 기능에 대한 설명이 역사적이었던 것과 마찬가지로 노동력의 기능에 대한 설명도 역사적일 수밖에 없다. 『자본』 1권의 절반이 노동과정에 관한 역사적 분석에 할애되는 것도 이 때문이다.

잉여가치 생산에 대한 역사적 분석의 핵심은 '자본에 의한 노동의 포섭'이다. 여기서 자본은 가치증식과정을 의미하고 노동은 노동과정을 의미한다. 자본에 의한 노동의 포섭은 형식적 포섭과 실질적 포섭으로 구별되는데, 각각은 매뉴팩처와 기계제대공업에 해당한다. 달리 말해 자본에 의한 노동의 포섭은 경제학 비판인 동시에 노동과정의 역사적 변화를 다루는 경제사 분석이다. 마르크스는 이 같은 경제사 분석을 통해 사회적 분업과 기술적 분업을 구별하고 또 기술적 분업 내에서 도구의 역할과 기계의 역할을 구별함으로써 매뉴팩처에서 기계제대공업으로의 역사적 이행, 즉 산업혁명을 분석할 수 있게 된 것이다.

매뉴팩처는 하나의 작업장에서 기술적 분업에 근거한 협업을 통해서 노동생산성을 상승시키는 방법이다. 그것의 역사적 의의는 노동의 분할과 결합을 통해 집단노동자를 출현시켰다는 데 있다. 집단노동자의 출현과 함께 단순상품생산에서의 노동의 사회화와 구별되는 자본주의적 생산에서의 노동의 사회화가 시작되기 때문이다. 즉 자본주의적 생산에서 시장 교환을 통해 사회적 노동으로 변형되는 사적 노동은 개별노동자의 노동이 아니라 집단노동자의 임노동이다.

그러나 매뉴팩처에서 사용되는 노동수단은 노동자의 숙련을 전제하는 수공업적 도구이기 때문에 노동과정에 대한 자본의 포섭은 여전히 가능성에 머물고 만다. 자본주의적 생산관계에 적합한 생산력의 부재로 인해 노동을 형식적으로만 포섭하는 것이 매뉴팩처의 현실적 모순 또는 결함인 것이다.

반면 대공장의 표준화된 대량생산을 지칭하는 기계제대공업은 인간과 인간 사이의 분업과 협업이 아니라 기계와 기계 사이의 분업과 협업을 특징으로 한다. 작업기·동력기·전달기로 구성되는 자동장치로서 기계제가 노동과정을 지배하는 것이다. 그에 따라 공장의 집단노동자도 이중적으로 변모한다. 먼저 집단노동자가 기계제의 '부속물'로 전락하면서 공장에 고유한 노동규율이 출현한다. 또 과학기술혁명 이후 학교교육을 매개로 숙련노동자와 비숙련노동자의 분할이 지식노동자와 육체노동자의 분할로 대체되면서 기술자·관리자와 반숙련노동자의 결합이라는 형태로 집단노동자의 내부적 구성이 변화한다. 이로써 노동에 대한 자본의 실질적 포섭이 완성된다.

요컨대 편향적 기술진보가 자본주의적 생산력의 발전을 분석하기 위한 논리적 개념이라면, 기계제대공업은 그것을 분석하기 위한 역사적 개념이다. 그리고 기계제대공업이 출현하는 산업혁명에 대한 역사적 분석은 자본주의적 생산력의 발전이 본질적으로 자본주의적으로 사회화된 노동이라는 사실을 보여준다. 매뉴팩처에서 형성된 집단노동자를 자본이 실질적으로 지배하는 방식이 바로 기계제대공업이라는 것이다.

현실의 개별노동자가 무력해 보이는 이유도 여기에 있다. 자본주의적 생산에서 사회적 노동으로 변형되는 사적 노동은 자본에 의해 실질적으로 포섭된 집단노동자의 임노동이다. 기계제대공업을 통해 노동의 자본주의적 사회화가 완성되면, 즉 임금형태가 매개하는 공장의 기술적 분업을 전제로 화폐형태가 매개하는 시장의 사회적 분업이 확립되면, 집단노동자의 생산력은 자본의 생산력으로 전도된다. 마르크스는 이것을 '자본의 물신숭배'라고 부른다.

또 하나 중요한 사실은 기계제대공업에서 절대적 잉여가치의 생산과 상대적 잉여가치의 생산이 통일되어 있다는 것이다. 절대적 잉여가치의 생산이 없는 상대적 잉여가치의 생산은 잉여가치 S와 이윤 Π를 증가시킬 뿐 부가가치 L과 국민소득 Y를 증가시키지는 못한다. 그러나 산업혁명 이후 국민소득의 증가라는 정형화된 사실이 보여주는 것처럼 기계제대공업은 자본주의적 생산력에 의한 상대적 잉여가치의 생산에 노동시간의 외연적·내포적 연장에 의한 절대적 잉여가치의 생산을 결합시킨다.

기계제대공업에서 발명된 새로운 임금지불방법, 즉 시간급과 그것을 변형한 성과급이라는 임금률의 두 가지 형태가 절대적 잉여가치 생산과 상대적 잉여가치 생산의 결합을 매개하는 경제적 메커니즘이다. 시간급과 성과급은 노동표준, 즉 시간·산출당 표준임금률을 하락시키거나 그것을 매개로 실업자를 포함하는 노동자들 사이의 경쟁을 심화시킴으로써 개별노동자의 노동시간을 외연적·내포적으로 연장시킨다.

그 결과 기계제대공업에서는 '저임금·장시간·고강도노동'의 악순환이 지속된다. 노동자 1인당 임금이 1인당 노동력가치로부터 괴리·지체(짜골로프)되거나 노동력의 일상적 가치가 재생산 가치로부터 괴리·지체(브뤼노프)되는 경향, 즉 궁핍화 경향이 나타나는 것이다.

마르크스는 기계제대공업의 임금률에 관한 이 같은 논리적 분석에서 노동조합의 의의와 한계도 도출한다. 그 핵심은 노동조합의 경제투쟁이 기술진보라는 형태로 이뤄지는 자본의 선제적 계급투쟁에 대한 방어투쟁이라는 것이다. 따라서 그것은 궁핍화 경향에 반작용한다는 의의를 갖지만 결국 임금제도의 영속화에 기여할 뿐이라는 한계도 갖는다.[20]

---

20) 임금률과 노동조합에 대한 분석은 국제적 차원으로도 확장될 수 있다. 마르크스는 임금률의 민족적 격차에 대해 분석하면서 자유무역의 이론적 기초가 되는 비교생산비설을 비판한다. 『금융위기와 사회운동노조』에서 설명하는 것처럼, 여기서 국제주의를 위한 대안을 발견할 수 있다.

잉여가치의 유통과 분배

임노동을 통해 생산된 잉여가치는 시장을 통해 유통·실현·분배된다. 이를 분석하기 위해 『마르크스의 '자본'』 5강은 먼저 상품자본의 재생산을 분석하는 『자본』 2권의 재생산표식론을 3권의 전형 문제와 관련하여 설명한다. 이어서 마르크스의 지대론을 20세기 법인자본의 가격론으로 재해석한 뒤 상업이윤과 이자로의 잉여가치의 분배를 특히 금융에 대한 분석을 중심으로 상세하게 설명한다.[21]

경제학 비판이라는 관점에서 볼 때 『자본』 2권에서 가장 중요한 것은 상품자본의 순환을 이용해서 사회적 자본 전체의 재생산을 분석하는 재생산표식론이다. 그것은 1권의 본질에 대한 분석과 3권의 현실에 대한 분석을 연결하기 위한 이론적 장치로 기능한다. 재생산표식은 잉여가치가 유통되고 실현되는 조건만 다룰 뿐이며 자본주의의 본질 중 하나인 기술진보나 고정자본의 축적은 고려하지 않기 때문이다.

『마르크스의 '자본'』이 증명하는 것처럼, 리카도가 남긴 가치에서 생산가격으로의 전형이라는 문제, 즉 자본의 부문간 경쟁을 통한 이윤율의 균등화라는 문제는 마르크스에 의해서 해결된다. 가치법칙과 잉여가치법칙의 제약 아래 잉여가치가 분배되는 메커니즘을 분석함으로써 자본의 부문간 경쟁, 즉 자본이동을 통해서 형성되는 일반이윤율이 평균이윤율과 일치한다는 사실이 증명되기 때문이다. 이에 따라 자본주의 경제에는 불균형을 조정하는 메커니즘이 존재한다는 사실, 달리 말해 이윤율의 균등화는 현실적 경향이라는 사실이 분명하게 드러난다.

5강에서 가장 중요한 것은 산업자본·상업자본과 달리 어떤 생산적 기능도 담당하지 않는 소유 그 자체로서 금융자본에 대한 설명이

---

21) 『마르크스의 '자본'』이 『자본』 1권은 상세하게 설명하는 반면, 2-3권은 소략하게 설명하는 것은 마르크스의 경제학 비판에서 갖는 이론적 위상의 차이 때문이다. 마르크스의 변증법적 서술에서 본질에 해당하는 것은 1권이고, 2권과 3권은 각각 현상과 현실에 해당한다.

다. 『마르크스의 '자본'』은 마르크스의 '화폐적 금융론'을 더욱 발전시켜서 금융자본에 대한 이론을 재구성한다. 여기서 가장 중요한 것은 금융자본의 기본적인 두 형태, 즉 대부자본과 가공자본을 구별하는 것이다.

은행신용으로 대표되는 대부자본은 주로 산업자본의 유휴화폐자본을 원천으로 하기 때문에 현실자본과 직접적으로 관련되는 반면 증권으로 대표되는 가공자본은 그렇지 않다. 그것은 미래소득을 이자율로 할인한 현재가치로서 사실상 지분증서나 부채증서의 가격으로만 존재한다. 대부자본과 가공자본으로의 금융자본의 분화는 각각을 담당하는 금융기관의 분화를 수반한다. 대부자본은 예금창조를 담당하는 은행을 통해 유통되는 반면 국채나 주식 같은 유가증권은 주로 증권회사를 통해 유통된다.

금융자본과 금융기관이 분화되어 제도화되면 금융시장도 분화된다. 일반적 상품을 거래하는 시장과 달리 금융시장은 유휴자본을 거래하는 시장을 의미하는데, 20세기에 그것은 신용시장과 증권시장 또는 화폐시장과 자본시장으로 분화된다. 동시에 산업위기에 의해 현실화되는 현대적 금융위기도 신용위기와 은행위기 또는 유동성 위기와 건전성 위기로 분화된다. 현대적 금융위기에는 또한 법인자본과 함께 출현한 주식시장의 붕괴나 신자유주의 시대에 출현한 외환위기 같은 새로운 형태의 금융위기가 추가되는데, 양자는 종종 은행위기와 결합된다.

자본주의적 축적의 보편적 법칙

『마르크스의 '자본'』의 4강은 잉여가치의 생산에 대한 논리적·역사적 분석을 자본주의적 축적의 보편적 법칙으로 요약한다. 가치법칙과 잉여가치법칙으로 표현되는 자본주의적 생산양식의 정의법칙에 이어 자본생산성 하락 또는 이윤율 하락의 법칙이라는 경험법칙이 설명된다. 그리고 그 결과로 고정자본의 로지스틱 성장법칙이라는 경험법칙이 설명된다.[22] 특히 『마르크스의 '자본'』은 자본주의의 거시법칙을 다루는 1권의 완결성에 근거해서 자본주의적 축적의 보편적 법칙을 1권에서 제시되는 자본생산성 하락과 이윤율 하락의 법칙으로 규정하고 그것을 고정자본의 로지스틱 성장법칙과 결합한다.[23]

그 결과 자본주의적 생산양식의 장기적 도달점을 둘러싼 마르크스주의 100년 논쟁사의 핵심적 쟁점 중 하나가 해결된다. 자본주의적 생산양식의 구조적 위기 또는 붕괴가 자본축적론과 결합된 경제위기론을 중심으로 체계적으로 설명되는 것이다. 동시에 그것은 자본주의에 내재하는 공산주의로의 역사적 경향에 대한 논증과 결합된다. 『자본』의 경제학 비판이 마르크스주의적 정치로서 공산주의의 객관적 조건을 밝히는 역사과학이라는 사실이 이로써 더욱 명확해진다.

자본주의적 영유와 생산관계의 재생산

잉여가치의 생산에 대한 논리적·역사적 분석에서 자본주의적 축적의 법칙을 도출하기 위해서는 먼저 자본의 재생산과 축적을 설명해야 한다. 생산된 잉여가치가 자본으로 변형되는 것이 축적인데, 그것은 재생산을 특징으로 하는 자본순환의 한 단계를 구성한다. 자본의 재생산은 단순재생산과 확대재생산으로 구분되는데, 전자는 생산된 잉여가치가 자본가의 개인적 소비에 모두 사용됨으로써 동일

---

22) 뉴튼의 프린키피아와 유비할 때 각각은 가속도법칙(정의법칙), 중력법칙(원인에 대한 경험법칙), 행성운동법칙(결과에 대한 경험법칙)에 해당한다. 그러나 『마르크스의 '자본'』에서는 이윤율 하락의 법칙이 행성운동법칙에 유비되기도 한다.

23) 자본생산성 하락의 법칙은 『자본』 1권의 주제이고, 이윤율 하락의 법칙은 『자본』 3권의 주제인데, 전자에서 후자를 도출할 수 있다는 것은 마르크스도 이미 지적한 사실이다. 또 3권이 잉여가치의 분배와 관련된 일반이윤율을 분석한다는 데 주목할 필요가 있다. 즉 잉여가치의 생산과 관련된 평균이윤율의 하락은 잉여가치의 유통·실현·분배를 분석하는 『자본』 2-3권과 무관하게 1권의 분석에서 바로 도출될 수 있다.

한 규모로 자본의 재생산이 반복되는 것이고, 후자는 잉여가치의 일부가 축적되어 생산과정에 다시 투하됨으로써 확대된 규모로 자본의 재생산이 반복되는 것이다. 물론 자본가의 존재이유는 잉여가치의 축적에 있기 때문에 단순재생산은 현실에는 존재할 수 없는 이론적 구성물일 따름이다.

그럼에도 불구하고 마르크스는 자본의 단순재생산에 대한 논리적 분석을 심도 있게 전개하는데, 이는 자본주의적 생산관계, 특히 그 법적 표현으로서 소유관계가 재생산되는 메커니즘을 보여주기 위한 것이다. 물신숭배론과 함께 『자본』에서 제시되는 희귀한 철학적 단편으로서 로크의 자기소유론을 비판하는 '소유법칙의 영유법칙으로의 반전'에 대한 설명이 그러한 분석의 핵심에 위치한다.

자본주의적 생산관계가 부재한 단순상품생산에서는 자기노동에 기초한 사적 소유, 즉 개인적-사적 소유를 의미하는 소유법칙이 작용한다. 자본주의적 생산관계의 현상을 이루는 노동력 상품의 유통과정에서도 소유법칙은 그대로 작용한다. 그러나 자본주의적 생산관계의 본질을 이루는 생산과정에서는 소유법칙이 영유법칙으로 반전된다. 자본주의적 생산에서는 애초부터 자본의 소유자와 자본을 재생산하는 노동자가 불일치하기 때문이다. 여기서 투하자본에 대한 소유의 재생산은 잉여가치의 생산, 즉 노동자의 잉여노동에 의해서만 가능하다.

따라서 소유법칙의 영유법칙으로의 반전에 대한 분석은 잉여가치의 생산을 본질로 하는 자본-임노동관계의 재생산에 대한 설명이자 논리적 비판이 된다. 자본주의적 생산관계의 역사적 기원으로서 본원적 축적이 사기와 강도라는 의미에서 수탈(expropriation)인 반면 자본주의적 생산관계가 정상적으로 작동하는 본래적 축적은 소유법칙이라는 형태로 타인 노동의 영유(appropriation)를 정당화하는 합법적인 축적이라는 것이다.

자본생산성 하락 또는 이윤율 하락의 법칙

잉여가치의 축적으로서 자본의 축적은 외연적 축적과 내포적 축적이라는 두 가지 형태로 구분될 수 있다. 단순히 자본의 규모가 확대된다는 의미에서의 외연적 축적은 매뉴팩처와 형식적 포섭의 특징이다. 반면 자본의 규모가 확대되는 동시에 그 기술적 구성이 상승한다는 의미에서의 내포적 축적은 기계제대공업과 실질적 포섭의 특징이다.

자본의 기술적 구성은 기계·설비와 노동자 수의 비율로 정의되며, 따라서 기술적 구성의 상승은 노동자 수의 상대적 감소와 기계·설비의 상대적 증가, 즉 노동을 절약하고 고정자본을 소비하는 편향적 기술진보를 의미한다. 따라서 내포적 축적에서 자본주의의 본래적 축적에 고유한 역사동역학이 비롯된다고 할 수 있다. 그것은 잉여가치의 생산에 대한 분석과 자본주의적 축적의 보편적 법칙에 대한 분석을 연결해주는 개념인 것이다.

마르크스는 편향적 기술진보로 인한 노동과정에서의 기술적 구성 K/N의 상승이 가치증식과정에서의 가치 구성 K/W의 상승으로 표현되는 것을 자본의 유기적 구성의 상승이라고 정의한다. 『마르크스의 '자본'』은 유기적 구성 K/W의 상승을 이윤분배율 $\pi \equiv \Pi/Y$가 불변일 경우 노동생산성 $P_N \equiv Y/N$의 상승을 초과하는 기술적 구성 K/N의 상승으로 해석한다.

$$\frac{K}{W} \equiv \frac{K/N}{W/N} \equiv \frac{1}{W/Y}\frac{K/N}{Y/N} \equiv \frac{1}{1-\Pi/Y}\frac{K/N}{Y/N} \equiv \frac{1}{1-\pi}\frac{K/N}{P_N}.$$

그런데 유기적 구성의 상승을 자본생산성 $P_K \equiv Y/K$의 하락으로 표현하는 것이 편리하다.

$$\frac{K}{W} \equiv \frac{1}{1-\pi}\frac{K/N}{Y/N} \equiv \frac{1}{1-\pi}\frac{1}{Y/K} \equiv \frac{1}{1-\pi}\frac{1}{P_K}.$$

기계제대공업에서 잉여가치의 생산, 즉 내포적 축적에 대한 분석은 자본생산성 하락의 법칙으로 요약될 수 있다. 그 법칙은 자본주의적 생산양식에 내재하는 생산관계와 생산력의 모순, 좀 더 정확하게 말해서 생산관계의 모순에 의해서 결정되는 생산력 발전의 모순을 표현한다. 편향적 기술진보는 기계의 자본주의적 사용, 즉 잉여가치의 생산을 위한 기계의 사용에 존재하는 결함을 의미한다.

고정자본 K에 대한 이윤 Π의 비율로 정의되는 이윤율 r은 자본생산성 $P_K \equiv Y/K$에 비례한다.

$$r \equiv \frac{\Pi}{K} \equiv \frac{\Pi}{Y}\frac{Y}{K} \equiv \pi P_K.$$

따라서 이윤율 하락의 법칙은 자본생산성 하락의 법칙으로부터 곧바로 도출된다. 자본주의적 생산양식에서 노동조합의 경제투쟁으로 인해 임금분배율, 따라서 이윤분배율 π가 거의 불변이기 때문이다. 자본생산성 하락과 이윤율 하락의 법칙은 자본주의의 역사 속에서 검증될 수 있는 경험법칙이다.[24)]

『마르크스의 '자본'』은 이윤율 하락의 법칙을 이용해서 고정자본 성장의 법칙을 분석함으로써 자본축적론을 완성한다. 자본축적론에서 이윤율은 독립변수가 되고 고정자본은 종속변수가 된다. 자본축적론의 기본방정식 $g_K = ar$은 이처럼 축적률 a가 일정할 때 고정자본의 성장률 $g_K \equiv I/K$가 이윤율에 의해 결정된다는 사실을 표현한다. 편향적 기술진보로 인해 자본생산성과 이윤율이 하락하는 자본주의적 생산양식에서 고정자본의 성장은 S자형의 로지스틱 곡선으로 표현된다.[25)]

---

24) 이 같은 경험적 분석은 20세기 미국경제의 경우 뒤메닐에 의해 수행되고, 19세기 영국경제의 경우 앨런에 의해 수행된다. 이 책에 수록된 「역사학 비판」을 참조하시오.

25) 자본주의적 역사동역학에 대한 상세한 설명도 역시 「역사학 비판」을 참조하시오.

『마르크스의 '자본'』은 고정자본의 로지스틱 성장을 이용하여 이윤율이 하락할 때 이윤을 증가시키려는 자본의 반작용으로 설명한다. 인수·합병(M&A)과 지주회사로의 변모 같은 금융적 축적은 고정자본의 증가를 통해 이윤을 증가시키려는 대표적 방법이다. 그 결과 이윤율이 하락하는 불황기에 역설적으로 고정자본의 규모가 증가하는 현상이 발생한다.

$$\Pi\uparrow \equiv r\downarrow \times K\Uparrow.$$

그러나 이윤율이 계속 하락하면서 급기야 이윤도 감소하는 시점이 도래할 수밖에 없다. 금융적 축적도 조만간 종료될 수밖에 없다는 것이다.

이렇게 해서 자본주의의 역사동역학이 완성된다. 『마르크스의 '자본'』은 마르크스적 경제학 비판에서 자본축적론의 핵심은 붕괴론에 있다는 그로스만의 주장을 입증한다.

동시에 자본주의의 역사에 대한 과학적 설명도 가능해진다. 『마르크스의 '자본'』은 마르크스가 발생사와 동시대사로 구분한 500여년 자본주의의 역사를 이행과 재생산이라는 개념으로 설명하면서 자본주의의 역사동역학에 근거해서 현대경제사를 재구성할 수 있는 방향을 시사한다.

자본주의적 축적의 역사적 경향

자본주의적 축적의 보편적 법칙으로서 자본생산성 하락과 이윤율 하락은 필연적으로 과잉자본과 과잉인구라는 효과를 동반한다. 자본의 과잉은 금융적 축적을 의미하는데, 그것은 잉여가치의 생산이 아니라 분배를 둘러싼 자본간 경쟁을 특징으로 한다. 또 인구의 과잉은 맬서스가 주장한 절대적 과잉인구, 즉 먹을거리에 대비한 과잉인구가 아니라 자본주의적 생산에 고유한 상대적 과잉인구, 즉 일자리에 대비한 과잉인구의 형성을 의미한다.

중요한 것은 과잉자본과 과잉인구라는 두 효과가 결합된다는 사실이다. 구조적 위기로 인해 금융화가 전개되면 동시에 궁핍화도 심화된다. 여기서 궁핍화는 불평등 또는 빈곤의 확대를 의미하는 것이 아니다. 그것은 노동자 1인당 임금과 노동력가치의 괴리·지체로 인한 불안전화(insecuritization)와 대량해고로 인한 구조적 실업을 의미한다. 구조적 위기는 취업자 내부의 경쟁과 착취를 심화시키는 동시에 순환적 실업자를 구조적 실업자로 전락시킨다. 마르크스는 그런 이중적 의미의 궁핍화를 '착취·억압·예속·무지·야만·타락의 축적'이라고 부른 바 있다.

궁핍화에 반작용해서 노동자가 스스로 해방을 쟁취하는 것, 즉 프롤레타리아 독재로의 경향이 바로 자본주의적 축적의 역사적 경향이다. 마르크스는 그런 역사적 경향의 핵심적 논리를 '부정의 부정'으로 요약한다. 단순상품생산의 개인적-사적 소유법칙이 자본주의적-사적 영유법칙으로 반전되는 것이 첫 번째 부정이라면, 자본주의적-사적 영유법칙이 다시 개인적-사회적 영유법칙으로 반전되는 것이 두 번째 부정이다.[26] 타인노동에 기초한 자본주의의 사적 소유를 지양하는 자기노동에 기초한 사회적 소유가 바로 자본주의에 대한 공산주의적 대안이라는 것이다.

마르크스는『자본』1권의 말미에서 공산주의적 대안을 현실성으로 전환시킬 수 있는 방법도 제시한다. 프롤레타리아 독재의 경제적 토대로서 노동자연합 그리고 노동자계급의 경제적 해방의 정치적 형태로서 평의회가 바로 그것이다. 노동자연합은 노동의 자본주의적 사회화의 모순을 해결함으로써 잉여노동을 사회적으로 영유하는 주체다. 또한 '국가인 동시에 비국가인' 평의회는 자본주의적 국가장치를 지양하고 직접민주주의와 결합하는 프롤레타리아 대표제라고 할 수 있다.

---

26) 그러나 '수탈자의 수탈'로 귀결되는 부정의 부정이라는 논리에는 결함이 있다. 여기서 마르크스는 논리적 분석과 역사적 분석을 혼동하기 때문이다.『마르크스의 '자본'』은 이를 정정하여 기계제대공업에 대한 사회적 소유로서 노동자연합의 영유법칙을 부연한다.

마르크스가 공산주의를 자본주의적 축적의 역사적 경향이라고 부른 것은 그것이 단순한 유토피아는 아니라는 의미이다. 공산주의로의 이행의 객관적·역사적 가능성이 경제학 비판에 의해 분석되고 지지되기 때문이다. 즉 『자본』의 역사과학은 자본주의에 대한 주관적 거부가 아니라 자본주의적 생산양식의 내적 모순을 해결할 수 있는 객관적 조건을 설명한다. 자본주의적 소유를 비판하는 공산주의적 소유는 생산수단의 사회적 소유뿐만 아니라 노동력의 개인적 소유를 실현하는 노동권에 근거한다. 『자본』의 정치적 결론이 경제학 비판과 결합하는 이데올로기 비판이라는 사실을 여기서 다시 확인할 수 있다.

현대경제학 및 사회과학 비판

전체 5강으로 구성되는 『현대경제학 비판』은 1강에서 현대경제학의 창시자인 새뮤얼슨의 논의를 중심으로 현대경제학의 역사를 설명한 다음, 2-3강에서 현대경제학의 두 축을 이루는 신고전파 미시경제학과 케인즈주의 거시경제학의 주요 개념 및 모형을 설명한다. 이어 4강에서는 미시와 거시를 연결하는 매개로서 신고전파 경제성장론을 집중적으로 분석한 후 5강에서는 마르크스적 관점에서 그것을 비판한다. 또 『사회과학 비판』은 사회학과 정치학으로 대표되는 사회과학의 문제설정이 현대경제학의 문제설정과 어떤 관계에 있는가를 검토한 다음, 자본주의의 역사동역학과 밀접히 관련되는 인구변천론과 복지국가론을 중심으로 그 결함을 비판한다. 여기서는 『현대경제학 비판』과 『사회과학 비판』의 핵심적인 논지를 정리하고 현대경제학과 사회과학의 역사동역학이 마르크스의 역사동역학과 형성하는 이론적 쟁점을 개괄한다.

현대경제학 비판

현대경제학은 새뮤얼슨의 '신고전파 종합' 또는 '신케인즈주의 종합'에서 시작된다. 그런데 시간 그 자체에 맹목적인 신고전파 미시경제학과 장기에 맹목적인 케인즈주의 거시경제학을 매개하는 것은 신고전파 경제성장론이다. 그런데 신고전파 경제성장론은 마르크스주의 자본축적론과 쟁점을 형성한다. 『현대경제학 비판』은 자본주의적 생산양식의 장기균형의 해석에 관한 현대경제학의 지속상태론과 마르크스적 경제학 비판의 정상상태론을 비교함으로써 양자의 쟁점을 압축적으로 보여준다.

신고전파 경제성장론

『마르크스의 '자본'』에서도 지적된 것처럼, 마르크스의 거시경제학은 자본축적론이고, 미시경제학은 생산가격론이며, 양자는 재생산표식론에 의해 매개된다. 이와 유사하게 현대경제학에서 케인즈주의 거시경제학은 국민소득론이고, 신고전파 미시경제학은 시장가격론이며, 양자는 신고전파 경제성장론에 의해 매개된다.[27]

솔로우의 신고전파 경제성장론은 고정자본 K와 노동자 수 N이 독립변수이고 국민소득 Y가 종속변수인 콥-더글러스 거시생산함수를 전제한다(단, π는 이윤분배율).

$$Y = K^{\pi} N^{1-\pi}.$$

그런데 이것을 자본집약도 $k \equiv K/N$가 독립변수이고 1인당 국민소득 $y \equiv Y/N$가 종속변수인 새로운 거시생산함수로 변형할 수 있다.

27) 『현대경제학 비판』이 지적하는 것처럼, 새뮤얼슨은 신고전파 경제성장론을 '리카도-마르크스-솔로우 경제성장론'이라고 부른다. 자본축적론과 경제성장론에서는 고전파와 마르크스가 타당하다는 것이다. 또 새뮤얼슨은 '비대체성 정리'를 통해서 시장가격의 장기균형이 고전파의 자연가격 또는 마르크스의 생산가격이라는 사실도 인정한다.

$$y = k^{\pi}.$$

거시생산함수의 변형과 함께 자본축적론의 기본방정식도 다음과 같은 형태로 변형된다.

$$\frac{dk}{dt} = sk^{\pi} - nk.$$

『현대경제학 비판』은 기본방정식에서 출발하여 지속상태에 대한 해석을 제시한다. 먼저 솔로우 모형에서 자본주의 경제의 장기균형은 자본집약도가 더 이상 변화하지 않는 상태다.

$$\frac{dk}{dt} = sk^{\pi} - nk = 0.$$

여기서 도출되는 균형자본집약도 k^*는 이윤분배율 π와 저축률 s, 인구성장률 n이라는 세 가지 파라미터에 의해서만 결정된다.

이것은 장기균형이 초기조건과 무관하다는 사실, 즉 경로의존적이지 않다는 사실을 의미한다. 달리 말해서 경로의존성으로 인해 장기적 의미에서 경제법칙은 존재할 수 없다는 포스트케인즈주의의 주장과 정반대의 주장인 것이다.

나아가 균형자본집약도 k^*를 이용하여 균형고정자본 K^*를 구하면, 그것이 지수성장함수임을 알 수 있다. 또 균형자본성장률 g_{K^*}는 인구성장률 n과 일치한다.

거시생산함수 $y = k^{\pi}$에서 1인당 균형국민소득 y^*가 균형자본집약도 k^*에 의해 결정된다는 것을 알 수 있다. 나아가 1인당 균형국민소득 y^*를 이용하여 균형국민소득 Y^*를 구하면, 그것이 균형고정자본처럼 지수성장함수임을 알 수 있다. 또 균형경제성장률 g_{Y^*}는 균형자본성장률처럼 인구성장률 n과 일치한다.

솔로우 모형에서 저축률은 균형국민소득이나 1인당 균형국민소득의 절대적 수준에는 영향을 미치지만 그 성장률과는 무관하다. 케인즈주의 거시경제학을 특징짓는 '저축의 역설'을 부정하는 이 같은 결론은 재정정책이나 통화정책 같은 총수요정책이 단기에서와 달리 장기에서는 무효라는 사실을 의미한다.

마지막으로 장기균형에서 고정자본이나 국민소득의 성장률이 인구성장률과 일치한다는 것은 장기균형이 성장률이 불변인 지속상태(steady state)라는 의미이다. 그런데 지속상태에서 균형이윤율 r^*와 균형임금률 w^*은 불변임을 알 수 있다.

마르크스주의 자본축적론과 공유하는 신고전파 경제성장론의 가장 중요한 결론은 방금 설명한 것처럼 장기적으로는 저축의 역설이 성립하지 않는다는 사실, 따라서 장기적으로는 총수요정책이 무효라는 사실이다.

그런데 신고전파 경제성장론은 마르크스주의 자본축적론 이상으로 아주 분명하게 국내경제와 민족경제를 구별한다. 솔로우 모형을 개방경제로 확장함으로써 로빈슨이 주목한 바 있는 금리생활자민족(rentier nation)과 노동자민족(worker nation)의 차이를 분석한 바 있는 네어 모형이 대표적인 사례다. 그것은 금융이 세계화된 결과 국내경제(domestic economy)가 민족경제(national economy)와 독립적으로 성장할 수 있다는 것을 보여준다.[28] 네어 모형을 이용하여 1997-98년 경제위기 이후 노동자민족으로 전락한 남한경제를 분석할 수 있다.

물론 신고전파 경제성장론에도 한계가 있다. 그러한 한계는 마르크스주의 자본축적론에 반대하여 장기균형을 성장률이 하락하는 정상상태(定常狀態, stationary state)가 아니라 성장률이 불변인 지속상태로 해석하는 데서 드러난다.

---

28) 1980년대에 빈발했던 외채위기가 보여주는 것처럼, 그런 성장궤도는 국가부도를 동반한다. 이와 관련하여 『현대경제학 비판』은 삭스와 노드하우스의 모형을 검토한다.

정상상태와 지속상태

마르크스주의 자본축적론와 신고전파 경제성장론은 다음과 같은 자본축적론의 기본방정식을 공유한다.

$$g_K \equiv \frac{dK/dt}{K} = s\frac{Y}{K}.$$

그러나 양자는 자신의 경제이론에 따라 기본방정식을 변형한다. 먼저 마르크스주의는 이윤율 r이 독립변수가 되는 다음과 같은 형태로 변형한다.

$$g_K = ar.$$

또 신고전파는 이미 설명한 것처럼 거시생산함수 $y = k^{\pi}$를 이용하여 다음과 같은 형태로 변형한다.

$$\frac{dk}{dt} = sk^{\pi} - nk.$$

그 결과 두 모형에서 도출되는 자본축적과 경제성장의 궤도는 달라진다. 마르크스 모형은 자본축적과 경제성장의 궤도로 S자형의 로지스틱성장곡선을 제시하는 반면 솔로우 모형은 J자형의 지수성장곡선을 제시한다. 마르크스주의 자본축적론에서는 장기균형이 정상상태인 반면 신고전파 경제성장론에서는 지속상태라는 것이다. 쉽게 말해서 정상상태는 성장에 한계가 있다는 의미인 반면 지속상태는 성장에 한계가 없다는 의미이다.

『마르크스의 '자본'』에서 강조한 것처럼, 지속상태론은 『자본』 2권의 확대재생산표식에서 유래한다. 확대재생산표식에서 잉여가치의 실현조건이 충족될 경우 모든 부문의 성장률은 동일하게 된다. 상이한 부문 사이의 비례성이 확보되어 재생산이 안정적으로 지속되면서 모든 부문이 지수적으로 성장하게 된다는 것이다.

확대재생산표식론을 자본축적론이자 경제성장론으로 오해한 부르주아 경제학은 고전파와 마르크스가 공유하는 정상상태론을 지속상태론으로 대체한다. 자본주의의 개혁을 통해 노동자와 자본가의 평화공존이 가능할 것이라는 밀·마셜·케인즈의 전망은 이렇게 정상생태론을 대체한 지속상태론에 근거한다.

자본주의의 역사동역학을 분석하는 자본축적론과 경제성장론에서의 차이는 궁극적으로 기술진보론에서의 차이를 반영하는 것이다. 지속상태를 특징으로 하는 신고전파 경제성장론은 기술진보에 대한 아주 특수한 가정, 즉 고정자본을 소비하지 않고서도 노동을 절약할 수 있다는 의미에서 중립적 기술진보라는 가정에 기초한다. 『현대경제학 비판』은 중립적 기술진보가 존재하는 경우의 솔로우 모형도 분석하는데, 결론은 기술진보가 존재하지 않는 경우와 대동소이한 것이다. 그러나 자본주의의 역사에서 기술진보가 항상 기계화·자동화라는 편향적 형태로 나타났다는 사실을 고려하면 중립적 기술진보라는 가정은 아주 비현실적인 것이다.

요컨대 편향적 기술진보론에 주목하는 마르크스주의 자본축적론과 달리 현대경제학은 중립적 기술진보론의 비현실성으로 인해 자본축적론과 경제성장론에서 아주 중대한 결함을 갖는다. 그리고 그것은 경제위기론에서의 결함으로 이어지는데, 순환적 위기만 설명할 뿐이며 구조적 위기는 전혀 설명하지 못하기 때문이다. 이러한 결함으로 인해 2007-09년 금융위기에 대한 각국의 정책대응이 실용주의적 임기응변에 머무를 수밖에 없는 것이다.

사회과학 비판

20세기에 출현한 사회과학은 현대경제학과 보완관계 또는 경합관계를 유지한다. 『사회과학 비판』은 신고전파 경제성장론과 밀접한 관련을 갖는 인구변천론과 복지국가론이라는 두 가지 주제를 통해 사회과학에 대한 비판을 시도한다.

경제성장론과 인구변천론

고전경제학은 물론이고 현대경제학·사회과학에서도 가장 널리 알려진 인구론은 맬서스의 인구론이다. 인구의 기하급수적 성장과 식량의 산술급수적 성장으로 집약되는 맬서스의 인구론은 고전파 경제성장론의 한 축을 이룬다. 그러나 고출산·고사망을 다루는 맬서스의 인구론은 고출산·고사망에서 저출산·저사망으로의 전환, 즉 인구변천이라는 현대적 인구현상을 분석할 수 없다.

2차 세계전쟁 이후 미국에서 출현한 경제인구론은 '맬서스에서 솔로우로' 인구론의 전환을 시도한다.[29] 인구성장률과 1인당 균형국민소득이 반비례하는 솔로우의 신고전파 경제성장론을 활용하는 동시에 맬서스의 인구론, 특히 '예방적 억제'라는 신맬서스주의 인구정책론을 채택해서 출산율과 인구성장률의 하락세로의 반전을 설명하는 것이다.

그러나 『사회과학 비판』은 맬서스에서 솔로우로의 인구론의 전환이나 맬서스와 솔로우를 종합하는 '통일적 경제성장론'이 불가능하다는 것을 보여준다.

신고전파 경제성장론의 지속상태 개념은 자본집약도나 1인당 국민소득의 성장률이 0이더라도 고정자본이나 국민소득의 성장률은 인구성장률과 일치한다는 가정에 기초한다. 따라서 이를 비판하기 위해서는 인구성장률의 운동을 설명할 수 있는 독자적인 동역학이 요구된다. 게다가 저출산·고령화라는 최근의 인구현상을 고려할 때 인구론 비판은 경제학 비판, 즉 마르크스적 역사동역학과 결합될 필요가 있다.

『사회과학 비판』은 이를 위해 일반화된 마르크스주의에 적합한 인구론의 재구성을 시도한다. 고정자본의 성장모형과 양립가능한

29) 베커의 가족경제학이나 이스털린의 베이비붐론도 경제인구론의 일부다. 또한 이 시기에는 콜드웰의 세대간 자원이전론으로 대표되는 사회인구론도 출현한다.

형태로 인구의 성장모형이 도출되는데, 그럴 경우 인구성장률이 먼저 0이 되고, 그 후에 경제성장률과 자본성장률이 차례로 0이 된다는 것을 알 수 있다. 따라서 저출산·고령화는 자본주의의 발전에 따른 필연적 현상이라고 할 수 있다.

『사회과학 비판』에서는 엥겔스와 마르크스가 맬서스를 비판하면서 제시한 바 있는 자본주의적 인구법칙에 대한 새로운 해석도 제시된다. 엥겔스는 『영국 노동자계급의 상태』(1845)에서 산업혁명기 출산율과 인구성장률의 상승을 분석하면서 인구론이 아니라 고용론 또는 실업론이 문제라고 주장한 바 있다. 이를 계승하여 마르크스는 『자본』 1권(1867)에서 출산율이나 인구성장률과 무관하게 존재하는 상대적 과잉인구를 분석한다. 낮은 임금률이 생계비 보충을 위한 아동노동의 필요성을 야기함으로써 출산율을 높인다는 것이 핵심적 주장이다.

이 같은 마르크스주의 인구론은 1930년대 소련에서 스트루밀린에 의해 체계화된다. 스트루밀린은 임금률과 출산율·인구성장률이 반비례한다는 것을 증명한다. 이로부터 후진국이 직면한 인구 문제의 해결책은 신맬서스주의적 출산통제가 아니라 자본축적과 경제성장이라는 결론이 도출되는 것이다.

또한 마르크스주의 인구론은 시쿰에 의해 역사적으로 실증된다. 시쿰의 분석은 부아가 제시한 바 있는 봉건제의 역사동역학에 기초해서 봉건제에서 자본주의로의 이행기, 즉 산업혁명기의 인구성장률 상승이 '정체적 과잉인구'를 구성하는 임시노동자와 가내노동자의 고출산율에서 기인했다는 사실을 보여준다.[30]

---

30) 이로써 맬서스적 인구론에 대한 마르크스적 비판이 완성된다. 이른바 '엥겔스 휴지기'로 알려진 과도기에 생계조건이 가장 열악한 집단에서부터 출산율이 상승한다는 것은 역으로 안정적 출산율이나 인구성장률이 봉건제에 고유한 인구법칙일 수 있다는 것을 시사하기 때문이다. 봉건제든 자본주의든 생산양식이 정상적으로 작동할 때는 맬서스적 인구 문제가 존재하지 않는다는 것이다.

복지국가론

마르크스주의적으로 재구성된 인구론은 저출산·고령화라는 현대적 인구현상이 자본주의적 역사동역학의 일부라는 사실을 보여준다. 1인당 국민소득·임금률·생활수준이 상승할 때 출산율·인구성장률이 감소한다는 자본주의적 인구법칙이 저출산·고령화 현상으로 현실화되는 것이다.

『사회과학 비판』은 여기서 복지국가가 실행불가능하다는 결론을 도출한다. 부과방식(pay-as-you-go) 연금제도로 대표되는 사회보장제도의 핵심적 원리는 경제활동인구가 은퇴인구를 부양한다는 데 있다. 그러나 저출산·고령화는 장기적으로 은퇴인구를 부양할 경제활동인구가 감소할 수밖에 없음을 의미한다. 게다가 그런 경향은 성장둔화와 결합하여 재정위기의 가능성을 상승시킨다. 요컨대 복지국가는 인구론적으로나 경제학적으로나 지속불가능하다고 할 수밖에 없다는 것이다.

『현대경제학 비판』에서 이미 설명한 것처럼 신고전파 경제성장론은 저축의 역설이 장기적으로 성립하지 않는다는 것을 보여준다. 경제정책이나 사회정책을 통한 소득재분배가 경제성장에 기여할 수 있다는 인민주의적 주장과 반대로 지속적인 경제성장이 저축을 통한 투자와 자본축적에 의존할 수밖에 없다면, 현재세대의 소비를 증가시키기 위해서 미래세대의 소비를 희생하자는 복지국가론이 세대간 불의(injustice)에 다름 아니라는 결론도 불가피하다.

『사회과학 비판』은 스웨덴의 렌-마이드너 모형부터 새뮤얼슨-다이아몬드의 중첩세대모형을 변형한 최근의 '세대회계(generational accounting)'에 이르기까지 다양한 복지국가 모형을 분석하면서 복지국가의 실행불가능성이라는 결론과 복지국가가 세대간 불의를 함의한다는 결론을 부연한다.

역사학 비판

안 종 석

서론

이 글은 서론을 제외하고 총 세 편으로 구성되어 있다. 1편은 『역사학 비판』(2012)을 중심으로 『일반화된 마르크스주의 개론』(2006; 개정판, 2008) 3강을 참고하여 자본주의의 역사동역학에 대한 과천연구실의 연구성과를 정리한다. 2편은 『봉건제론: 역사학 비판』(2013)을 중심으로 봉건제의 역사동역학에 대한 연구성과를 정리한다. 3편 보론은 『문학 비판』(2012)을 중심으로 『봉건제론』을 참고하면서 서양문학·예술사와 중국문학사에 대한 연구성과를 정리한다.

이 세 권의 작업은 과천연구실의 일관된 문제의식에서 진행된 것이므로 이전 작업과의 관계도 이해할 필요가 있다. 특히 그 매개 역할을 담당하는 것이 『역사학 비판』이다. 이 책은 『현대경제학 비판』(2011)과 『사회과학 비판』(2011)에 이어 경제사학사의 맥락에서 『마르크스의 '자본'』(2009)을 보충하는 동시에 『일반화된 마르크스주의 개론』에서 제안한 자본주의의 역사동역학을 체계론·체계사적 관점에서 발전시킨다. 또 이 책은 『금융위기와 사회운동노조』(2008)부터 『2010-12년 정세분석』(2013)까지의 정세분석과도 표리관계를 형성하는데, 순환적 위기와 구별되는 구조적 위기의 인식은 정세분석의 문제인 동시에 경제사의 문제이기도 하기 때문이다.

그리하여 『역사학 비판』을 매개로 하여 다른 두 권도 이전 작업과 자연스럽게 연결된다. 『봉건제론』은 그 부제에서도 알 수 있듯이 『역사학 비판』의 속편으로서 자본주의의 역사동역학과의 유비를 통해 봉건제의 역사동역학을 구성한다. 또 『문학 비판』은 '문학의 역사성'이라는 마르크스적 관점에 따라 역사과학에 적합한 마르크스주의적 문학·예술사를 재구성한다.

물론 이 세 권이 '인문학 비판'이라는 얼마간 독립적인 작업계획의 성과물인 것도 사실이다. 『일반화된 마르크스주의 개론』에서도 경제학 비판이나 이데올로기 비판에 적합한 인문학 비판의 필연성을 어느 정도 암시했지만, 이 과제는 이 세 권의 작업을 통해 비로소 실현된다. 여기서 핵심은 이데올로기로서 인문학이 강요하는 '문·사·철'의 허구적 통일성을 해체하는 것이다.

『역사학 비판』은 사학사의 핵심적 쟁점으로 경제사라는 문제를 제기하는 과정에서 랑케적 실증사학을 비롯한 인문학적 역사학의 한계를 확인한다. 마르크스적 역사과학과 경제성장사·사회경제사의 논쟁 등을 검토하는 과정에서 역사학은 인문학이 아니라 과학이라는 사실이 분명해진다.

이러한 문제의식은 『봉건제론』에서 심화되는데, 중국봉건제의 유가사상, 특히 경세사학을 검토하는 과정에서 인문학적 역사학이란 심지어 현대 이전의 봉건제에서도 형용모순이라는 사실이 분명해지기 때문이다. 물론 계몽주의 이전의 서양에서는 역사학이 문학으로부터의 독립에 실패한 것이 사실인데, 『봉건제론』은 서양사학을 특징짓는 이러한 결함이 중국과 비교되는 서아시아 기축시대의 특수성에서 비롯된다는 사실을 발견한다.

한편 『문학 비판』은 문학을 인문학이 아닌 예술로 인식해야 한다는 전제에서 출발한다. 역사학·철학과 함께 문학만 인문학에 포함시키면서 다른 예술은 '기술'로 격하하는 것은 사실 인문학적 폐습일 따름인데, 이런 관점에서는 소설을 중심으로 하는 19세기 문학의 예술적 헤게모니를 비판하는 것이 불가능하다. 따라서 『문학 비판』은 소설·문학을 하나의 역사적 예술형식으로 분석하는 동시에 그 예술적 결함에 대한 대안으로서 베토벤의 음악에 주목한다.

요컨대 역사학은 인문학이 아닌 과학으로 이해하고, 문학은 인문학이 아닌 예술로 이해해야 한다는 것이다. 그렇다면 문·사·철에서 남는 것은 오직 철학뿐인데, 어차피 철학은 과학이나 예술로 환원되지 않는 특수한 영역이므로 인문학에 계속 잔류해도 상관없다. 또 역사학 비판과 문학 비판에 평행하는 철학 비판은 불가능한데, 현실대상의 부재로 인해 '빛의 속도로 운동할 수 있는' 철학적 사고를 비판한다는 것은 애당초 불가능한 일이기 때문이다. 이는 종교·신학에 대한 비판이 불가능한 것과 마찬가지다.

다만 마르크스주의의 전통적 철학관, 즉 관념론과 유물론의 투쟁으로서 철학사라는 관점과 헤겔의 관념론적 체계와 변증법적 방법의 구별이라는 관점을 지양하고 마르크스적 변증법을 복원하기 위해서는 헤겔과 아리스토텔레스에 대한 최소한의 이해가 필요한데, 이에 대해서는 『마르크스의 '자본'』 6강을 참고할 수 있다. 하지만 중국을 표준으로 봉건제의 역사를 분석한 『봉건제론』을 계기로 현대는 물론이고 심지어 현대 이전에도 사상사적으로 철학을 특권화할 수 없다는 인식이 좀 더 분명해졌다. 물론 아리스토텔레스가 유가와 달리 인과론과 결정론이라는 문제에 주목했다는 공적은 인정해야 하겠지만, 뉴튼의 과학혁명 이후에 아리스토텔레스의 철학이란 주로 사상사적 관심사일 따름이다.

자본주의의 역사

『역사학 비판』의 전반부는 사학사에서 경제사가 핵심적 쟁점임을 확인한 다음, 경제성장사·사회경제사와의 논쟁을 거쳐 자본주의의 역사동역학을 구성하는 그로스만과 뒤메닐의 방식을 비교한다.

물론 역사과학의 궁극적 목적은 19세기 고전자본주의에서 20세기 현대자본주의에 이르는 자본주의의 역사를 설명하는 것이다. 다만 20세기 현대자본주의의 표준으로서 미국경제의 역사는 『일반화된 마르크스주의 개론』에서 이미 설명했으며, 이 과정에서 독일·일본경제와 남한경제의 역사도 설명했다. 따라서 『역사학 비판』 후반부는 그 후속작업으로서 소련경제의 역사를 분석하며, 이 과정에서 중국경제와 북한경제의 역사도 설명한다.

경제사학사

'세계사로서 경제사'

역사학 비판의 필요성은 『일반화된 마르크스주의 개론』이나 『마르크스의 '자본'』에서도 어느 정도 암시했다. 르네상스 시대의 역사가 정치사나 문화사, 즉 인문학적 역사학이었다면 과학혁명에 이은 계몽주의 이후의 역사는 경제사, 즉 과학적 역사학으로 변모하는데, 이 과정이 마르크스의 역사과학에서 완성되었다는 것이 요지였다. 다만 이러한 인식은 『봉건제론』에서 한 단계 더 심화되는데, 중국의 유가사상·경세사학과 비교하는 과정에서 계몽주의 이전의 서양사학이 갖는 결함이 좀 더 분명해진다. 결국 인문학적 역사학이란 현대는 물론이고 현대 이전에도 통용될 수 있는 규정이 아니다.

하지만 『역사학 비판』에서 설명한 것처럼, 역사학의 주류는 여전히 서양의 인문학적 역사학, 특히 랑케의 실증사학이다. 그것은 헤겔의 역사철학이 추구하는 '세계사로서 정치사'에 반대하여 '민족사로서 정치사'를 제창하는데, 그 핵심은 보편적 역사법칙을 부정하는 것이다. 이 때문에 랑케의 실증사학은 사료비평에 대한 강조에도 불구하고 과학이 아닌 인문학에 잔류한다. 반면 헤겔의 역사철학에 대한 또 다른 대안으로서 마르크스의 역사과학은 '세계사로서 경제사'를 통해 인문학이 아닌 과학으로서 역사학을 제시한다.[1)]

『마르크스의 '자본'』에서 설명한 것처럼, 『자본』의 목적은 '현대사회의 경제적 운동법칙'을 발견하는 데 있다. 실제로 『자본』의 핵심적 개념과 이론은 몇 개의 경제법칙으로 일목요연하게 요약된다. 우선 그것은 가치법칙·잉여가치법칙 같은 정의법칙에서 출발하여 '자본주의적 축적의 보편적 법칙'으로서 자본생산성·이윤율 하락의 법칙과 고정자본 성장의 법칙 같은 경험법칙을 분석하고, '자본주의적

---

1) 리스트의 역사학파는 '민족사로서 경제사'를 제창하는데, 보편적 역사법칙을 부정한다는 점에서 실증사학과 친화성을 갖는다.

축적의 역사적 경향'으로서 프롤레타리아 독재와 노동자연합/평의회 같은 정치적 결론을 도출한다.

역사동역학과 체계론·체계사

『역사학 비판』에서 설명한 것처럼, 마르크스는 고전경제학의 몰역사적 개념을 비판하면서 개념과 역사의 결합을 시도한다. 이 점에서 마르크스의 지향을 '개념적으로 설명된 역사'(histoire raisonnée, reasoned history) 또는 좀 더 간단하게 '이론적 역사'라고 부를 수 있다.[2] 그리고 『일반화된 마르크스주의 개론』에서 이미 제안한 것처럼, 마르크스의 역사이론을 '역사동역학'(historical dynamics)으로 구체화할 수 있다.

그런데 『역사학 비판』에서 강조한 것처럼, 역사동역학은 단순한 은유(metaphor)가 아니다. 실제로 『일반화된 마르크스주의 개론』과 『마르크스의 '자본'』은 동역학과 그 수학적 표현으로서 미분방정식을 설명한 다음, 뉴튼의 동역학과의 기능적 유사성에 주목하는 유비(analogy)를 통해 『자본』의 경제법칙을 새로운 역사동역학으로 구성하기 때문이다. 뉴튼의 동역학이 중력이라는 원인과 행성운동이라는 결과 사이의 인과관계를 분석한다면, 마르크스의 역사동역학은 자본생산성·이윤율이라는 원인과 자본성장이라는 결과 사이의 인과관계를 분석하는 것이다.[3]

---

2) 『역사학 비판』에서는 '논리적 역사'라고 했지만, '이론적 역사'라는 표현이 좀 더 정확할 것이다. 자세한 설명은 이 책에 수록된 「과천연구실 20년」을 참고하시오.

고전경제학의 '몰역사적 개념'에 대해서도 부연이 필요하다. 『봉건제론』에서 설명한 것처럼, 스미스-리카도의 고전경제학은 계몽주의 역사관에 따라 어렵·채집사회가 유목사회와 정착농경사회를 거쳐 상업사회로 진화했다는 도식을 제시했으며, 또한 진보상태·정상상태·퇴보상태로 구성되는 역사동역학을 묘사하기도 했다. 이처럼 고전경제학은 '이론적 역사'의 최초의 시도였다. 하지만 그렇다고 '몰역사적 개념'이라는 규정이 잘못된 것은 아닌데, 인류사의 진화를 교환성향 같은 초역사적·몰역사적 원인으로 설명하는 결함 때문이다.

다만 뉴튼의 동역학에 대한 유비에는 한계가 있다. 자본주의의 역사를 설명하려면 자본주의의 구조로서 생산관계를 지배하는 경제법칙 외에 생산관계의 재생산이라는 기능을 담당하는 자본과 국가의 제도 또한 함께 고려해야 한다. 『사회과학 비판』과 『역사학 비판』에서 설명한 것처럼, 물리과학에서는 구조만이 동역학을 구성하는 반면 생명과학과 역사과학에서는 구조와 기능의 결합으로서 체계가 동역학을 구성한다. 따라서 뉴튼의 동역학에 대한 유비만으로는 불충분하며, 열역학적 생명론에 대한 유비가 요구되는 것이다.

열역학적 생명론에 따르면 생명은 구조와 기능을 결합한다는 의미에서 하나의 체계인데, 여기서 구조(물질)는 엔트로피법칙과 관련되고 기능(생리·생식)은 네겐트로피(네거티브 엔트로피)와 관련된다. 자본주의의 역사 또한 구조(생산관계)와 기능(제도), 즉 엔트로피법칙과 네겐트로피가 결합하는 하나의 체계로 이해될 수 있다. 이런 의미에서 자본주의의 역사동역학은 곧 자본주의의 '체계사'이기도 하다.[4]

---

3) 다만 『일반화된 마르크스주의 개론』과 『마르크스의 '자본'』에서는 자본생산성 하락의 법칙이 중력의 법칙에 해당하고 이윤율 하락의 법칙이 행성운동의 법칙에 해당한다고 설명했는데, 『2007-09년 금융위기』에서 정정한 것처럼 자본생산성·이윤율 하락의 법칙을 중력의 법칙에 유비하고 고정자본 성장의 법칙을 행성운동의 법칙에 유비하는 것이 좀 더 정확하다. 물론 『일반화된 마르크스주의 개론』과 『마르크스의 '자본'』에서도 이미 이윤율 하락의 법칙만으로 역사동역학을 완성할 수 없으며, 고정자본 성장의 법칙까지 함께 분석해야 한다는 점을 강조한 바 있다.

4) 이윤율과 고정자본의 궤도를 중심으로 하는 엔트로피법칙의 분석이 좁은 의미의 역사동역학이라면, 역사적 제도를 중심으로 하는 네겐트로피의 분석까지 결합한 것이 넓은 의미의 역사동역학이다. 참고로 『일반화된 마르크스주의 개론』에서는 뒤메닐을 따라 전자를 '역사동역학', 월러스틴과 아리기를 따라 후자를 '역사적 자본주의 분석'으로 이원화했다. 반면 『역사학 비판』에서는 양자를 '역사동역학'으로 일원화했는데, '역사적 자본주의 분석'이라는 용어를 별도로 사용하지 않아도 자본주의의 역사를 분석한다는 사실을 충분히 표현할 수 있다고 판단했기 때문이다.

월러스틴은 브로델을 따라 자본주의를 세계시장으로서 세계경제로 개념화하는데, 그 함의는 생산양식 개념을 거부하고 산업혁명을 상대화하면서 중상주의를 특권화하는 것이다. 이러한 결함은 아리기의 축적체계론에서

『일반화된 마르크스주의 개론』에서 설명한 것처럼, 마르크스의 방법에서 논리와 역사의 관계는 알튀세르가 『자본』의 곤란 또는 내재적 한계로 규정할 정도로 역사과학의 난제였다. 따라서 『마르크스의 '자본'』에서는 엥겔스 이후 100년 동안 전개된 역사주의와 논리주의의 논쟁을 해결하고자 했다. 『사회과학 비판』부터 과천연구실이 좀 더 분명하게 제시하는 자본주의의 체계사는 이러한 노력의 결산인데, 엔트로피법칙에 대한 논리적 분석과 네겐트로피에 대한 역사적 분석을 결합할 수 있기 때문이다.

게다가 그것은 알튀세르가 『자본』의 공백 내지 외재적 한계로 규정한 바 있는 이데올로기의 문제와도 직결된다. 발리바르처럼 '두 개의 원인'을 설정하지 않더라도 이데올로기를 물질화하는 경제적·정치적 제도를 합리적으로 설명할 수 있기 때문이다.5)

얼마간 해결되지만, 『장기20세기』(1994)에서도 마르크스와 브로델의 영향이 여전히 혼재되어 있다. 결국 『자본』의 관점에서 『장기20세기』를 재구성한다는 과천연구실의 문제의식을 강조하기 위해서라도 '역사적 자본주의 분석'이라는 용어는 사용하는 것이 바람직할 것이다. 월러스틴·아리기와 달리 과천연구실이 주목하는 자본주의의 역사는 장기19세기의 영국과 장기20세기의 미국을 대상으로 한다. 반면 장기15-16세기의 스페인-제노바 동맹(전기 중상주의)이나 장기17세기의 네덜란드(후기 중상주의)는 자본주의의 본사가 아니라 전사(前史, '자본의 본원적 축적')에 해당한다.

과천연구실은 봉건제에서 자본주의로의 이행과 관련하여 브로델과 월러스틴의 도식('세계제국에서 세계경제로의 이행')에 잠시 주목하기도 했는데, 그러나 이들이 말하는 세계제국·세계경제 개념도 본질적으로 역사과학의 봉건제·자본주의 개념을 대체하려는 것이다. 게다가 중국을 표준으로 봉건제의 역사를 분석하는 『봉건제론』을 거치면서 이러한 도식은 결국 폐기되었다. 과천연구실이 '역사적 자본주의 분석'이라는 월러스틴·아리기의 표현과 거리를 두는 데는 이러한 판단도 얼마간 작용한다.

5) 열역학적 생명론에 대한 유비는 『일반화된 마르크스주의 개론』에서 이미 제안되었지만, 『사회과학 비판』과 『역사학 비판』에서 체계론·체계사적 관점 아래 한층 더 명료해진다. 그리고 『일반화된 마르크스주의 개론』에서는 자본주의에 대한 체계론·체계사적 관점과 발리바르의 두 개의 원인론이 공존했으나, 『사회과학 비판』에서는 전자를 채택하고 후자를 비판한다. 또 『봉건제론』에서는 봉건제의 역사동역학을 구성하는 과정에서 체계론·체계사적 관점을 한 단계 더 구체화하며, 그 전거를 생산양식과 사회구성체에 대한 『자본』 3권의 새로운 정의에서 발견한다.

경제성장사·사회경제사 비판

20세기에는 경제사를 둘러싼 논쟁도 변모한다. 특히 역사과학과는 다른 형태의 '이론적 역사'인 경제성장사·사회경제사와의 논쟁은 역사과학을 한 단계 더 발전시킬 수 있는 계기를 제공한다.

솔로우의 신고전파 경제성장론과 쿠즈네츠의 국민회계를 결합하는 경제성장사는 현대경제학 안에서 경제사를 복권시키려는 시도다. 『현대경제학 비판』에서 설명한 것처럼, 경제성장사와 역사과학의 쟁점은 경제성장론이 정형화된 사실로 제시하는 중립적 기술진보와 편향적 기술진보, 그리고 지속상태와 정상상태의 구별에 있다.

경제성장사를 비판하기 위해서는 국민회계에 따른 통계적 자료로 표현되는 정형화된 사실에 대한 비판도 물론 필요하다. 하지만 『현대경제학 비판』에서 설명한 것처럼, 문제는 경제적 현실을 관찰하는 통계적 자료 자체가 상당히 부실하다는 것이다. 이 때문에 쿠즈네츠 이후에도 국민회계를 둘러싸고 다양한 논쟁이 전개된다. 이런 사정을 고려한다면, 당분간은 경제학적 개념과 수학적 모형에 대한 비판에 집중할 수밖에 없을 것이다.

『현대경제학 비판』에서 강조한 것처럼, 신고전파 경제성장론은 그 결함에도 불구하고 몇 가지 측면에서 역사과학과 친화성을 갖는다. 따라서 그것은 단순한 반대나 전적인 거부가 아니라 과학적 비판의 대상이 되어야 한다. 신고전파 경제성장론을 응용하는 경제성장사도 마찬가지인데, 과천연구실이 경제성장사적 관점에 입각한 앨런의 산업혁명론과 소련경제사에 주목한 것도 이 때문이다.[6]

브로델의 사회경제사는 전후 프랑스 구조주의의 영향 아래 사건

6) 『현대경제학 비판』에서 설명한 것처럼, 낙성대학파의 작업은 남한의 경제성장사에 대한 최초의 연구다. 이 과정에서 일제강점기에 대한 '식민지수탈론'을 부정하고 '식민지현대화론'을 주장하고 있는데, 한국사학계는 반대와 거부로 일관한 채 제대로 대응하지 못하고 있다. 가장 큰 문제는 한국사학계 전반의 이론적 무능력인데, 사실 이는 한국사학이 인문학에 잔류하면서 경제사를 포기한 대가라고 할 수 있다.

사와 구별되는 구조사를 지향한다. 하지만 마르크스주의와 구조주의의 관계처럼 역사과학과 사회경제사의 관계도 상당히 모호한 것이다. 특히 사회경제사는 산업혁명을 상대화하면서 중상주의를 특권화하는데, 브로델의 이른바 '3층구조'라는 개념도 이러한 인식·몰인식의 산물이다. 결국 브로델·아날학파 자체보다는 그 계승자로서 월러스틴과 아리기의 작업에 좀 더 주목해야 할 것이다.

브로델의 사회경제사를 구성하는 보편적 역사법칙은 콘드라티에프의 장기순환이다. 하지만 『역사학 비판』에서 비판한 것처럼, 어떤 방식으로 해석되든 50년 주기의 콘드라티에프 장기순환은 이론적·경험적 근거를 결여하는 가설일 따름이다. 월러스틴은 브로델의 사회경제사를 세계체계론으로 변모시키면서도 콘드라티에프 장기순환론을 유지하는데, 이윤압박설의 관점에서 50년 주기의 이윤율의 장기순환을 주장한다. 대부분의 세계체계론자가 콘드라티에프 장기순환론을 수용하는 것은 월러스틴의 영향 때문이다.

물론 예외도 있는데, 『일반화된 마르크스주의 개론』에서 이미 강조한 것처럼, 월러스틴의 세계체계론과 여러 가지로 중요한 쟁점을 형성하는 아리기의 축적체계론이 그것이다. 그는 월러스틴과 달리 50년이 아닌 100년 주기의 이윤율의 장기순환을 제시하고, 또 그것에 의해 결정되는 자본축적의 로지스틱모형까지 제시하면서 이윤율과 자본축적의 인과관계에 주목하는 역사동역학을 제안한다.

아리기가 제시하는 자본축적의 로지스틱모형은 고정자본의 성장의 한계, 즉 마르크스가 『자본』 3권에서 주목한 과잉축적을 토대로 하여 자본주의의 구조적 위기에 적합한 수학적 모형을 제시하는 출발점이 된다. 게다가 그것은 구조적 위기를 '징후적 위기', '벨 에포크', '최종적 위기'라는 세 국면으로 세분화한다.

또 아리기의 축적체계론은 20세기 미국경제를 분석하는 과정에서 법인자본의 역사에 대한 챈들러의 분석을 수용함으로써 법인자본주의의 재생산에 기여하는 다양한 제도에 주목한다. 이처럼 그의 축적체계론은 과학적 의미에서 타당한 체계론·체계사이기도 하다.

다만 아리기가 자신의 축적체계론에 적합한 경제학적 개념이나 수학적 모형을 제시하는 것은 아니다. 마르크스의 『자본』과 더불어 그로스만의 『자본주의적 체계의 축적법칙과 붕괴법칙』(1929)으로 소급해야 하는 것은 이 때문이다. 마르크스의 과잉축적론은 그로스만에 의해 붕괴론으로 체계화되는데, 아리기가 제시하는 구조적 위기론의 원천도 과잉축적론으로서 붕괴론으로 해석될 수 있다.[7]

자본주의의 역사동역학: 그로스만적 전통

'자본주의적 축적의 엔트로피법칙'으로서 붕괴법칙

그로스만적 전통에 따라 재구성된 자본주의의 역사동역학은 『이윤율의 경제학과 신자유주의 비판』(2001)에 수록된 「이윤율의 경제학: 헨릭 그로스만(1881-1950)을 위하여」에서 최초로 제시된 다음 『일반화된 마르크스주의 개론』에서 해설되었다. 또 『현대경제학 비판』은 그로스만의 모형을 솔로우와 뒤메닐의 모형과 비교했다.

『역사적 마르크스주의: 이념과 운동』(2004)과 『일반화된 마르크스주의 개론』에서 평가한 것처럼, 『자본』의 핵심이 경제학 비판임을 주장하면서 경제법칙론의 관점에서 자본주의의 역사를 분석한 최초의 마르크스주의자가 그로스만이었다. 특히 경제법칙의 핵심이 이윤율의 하락에 따른 자본축적의 한계이며, 이윤율의 하락에 대한 반작용요인으로서 제도가 자본주의의 역사를 설명한다고 주장한 것도 그로스만이었다. 따라서 『일반화된 마르크스주의 개론』에서 알튀세르·발리바르에서 브뤼노프·폴리를 거쳐 뒤메닐·아리기에 이르는 계보를 '경제학 비판의 그로스만적 전통'으로 불렀던 것이다.

---

7) 아리기에 대한 이러한 평가는 어디까지나 『장기20세기』에 준거하는 것이다. 이후 그의 변화된 입장에 대한 비판은 『일반화된 마르크스주의 개론』을 참고할 수 있다. 또 마르크스적 동역학에서 스미스적 동역학으로의 전향을 완성하는 『베이징의 애덤 스미스』(2007)에 대한 비판은 『2007-09년 금융위기』를 참고할 수 있고, 스미스적 동역학이 맬서스적 동역학과 본질적으로 동일하다는 비판은 『사회과학 비판』을 참고할 수 있다.

그로스만의 작업은 독일사민당의 붕괴론 논쟁에 개입하려는 최후의 시도로서 자본축적이 지속될 경우 이윤 생산의 불충분성으로 인해 과잉축적과 붕괴가 발생한다는 것이 그 요지다. 과잉축적에 대한 마르크스의 설명을 발전시키면 이윤율이 하락하면서 이윤은 증가하는 상대적 과잉축적과 이윤율의 하락이 지속되면서 이윤의 증가가 정지하고 심지어 감소하는 절대적 과잉축적을 구분할 수 있는데, 그로스만이 말하는 붕괴는 전자가 아니라 후자이다. 그는 자본주의적 체계의 붕괴법칙을 '자본주의적 생산의 진정한 경계'(마르크스)를 표현하는 '자본주의적 축적의 엔트로피법칙'이라고 부른다.

다만 붕괴법칙에 대한 그로스만의 수학적 증명에는 문제가 있는데, 그가 특히 재생산표식론에 집착하기 때문이다. 하지만 『마르크스의 '자본'』과 『현대경제학 비판』에서 설명한 것처럼, 재생산표식론은 편향적 기술진보를 무시하고 지수성장을 가정하는 것으로서 과잉축적과 붕괴를 설명하는 모형이 아니다. 관련해서 현대경제학이 지속상태를 부당전제하는 것도 마르크스의 재생산표식론을 잘못 표절한 결과라는 사실에 주목할 필요가 있다.

『마르크스의 '자본'』에서 강조한 것처럼, 『자본』 2권의 재생산표식론을 매개하지 않아도 3권의 과잉축적론을 1권의 자본주의적 축적의 보편적 법칙과 직접 연결할 수 있다. 그리고 『일반화된 마르크스주의 개론』과 『현대경제학 비판』에서 설명한 것처럼, 아리기가 제안하는 자본축적의 로지스틱모형을 통해 그로스만의 역사동역학을 수학적으로 재구성할 수 있다. 『현대경제학 비판』에서 설명한 방식에 따라 고정자본 K의 로지스틱모형의 해를 먼저 구한 다음, 자본축적론의 기본방정식 $g_K = r$ (편의상 축적률 $a=1$로 가정)을 통해 이윤율 r을 구하면 아래의 그래프를 도출할 수 있다. 『2007-09년 금융위기』와 『현대경제학 비판』에서 뉴튼의 과학적 방법에 유비하여 설명한 것처럼, 이러한 수학적 절차가 이윤율과 고정자본의 인과관계를 전도하는 것은 물론 아니다.

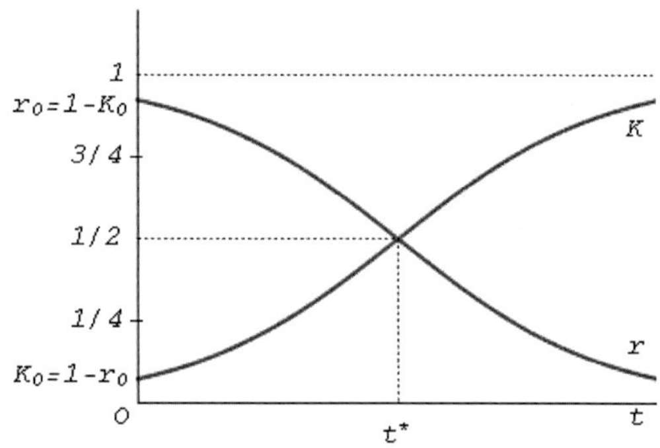

『일반화된 마르크스주의 개론』에서는 브뤼노프의 용어를 빌려와 이윤율이 장기적으로 상승하는 시기를 '성장기', 이윤율이 장기적으로 하락하는 구조적 위기 및 과잉축적의 시기를 '불황기'로 정의했다. 따라서 위 그래프는 자본주의의 불황기만 설명하는 것이며, 로지스틱곡선의 변곡점 $t=t^*$ 를 기준으로 성장기와 불황기를 구분하는 아리기의 해석은 잘못된 것이다. 위 모형을 일반화하는 가장 간단한 방법은 성장기 r 궤도가 불황기 r 궤도와 대칭인 종(鐘)모양이라고 가정하는 것이다. 그럴 경우 성장기 K 궤도로 J자형곡선을 도출할 수 있다. 불황기 K 궤도는 물론 S자형곡선이다.

마르크스가 상대적 과잉축적과 절대적 과잉축적을 구분한 것처럼, 성장기에서 불황기로 이행하면서 구조적 위기가 발생했다고 해서 곧바로 붕괴가 발생하는 것은 아니다. 위 그래프에서 국민소득 Y는 한동안 플러스의 성장률을 유지하고 또 이윤 $\Pi \equiv \pi Y$도 한동안 플러스의 성장률을 유지한다. 하지만 이윤율이 계속 하락하면서 국민소득과 이윤의 성장률도 계속 하락하는데, 급기야 $t=t^*$를 지나면서 마이너스가 된다.

『현대경제학 비판』에서 설명한 것처럼, 자본축적론의 기본방정식을 폴리의 방식으로 일반화하면 국민소득과 이윤이 감소하는 시점을 $t=t^*$에서 $t \approx t^* + 1.1/g$ (단, g는 로지스틱모형의 파라미터)로 연기할 수 있다. 그럴 경우 아리기가 제안한 대로 구조적 위기를 세분화할 수 있다. 징후적 위기가 종료되고 벨 에포크가 시작되는 시점은 $K=1/4$ 인 $t=t^{*}-1.1/g$, 벨 에포크의 정점은 $K=1/2$ 인 $t=t^{*}$, 벨 에포크가 종료되고 최종적 위기가 시작되는 시점은 $K=3/4$ 인 $t=t^{*}+1.1/g$이다. 특히 벨 에포크 동안 절반 이상의 고정자본이 축적되는데, 예를 들어 지주회사의 인수·합병(M&A) 같은 금융화를 통해 고정자본을 집중시켜 이윤율의 하락을 이윤의 증가로 상쇄하는 것이다. 하지만 이윤율의 하락이 지속되면서 자본축적도 계속 둔화되고, 급기야 벨 에포크가 종료되면서 자본축적은 $K=1$의 정상상태로 수렴한다.

『역사학 비판』에서 설명한 것처럼, 이상의 계산법은 19세기 고전자본주의에서 관찰되는 벨 에포크 시기와 일치한다. 또 20세기 현대자본주의에서 관찰되는 벨 에포크의 시점(始點)과 정점을 대입하여 그 종점(終點)을 예측할 수 있는데, 『일반화된 마르크스주의 개론』에서 제시한 2012-13년이 그것이다. 물론 이론적 예측일 따름이지만, 그러나 『2010-12년 정세분석』에서 설명한 것처럼, 2007-09년 금융위기는 자본주의의 붕괴('2차 대불황')를 예고한다.

'네겐트로피'로서 반작용요인

이처럼 그로스만의 공적은 이윤율 하락의 법칙을 과잉축적에 의한 붕괴법칙으로 해석함으로써 마르크스에게 얼마간 모호하게 남아있던 이윤율 하락과 과잉축적의 관계를 해명하고 또 과잉축적론을 붕괴론으로 명확하게 해석한 것이었다. 게다가 그가 이윤율 하락의 법칙을 다양한 반작용요인과 결합하면서 역사동역학에 적합한 자본주의의 체계사를 최초로 제안한다는 점에도 주목해야 한다. 이 또한 리카도-밀의 반작용요인을 거의 그대로 수용하면서 이윤율 하락의 법칙과 결합하지 못한 마르크스의 한계를 극복한 것이다.

그로스만처럼 붕괴법칙을 자본주의적 축적의 엔트로피법칙으로 부른다면, 반작용요인을 네겐트로피라고 부를 수 있을 것이다. 그로스만은 반작용요인을 설명하면서 국내시장에 대한 자본내재적 반작용요인과 세계시장에 대한 자본외재적 반작용요인을 구별하는데, 각각의 대표적 사례로는 '자본의 구조조정'과 '제국주의'가 있다.

그가 반작용요인으로서 제국주의를 강조한 것은 당시의 정세에서 당연한 일이었으며, 당대의 제국주의론에서 중요한 이론적 함의를 갖는다. 다만 아리기의 축적체계론과의 관계를 고려한다면 자본의 구조조정에 대한 설명이 더욱 중요하다고 할 수 있다. 특히 그로스만은 외부금융이 아닌 내부금융, 수평통합이 아닌 수직통합, 나아가 테일러주의와 포드주의에 주목하면서 20세기 미국경제 분석을 상당 부분 예비했다. 게다가 그는 '최후의 반작용요인'으로서 증권투자와 자본수출, 즉 금융화도 지적했는데, 『붕괴법칙』이 집필된 것은 뉴욕증시가 붕괴하기 1년 전인 1928년 12월경이었다.

그로스만적 역사동역학의 정치적 결론

로자의 『자본축적』과 마찬가지로 그로스만의 『붕괴법칙』에 대한 상투적 비판은 '자동붕괴론'이라는 것이다. 하지만 그로스만은 『붕괴법칙』의 첫 번째 결론인 「붕괴경향과 계급투쟁」에서 자신의 작업이 경제주의와 의지주의를 동시에 비판한다는 사실을 강조한다. 그의 역사동역학은 공산주의로의 이행을 위한 객관적 조건으로서 붕괴를 과학적으로 분석하는 동시에 주체적 요인으로서 계급투쟁, 특히 경제투쟁을 지양하는 정치투쟁을 촉구한다.

『붕괴법칙』의 두 번째 결론인 「붕괴경향과 총카르텔」에서는 힐퍼딩의 조직자본주의론 또는 순수독점자본주의론을 비판한다. 자본간 경쟁을 대체하는 총카르텔이 이미 계획을 실현하는 것이므로 자본주의와 사회주의의 차이는 국가권력의 성격에 있을 따름이라는 것이 힐퍼딩의 주장이었다. 따라서 힐퍼딩에 대한 그로스만의 비판은 전위당을 통한 국유화·계획화에 대한 비판을 함의한다.

그런데 최근에는 포스트모더니즘·포스트구조주의의 영향으로 붕괴론을 목적론이나 종말론과 혼동하는 경우가 많다. 하지만 목적론과 종말론은 역사철학적 이론이자 신학적 이론인 반면 붕괴론은 자본주의적 축적의 보편적 법칙과 역사적 경향에 대한 역사과학적 이론이라는 사실을 망각해서는 안 된다.

목적론이 주어진 목적을 실현한다는 의미에서 역사의 방향을 전제하는 반면 붕괴론은 역사의 분기(bifurcation) 또는 심지어 카오스를 강조한다. 또 목적론이 주체의 의도를 실현한다는 의미에서 역사의 의미를 전제하는 반면 붕괴론은 계급투쟁의 비극성을 강조하면서 낙관주의적 행운론이나 비관주의적 숙명론을 모두 기각한다.

나아가 종말론이 '최후의 심판'이라는 사건에 의한 역사의 중단을 신학적으로 예언하는 반면 역사과학은 사건이 아닌 구조나 체계를 통해 역사를 인식한다. 또 공산주의로의 이행도 역사의 중단이 아닌 계속이다. 메시아에 의한 구원을 의미하는 종교적 공산주의와 노동자의 자기해방에 의한 생산양식의 변혁을 의미하는 마르크스주의적 공산주의를 준별해야 하는 이유도 여기에 있다.

뒤메닐의 역사동역학과의 비교

『마르크스의 '자본'』에서 강조한 것처럼, 『'자본'에서 경제법칙 개념』(1978)부터 『이윤율의 경제학』(1993)까지 뒤메닐의 작업이 마르크스주의 경제학의 100년 논쟁을 해결하는 데 기여했다는 것은 엄연한 사실이다. 게다가 『이윤율의 경제학』에서 그는 이윤율 하락과 반작용요인을 중심으로 20세기 미국경제의 역사를 분석하므로, 아리기와 함께 그로스만적 전통을 완성한다고 평가할 수 있다. 문제는 1999-2000년을 전후하여 그의 입장이 역사과학이나 정세분석 모두에서 문제적 방향으로 변화한다는 것인데, 자세한 설명은 『2007-09년 금융위기』를 참고할 수 있다.

『일반화된 마르크스주의 개론』에서 이미 지적한 것처럼, 뒤메닐은 수학적·구조적 방법보다는 오히려 통계학적·경험적 방법을 통해 이윤율의 현실궤도 추계에 주력한다. 이 때문에 이윤율의 이론궤도는 크게 부각되지 않는다. 『이윤율의 경제학』까지도 1910-50년대의 상승세와 1960-80년대의 하락세를 대비하던 그가 『위기와 탈위기』(2000)부터는 시기구분을 대폭 수정하면서 1980-90년대의 상승세를 새로운 성장기의 시작으로 과대평가하는 것도 이러한 방법적 결함에 기인한다. 게다가 그는 『위기와 탈위기』부터는 구조적 위기를 이윤율이 하락하면서 발생하는 실물경제의 '수익성 위기'와 이윤율이 상승하면서 발생하는 금융의 '헤게모니 위기'로 구별한다. 그에 따르면 2007-09년 금융위기는 1930년대 대불황과 마찬가지로 실물경제의 수익성 위기가 아니라 금융의 헤게모니 위기에 불과하다. 그가 제시하는 대안이 '새로운 뉴딜' 또는 '새로운 브레튼우즈'인 것도 이 때문이다.[8)]

물론 뒤메닐이 수학적·구조적 방법을 전혀 사용하지 않는 것은 아닌데, 『일반화된 마르크스주의 개론』에서 소개한 것처럼 '역사동역학'이라는 표현을 최초로 사용한 것도 사실 뒤메닐이었다. 하지만 그는 절대적 과잉축적과 붕괴가 발생할 수 없다고 강변하면서, 자신의 역사동역학에서 상대적 과잉축적에만 주목한다. 그가 편향적 기술진보론을 채택하면서도 장기균형으로서 정상상태론을 부정하는 것은 이 때문이다.

뒤메닐의 역사동역학은 이른바 '기술진보의 확률모형'에서 출발하는데, 그것은 이론적·경험적 근거를 결여한 특수한 가설일 따름이다.[9)] 따라서 그 결론인 자본생산성·이윤율성장률 $g_{PK} \equiv g_r = -\alpha / t^n$에서 출발할 수 있는데, 여기서 자본생산성 P_K와 이윤율 $r \equiv \pi \times P_K$의 궤도를 도출할 수 있다. 뒤메닐은 $n=0$인 지수궤도를 기각하고

8) 『신자유주의의 위기』(2011)의 시기구분은 약간의 차이에도 불구하고 1980년대를 상승세의 출발점으로 간주한다는 점에서 『위기와 탈위기』의 시기구분과 일맥상통한다. 그런데 이 책의 제목은 2007-09년 금융위기가 '자본주의의 위기'에 미달하는 '신자유주의의 위기'일 따름이라는 의미다.

9) 게다가 『역사학 비판』에서 설명한 것처럼 기술진보의 확률모형은 슘페터주의적 기술진보론과 친화적인데, 이에 따르면 금융화는 기술진보의 한계보다는 오히려 그 성숙을 매개하는 것이다. 뒤메닐이 1930년대 대불황과 2007-09년 금융위기의 성격을 금융의 헤게모니 위기로 해석하는 것도 이러한 관점과 긴밀하게 관련된다.

$n=1$ 인 멱궤도를 채택한다. 전자에서는 고정자본 K가 수렴하고 그 결과 국민소득 Y는 감소하는 반면 후자에서는 고정자본 K가 발산하고 그 결과 국민소득 Y도 발산한다. 결국 뒤메닐은 붕괴로서 절대적 과잉축적이 불가능하다는 자신의 역사인식을 수학적으로 표현하고 있는 것이다.

『현대경제학 비판』에서 설명한 것처럼, 멱궤도에서는 자본생산성·이윤율성장률 $g_{PK} \equiv g_r$ 이 증가함수라는 사실에도 주목할 수 있다.[10] 달리 말해서 자본생산성·이윤율의 하락률이 감속하는데, 편향적 기술진보의 지표 α의 효과가 소멸하면서 중립적 기술진보의 경우, 심지어 기술진보가 부재하는 경우와 대동소이해지는 것이다.[11] 『현대경제학 비판』과 『역사학 비판』에서 뒤메닐의 모형이 솔로우의 모형과 본질적으로 동일하다고 비판한 것은 이 때문이다.

뒤메닐과 솔로우의 모형은 양자 모두 붕괴로서 절대적 과잉축적의 존재를 부정한다. 물론 양자의 차이가 없지는 않은데, 솔로우가 지속상태론을 채택한다면 뒤메닐은 모종의 정상상태론, 즉 고전파-마르크스의 정상상태론에 대한 밀의 재해석을 채택한다. 『현대경제학 비판』과 『역사학 비판』에서 설명한 것처럼, 그것은 정상상태론에서 지속상태론으로의 이행을 매개하는데, 그 핵심은 정상상태를 붕괴가 아닌 풍요로 인식하는 데 있다.

지속상태에서는 경제성장률 g_Y가 플러스 값으로 수렴하면서 국민소득 Y는 ∞ 로 발산한다. 반면 붕괴로서 정상상태에서는 경제성장률 g_Y가 마이너스 값으로 수렴하면서 국민소득 Y는 0으로 수렴한다. 그리고 밀과 뒤메닐이 가정하는 풍요로서 정상상태는 양자의 중간에 해당하는데, 경제성장률 g_Y가 0으로 수렴하면서 국민소득 Y는 ∞ 로 발산한다.

---

10) 반면 지수궤도에서 그것은 상수함수이며, 정규궤도와 그것을 일반화하는 로지스틱궤도에서는 오히려 감소함수다.

11) 『2007-09년 금융위기』에서 설명한 것처럼, 이러한 가정 때문에 뒤메닐의 모형에서는 로지스틱모형과 달리 이윤율 r의 궤도가 종(鐘)모양이 아니라 산(山)모양이다.

경제성장에 후속하는 경제붕괴는 자본생산성·이윤율이 장기적으로 하락하면서 국민소득이 결국 감소한다는 의미이다.[12] 그러나 뒤메닐의 역사동역학은 애당초 자본주의가 붕괴할 가능성을 부정한다. 2007-09년 금융위기의 성격에 대한 뒤메닐의 오해도 이러한 이론적 결함과 무관하지 않은데, 이 대목에서 역사 인식과 정세 인식이 무관하지 않다는 사실을 확인할 수 있다.

자본주의의 역사에서 붕괴는 가능성이 아닌 현실성이다. 1930년대 대불황기에 세계경제가 붕괴했다는 것은 부정할 수 없는 사실이기 때문이다.[13] 또 1990년대 이후 일본경제나 소련경제·북한경제는 붕괴했다고 할 수밖에 없으며, 2007-09년 금융위기 이후 유럽경제도 붕괴하는 중이다. 1997-98년 경제위기 이후 남한경제도 본질적으로는 붕괴했지만, '노동자민족화'를 통해 연명하는 중이다.

『역사학 비판』에서 설명한 것처럼, 성장의 한계가 자명해지면서 행복론에 관심을 갖게 되는 것은 당연한 현상이다. 행복의 일차적 조건으로서 경제성장이 불가능해질수록 노동자나 일반 국민의 기대를 진정시킬 필요가 있는데, 경제학에서 이른바 '이스털린의 역설'이 제시된 것도 미국경제가 불황기로 진입하는 1970년대였다.

성장의 한계가 도래하면서 정의론에 대한 관심도 높아지는데, 롤즈가 정의론을 제기한 것도 역시 1970년대였다. 물론 『역사학 비판』에서 설명한 것처럼, 마르크스의 역사과학은 정의론과 아무런 관련도 없다. 자본주의적 착취에 대한 마르크스의 과학적 비판은 보편적 정의나 분배적 정의가 이미 실현된 상태를 전제하기 때문이다.

---

12) 다만 『사회과학 비판』에서 로지스틱모형에 적합한 인구모형을 통해 설명한 것처럼, 인구변천으로 인해 국민소득 Y의 감소에 앞서 인구 N이 먼저 감소한다. 이처럼 절대적 과잉축적과 붕괴의 문제는 인구변천과 인구감소의 문제와 긴밀하게 결합된다. 참고로 이 때문에 1인당국민소득 $y \equiv Y/N$는 심지어 자본주의의 붕괴를 전후해서도 한동안 증가하는데, 붕괴의 현실을 쉽게 실감하지 못하게 하는 착시효과의 또 다른 원천이다.

13) 뒤메닐은 이윤율이 장기적으로 상승한 미국경제에만 주목하므로 1930년대 대불황을 붕괴로 해석하지 않는다. 하지만 영국경제를 비롯한 유럽경제가 1930년대 대불황기에 붕괴했다는 것은 논란의 여지가 없다.

미국자본주의의 역사동역학

20세기 미국경제의 이윤율 궤도

『마르크스의 '자본'』에서 설명한 것처럼, 그로스만의 붕괴론은 자본주의적 축적의 엔트로피법칙과 네겐트로피를 결합하는 것이므로 자동붕괴론과는 거리가 멀며 오히려 자본주의의 역사를 동역학적으로 설명하려는 최초의 시도다. 물론 이윤율 하락과 과잉축적에 대한 그의 논리적 분석이 미완성인 것처럼 반작용요인에 대한 역사적 분석도 보완해야 하는데, 『일반화된 마르크스주의 개론』에서는 그로스만의 분석을 아리기와 뒤메닐의 분석과 결합시키면서 20세기 현대자본주의를 대표하는 미국경제의 역사동역학을 분석했다.

그로스만적 전통에 따라 재구성된 자본주의의 역사동역학에서는 이윤율이 상승하면서 고정자본이 J자형궤도를 그리는 성장기와 이윤율이 하락하면서 고정자본이 S자형궤도를 그리는 불황기가 구분된다. 따라서 20세기 미국경제의 역사동역학을 분석하기 위해서는 이윤율과 고정자본의 궤도에서 출발해야 한다.

『일반화된 마르크스주의 개론』에서 제시한 것처럼, 20세기 미국경제의 이윤율 궤도는 아래의 그래프로 요약된다.

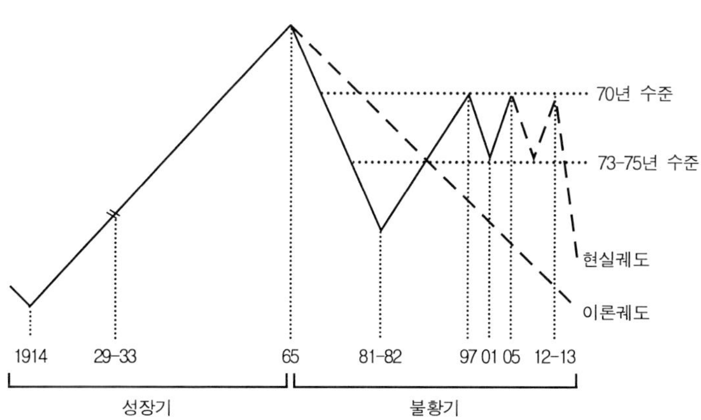

이 그래프는 구체적인 수치 없이 비교를 위한 기준점만 제시하는데, 분석자에 따라 상이한 수치에도 불구하고 공통된 추세를 해석하는 것이 훨씬 더 중요하기 때문이다. 고정자본의 궤도도 있으면 이상적이겠지만, 체계적인 통계적 자료를 보유한다는 미국경제조차도 그와 관련된 적절한 자료를 결여하고 있는 실정이다.

이윤율이 상승하는 1914-65년이 미국경제의 성장기라면, 이윤율이 하락하는 1965년 이후는 불황기다. 또 역사동역학의 핵심은 구조적 위기가 진행되는 불황기를 분석하는 것이므로 불황기의 경우에는 이론궤도와 현실궤도를 구분하면서 좀 더 자세하게 표시했다. 이 그래프는 『일반화된 마르크스주의 개론』의 2006년 초판에서 제시된 것이므로 2000년대 후반의 현실궤도는 점선으로 표시되는데, 당시의 예상은 2007-09년 금융위기 이후의 정세와 거의 일치한다.

사실 성장기의 경우에도 이론궤도와 현실궤도를 구별해야 하지만, 1929-33년 금융위기로 인한 폭락에도 불구하고 그 하락폭을 충분히 만회할 정도로 이윤율이 장기적으로 상승하므로 큰 문제는 아니다. 오히려 핵심은 1870년대 대불황부터 1914년까지의 장기적 하락세를 반전시킨 자본과 국가의 제도, 즉 성장기의 네겐트로피를 분석하는 데 있다. 그로스만이 주목한 바 있는 자본의 구조조정이 바로 이것인데, 아리기·뒤메닐처럼 법인자본에 대한 챈들러의 분석을 수용할 수 있을 것이다.

반면 불황기의 경우에는 이론궤도와 현실궤도의 불일치가 쟁점이 되는데, 특히 문제는 1981-82년 이후에 출현하는 상승세에 대한 해석이다. 『2007-09년 금융위기』에서 뉴튼의 과학적 방법에 유비한 것처럼, 이론궤도와 현실궤도의 차이를 설명하는 '섭동'(攝動, perturbation)의 이론이 요구된다. 달리 말해서 이윤율의 장기적 하락세를 일시적으로 상쇄하는 불황기의 네겐트로피를 해명해야 하는 것이다. 그로스만이 주목한 바 있는 금융화가 바로 이것인데, 아리기처럼 미국경제의 벨 에포크, 특히 실물적 축적에서 금융적 축적으로의 이행에 주목할 수 있을 것이다.[14]

반면 이 대목에서 뒤메닐은 아리기와 의견을 달리한다. 그는 미국경제의 벨 에포크를 부정하고 1980년대를 새로운 성장기의 시작으로 간주하면서 1990년대에 출현한 '신경제'를 과대평가한다. 하지만 『일반화된 마르크스주의 개론』에서 강조한 것처럼, 1980-90년대 컴퓨터·인터넷산업은 3차 산업혁명의 개시가 아니라 1950-60년대 항공·우주산업에서 시작된 2차 교통·통신혁명의 완성이다.

구조적 위기에 대한 아리기의 세분화를 적용할 경우, 1965년부터 1981-82년까지는 이윤율의 장기적 하락이 시작되는 징후적 위기에 해당한다. 또 벨 에포크와 금융세계화로 인해 이윤율이 반등하면서 1990-2000년대의 상대적 안정기 동안 이윤율의 현실궤도는 1970년 수준과 1973-75년 수준 사이에서 변동한다. 하지만 『일반화된 마르크스주의 개론』의 초판(2006)에서 예상한 것처럼, 2005년(좀 더 정확하게는 2006년 중반)에 고점을 기록한 이윤율은 2007-09년 금융위기를 거치면서 2010년대에 폭락하여 현실궤도가 이론궤도로 수렴할 것으로 예상할 수 있다.

미국경제의 역사: 법인자본주의의 형성과 쇠퇴

그런데 이상의 시기구분이 가능한 이유는 이윤율 하락이라는 엔트로피법칙에 대한 네겐트로피로서 자본과 국가의 제도가 이윤율의 상승을 통해 자본주의의 재건에 성공했기 때문이다. 성장기는 국내외 계급투쟁을 매개로 이러한 제도가 출현하는 과정이며, 불황기는 성장기의 제도가 시효만료하면서 해체·개혁되거나 불황기의 제도로 교체되는 과정이다.

따라서 미국자본주의의 역사동역학을 완성하려면 미국경제를 특징짓는 다양한 제도에 대한 역사적 분석이 결합되어야 한다. 『일반

14) 『2007-09년 금융위기』에서 설명한 것처럼, 아리기는 국가간 군비 경쟁과 헤게모니 전쟁을 특권화하면서 다양한 역사적 유비를 제시할 따름이다. 하지만 그의 관점을 브뤼노프·셰네의 분석과 결합한다면 금융화의 메커니즘, 나아가 금융세계화의 역사를 체계적으로 설명할 수 있다. 또 세르파티의 분석을 결합한다면 금융세계화에 평행하는 군사세계화도 설명할 수 있다.

화된 마르크스주의 개론』은 20세기 미국경제의 성장기를 특징짓는 제도를 법인자본주의로 개념화하면서 그 형성사를 세 단계로 설명한다. 첫 번째 단계는 1890-1900년대 법인혁명으로서 지주회사에 의한 인수·합병을 통해 거대주식회사가 출현한다.15) 두 번째 단계는 1910-20년대 관리자혁명으로서 거대주식회사를 효율적으로 관리하는 방법들이 발명된다. 세 번째 단계는 1930-40년대 케인즈혁명으로서 적자재정과 더불어 금융억압을 통해 거대주식회사에 대한 지주회사의 지배를 억압한다.16)

특히 이윤율의 장기적 하락세를 상승세로 반전시킨 결정적 계기는 자동차산업을 중심으로 한 1910-20년대 관리자혁명이었다. 아래의 그래프는 미국경제의 이윤율 궤도를 19세기 후반까지 연장한 것인데, 1890-1900년대 법인혁명만으로는 이윤율의 하락세를 반전시키기에 역부족이었음을 알 수 있다. 결국 이윤율의 반등을 실현한

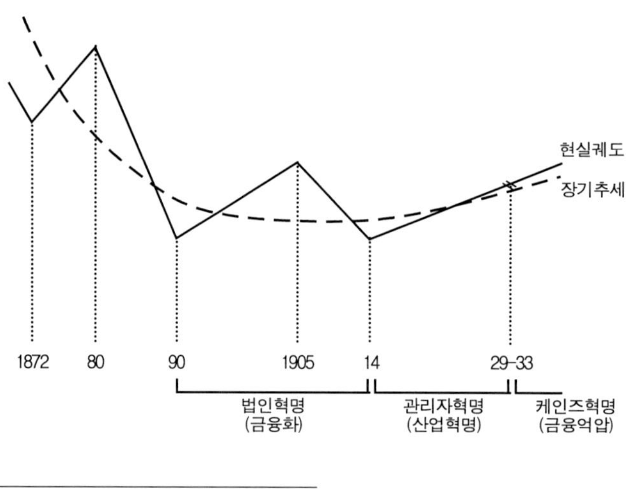

15) 대표적 사례가 모건이 주도한 인수·합병인데, 아리기가 강조한 대로 영국경제의 금융화가 미국경제의 법인혁명을 초래한 것이다.

16) 법인자본주의의 형성과정에서는 그 전사(前史)도 무시할 수 없다. 우선 1850-60년대에는 대륙횡단철도의 건설을 계기로 현대적 주식회사가 발전한다. 그리고 1870-80년대에는 철강·석유산업에서 독점자본이 출현하는데, 향후 법인자본을 특징짓는 수직통합도 시작된다.

것은 1910-20년대 관리자혁명, 특히 자동차산업을 중심으로 한 2차 산업혁명이었다. 다만 관리자혁명과 2차 산업혁명으로 실현된 이윤율의 상승세는 1929-33년의 금융위기로 교란되는데, 이를 해결하면서 이윤율의 상승세를 유지하는 데 기여한 것이 바로 1930-40년대 케인즈혁명인 것이다.

보통 관리자혁명에서 테일러주의와 포드주의의 기여에 주목한다. 반면 『일반화된 마르크스주의 개론』은 테일러주의·포드주의에서 시작된 관리자혁명이 슬론주의에서 완성된다는 사실을 강조한다. 테일러주의·포드주의는 법인자본의 수직통합 중에서 생산과정에 국한된 것이었다. 반면 슬론주의는 법인자본의 수직통합을 생산과정과 유통과정의 통합으로 확장하여 생산비용과 아울러 유통비용도 절약한다.[17] 또 슬론주의는 생산과정에서도 상품의 다양화('결합생산')를 통해 테일러주의·포드주의를 개선함으로써 생산비용을 한층 더 절약한다. 수직통합 이외에도 슬론주의의 또 다른 중요한 특징으로서 다사업부제가 있는데, 바로 이것이 아리기가 강조한 바 있는 법인자본의 초민족화의 토대가 된다.

1차 산업혁명이 면직물산업에서 발생했다면, 2차 산업혁명은 이처럼 자동차산업에서 발생했다. 양자 모두 새로운 소비재를 발명하지만, 소모재와 내구재라는 차이가 있다. 2차 세계전쟁 이후 2차 산업혁명은 가전산업으로 확대된다.

사실 마르크스도 자본주의의 '이상적 평균'이 영국경제에서 미국경제로 이행할 가능성을 어느 정도 예상했다. 『자본』 3권에서 그는 이행의 '통과점'에 주목하면서 공산주의로 이행하는 '긍정적 통과점'과 자본주의를 재건하는 '부정적 통과점'을 구별하는데, 전자에 해당하는 것이 노동자연합/평의회라면 후자에 해당하는 것이 주식회사/법인자본이다. 마르크스의 이러한 예상은 반작용요인으로서 자본의

---

17) 『일반화된 마르크스주의 개론』에서 설명한 것처럼, 슬론주의의 수직통합은 라인과 스탭의 분업으로 요약된다. 라인(기술직·생산직)의 기능이 생산관리·노동관리라면 스탭(관리직·사무직)의 기능은 재무관리·회계관리·마케팅관리인데, 이러한 다섯 가지 관리가 경영학의 대상이다.

구조조정에 대한 그로스만의 분석을 거쳐 아리기와 뒤메닐의 법인자본론으로 계승되고, 결국 관리자혁명(슬론주의)에 대한 과천연구실의 분석을 통해 심화된다. 이처럼 역사동역학은 역사의 방향이 아니라 오히려 역사의 분기를 강조하는 것이다.

미국경제의 불황기로서 신자유주의적 금융세계화에서는 성장기의 제도가 해체 또는 변형된다. 『일반화된 마르크스주의 개론』은 정책개혁·지배구조개혁·구조조정이라는 세 가지 개념을 중심으로 이 과정을 요약한다.

우선 정책개혁을 통해 케인즈혁명이 역전되면서 적자재정·금융억압이 균형재정·금융해방으로 반전되는데, 이를 이론적으로 정당화하는 것이 바로 새케인즈주의다('워싱턴 컨센서스'). 또 법인자본의 지배구조개혁을 통해 관리자혁명도 역전되면서 관리자의 헤게모니가 소유자의 헤게모니로 반전된다('주주가치의 우위'). 나아가 신자유주의에 대한 투쟁에서 주목받는 구조조정은 케인즈혁명과 관리자혁명의 역전에 따른 결과일 따름인데, 이 과정에서 슬론주의의 수직통합이 해체되면서 도요타주의가 수용되기도 한다.

반면 법인혁명은 불황기에도 여전히 유지되지만, 셰네가 강조한 것처럼 지주회사를 중심으로 하는 초민족적 법인자본은 이제 기관투자가와 더불어 금융세계화의 주요행위자로 기능한다.

영국경제의 역사

이상이 20세기 미국경제의 역사인데, 19세기 영국경제의 역사도 유사하게 설명할 수 있다. 『사회과학 비판』은 19세기 영국경제에 대한 앨런의 자료를 비판적으로 검토하면서 영국경제에 대한 역사동역학적 또는 체계론·체계사적 분석을 시도한다.

앨런의 자료에 따르면, 19세기 영국경제의 이윤율은 1780년대의 10%에서 1860년대의 25%로 상승한 다음 1873-96년 대불황기에는 1840년대 수준인 20%로 다시 하락한다. 따라서 20세기 미국경제와 유사한 방식으로 성장기와 불황기를 구분할 수 있다.[18]

영국경제의 역사동역학을 완성하려면 엔트로피법칙과 함께 네겐트로피도 분석해야 하는데, 관건은 20세기 미국경제의 성장기를 견인한 슬론주의 같은 제도를 19세기 영국경제의 성장기에서도 식별하는 것이다. 그런데 『자본』에서 강조하는 기계제대공업과 공장은 19-20세기 자본주의 전체에 해당하는 제도다. 따라서 19세기 영국경제의 이윤율을 상승시킨 이유를 별도로 분석해야 하는데, 『사회과학비판』은 마르크스가 언급한 '기계에 의한 기계의 생산', 즉 작업기를 생산하는 공작기계의 발명에 주목할 것을 제안한다.

독일·일본경제와 남한경제의 역사

『일반화된 마르크스주의 개론』은 미국경제의 역사를 분석하는 과정에서 독일경제와 일본경제의 역사도 설명하는데, 19세기 영국경제의 개인자본이나 20세기 미국경제의 법인자본과의 비교를 통해 독일·일본경제의 독점자본을 설명할 수 있기 때문이다. 『봉건제론』에서는 사회구성체의 보편적 표준과 개별적 변이의 관계를 강조하면서 이러한 관점을 재차 강조했다.

1870년대부터 영국경제의 이윤율이 하락하는데, 이는 영국경제를 특징짓는 개인자본의 효율성이 한계에 도달했음을 의미했다. 이윤율의 하락에 반작용하는 과정에서 미국경제와 독일경제가 출현하는데, 미국경제에서는 19세기 말의 독점자본이 법인혁명을 거쳐 20세기 초의 법인자본으로 진화한 반면 독일경제에서는 독점자본이 계속 지배적 자본형태로 남았다. 독점자본이 법인자본과 구별되는 가장 큰 차이는 수직통합이 아닌 수평통합을 특징으로 한다는 것이다.

그리하여 1870년대 이후에는 겸업은행의 통제 아래 카르텔이 형성되다가, 1차 세계전쟁 이후에는 하이퍼인플레이션으로 인해 카르

18) 다만 앨런의 자료에 따르면, 19세기 영국경제의 이윤분배율은 1780년대의 20%에서 1860년대의 50%로 상승한 다음 1873-96년 대불황기에는 1840년대 수준인 40%로 다시 하락한다. 따라서 자본생산성 $P_K \equiv r/\pi$ 이 19세기 내내 50% 수준을 유지한 셈이다. 그런데 이것은 앨런이 자료를 추계하면서 솔로우 모형의 중립적 기술진보를 부당전제했기 때문이다.

텔이 해체되면서 상호출자를 특징으로 하는 콘체른이 형성된다. 이처럼 독일경제에는 미국경제와 달리 법인혁명(지주회사)과 케인즈혁명(금융억압)이 부재했다. 또 관리자혁명, 특히 테일러주의·포드주의를 지양하는 슬론주의도 부재했는데, 라인만 있고 스탭은 없었던 셈이다. 급속한 중화학공업화에도 불구하고 자동차산업 같은 내구소비재산업이 발전하지 못했다는 차이도 중요했다.

2차 세계전쟁 이후 독일경제는 부분적으로 미국화되면서 콘체른 같은 독점자본이 해체되고 내구소비재산업도 발전한다. 하지만 독일에서는 여전히 스탭이 아니라 라인이 중심이며, 케인즈혁명(금융억압)이 부재한 가운데 겸업은행이 계속 중요한 역할을 수행한다.

일본경제는 독일경제에 비해서도 한층 더 후진적이었다. 1차 세계전쟁 이후 중화학공업을 발전시키면서 독일경제와 얼마간 유사해지지만, 일본의 자이바츠(財閥)은 콘체른의 특수한 형태이면서도 본질적으로 개인자본이었고, 심지어 콘체른과 달리 겸업은행까지 소유했다. 2차 세계전쟁 이후에도 동아시아 냉전의 특수성으로 인해 일본경제의 미국화는 독일경제에 비해 미진했다. 전후의 게이레츠(系列)는 개인소유자의 퇴출('재벌 개혁')을 제외하면 자이바츠와 거의 동일했고, 콘체른식 상호출자와 더불어 주거래은행도 유지했다.

『역사학 비판』에서 설명한 것처럼, 1870년대 이후 독일경제나 1차 세계전쟁 이후 일본경제는 중화학공업 중심의 수입대체공업화를 추진하지만 미국경제의 추격에 실패한다. 반면 2차 세계전쟁 이후 독일경제와 일본경제는 내구소비재산업 중심의 수출지향산업화를 추진하면서 미국경제를 추격한다. 이 때 독일경제와 일본경제의 수출시장을 보장한 것은 각각 유럽통합과 미국의 역개방정책이었다.

물론 독일경제와 일본경제가 미국경제를 추월한 것은 아닌데, 이러한 한계는 법인자본주의에 대한 독점자본주의의 후진성으로 설명된다. 앨런이 강조하는 것처럼, 독일경제와 일본경제의 생산성은 미국경제의 그것에 미달한다. 독일경제를 특징짓는 사회임금은 미국경제처럼 생산성임금을 보장하지 못하는 가운데 저임금을 보충하는 방책일 따름이다. 또 일본경제의 도요타주의는 슬론주의의 수직통합과는 정반대로 하청계열화를 통해 원·하청노동자를 분할지배하고 과잉착취하는데, 그만큼 일본경제의 후진성을 반영한다.

1970년대 이후의 이윤율 하락에 대해 독일경제와 일본경제는 미국경제처럼 금융세계화로 반작용하지 못한다. 이 또한 법인자본주의와 구별되는 독점자본주의의 한계에 기인한다. 일본경제는 1990년대에 붕괴하는데, 금융화가 곤란한 가운데 자본축적을 가속화하면서 이윤율이 급락하기 때문이다. 독일경제도 본질적으로는 유사한 상황이지만, 유럽연합의 화폐동맹을 통해 2000년대까지 연명한다.

『일반화된 마르크스주의 개론』은 곳곳에서 남한경제의 역사도 설명하는데, 남한경제는 일본식 독점자본을 모방하면서도 일본경제의 후배지로서 좀 더 특수한 양상을 띠었다. 박정희 정부의 발전주의는 1960년대에 경공업 중심의 수출지향산업화에서 출발했으나, 1970년대에는 재벌의 강화를 통한 중화학공업화를 추진한다.[19] 그 결과 자본축적의 가속화로 인한 이윤율의 급락이 발생하고, 여기에 '3고불황'이 결합되어 1979-80년의 경제위기·외채위기가 발생한다. 이를 계기로 박정희 정부의 발전주의는 1979년 4월 경제안정화종합시책을 거쳐 전두환 정부의 신자유주의로 이행한다. 전두환 정부는 신자유주의적 정책개혁과 더불어 재벌의 구조조정을 추진하는데, 핵심은 내구소비재산업을 중심으로 중화학공업의 수출지향적 성격을 강화하는 것이었다. 이 과정에서 이윤율이 얼마간 반등하여 1986-88년의 '3저호황'에서 고점에 도달한다.

1970년대 말의 3고가 신자유주의적 정책개혁과 재벌의 구조조정을 강제한 반면 1980년대 말의 3저는 재벌을 다시 강화하는 계기로 작용한다. 이로써 남한경제의 이윤율은 3저호황 직후인 1991-92년에 1979-80년 수준으로 하락한다. 김영삼 정부가 세계무역기구와 경

19) 『일반화된 마르크스주의 개론』에서 강조한 것처럼, 재벌의 강화를 통한 중화학공업화가 필연적인 것은 아니었는데, 이러한 사실은 남한경제와 타이완경제를 비교함으로써 확인할 수 있다.

제협력개발기구에 가입하면서 남한경제의 세계화를 개시한 것은 이에 대한 반작용인데, '외압을 통한 개혁'의 시도라고 할 수 있다. 하지만 재벌은 반도체·가전산업과 자동차산업 등에서 자본축적의 가속화로 세계화에 대응하면서 오히려 이윤율의 급락을 초래한다.[20)] 그 결과 1979-80년의 경제위기·외채위기를 압도하는 1997-98년 경제위기·외환위기가 발생한 것이다.

『역사학 비판』에서 설명한 것처럼, 1997-98년 이후 남한경제는 정상상태로 진입하는 중이다. 또 1970년대 이후 미국경제의 금융화가 '능동적 금융화'라면, 1997-98년 이후 남한경제의 금융화는 미국경제가 주도하는 금융화에 포섭되는 '수동적 금융화'다. 전자가 국부의 증가를 의미하는 '금리생활자민족화'라면, 후자는 국부의 감소를 의미하는 '노동자민족화'다. 남한경제가 붕괴했다는 사실을 쉽게 실감하지 못하는 것도 노동자민족화의 효과인데, 『현대경제학 비판』에서 주목한 것처럼, 국부가 유출되어 심지어 0이 되더라도 임금률이나 1인당국민소득은 증가할 수 있기 때문이다.

소련자본주의의 역사동역학

소련경제의 역사: 국가자본주의의 형성과 쇠퇴

『역사학 비판』은 20세기 세계사의 또 다른 축인 소련경제사를 분석하는데, 이는 『일반화된 마르크스주의 개론』에서 분석한 미국경제사의 후속작업이라고 할 수 있다. 물론 소련경제사가 미국경제사와 무관한 것은 아닌데, 미국 법인자본주의가 형성되는 과정에서 소련을 중심으로 한 세계적 수준의 계급투쟁도 작용했기 때문이다.

하지만 『역사적 마르크스주의』와 『마르크스의 '자본'』에서 강조한

20) 라인과 스탭의 분업을 발전시키지 못한 채 라인중심적 사고방식을 고수하는 것은 법인자본과 구별되는 독점자본의 한계인데, 이 시기의 재벌도 마찬가지였다. 『일반화된 마르크스주의 개론』에서 언급한 것처럼, 가장 상징적인 사례는 1999년에 파산한 대우그룹이었다.

것처럼, 『자본』의 정치적 결론으로서 프롤레타리아 독재는 소련의 경험으로 환원될 수 없는 것이다. 프롤레타리아 독재 없는 국가자본주의로서 '사회주의적 생산양식'에 대한 역사과학적 비판이 필요한 것은 이 때문이다.

소련사회의 성격에 대한 마르크스주의적 논쟁은 이미 『역사적 마르크스주의』에서 검토했는데, 과천연구실은 베틀렘·샤방스의 국가자본주의론에 주목했다. 이들의 연구는 소련경제를 국가자본주의로 규정한 평의회마르크스주의자 륄레의 관점을 체계화하는 동시에 스탈린주의에 대한 마오의 좌익적 비판을 계승한다. 소련사회주의 또는 국가자본주의에 대한 이들의 분석은 『자본』에 준거하여 자본주의의 역사적 형태를 분석해야 한다는 데서 출발하는데, 이런 측면에서 미국자본주의에 대한 아리기·뒤메닐의 분석에 평행하는 것이다. 따라서 이들도 응당 '그로스만적 전통'에 포함할 수 있다.

베틀렘과 샤방스는 소련경제의 구조가 미국경제처럼 상품-화폐관계와 자본-임노동관계를 특징으로 한다고 주장한다. 또 이들은 소련경제의 다양한 제도에도 주목하는데, 미국의 법인자본주의와 달리 소련의 국가자본주의는 법인소유가 아닌 국가소유, 기업관리에 대한 국가관리의 우위, 경제정책이 아닌 경제계획를 특징으로 한다. 이 때문에 자본의 목적도 변화하는데, 법인자본과 달리 국유기업은 이윤율이 아니라 생산·고용의 최대화를 지향한다.

이러한 제도적 특수성으로부터 미국자본주의와 구별되는 소련자본주의의 역사동역학이 출현한다. 우선 소련경제에서는 노동소비적 기술진보로 인해 기계제대공업임에도 불구하고 절대적 잉여가치의 생산이 여전히 우위에 있는 외연적 축적이 진행된다. 그 결과 아주 낮은 이윤율이 지속되면서 자본의 과잉과 동시에 오히려 노동의 부족이 발생하며, 또한 상품의 부족도 발생한다.

이상의 내용은 『역사적 마르크스주의』에서도 이미 제시된 것이지만, 『역사학 비판』에서는 체계론·체계사적 관점에 따라 한층 더 명료해진다. 또 『역사학 비판』은 마르크스주의적 논쟁과 더불어 '소련학'(Sovietology)의 성과를 추가로 검토하는 과정에서 앨런의 소련경제사를 베틀렘·샤방스의 국가자본주의론과 결합한다.

베틀렘과 샤방스에 따르면, 스탈린주의의 본질은 1917-18년 '최초의 8개월'의 레닌주의적 실천을 역전하는 1918-21년 '전시공산주의'의 경험을 일반화하는 것이다. 그 결과는 '프롤레타리아 독재 없는 국가자본주의', 즉 노동자통제와 노농동맹 대신 국유화를 강조하는 국가자본주의로서 이른바 '사회주의적 생산양식'이다.

스탈린주의가 출현하는 계기는 1928-37년 '1-2차 5개년계획'인데, 중화학공업화와 농업집단화의 결합을 통해 사회주의적 생산양식이 형성된다.[21] 하지만 『역사학 비판』에서 강조한 것처럼, 농업집단화가 중화학공업화의 논리필연적 결론은 아니다. 중화학공업화의 논거인 펠드만 모형도 중화학공업의 우선적 발전을 위한 자본과 노동력의 조달방법을 명시하지는 않는다. 따라서 부하린처럼 1921-28년 '신경제정책'에 충실하여 노농동맹을 옹호할 수도 있고 프레오브라젠스키처럼 '사회주의적 본축'을 주장할 수도 있다. 스탈린은 결국 전자가 아니라 후자의 입장을 따라 농업집단화를 추진한다.

중화학공업화와 농업집단화가 결합되는 과정에서 국유화와 계획화도 결합되는데, 특히 국유기업의 목적이 이윤율의 최대화에서 고용의 최대화로 변화했다는 사실에 주목해야 한다. 이로써 소련자본주의의 역사동역학을 특징짓는 노동소비적 기술진보와 외연적 축적이 '최종고용자'로서 국유기업을 중심으로 전개되기 시작했다.

미국자본주의의 역사동역학에서처럼 소련자본주의의 역사동역학에서도 이윤율의 궤도를 실증할 수 있어야 한다.[22] 『역사학 비판』에서는 앨런이 인용한 오퍼의 성장회계나 하닌의 조정된 추계를 바탕

21) 그리고 1936-38년 '대숙청'을 계기로 유일사상체계로서 스탈린주의가 확립된다.

22) 이 점은 중국경제와 북한경제도 마찬가지다. 다만 『역사학 비판』에서 소개한 중국경제의 성장회계는 소련경제의 그것에 비해 허술하다. 또 북한경제는 경제통계가 극도로 과대평가되어 있거나 아예 없는 경우가 허다하므로 성장회계가 존재하지 않는다.

으로 시기별 자본생산성성장률 $g_{PK} \equiv g_Y - g_K$를 적시했다. 이로써 소련경제를 1930-60년대의 성장기와 1970-80년대의 불황기로 구분할 수 있으며, 법인자본주의에 비해 아주 낮은 이윤율이 지속되는 국가자본주의의 특징도 확인할 수 있었던 것이다.

성장기에서 불황기로 진입하는 원인과 관련하여 베틀렘·샤방스가 강조하는 노동소비적 기술진보와 외연적 자본축적의 한계에 주목할 수 있다. 특히 문제는 인구변천에 따른 노동력의 고갈인데, 이 문제에 주목한 것은 『사회과학 비판』에서 소개한 스트루밀린이었다.

소련경제 개혁의 딜레마도 여기서 비롯된다. 노동력 고갈을 해결하려면 국유기업이 고용의 최대화라는 목적을 포기하고 자본소비적 기술진보와 내포적 축적을 채택해야 하지만, 이는 소련사회의 성격과 일당국가의 목적이 변화해야 한다는 것을 의미한다. 『역사학 비판』에서 설명한 것처럼, 소련경제에는 중국경제 같은 개혁·개방의 조건이 애당초 부재했지만, 설령 그런 조건이 있었다고 해도, 사회주의 이데올로기에서 개혁(고용의 최대화에서 이윤율의 최대화로의 이행)과 개방(수입대체공업화에서 수출지향공업화로의 이행)을 정당화하는 것은 쉬운 일이 아니었다.[23] 이러한 한계로 인해 스탈린 사후에 시도된 리베르만의 개혁도 결국 좌초된 것이다.

1985년에 집권한 고르바초프는 페레스트로이카(경제적 개혁)와 글라스노스치(정치적·이데올로기적 개방)를 개시하지만, 옐친을 중심으로 한 급진개혁파와의 권력투쟁에서 패배하면서 1989-91년에 소련이 해체된다. 또 1990년대에 옐친이 실행한 신보수주의적 충격요법은 소련경제의 붕괴와 '마피아경제'의 출현으로 귀결된다.

최초의 8개월과 신경제정책기에는 사회주의의 건설이 시도되지만, 중화학공업화와 농업집단화를 결합한 스탈린주의가 출현하면서 국가자본주의로 귀결되었다는 것이 베틀렘·샤방스의 결론이다. 앨런의 결론도 이와 일맥상통하는데, 스탈린주의의 본질은 소련경제의

23) 『역사학 비판』에서 마오 사후 중국공산당이 후안무치하다고 일갈한 것도 이 때문이다.

사회주의화가 아니라 산업혁명을 통한 현대화라는 것이 요지다.

앨런은 세계적 차원의 산업혁명이라는 역사적 맥락에서 소련경제의 역사를 해석한다. 그의 분석에 따르면, 일시적 농업호황에 의존한 짜르의 현대화는 실패할 수밖에 없었으므로, 10월혁명이 없었다면 소련경제는 아르헨티나경제 같은 처지로 전락했을 것이다. 물론 소련경제가 일본경제처럼 미국경제의 추격에 성공한 것은 아니지만 말이다. 달리 말해서 러시아혁명은 사회주의혁명에는 실패했고 부르주아지가 달성할 수 없었던 현대화에는 성공했다는 것이다.[24)]

물론 『역사학 비판』에서 강조한 것처럼, 사회주의혁명으로서 러시아혁명이 실패하면서 스탈린주의가 마르크스주의를 대체했다는 사실을 망각해서는 안 된다.

중국경제와 북한경제의 역사

앨런은 계량경제사적 방법을 통해 중화학공업화와 신경제정책이 결합되는 가상의 소련경제를 분석하고, 중화학공업화와 농업집단화가 결합된 현실의 소련경제와 비교한다. 그리하여 양자의 경제적 효과는 대동소이한 반면 노농동맹을 견지한다는 점에서 신경제정책의 정치적·이데올로기적 효과가 농업집단화와 달리 긍정적이라는 결론에 도달한다. 이는 계량경제사라는 '사고실험'에 근거한 것이지만 현실적 준거가 아주 없는 것은 아닌데, 『역사학 비판』이 소련경제에 이어 중국경제의 역사를 분석한 것은 이 때문이다.

『역사학 비판』에서 설명한 것처럼, 마오의 신민주주의는 레닌의 신경제정책과 본질적으로 유사하다. 하지만 신경제정책이 스탈린주의로 대체된 반면 신민주주의는 대약진운동과 문화혁명으로 발전한다. 이 과정에서 중국은 소련처럼 농업집단화와 중화학공업화를 결합하는 것이 아니라 인민공사를 통해 농촌공업화를 추진하면서 중화학공업화의 속도를 조절하고 노농동맹을 강화한다. 물론 인민공

---

24) 2차 세계전쟁 이후 인도 같은 발전도상국이 소련의 국가자본주의를 모방하면서 식민주의가 발전주의로 대체되었다는 세계사적 의의도 중요하다.

사(코뮌)는 경제적으로 농업집단화와 중화학공업화에 대한 대안인 동시에 정치적으로 관료제·일당국가에 대한 대안이었다.

마오는 대약진운동과 문화혁명을 전개하는 과정에서 부단혁명론('인민 내부의 투쟁')과 계속혁명론('두 가지 노선의 투쟁')을 개념화하는데, 『역사적 마르크스주의』에서도 강조한 것처럼, 이는 레닌의 사회주의관과 친화적인 동시에 파리코뮌 이후 마르크스가 제시한 새로운 프롤레타리아 독재 개념으로 소급된다. 이 대목에서는 레닌과 마오의 사회주의관('대과도기론')과 스탈린의 사회주의관('소과도기론')을 비교할 수도 있는데, 핵심은 사회주의를 국유화와 노동자통제의 모순과 관료제·전위당과 평의회의 모순 속에서 계급투쟁이 전개되는 장기간의 역사적 이행기로 간주하는 것이다.

물론 소련과 중국의 이러한 차이에는 역사적 조건도 상당하게 작용했다. 우선 중국에서는 일본이 만주에 중화학공업, 특히 기계공업을 건설했으므로 본토에서는 농업집단화와 농민수탈의 요구가 그만큼 적었다. 또 중국에서는 자본주의의 포위라는 문제가 없었으므로 마오는 진영 테제에서도 비교적 자유로왔고, 그 결과 농업집단화를 통한 급속한 중화학공업화는 물론 내숙청도 불필요했다.

하지만 문화혁명은 결국 실패하는데, 직접적 원인은 '십년동란'을 초래한 '조반파'의 폭동주의지만 대약진운동 시기와 비교되는 마오 자신의 이론적 한계나 비일관성도 간과할 수 없다. 문화혁명은 농촌인민공사를 재건하는 동시에 도시인민공사의 건설도 시도하지만, 조반파의 폭동주의로 인해 도시인민공사는 군대를 중심으로 하는 대중조직과 전위당의 '3결합'으로서 혁명위원회로 대체된다.

『일반화된 마르크스주의 개론』에서도 아리기를 비판하는 과정에서 잠시 설명했지만, 1978년 이후 덩샤오핑이 추진하는 중국경제의 개혁·개방은 중국을 남한·타이완 같은 발전도상국으로 간주하면서 중국경제의 '자본주의적 현대화'를 도모하는 것이다. 이 과정에서 농촌인민공사가 해체되고 향진기업이 육성되며, 국유기업은 수익성 원칙을 점차 전면화한다. 또 초기에는 홍콩·타이완의 화교자본을 수입하다가 급기야는 미국·일본의 초민족자본을 수입하고, 2001년에는 세계무역기구에 가입하면서 신자유주의적 개혁·개방을 심화한다.

소련경제와 달리 중국경제가 개혁에 성공한 이유는 향진기업이 육성될 수 있는 조건으로서 농촌에 인민공사가 이미 존재했다는 데 있다. 나아가 국유기업이 최종고용자의 성격을 포기할 수 있었던 이유는 도시화가 훨씬 덜 진전되었다는 데 있다. 마오의 대약진운동과 문화혁명이 역설적으로 덩샤오핑의 개혁·개방에 기여한 셈이다.

『역사학 비판』은 북한경제의 역사도 분석하는데, 북한경제는 중국경제보다 오히려 소련경제와 유사하다. 마오주의가 스탈린주의에 대한 좌익적 비판이라면, 수령론을 핵심으로 하는 주체사상으로서 김일성주의는 극단화된 스탈린주의이다.

실제로 북한경제는 소련경제에 비해 노동소비적 기술진보와 외연적 축적에 훨씬 더 의존했기 때문에 소련보다 10년쯤 빠른 1960년대 초에 이미 불황기에 진입했다는 추계도 있다. 또 이로 인해 북한의 도시화와 중화학공업화는 중국경제보다 훨씬 더 진전되어 소련경제와 유사한 수준인데, 북한경제의 개혁·개방이 불가능한 이유 중 하나가 여기에 있다. 정치적으로도 김일성은 스탈린보다 훨씬 더 광범위한 숙청을 감행했는데, 스탈린주의적 개인숭배의 극단적 형태로서 수령론과 부자세습론은 그 필연적 결과였다.

봉건제의 역사

『봉건제론』은 『역사학 비판』의 속편이자, 중국과 서양의 봉건제, 나아가 중국사상사와 서양철학사에 대한 인식을 좀 더 체계화한 최신의 연구성과다.

『봉건제론』은 자본주의의 역사처럼 봉건제의 역사도 역사과학적으로 설명할 수 있다는 사실을 전제로 한다. 따라서 자본주의의 역사동역학에 대한 유비를 통해 봉건제의 역사동역학을 구성한 다음, 영국·미국을 표준으로 자본주의의 역사를 분석하는 것처럼, 중국을 표준으로 봉건제의 역사를 분석한다. 나아가 유럽자본주의를 영미자본주의의 변이로 설명하는 것처럼, 로마-비잔티움의 서아시아봉건제와 고려-조선의 한국봉건제도 중국봉건제의 변이로 설명한다.

중국경세사학사

중국의 기축시대와 경세사학

『봉건제론』은 중국유가사상의 역사도 비중있게 설명하는데, 영미자본주의에 적합한 이론적 이데올로기가 경제학인 것처럼, 중국봉건제에 적합한 이론적 이데올로기는 유가사상, 특히 경세사학이었다.

그런데 이 책이 중국유가사상의 경세사학에 주목한 데는 또 다른 이유도 있다. 봉건제의 역사도 자본주의의 역사처럼 '이론적 역사'일 수 있지만, 연구 조건은 상당히 다르기 때문이다. 자본주의의 역사에서는 과학적 개념과 법칙으로 구성된 역사이론이 비교적 구비되어 있는 대신 막상 그것을 적용할 통사(通史)는 아직 미비한데, 그나마 아리기와 뒤메닐의 작업이 그 초석이라고 할 수 있다.[25] 반면 봉건제의 역사에서는 역사이론이 미비한 대신 적어도 중국봉건제에 대한 통사는 상당한 수준으로 구비되어 있는데, 『봉건제론』에서 소개한 백수이의 업적이 그것이다. 『봉건제론』의 핵심은 자본주의의 역사동역학과의 유비를 통해 구성된 봉건제의 역사동역학을 통해 백수이의 통사를 비판적으로 재구성하는 작업이다.

---

25) 물론 봉건제와 달리 자본주의는 아직 완료된 역사가 아니라는 사정도 있다. 엄밀히 말해서 자본주의는 통사가 아니라 당대사의 대상인 것이다.
참고로 홉스봄의 4부작도 19-20세기 자본주의에 대한 대표적 통사다. 하지만 그는 19세기 고전자본주의에서는 '장기19세기'에 주목한 반면 막상 20세기 현대자본주의에서는 '단기20세기'에 주목하면서 역사동역학적 관점을 거부하고 냉전이라는 지정학적 조건을 특권화한다. 역사동역학적 관점에서 '장기20세기'에 주목한 것은 물론 아리기의 업적이다.

그런데 백수이의 통사는 곽말약 이후 중국사회사 논쟁을 총결하는 것이지만, 궁극적으로는 2000년 동안 정사를 편찬한 유가적 전통 위에서 가능했다. 비록 유가의 경세사학이 마르크스의 역사과학처럼 역사의 보편적 인과법칙을 설명한 것은 아니지만, 그것은 일찍이 역사의 진화를 인식하면서 어떤 의미에서는 역사과학의 출현을 예고하고 있었다. 바로 이러한 토대 위에서 1919년 5·4운동을 전후하여 유가사상이 마르크스주의로 급속하게 이행하고, 급기야 마오와 진백달에 의해 '중국화된 마르크스주의'가 스탈린주의에 대한 좌익적 비판까지 제시하게 된 것이다.

이처럼 『봉건제론』은 중국유가사상의 복고주의적 성격을 부당전제하는 서양적 편견과 달리 유가사상과 역사과학의 친화성을 강조한다. 그 근거는 중국의 기축시대로서 춘추전국시대 이후에 전개된 경세사학의 발전과정에서 찾을 수 있다.

노예제와 봉건제의 차이는 경제외적 강제에 동의적 요소를 추가하면서 인신적 구속을 얼마간 완화했다는 데 있다. 베버·야스퍼스·에이젠슈타트의 기축시대(Achsenzeit, Axial Age) 개념도 이 점에 주목한 것인데, 다만 그들은 중국사상사에 대한 무지로 인해 서아시아와 중국의 기축시대가 모두 계시종교와 철학으로 귀결되었다고 주장한다. 하지만 경세사학을 유다교·기독교 같은 계시종교나 플라톤·아리스토텔레스의 관념철학과 혼동해서는 안 된다.

중국에서 경세사학의 발단은 기축시대로서 춘추전국시대인데, 유가를 비롯한 제자백가의 백가쟁명에서 사학과 경세학이 발전한 것이다. 자세한 설명은 『봉건제론』을 참고할 수 있는데, 상앙의 변법 같은 역사적 계기나 묵가·도가와의 논쟁을 통해 유가가 초기의 복고주의·이상주의를 점차 탈피해가는 양상에 주목할 수 있다.

춘추전국시대 이후 진한부터 명청까지 경세사학의 장구한 역사도 『봉건제론』을 참고할 수 있다. 우선 사학사에서는 중국 최초의 사학자로서 공자부터 시작하여 왕부지·장학성에 이르는 계보가 있는데, 상앙의 변법을 계기로 노예제적 종법제·분봉제에서 봉건제적 율령제·군현제로 이행했다는 사실을 인식하면서 복고주의 역사관을 진화주의 역사관으로 대체해가는 과정이 중요하다.

『봉건제론』은 특히 중국사학사의 정점으로서 왕부지의 사학을 강조하는데, '중국의 포이어바흐'로서 왕부지의 역사이론을 매개로 유가사상이 마르크스주의로 급속하게 이행할 수 있었다는 것이 핵심적 주장이다. 왕부지는 원시사회에서 분봉제를 거쳐 군현제로 역사가 진화했다고 주장하면서 생활수준의 상승을 기준으로 제시했다. 또 그는 분봉제가 군현제로 대체된 이후에도 토지제도·조세제도의 발전과 함께 역사가 계속 진화했다고 주장하면서 전통적인 왕토/황토사상을 비판하기도 했다. 물론 그의 역사이론에는 아직 역사의 진화를 추동하는 보편적 인과법칙이 결여되어 있었다. 하지만 아편전쟁 이후 중국사학은 사회진화론이라는 과도적 단계를 거쳐 역사과학에 도달함으로써 이러한 결함을 해결할 수 있었다.

한편 『봉건제론』은 사학사와 별도로 경세학사도 서술하는데, 중국사가 진화하는 주요지표로서 토지제도·조세제도를 둘러싼 논쟁사를 보충해야 했기 때문이다. 또 사학사와 달리 경세학사는 중국봉건제의 역사 다음에 제시되는데, 토지제도·조세제도의 발전은 중국봉건제의 역사를 구성하는 두 번의 순환에 평행하기 때문이다.

물론 사학사와 경세학사는 무관하지 않은데, 사학사는 경세치용·경세제민의 경세학사를 구체화하는 과정이었다. 이 과정에서 토지제도·조세제도가 중국사학의 핵심적 대상이 되었다. 일찍이 사마천과 반고는 전장(典章, 제도와 문물)에 대한 부문사로서 서(書)와 지(志)도 기전체에 포함시켰다. 또 두우의 『통전』, 정초의 『통지』, 마단림의 『문헌통고』는 전장, 특히 토지제도·조세제도를 대상으로 하는 정서체(政書體)의 전문적 부문사로서 '3통'이라 불렸는데, 청황조 때 명황조까지 연장된 3통의 속편과 아울러 청황조 자체의 3통도 편찬되면서 9통의 정서체 통사가 완성되었다.

중국경세학사는 중상주의적 경향을 억제하고 중농주의적 원칙을 견지하는 과정이었다. 그리고 토지국유제(영호제)에서 토지민유제

(지주전호제)로 이행하면서 개혁의 쟁점도 토지제도에서 조세제도로 이행하는데, 핵심은 노동지대를 생산물지대로 대체하는 동시에 양전(量田)을 토대로 해서 인두세를 토지세로 환원하는 것이었다. 한편 역사적으로 황권주의의 결함이 명백해지면서 군신공치(君臣共治)의 신권주의 이념도 점차 강화되었다.

사학사에서 왕부지에 주목한 것처럼 경세학사에서는 구준에 주목할 수 있는데, 그는 왕안석의 신법을 비판적으로 수용하여 신유학의 수양학적 결함을 해결한다. 결국 그의 제안은 명황조 장거정의 일조편법과 청황조 강희제의 지정은세법으로 실현된다.[26]

서아시아 기축시대의 특수성

『봉건제론』에서 설명한 것처럼, 서아시아의 노예제가 봉건제로 이행하는 계기는 로마와 이란(파르티아-사산왕조)의 출현이었다. 하지만 역사적 기록이 별로 없는 이란은 차치하더라도, 로마의 봉건제는 진한에 비해 식민주의·중상주의가 지배적인 불완전한 형태였다. 그런데 서아시아봉건제의 이러한 불완전성은 중국과 구별되는 서아시아 기축시대의 특수성에 기인한다는 것이 『봉건제론』의 주장이다. 중국의 기축시대가 경세사학의 발전을 촉진한 반면 서아시아의 기축시대는 종교와 철학·신학으로 귀결되었다는 것이다. 이 때문에 상앙의 변법 같은 노예제의 봉건제적 변혁도 애당초 불가능했다.

게다가 중국과 달리 서아시아의 기축시대는 메소포타미아와 이집트가 아니라 그 주변에서 전개되었다. 우선 일신교적 계시종교가 출현하는데, 기원전 6세기에 출현한 이란의 자라투스트라(조로아스터)교와 그것을 비판적으로 수용한 히브리인의 유다교가 대표적이었다. 또 기원전 4세기에는 그리스철학이 출현하는데, 아리스토텔레스는 플라톤이 창시한 존재론과 논리학을 완성하는 동시에 소크라테스가

26) 조선의 '탕평군주' 정조는 구준의 『대학연의보』를 중시하면서도 정작 그 핵심인 신권주의는 부정한 채 군주도통론을 주장하면서 군사(君師)를 자임했다.

창시한 윤리학도 완성하면서 그리스철학을 집대성한다.

『봉건제론』에서 강조한 것처럼, 계시종교는 물론이고 심지어 그리스철학도 경세학은 아니었다. 중세유럽에서 그리스철학이 경세학으로 발전한 것도 아닌데, '종교의 시녀'로서 신학이라는 형태로 존속했기 때문이다.

철학이 출현하기 직전에는 그리스에서도 헤로도투스와 투키디데스의 역사학이 존재했지만, 그것은 서사시나 비극시 같은 문학에서 분리되지 못한 사건사로서 전쟁사일 따름이었다. 이 때문에 아리스토텔레스는 과학(*scientia*)과 역사학(*historia*)을 준별해야 한다고 강조했다. 그리스 사학부터 랑케의 실증사학에 이르는 서양의 독특한 인문학적 역사학의 원류를 여기서 찾을 수 있다.

그런데 서아시아 기축시대의 결함은 아이러니하게도 유럽에서 '제2의 기축시대'로서 계몽주의가 출현하는 데 기여했다. 로크에서 유래하는 계몽주의는 뉴튼의 동역학을 자연에서 사회로 확대하려고 시도했는데, 최초의 성과가 스미스-리카도의 고전경제학이었다면 마르크스의 역사과학은 그 완성이었다.

봉건제의 역사동역학

생산양식·사회구성체·사회성격

『봉건제론』은 봉건제의 역사동역학을 구성하는 과정에서 역사과학의 개념들에 대한 새로운 정의를 시도한다. 이는 사실 자연스러운 양상인데, 마르크스도 『자본』 3권에서 봉건지대론을 설명하는 과정에서 생산양식과 사회구성체에 대한 새로운 정의에 도달한다.

주지하듯이 『경제학 비판을 위하여: 1분책』의 「서문」(1859)은 사회구성체를 생산양식(경제)과 이데올로기의 결합으로 정의한다. 하지만 이런 정의로는 자본주의를 분석할 수 없다는 근본적 문제가 있었다. 그리하여 마르크스는 『자본』 3권에서 생산양식과 사회구성체에 대한 새로운 정의를 제시하는데, 그 핵심은 사회구성체를 생산관계에 적합한 경제적·정치적 제도로 이해한 것이었다.

이제 『자본』 3권을 따라 역사과학의 개념들을 좀 더 명확하게 정의할 수 있다. 우선 생산양식은 잉여노동의 착출방법으로 정의되는데, 이는 자본주의와 봉건제의 분석에서 산업노동자와 농노·소작농이 중심적이고 자영업자와 자작농은 주변적이라는 사실을 함의한다.

물론 생산양식은 생산력과 생산관계로 구성된다. 마르크스는 생산력과 그것에 적합한 생산관계의 결합을 생산양식으로 정의하지만, 마오나 알튀세르·발리바르처럼 생산관계와 그것에 적합한 생산력의 결합으로 정의하는 것이 더욱 타당하다('생산력에 대한 생산관계의 우위'). 게다가 『자본』의 설명도 사실 이러한 정의를 따르고 있으며, 『봉건제론』에서 강조한 것처럼, 노예제와 봉건제의 역사도 이러한 정의에 따를 때 더욱 잘 설명될 수 있다.

사회구성체는 생산양식의 재생산에 기여하는 경제적·정치적 제도로 정의되는데, 물론 여기에는 그러한 제도가 물질화하는 이데올로기도 포함된다. 알튀세르는 사회구성체에 대한 새로운 정의를 '재생산의 토포스'로 불렀는데, 『사회과학 비판』과 『역사학 비판』에서 제안한 것처럼, 열역학적 생명론에 대한 유비를 통해 '체계의 토포스'라고 부를 수도 있다.

또 마르크스는 '경험적 상황'의 차이로 인해 발생하는 사회구성체의 변이도 언급하는데, 변이는 표준의 존재를 전제하는 것이다. 따라서 사회구성체의 표준과 변이를 구별할 수 있으며, 또한 후자를 사회성격으로 새롭게 개념화할 수 있다. 물론 양자의 차이는 생산양식의 차이가 아니라 그것을 재생산하는 경제적·정치적 제도와 이데올로기의 차이다. 철학적으로는 양자를 보편성과 개별성의 관계로 정리할 수 있다.

이제 『자본』의 분석을 3권의 새로운 정의에 따라 요약해보자. 『마르크스의 '자본'』에서 설명한 것처럼, 『자본』의 대상은 잉여가치의 생산방법으로서 자본주의적 생산양식인데, 그것은 자본주의적 생산관계(자본-임노동관계)에 적합한 자본주의적 생산력(기계제대공업)

을 창출하는 과정이었다. 그런데 생산관계의 계급모순으로 인해 생산력도 모순적으로 발전하는데, 편향적 기술진보로 인한 자본생산성·이윤율의 하락이 그것이다. 물론 마르크스가 생산관계에 적합한 경제적·정치적 제도와 이데올로기까지 설명한 것은 아니지만, 19세기 고전자본주의와 20세기 현대자본주의의 경제적·정치적 제도와 이데올로기를 개인기업·양당의원내각제·리카도주의와 법인기업·양당대통령제·케인즈주의로 정리할 수 있다. 또 독일경제의 독점자본을 영국경제의 개인자본이나 미국경제의 법인자본과 비교한 것처럼, 유럽자본주의를 영미자본주의의 변이로 설명할 수 있다.

봉건제의 역사동역학

이상의 정의에 따라 봉건제도 분석할 수 있다. 마르크스는 봉건제의 잉여노동 착출형태로서 봉건지대가 노동지대에서 생산물지대를 거쳐 화폐지대로 진화했다고 주장한다. 또 그는 봉건제적 생산관계로서 지주와 농민의 관계도 설명하는데, 전자가 생산수단으로서 토지의 법률적 소유자라면 후자는 관습적 점유자·사용자다.

그리고 자본생산성·이윤율 하락을 중심으로 자본주의의 역사동역학을 구성할 수 있는 것처럼, 토지생산성·지대율 하락을 중심으로 봉건제의 역사동역학을 구성할 수 있다. 『봉건제론』은 부아의 제안에 따라, 『마르크스의 '자본'』에서 설명한 자본주의의 역사동역학과의 유비를 통해 봉건제의 역사동역학을 모형화한다.[27]

$$P_K \equiv \frac{Y}{K} \equiv \frac{Y/N}{K/N},$$
$$r \equiv \frac{\Pi}{K} \equiv \frac{\Pi}{Y}\frac{Y}{K} \equiv \pi P_K.$$

27) 지대율 하락의 법칙을 중심으로 하는 봉건제의 역사동역학을 처음 제안한 것은 아날학파의 예외적인 마르크스주의 사학자 부아였다. 다만 그가 유럽사적 차원에서 프랑스봉건제에 주목한 반면, 『봉건제론』은 세계사적 차원에서 중국봉건제에 주목한다.

여기서 핵심은 이윤·지대율 r의 운동을 설명하는 것이다. 이윤·지대분배율 π가 불변일 경우 자본·토지생산성 P_K, 즉 노동생산성 Y/N와 1인당 자본·토지 K/N의 비율이 결정적이다.

다만 자본주의에서는 노동생산성과 1인당 자본의 운동이 연동되는 반면 봉건제에서는 노동생산성과 1인당 토지의 운동이 연동되지 않는데, 생산력 발전의 차이 때문이다. 자본주의적 생산력 발전이 노동을 절약하는 대신 자본을 소비하는 반면 봉건제적 생산력 발전은 토지를 절약하는 대신 노동을 소비하는데, 시비법(施肥法)의 발전을 토대로 하는 작부법(作付法)의 발전이 대표적이다.[28]

자본주의·봉건제에서 이윤·지대율을 상승시키려면 일정한 노동생산성에 필요한 1인당 자본·토지를 하락시켜야 한다. 하지만 자본·토지의 절약이 한계에 도달하여 일정한 노동생산성을 달성하기 위해 자본·토지를 소비할 수밖에 없을 때, 이윤·지대율은 하락한다.

한편 자본주의에서는 이윤분배율이 대체로 안정적인 반면 봉건제에서는 지대분배율의 급락으로 인해 토지생산성의 상승에도 불구하고 지대율이 하락할 수 있다. 자본주의에 비해 봉건제의 잉여노동 착출에서는 경제외적 강제와 동의가 더욱 중요한데, 그것이 부적합할 때 이러한 상황이 발생한다. 예를 들어 명청교체기가 그러한 경우에 해당한다. 『봉건제론』에서 봉건제의 위기와 황조의 위기를 구별하고, 또 사상사를 강조한 이유가 여기에 있다.

자본주의의 역사동역학에서는 이윤율의 하락에 따라 자본의 집중(인수·합병)이 전개된다면 봉건제의 역사동역학에서는 지대율의 하락에 따라 토지의 집중(겸병)이 전개된다. 자본가·지주가 이윤·지대율 하락에 반작용하면서 이윤·지대의 증가를 시도하는 것이다.

자본주의의 역사동역학에서 이윤율 궤도를 실증한 것처럼 봉건제의 역사동역학에서도 지대율 궤도를 실증할 수 있어야 한다. 하지만

28) 물론 노동을 절약하는 방법이 아주 없는 것은 아닌데, 철제농기구나 역축 같은 '자본'을 도입하거나 파종법을 개선할 수 있었다. 하지만 봉건제적 생산력 발전의 노동소비적 성격을 역전할 수 있는 수준은 아니었다.

중국사에 대한 지식의 부족으로 인해 중국봉건제의 지대율 궤도를 실증하지 못한 것이 『봉건제론』의 한계인데, 당분간 토지겸병이 심화된 시대를 중심으로 지대율 궤도를 추리해야 한다. 반면 한국봉건제의 지대율 궤도는 얼마간 실증할 수 있었다.

봉건제의 역사동역학을 완성하려면 봉건제적 생산관계에 적합한 경제적·정치적 제도와 이데올로기까지 분석해야 한다. 자세한 내용은 중국봉건제의 역사에서 확인할 것인데, 우선 『자본』 3권의 토지국유제론에 주목할 수 있다. 마르크스에 따르면 지주가 민간이 아니라 국가일 경우에 지대는 조세가 일치했는데, 아민은 바로 이 점에 착안하여 동양의 집권적 봉건제('공납제')와 서양의 분권적 봉건제(공납제의 '후진적이고 불완전한' 형태)를 구별했다. 양자의 경제적·정치적 제도와 이데올로기의 차이는 명백하다. 국가를 특징짓는 것은 공권력과 징세인데, 동양의 봉건제는 양자를 겸비한 반면 서양의 봉건제는 전자만 보유한 채 후자를 결여했기 때문이다.

이제 이러한 틀을 중국사에 적용할 수 있다. 자세한 내용은 중국봉건제의 역사에서 확인할 것인데, 우선 봉건제의 역사를 두 개의 순환으로 구분할 수 있다는 사실에 주목할 수 있다. 이윤율의 운동을 기준으로 자본주의 200년사를 19세기 영국의 고전자본주의와 20세기 미국의 현대자본주의로 구분하는 것처럼, 지대율의 운동을 기준으로 중국봉건제 2000년사를 진한의 전기 봉건제와 명청의 후기 봉건제로 구분할 수 있다는 것이다. 물론 전자에서 후자로 이행하면서 경제적·정치적 제도와 이데올로기도 진화하는데, 영국의 개인자본이 미국의 법인자본으로 대체되는 것처럼 진한의 토지국유제(영호제)가 명청의 토지민유제(지주전호제)로 대체되기 때문이다.

이제까지 자본주의의 역사동역학에 대한 유비를 통해 구성된 봉건제의 역사동역학의 개요를 설명했다. 그런데 사실 양자 사이에는 결정적 차이가 하나 더 있다. 자본주의의 역사동역학과 달리 봉건제의 역사동역학에서는 보편적 법칙에서 도출되는 역사적 경향이 부재하기 때문이다. 봉건제의 농민이나 자본주의의 노동자나 시의부

적절한 경제투쟁에 종종 몰두한다는 점은 마찬가지라고 할 수 있지만, 그럼에도 불구하고 노동자는 여전히 마르크스주의적 공산주의를 채택하여 노동자연합/평의회를 건설할 가능성을 갖고 있다. 반면 농민이 종종 농민전쟁에서 채택한 종교적 공산주의로서 종말론적 이데올로기는 자본주의로의 이행에 부적합했다.

세계사의 진화: 노예제·봉건제·자본주의

자본주의·봉건제와 더불어 최초의 계급적 생산양식인 노예제도 역사과학의 개념에 따라 설명할 수 있다. 잉여노동의 착출방법으로서 생산양식의 차이를 설명하려면 생산관계의 '지표'이자 생산력의 '척도'로서 생산수단의 차이에서 출발해야 하는데, 노예제·봉건제·자본주의의 대표적 생산수단은 인간·토지·기계(자본)였다.

이제 생산관계, 즉 생산수단의 소유자(비노동자)와 비소유자(노동자)의 관계를 분석해야 한다. '말하는 도구'로서 노예가 생산수단의 소유와 인신적 자유를 모두 박탈당했다면, 토지에 결박된 농노·소작농은 생산수단의 점유가 허용되는 대신 인신적으로 얼마간 구속되었다. 반면 산업노동자는 생산수단의 소유의 박탈이라는 의미에서 생산수단으로부터 자유로운 동시에 인신적 구속으로부터도 자유롭다('이중적 의미의 자유').

이처럼 생산관계가 진화하면서 경제외적 강제는 점차 경제적 강제로 대체되었다. 이와 더불어 경제외적 동의라고 할 수 있는 이데올로기와 그것을 물질화하는 제도의 비중도 점차 상승했다.

물론 생산관계의 차이는 생산력의 차이를 의미한다. 그리고 생산관계와 그것에 적합한 생산력을 결합하는 생산양식의 차이는 역사동역학의 차이로 표현된다. 자본주의·봉건제의 역사동역학은 이미 검토한 바와 같다. 반면 『봉건제론』에서 설명한 것처럼, 노예제의 역사동역학은 사실 큰 의미가 없는데, 그 핵심은 역시 정복전쟁을 통한 노예확보의 여부에 있었다.

세계사적 차원에서 생산양식이 노예제에서 봉건제를 거쳐 자본주의로 진화했다는 주장은 타당한 것이다. 다만 민족사적 차원에서도 그렇다고 할 수는 없는데, 예컨대 한국사에서도 노예제를 생략하고 봉건제로 직접 진화한 바 있다.[29]

이제까지 생산양식의 세계사적 진화, 즉 문명사를 개관한 것인데, 인류사에 대한 설명을 완성하려면 모건-엥겔스-차일드처럼 원시·야만에서 문명으로의 이행도 고려해야 한다. 이러한 이행을 매개하는 것이 최초의 계급적 생산양식으로서 노예제인데, 엥겔스의 지적처럼, 원시·야만에서 문명으로의 이행은 '야만적이고 거의 동물적인 수단'에 의존할 수밖에 없었다.

『일반화된 마르크스주의의 쟁점들』에서 실린 「물질과 생명의 진화」에서 설명하고 『역사학 비판』과 『봉건제론』에서 해설한 것처럼, 생산양식의 진화로서 문명사에 해당하는 역사동역학적 시간은 인류사 전체에 해당하는 인간진화적 시간의 일부다. 심지어 인간진화적 시간은 생명진화적 시간, 나아가 물질진화적 시간의 일부이다. 스피노자처럼 말해서 인류사는 결국 자연사의 일부인 것이다.

인간진화적 시간을 지배하는 보편적 진화법칙을 설명하는 것이 바로 다윈의 진화론이다. 하지만 사회생물학이라는 새로운 '과학적 이데올로기'가 주장하는 것처럼, 5천년 전에 시작된 문명사까지도 다윈의 진화론으로 설명할 수 있는 것은 아니다. 물론 이것이 보편적 진화법칙의 소멸을 의미하지는 않는다. 노동을 통해 식량을 생산하면서 생산양식으로서 경제가 출현하고 또 그것에 적합한 제도와 이데올로기가 출현하면서 문명이 시작되는데, 이 같은 역사동역학적 시간의 새로운 보편적 진화법칙을 설명하는 것이 바로 역사과학인 것이다.

---

29) 사실 아편전쟁 이후 서양의 침략이 없었다면, 중국봉건제가 과연 자본주의로 이행했을지는 불확실하다. 또 서양에서도 자본주의로의 이행을 선도한 것은 봉건제의 표준에 더욱 근접했던 프랑스가 아니라 영국이었다. 결국 이제까지 주로 민족사적 차원에서 제기된 '봉건제에서 자본주의로의 이행' 도식의 목적론적 성격을 근본적으로 비판하지 않을 수 없다. 같은 맥락에서 『봉건제론』은 '자본주의의 맹아' 도식도 비판했다.

이러한 진화과정은 단순한 연대기적 시간으로는 설명될 수 없다. 「물질과 생명과 진화」에서 제시한 수치에 따르면, 겨우 5000년의 노예제·봉건제는 5만년의 원시공동체에 비해 에너지 소비를 2배 정도 증가시켰고, 겨우 200년의 자본주의는 노예제·봉건제에 비해 에너지 소비를 3배 이상 증가시켰다. 결국 에너지 소비라는 관점에서 볼 때 노예제·봉건제의 1년은 원시공동체의 20년, 나아가 자본주의의 1년은 노예제·봉건제의 80년에 해당하는 셈이다.

아시아적 생산양식 논쟁

아시아적 생산양식은 역사과학의 가장 난해한 개념 중 하나였는데, 이런 혼란은 사실 마르크스가 자초한 것이다. 아시아적 생산양식의 본질은 토지사유제의 부재에 있는데, 그 원인을 설명하는 과정에서 마르크스 자신도 토지국유제론과 아시아적 원시공동체론 사이에서 동요했던 것이다. 그런데 토지국유제론의 대상이 무굴왕조의 인도, 사파위-카자르왕조의 이란, 오스만왕조의 이슬람, 청황조의 중국이었던 반면 아시아적 원시공동체론의 대상은 오히려 고대 메소포타미아, 고대 이집트, 고대 이란이었다는 문제를 지적할 수 있다. 이러한 혼동은 막상 마르크스 자신에게는 별다른 문제가 아니었는데, 고대 이래 아시아의 역사는 정체했다는 서양의 편견을 그 또한 공유했기 때문이다.

『봉건제론』에서는 마르크스 이후에 전개된 아시아적 생산양식 논쟁을 정리하는데, 결론적으로 『자본』 3권의 토지국유제론에 기초하여 아시아적 생산양식을 국가봉건제 또는 봉건제의 아시아적 변종으로 해석한 레닌과 마오의 입장이 타당하다고 할 수 있다. 또 아민은 마오의 해석을 채택하면서 아시아적 생산양식 개념을 공납제적 생산양식 개념으로 대체하는데, 여기서 공납(貢納, tribute)이란 곧 조세를 의미한다.

『봉건제론』은 부아의 제안에 따라 봉건제의 역사동역학을 모형화하는 동시에 아민의 제안에 따라 봉건제의 역사동역학에 적합한 체계사를 이론화하는 작업이라 할 수 있다. 물론 아민 자신의 주장에는 문제도 적지 않으므로 얼마간 비판적 검토가 요구된다.

우선 공납제라는 용어를 고집할 필요는 없는데, 봉건제의 역사에서 토지제도·조세제도의 변화에 주목한다면 봉건제라는 기존 용어로도 그 문제의식을 충분히 살릴 수 있기 때문이다. 또 아민은 자본주의 이전의 계급적 생산양식을 공납제로 일원화하는 과정에서 노예제 개념을 폐기하지만, 노예제는 봉건제·자본주의와 더불어 세계사가 진화하는 필연적 단계이다.

무엇보다도 아민은 공납제의 표준을 '이슬람 모델'로 설정하지만, 봉건제의 역사를 합리적으로 분석하려면 중국사를 표준으로 설정하고 서아시아사를 변이로 설정해야 한다. 특히 서아시아사와 달리 중국사에서는 전기 봉건제의 토지국유제에서 후기 봉건제의 토지민유제로의 진화가 확인된다. 또 토지국유제와 토지민유제는 모두 토지사유제의 변종이므로, 토지사유제의 부재로 인해 아시아적 생산양식이 정체했다는 전통적 인식은 더 이상 유효하지 않다.

중국봉건제와 한국봉건제의 역사동역학

중국봉건경제의 역사

백수이는 전현대 중국사를 원시공동체, 노예제, 봉건제로 구분한다. 원시공동체는 5-4만년 전에 출현한 모계씨족공동체였다. 또 5-4천년 전에 출현한 부계씨족공동체는 여전히 원시공동체였지만 노예제로 이행하는 계기를 내포했으며, 부족을 거쳐 부족연맹으로 진화했다. 기원전 21세기에 출현한 것으로 추정되는 전설상의 하왕조도 실은 국가가 아니라 여전히 부족연맹이었고, 원시공동체에서 노예제로의 이행기였다. 반면 기원전 16세기에 출현한 상왕조와 기원전 11세기에 출현한 주왕조는 노예제였다. 그리고 기원전 770-221년의 춘추전국시대는 노예제에서 봉건제로의 이행기였다.[30]

백수이는 진황조의 중국통일부터 아편전쟁까지의 중국봉건제를 성장(진한), 발전(위진남북조수당), 계속적 발전(송원), 쇠퇴(명청)로 구분한다. 하지만 후외로처럼 토지소유제의 변화로 인한 봉건제 내부의 분기에 주목한다면, 이러한 단선적 시대구분 대신 두 번의 순환을 구분할 수 있다. 또 백수이와 후외로처럼 자본주의의 맹아론에 따라 명청을 쇠퇴기로 규정하는 것은 사실 불합리한데, 송원의 지주전호제를 완성한 것이 오히려 명청의 지주전호제였기 때문이다. 따라서 『봉건제론』은 최종적으로 다음과 같은 시대구분을 제안한다.

전국진한(기원전 403-기원후 196): 전기 봉건제의 성장
위진남북조(196-581): 전기 봉건제의 쇠퇴
수당(581-907): 전기 봉건제에서 후기 봉건제로의 이행
송원명청(907-1840): 후기 봉건제의 성장
아편전쟁·중국혁명(1840-1949): 후기 봉건제의 쇠퇴

두 번의 순환을 나누는 기준은 지대율의 운동인데, 이미 지적한 것처럼, 중국봉건제의 지대율을 실증하는 것은 추후의 과제로 유보해야 한다. 물론 지대율의 운동을 추리하는 것이 아주 불가능한 것은 아닌데, 지대율의 하락에 대한 지주의 반작용으로서 토지겸병이 심화된 시대들을 역사적으로 확인할 수 있기 때문이다.

이제 각 시대의 제도적 특징을 정리해보자. 위의 시대구분은 전국시대부터 시작되는데, 노예제에서 봉건제로 이행한 계기로서 상앙의 변법에 주목하기 때문이다. 그것의 본질은 노예제의 집단노동을 봉건제의 개인노동으로 대체하는 생산관계의 변혁이다. 이렇게 생산관계가 변혁되면서 그것에 적합한 경제적·정치적 제도도 변혁되는데, 부계씨족공동체의 정전제가 남경여직·일가일호의 소농경제로 대체되는 동시에 종법제·분봉제가 율령제·군현제로 대체된다. 그 결과 제후는 귀족으로 대체되고 노예는 농노로 대체된다.[31]

---

30) 1930년대 이후 중국사회사 논쟁은 오타홍화(五朶紅花)라는 다섯 가지 쟁점을 중심으로 전개되었다. 그 중에서도 노예제에서 봉건제로의 이행이 가장 큰 쟁점이었는데, 『봉건제론』은 곽말약과 후외로를 따라 주왕조를 노예제로 해석한 백수이의 입장을 수용한다.

율령제·군현제는 봉건제의 두 번의 순환 전체를 특징짓는 가장 중요한 정치적 제도다. 물론 봉건제의 정치적 제도는 전기 봉건제에서 후기 봉건제로 이행하면서 계속 개혁되는데, 과거제·관료제 같은 능력주의·학력주의(meritocracy)의 도입이 대표적 사례다. 하지만 가장 주목할 것은 경제적 제도의 개혁인데, 상앙의 변법 이후로 소농경제의 성격을 계속 유지하면서도 전기 봉건제의 영호제가 후기 봉건제의 지주전호제로 진화한다. 그 결과 세가지주(귀족지주)는 관신지주(사대부지주)로 대체되고 농노는 소작농으로 대체된다.

전기 봉건제의 경제적 제도로서 진한의 영호제는 한무제 때 완성되었고, 지배적 지주형태는 세가지주였다. 영호제에서는 황토사상[32]에 따라 지대와 조세가 통일되었고, 최고지주로서 황제는 세가지주에게 영지와 농호(호적농민)의 분급이라는 형태로 수조권을 분급했다. 세가지주의 수조권은 황권에 기초한 세습적 특권이었으므로, 세가지주는 곧 귀족지주였다. 또 영호제의 농호는 토지에 결박된 농노였는데, 경제외적 강제로 인한 인신적 구속이 여전히 상당했다.

후기 봉건제의 경제적 제도로서 지주전호제는 송원에서 시작되어 명청에서 완성되었고, 지배적 지주형태는 관신지주였다. 송원에서는 품관지주가 지배적이었지만, 그것은 결국 향신지주라는 대중적 토대를 확보하여 명청의 관신지주로 완성되어야 했다.[33] 관신지주의 권리는 세습적 특권으로서 수조권이 아니라 경제적 소유권이었고, 황토사상이 약화되면서 지대와 조세가 분리되었다. 또 지주전호제의

---

31) 상앙의 변법이 추구한 경전일치 또는 병농일치의 원칙도 중요한데, 그 결과 농노는 노예와 달리 병역도 담당하게 된다.

32) 『시경』에는 '넓은 하늘 아래에 왕의 땅이 아닌 곳이 없고, 온 땅 끝까지 왕의 노예가 아닌 사람이 없다'라는 구절이 있다. 그런데 노예제에서는 '왕의 노예'가 강조된 반면 봉건제에서는 '황제의 땅'이 강조되었다. 바로 이것이 봉건제를 특징짓는 황토사상이다.

33) 송황조의 당쟁에서 사마광의 구법당이 품관지주를 대변했다면 왕안석의 신법당은 향신지주를 대변했다. 명황조의 구준은 왕안석의 신법을 비판적으로 수용하여 신유학에 적합한 경세학을 제시했는데, 이는 품관지주가 향신지주와 결합하여 관신지주로 변모된 현실을 반영했다.

전호는 토지로부터 점차 해방된 소작농이었는데, 경제외적 강제가 경제적 강제로 대체되면서 인신적 구속이 완화되었다.

위진남북조와 수당은 전기 봉건제의 쇠퇴기이자 후기 봉건제로의 이행기이므로 영호제와 지주전호제에 비해 불완전한 제도를 특징으로 한다. 이 시대에 지배적인 문벌지주는 진한의 세가지주가 해체된 결과일 따름인데, 지대율이 하락하면서 토지겸병이 심화되고 황토사상이 형해화된 현실을 반영한다. 이 시대의 제도를 영호제나 지주전호제와 구별하여 전주전객제라고도 부르는데, 전주가 문벌지주라면 전객은 문벌지주가 지배한 음부농민(호적에서 이탈한 농민)이다.

그런데 이런 경향이 일방적으로 관철되었다면, 중국도 유럽처럼 분권적 봉건제로 전락했을 것이다. 하지만 문벌지주의 토지겸병을 억제하고 황토사상을 다시 강화하는 시도가 출현하는데, 북조·수당의 균전제가 대표적이다. 물론 북조·수당의 균전제는 결국 송원명청의 지주전호제로 대체되지만, 중국봉건제의 분권화를 억제하고 전기 봉건제에서 후기 봉건제로의 이행을 매개했다는 역사적 의의를 간과할 수는 없다. 또 수당에서는 과거제를 토대로 하여 송원의 품관지주를 예고하면서 위진남북조의 문벌지주와 경쟁하는데, 이 또한 이 시대의 이행기적 성격을 잘 보여준다.34)

한편 토지국유제로서 영호제가 토지민유제로서 지주전호제로 진화하면서 발생하는 토지제도·조세제도의 변화에도 주목할 필요가 있다. 『봉건제론』에서 중국경세학사를 중국사에서 봉건제에 대한 설명 다음에 배치한 것은 이 때문이다. 우선 전기 봉건제에서는 토지제도와 조세제도가 긴밀하게 결합된다. 무엇보다도 영호제는 토지제도인 동시에 조세제도로서 황토사상에 따라 지대와 조세를 결합시켰다. 또 전기 봉건제의 조세제도는 수당의 조용조에서 완성되

34) 균전제를 보충하는 토지제도이자 군사제도로서 부병제도 중요한데, 이로써 노동지대에서 병역과 요역이 분리된다. 하지만 절도사(총독)의 군사적 토대로 기능하면서 당황조의 패망에 기여하고, 결국 당황조 중기에 모병제로 대체된다. 이러한 변화는 상앙 이래의 경전일치 원칙을 유지하는 가운데 농민 내부의 사회적 분업을 심화하는 과정으로 평가할 수 있다.

는데, 그것은 균전제 같은 토지제도를 전제하는 것이었다.

반면 후기 봉건제에서는 토지제도와 조세제도가 분리된다. 민간경제 차원에서 토지제도로서 지주전호제가 확립된 동시에 지대에서 분리된 조세를 효과적으로 수취할 수 있는 조세제도의 도입이 국가경제 차원에서 주요 과제가 된 것이다. 그 효시는 당황조 중기에 조용조를 개혁하기 위해 양염이 실시한 양세법이다. 그 후 명황조의 장거정은 양세법을 일조편법으로 대체하고, 청황조의 강희제는 일조편법을 지정은세법으로 완성한다.

이 과정에서 다음의 추세가 확인된다. 첫째, 토지국유제에서 토지민유제로 이행하면서 황토사상도 약화되는데, 왕부지는 '따라서 토지라는 것은 군주가 사사로이 얻은 것이 아니다'라는 비판을 제기하기도 했다. 물론 황토사상이 해체된 것은 아니지만, 이제 토지제도와 분리된 조세제도를 중심으로 재해석되었다. 둘째, 전기 봉건제에서는 생산물지대에 비해 노동지대가 과중하여 인두세의 비중이 절대적이라는 것이 항상 문제였는데, 후기 봉건제에서는 노동지대가 생산물지대로 대체되어 인두세가 토지세로 환원되었다.[35] 셋째, 전기 봉건제에서는 정전세를 비롯한 토지제도의 개혁이 계속 쟁점이었지만, 후기 봉건제에서는 그것의 복고주의적 성격이 인식되면서 조세제도의 개혁으로 초점이 이동했다. 토지제도에 대한 일체의 개입이 소멸한 것은 아니지만, 그것은 이제 과도한 토지겸병을 예방하는 몇 가지 소극적 조치로 축소되었다. 게다가 이마저도 지주전호제에서는 큰 의미가 없었는데, 명청의 지주전호제를 지탱한 것은 중소지주이자 재지지주로서 향신지주였기 때문이다.

이제까지 봉건제의 역사동역학의 관점에서 시대별로 가장 중요 제도에 대해 설명했다. 물론 각각의 시대의 생산양식과 사회구성체

---

35) 일조편법·지정은세법은 생산물지대를 화폐지대로 대체하는 시도이기도 했다. 하지만 『봉건제론』에서 비판한 것처럼, 화폐지대가 자본주의의 맹아로 귀결된 것은 아니었다. 일조편법·지정은세법은 오히려 지주전호제의 성장기에 적합한 조세제도였던 것이다. 게다가 유럽과 달리 중국에서는 화폐의 부족으로 인해 화폐지대가 소작농에게 불리하고 지주에게 유리했다.

에 대한 설명을 완성하려면 생산력을 비롯한 몇 가지 설명을 보충해야 한다.

우선 상앙의 변법으로 인해 생산관계가 변혁되고 또 두 번의 순환 동안 봉건제적 생산관계에 적합한 경제적·정치적 제도가 개혁되는 과정에서 봉건제적 생산력도 계속 발전했다는 사실에 주목해야 한다. 시대별로 자세한 내용은 『봉건제론』을 참고할 수 있는데, 상앙의 변법을 계기로 노예제적 생산관계가 봉건제적 생산관계로 변혁되면서 농업생산력도 비약적으로 발전할 수 있었다는 사실, 또 전기 봉건제가 후기 봉건제로 이행하는 과정에서 강남농업이 화북농업을 추격·추월했다는 사실을 특히 강조할 수 있다.[36)]

또 노예제가 봉건제로 변혁되면서 경제외적 강제에 동의적 요소가 추가되고, 봉건제가 두 번의 순환을 거쳐 진화하면서 경제외적 강제가 경제적 강제로 대체되는 동시에 경제외적 동의의 비중이 상승했다는 사실에도 주목해야 한다. 이 때문에 유가를 중심으로 한 중국사상사도 검토해야 하는 것이다. 자세한 내용은 『봉건제론』을 참고할 수 있는데, 노예제가 봉건제로 변혁되는 과정에서 기축시대의 역할이 결정적이었다는 사실, 또 전기 봉건제가 후기 봉건제로 이행하는 과정에서 한황조의 유학이 송황조의 신유학으로 진화한다는 사실을 특히 강조할 수 있다.[37)]

끝으로 중국봉건제가 유럽처럼 분권적 봉건제로 전락하지 않은 배경으로서 진한의 통일을 계기로 해서 한족(漢族)이 형성되었다는 사실에도 주목해야 한다. 또 아민이 강조한 것처럼, 한족의 형성은 표의문자로서 한자의 사용과 표리관계를 이루었다.[38)]

---

36) 이미 강조한 것처럼 봉건제의 대표적 생산수단은 토지이며, 그것을 절약하는 대표적 방법은 시비법의 발전을 통한 작부법의 발전이다. 그런데 중국에서는 이미 진한 때 시비법과 상경법이 도입된 반면, 한국에서는 려말선초에 와서야 도입된다. 유럽에서는 심지어 18세기에 와서야 도입되면서 무려 2000년의 생산력 격차를 보인다. 봉건제의 표준이 중국일 수밖에 없는 가장 분명한 경험적 근거는 여기에 있다.

37) 신유학은 도가·불교와의 논쟁에서 성리학으로 철학화되기도 하지만, 『봉건제론』은 오히려 경세사학을 중심으로 한 개혁에 주목한다.

서아시아봉건경제의 역사

『봉건제론』은 중국사에 이어 서아시아사를 분석하는데, 로마-비잔티움의 서아시아봉건제를 중국봉건제라는 표준에 대한 변이로 인식할 때 비로소 그 제도적·이데올로기적 특수성을 해명할 수 있기 때문이다. 물론 유럽사회학이 영미경제학의 변이는 아닌 것처럼, 로마-비잔티움의 기독교계시종교도 중국유가사상의 변이는 아닌데, 이러한 차이는 서아시아 기축시대의 특수성에 기인한 것이다.

사실 서아시아사는 중국사에 비해 연구 조건이 훨씬 열악하다. 무엇보다도 마르크스주의적 입장에서 서술된 서아시아통사가 없다는 것이 가장 큰 문제다. 앞으로도 이런 상황은 개선될 것 같지 않은데, 서아시아에는 중국화된 마르크스주의에 비견되는 이란화·아랍화·터키화된 마르크스주의가 없을 뿐만 아니라 심지어 아직도 이슬람을 고수하면서 부르주아 사상조차 거부하고 있다. 이는 마오의 중국화된 마르크스주의나 백수이의 중국통사를 가능케 한 중국유가사상·경세사학의 2000년 전통과 극명하게 대조된다.

서아시아에서는 5천년 전부터 메소포타미아 남부에서 관개농이 시작되면서 문명으로의 이행이 시작되었고, '비옥한 초승달지역'을 중심으로 노예제가 출현했다. 자세한 내용은 『봉건제론』을 참고할 수 있는데, 중국과 달리 유목민의 약탈전쟁으로 인해 복잡다단한 역사가 전개되었다는 특징을 지적할 수 있다. 또한 메소포타미아·이집트의 노예제가 중국의 노예제보다 더 발전하여 잉여생산물도 풍부했다고 추론할 수 있는데, 자본주의의 표준이 영미이고 봉건제의 표준이 중국인 것처럼, 노예제의 표준은 서아시아인 것이다. 세계사적 차원의 진화가 민족사적 또는 지역사적 차원의 진화와 일치하지 않

---

38) 백수이가 강조한 것처럼, 위진남북조수당은 동북의 소수민족이 화북에서 한족과 잡거(雜居)하면서 한화(漢化, 중국화)·봉건화되기 시작하는 시기였고, 이 과정은 송원에서 완료되었다. 또 여진족의 후예인 만주족의 청황조는 명황조의 결함을 해결하면서 지주전호제를 완성했다.

는다는 사실이 여기서 재확인된다.

기원전 8세기에 앗시리아에서 시작된 서아시아의 통일은 기원전 6세기에 이란의 아케메네스왕조에 의해 실현된다. 하지만 기원전 4세기에 그리스의 변방 마케도니아가 이란을 멸망시킨 다음 그 자신도 곧 세 왕조로 분열하면서 서아시아의 통일은 좌초한다. 이후 로마가 출현하고 파르티아-사산왕조에 의해 이란이 재건되면서 서아시아도 노예제에서 봉건제로 이행한다.

이란은 로마에 비해 알려진 것이 별로 없다. 『봉건제론』에서 정리한 것처럼, 파르티아왕조는 분권적 봉건제를 채택했고, 사산왕조는 봉건제를 집권화하면서 토지세·인두세를 도입했다는 것이 현재로서 설명할 수 있는 거의 전부다.

『봉건제론』은 통상적 설명과 달리 로마를 노예제가 아닌 봉건제로 인식하는데, 조세로서 지대라는 형태로 잉여생산물을 수취했기 때문이다. 하지만 진한에 비해 식민주의·중상주의가 지배적인 불완전한 형태였다. 로마봉건제의 핵심은 기원전 1세기에 정복한 이집트를 식민지로 경영하면서 공물을 수탈하는 동시에 정작 이탈리아 본토에서는 조세를 폐지한 것이었다.[39] 물론 이탈리아 본토에서는 정복민을 노예로 이용한 라티푼디움(플란테이션)도 운영되었지만, 그것은 포도·올리브·과일 같은 상업작물에 특화한 것이었다.

로마봉건제의 불완전성은 제도에도 반영되는데, 진한의 영호제, 율령제·군현제와 비교할 때 그 결함이 분명하게 부각된다. 방금 설명한 것처럼, 로마의 조세 겸 지대는 식민지 이집트에 집중된 반면 이탈리아에서는 면제되었는데, 게다가 이집트는 황제직할속주였으므로 피스크(*fisc*)는 국고이자 내탕고였다. 이처럼 로마는 재정국가(fiscal state)에 미달하는 직영지국가(domain/demesne state)였고, 로마 황제는 이집트를 수탈하여 시민에게 '면세권'과 '빵과 서커스'를 제공한 인민주의적 장군이었다.[40]

---

39) 로마는 이집트에 황제직할속주를 설치하고 총독과 조세청부업자를 파견했으며, 식민지 경영을 위해 프톨레마이오스왕조의 구제도도 온존했다.

서양법의 기원인 로마법은 입법(legislation)을 통해 제정된 공법(형법을 포함한 행정법)이 아니라 사법(司法, jurisdiction, 재판)을 통해 발전한 사법(私法, 민법)이었다는 사실에도 주목할 수 있다. 전현대 서양에서는 국가의 본질과 기능에 대한 법적 규정, 즉 헌법(constitution)이 부재했다는 사실을 이렇게 설명할 수 있다.

로마에는 봉건제에 적합한 이데올로기도 부재했다. 자연종교적 다신교가 여전히 지배적이었고, 헬레니즘(그리스철학·문학)은 국가의 관리와 무관한 엘리트적 취미였다.

중국을 통일한 진한과 달리 서아시아를 통일한 로마에서는 통일된 민족도 부재했다. 여기서 '국내제국'(domestic/overland empire)과 '해외제국'(overseas empire)을 준별할 필요성이 제기된다.

한편 『봉건제론』은 로마봉건제가 개혁되는 동시에 비잔티움봉건제로 이행하는 과정도 설명한다. 개혁의 양축은 디오클레티아누스·콘스탄티누스가 채택한 콜로누스(*colonus*, 농노)와 헤라클레이오스 왕조가 채택한 테마(*thema*)였다. 중국과 비교하자면 콜로누스제도는 균전제와 유사했고 테마제도는 부병제와 유사했다. 비잔티움은 북조·수당과 유사한 봉건제를 도입했던 셈이다.[41)]

물론 북조·수당과의 차이도 적지 않았다. 비록 중국에서도 이 시대에는 불교가 성행했지만, 동시에 유가의 개혁이 진행되면서 후기봉건제로의 이행을 준비했다. 반면 콘스탄티누스·테오도시우스 이래 국교로 채택된 기독교는 봉건제에 부적합한 통치이데올로기였고, 빈번한 내분과 왕조교체를 야기했다. 내분을 수습하고 200년의 전성기를 이끈 마케도니아왕조는 로마–비잔티움 역사상 최초로 문치를 실시하지만, 수당처럼 과거제·관료제를 채택한 것은 아니었다.

---

40) 반면 한황조의 조세는 원칙적으로 수리관개시설 같은 '사회간접자본'이나 국방에 지출되었다. 황제의 개인적 소비에 충당한 조세(山海池澤之稅, 산·바다·연못·진펄에서 걷는 조세)는 원칙적으로 별도로 징수·관리되었다.

41) 『봉건제론』이 강조한 것처럼, 소련사학계는 로마는 물론이고 비잔티움까지도 노예제로 인식했는데, 이에 대한 유력한 대안이 아민의 공납제적 생산양식 개념을 원용한 홀던의 비잔티움사였다.

11세기부터 셀주크투르크가 홍기하면서 아나톨리아에서 토지겸병이 진행되어 결국 콜로누스제도·테마제도는 해체되고 비잔티움봉건제는 쇠퇴한다.[42] 대신 이슬람을 재건한 오스만왕조가 비잔티움봉건제를 부분적으로 계승한다.

『봉건제론』은 7세기에 출현하여 로마와 이란 대신 서아시아를 지배하고 비잔티움을 압박한 이슬람의 역사도 간단하게 분석한다. 우선 우마위-압바스왕조의 봉건제는 로마처럼 불완전한 형태였다. 이란을 정복하면서 사산왕조의 영향을 받기도 했지만, 역시 이집트의 공물과 지중해의 무역에 의존하는 식민주의·중상주의가 지배적이었고, 메소포타미아에서는 흑인노예를 이용하여 면화·사탕수수 플란테이션을 운영했다. 마치 중국에서 당황조가 한황조를 재건한 것처럼, 이슬람도 로마를 재건했던 셈이다. 따라서 로마처럼 통일적 민족도 부재했다.

이슬람은 9세기에 맘루크(노예군인)가 득세하면서 10세기에 사분오열하는데, 이 점에서도 절도사(총독)의 할거로 쇠퇴한 당황조와 유사했다. 11세기에 셀주크투르크가 홍기하면서 일시적으로 재통일되지만 13세기에 대부분이 몽골족의 일칸국에 의해 정복된다. 이슬람은 16세기에 오스만왕조에 의해 재건되는데, 거의 동시에 이란에서는 사파위왕조가 창업되고 인도에서는 무굴왕조가 창업된다.

오스만왕조는 콜로누스제도·테마제도를 토대로 한 비잔티움봉건제를 부분적으로 계승하면서도 로마-이슬람의 전통에 따라 총독과 조세청부업자, 나아가 용병을 부활시켰다. 반면 무굴왕조는 인도에 봉건제를 이식하는 데 실패하고 마는데, 결국 힌두교와 카스트제도의 저항 때문이었다. 또 이란의 사파위왕조(이란족)는 오스만왕조와 유사했던 반면 그것을 계승한 카자르왕조(투르크족)는 무굴왕조와 유사했다고 할 수 있다.

---

42) 로마와 함께 비잔티움까지도 노예제로 인식한 소련사학계는 비잔티움의 쇠퇴를 오히려 노예제에서 (유럽적 의미에서의) 봉건제로의 이행으로 오해했다.

한국봉건경제의 역사

마르크스주의적 입장에서 서술된 한국통사로는 한국역사연구회의 『한국통사』(1992)가 있다. 이 책은 1980년대에 한국사회성격 논쟁과 평행적으로 전개된 한국사회사 논쟁의 맥락에서 한국사학을 전공하는 대학원생들이 생산양식·사회구성체의 관점에 따라 기존 연구성과를 정리한 것이다.

중국사회사 논쟁이 1930년대 곽말약의 작업에서 시작된 것처럼, 한국사회사 논쟁은 1930년대 백남운의 작업에서 시작되었다. 그것은 전현대 한국사의 시대구분을 중심으로 전개되었고, 또한 『자본』 3권의 토지국유제론의 수용 여부도 큰 쟁점이 되었다.

한국사회사 논쟁의 자세한 전개과정은 『봉건제론』을 참고할 수 있는데, 중국사회사 논쟁과 비교할 때 일제강점기와 한국전쟁을 거치면서 우여곡절이 많았다. 다만 전후 남한사학계에서는 김용섭이 사회경제사적 관점에서 백남운의 학통을 부분적으로나마 계승했고, 한국역사연구회는 그의 입장을 비판적으로 수용하여 민중민주(PD)론과 친화적인 한국통사를 집필했다. 그러나 초판이 출간된 지 20여년이 지난 오늘까지도 아직 개정판이 출판되지 않았는데, 마르크스주의의 위기가 심화되면서 사회성격 논쟁이나 사회사 논쟁의 성과가 형해화된 현실과 무관하지 않을 것이다.

『한국통사』는 백남운처럼 통일신라 이후에 봉건제가 출현했다고 인식하는 동시에 전석담처럼 한국사에서 노예제의 존재를 부정한다. 이러한 인식은 현재로서도 대체로 타당하다. 또 백남운은 한국봉건제의 표준으로서 고려왕조에 주목한 반면 전석담은 조선왕조에 주목했는데, 『한국통사』는 고려와 조선을 각각 봉건제의 발전기와 재편기로 인식한다. 하지만 『봉건제론』에서 제안한 것처럼, 전기 봉건제와 후기 봉건제라는 시대구분이 좀 더 정확할 것이다.

『한국통사』의 가장 큰 결함은 봉건제를 개념적으로 인식하지 못한다는 데 있다. 이는 사실 모든 한국통사에 공통되는 문제인데, 시대별로 어떤 용어가 등장하더라도 그것이 과연 한국사에 특수한 것인지 아니면 중국사에서도 발견되는 보편적인 것인지 불명확한 경우가 허다하다.

『봉건제론』은 중국사의 개념들을 한국사에 적용하여 이러한 결함을 해결할 수 있다고 제안한다. 이는 한국자본주의를 분석할 때 19세기 영국의 개인자본이나 20세기 미국의 법인자본과 비교하고, 또 20세기 일본의 독점자본(자이바츠·게이레츠)과의 관계를 설명함으로써 재벌의 보편성과 개별성을 인식할 수 있다는 것과 동일한 이치라고 할 수 있다.

한국사의 시작으로서 고조선은 사실 제정일치의 부족연맹이었다. 중국사와 비교하자면 전설상의 하왕조 정도다. 아직 계급적 생산양식이나 문명으로 이행하지 못한 것이었다. 하지만 한무제가 고조선을 정복하고 한사군을 설치한 것을 계기로 해서 한반도에서도 중국 봉건제를 이식하려는 노력이 점차 가시화되었다.

삼국시대는 중국의 전국시대처럼 일련의 변법운동을 특징으로 하는데, 한사군의 영향 아래 봉건제를 이식하여 부족연맹에서 봉건제로 이행하려는 시도로 점철되었다.[43] 하지만 삼국에서는 율령제의 실시에도 불구하고 골품제 같은 종법제가 여전히 지배적인 상황에서 군현제는 실시되지 못했다. 그만큼 부족의 세력이 강력했고 왕권은 취약했던 것이다.

심지어 통일신라의 봉건제도 진한의 봉건제와 유사하긴 하지만 아직 완전한 형태는 아니었다고 할 수 있다. 종법제적 성격의 골품제도 존속했던 통일신라의 녹읍제는 세가지주제적 성격의 영호제와 분봉제적 성격의 식읍제가 절충된 것이었다. 그나마 통일신라 말기에는 녹읍제가 쇠퇴하면서 문벌지주가 출현했고 결국 후삼국이 출현했는데, 이는 영호제가 쇠퇴하면서 문벌지주가 득세한 위진남북조와 유사한 상황이었다.

---

43) 전석담과 『한국통사』가 설명하는 것처럼, 한국사에서는 노예제의 부재, 원시공동체의 존속으로 인해 봉건제로의 이행이 그만큼 완만했다.

고려의 봉건제는 통일신라에 비해 더욱 진화하여 수당의 봉건제와 유사한 단계에 도달했다. 우선 과거제가 도입되고 관료제가 정비되었다. 나아가 녹읍제가 폐지되고 전시과제도가 실시되었는데, 다만 문벌지주제와 품관지주제를 절충한 것이었다. 또 군현제가 정비되는 동시에 부병제도 실시되었다.

12세기에 수조지겸병이 심화되면서 전시과제도가 붕괴되기 시작한 이래 무신정권기와 원간섭기 동안 문벌지주가 계속 고려를 지배했다. 다만 무신정권기에는 구래의 품관지주가 몰락하면서 지방관리 출신의 새로운 품관지주가 대두했는데, 그들이 향후 조선을 지배할 관신지주(사대부지주)의 기원이었다. 그들은 본래 경상도의 산곡을 개간하거나 전라도·기호지방의 해안을 간척하면서 점차 부상한 향신지주 출신이었다.

조선 초기의 과전제는 문벌지주를 혁파하기 위한 것으로서 송원의 품관지주제에 해당했는데, 전시과제도와 달리 경기도에 국한되어 삼남지방 향신지주의 기득권을 추인했다. 이는 려말선초에 이미 지주전호제가 출현하기 시작한 현실을 반영한 것이었다. 16-17세기에 사림파를 중심으로 전성기를 구가한 조선 중기의 지주전호제는 물론 명청의 관신지주제와 유사했다.

이처럼 중국사의 개념들을 한국사에 적용할 경우, 1000년에 걸친 한국봉건제가 2000년에 걸친 중국봉건제를 추격해온 과정을 일목요연하게 설명할 수 있다. 이 때 삼국·통일신라는 전국진한위진남북조, 고려는 수당, 조선은 송원명청에 해당한다. 따라서 통일신라를 전기 봉건제, 고려를 전기 봉건제에서 후기 봉건제로의 이행기, 조선을 후기 봉건제로 시대구분하는 것도 충분히 가능하다.

이제까지 중국봉건제에 대한 추격의 맥락에서 한국봉건제의 시대별 제도를 정리했는데, 물론 몇 가지 내용을 보충해야 한다.

우선 한국사에서 봉건제적 생산관계에 적합한 봉건제적 생산력은 려말선초부터 본격적으로 발전하는데, 중소지주이자 재지지주로서 향신지주의 주도 아래 삼남지방을 중심으로 시비법과 상경법이 도입되었고 이앙법도 시도되었다. 그리고 조선의 전성기인 16-17세기에는 시비법이 개선되는 동시에 이모작·윤작법이 확산되었다.

봉건제의 역사동역학을 완성하려면 지대율의 운동을 실증해야 하는데, 중국봉건제와 달리 한국봉건제에서는 이영훈의 조선후기 논농사 연구를 참고할 수 있다. 이에 따르면 조선농업은 18-19세기에 토지생산성·지대율의 지속적 하락을 경험했으므로, 16-17세기에는 토지생산성·지대율이 상승했다고 추론할 수 있다. 이는 결국 16-17세기가 조선의 전성기였음을 방증하는 것으로서 왜란·호란 양란을 거치고도 조선이 패망하지 않았던 이유를 해명하는 동시에 식민사관이 주장하는 유교망국론과 당쟁망국론의 허구성을 논파할 수 있는 근거가 된다.[44]

한편 한국유가사상은 중국유가사상의 변이인데, 기독교나 불교 같은 종교와는 무관한 선진적 '계몽사상'을 수용했다는 점에서 다른 민족에서는 발견할 수 없는 유례없는 성과였다. 다만 중국유가사상과 달리 경세사학을 발전시키지 못했다는 결함이 있었다.

삼국시대에 수입된 한국유가사상은 조선에서 비로소 통치이념으로 정착했는데, 조선유학사의 정점은 조광조의 경세학과 이황의 수양학을 비판적으로 계승한 이이의 경세학이었다. 그는 『동호문답』에서 조선의 중쇠기를 해결하기 위한 경장(更張, 개혁)으로서 지주전호제에 적합한 조세제도의 개혁을 제안했다.[45] 또 『성학집요』의 결론에서는 군신공치의 신권주의를 주장했다.[46]

---

44) 일제강점기의 식민사관에는 일선동조론과 만선동조론, 유교망국론과 당쟁망국론이 포함되었으나, 핵심은 후쿠다의 봉건제결여론과 조선정체론이었다. 신채호의 낭만주의적·국수주의적 민족사관은 물론이고 안확의 자유주의적·문화주의적 민족사관으로도 식민사관을 극복하기에는 역부족이었는데, 이러한 한계는 백남운과 전석담에 의해 비로소 지양되었다.

45) 이이는 인두세를 개혁하는 수미법(이후의 대동법)을 강조하면서 양전을 통한 토지세 개혁은 차후의 과제로 유보했다. 나아가 '10만 양병'을 위한 군역의 개혁(이후의 균역법)도 주장했다.

46) 이이는 치통(治統)과 도통(道統)을 결합한 군사(君師)는 이미 소멸된 이상이며 현실적으로는 치통과 도통이 분리되어 있으므로, 치통을 계승한 군주가 성현의 도통을 계승한 사유(師儒)를 등용할 것을 주장했다.

선조 때부터 이이를 추종하는 서인과 이황·조식·서경덕을 추종하는 동인의 붕당정치가 전개되는데, 서인은 신권주의를 주장한 반면 동인은 왕권주의를 주장한 것이 가장 중요한 차이였다.47) 반면 이이의 경세학은 동인에 의해 거부되는 동시에 심지어 서인에 의해서도 상대화되는데, 이처럼 이이의 학통이 단절된 것이 조선유학사의 아이러니였다. 결국 지주전호제에 적합한 일조편법·지정은세법 같은 조세제도에 대한 논쟁도 주변화되었다.

숙종 때 서인이 제기한 양전에 대한 남인의 사보타주는 지주전호제에 적합한 조세제도의 개혁이 결국 실패했음을 의미했다. 붕당정치를 일당독재로 변질시킨 숙종의 환국정치는 붕당 자체를 소멸시킨 영조·정조의 탕평정치를 거쳐 외척의 세도정치로 귀결되었는데, 이는 신권주의를 대체한 왕권주의의 필연적 결과였다.

기호남인의 실학도 나름대로의 경세학을 제시했지만, 조세제도의 개혁은 무시한 채 이상적 토지제도로서 정전제의 부활만 도모한 복고주의였을 따름이다. 게다가 지주전호제가 보편화된 상황에서 실행가능성이 없었고, 신권주의가 아니라 왕권주의를 전제했다.48)

기호남인의 한계는 경세사학을 통해 복고주의 역사관을 진화주의 역사관으로 대체하지 못한 한국유가사상의 결함을 반영한 것이었다. 예를 들어 한국사학사에서 최초의 정서체(政書體) 정사는 영조 때 관찬된 『동국문헌비고』였다. 그러다보니 전장(典章)의 발전에 따라 역사가 진화한다는 관점이 애당초 존재할 수 없었다.

그런데 『봉건제론』에서 강조한 것처럼, 더 근본적으로는 고구려주의와 신라주의의 논쟁으로 인해 한국사학사의 발전이 왜곡되었다

---

47) 이황이 성리학을 절대화했다면 조식·서경덕은 성리학을 상대화했으므로 동서분당은 사실 학통과 큰 상관이 없었다. 결국 이황의 제자들이 조식·서경덕의 제자들에게 축출되면서 남인과 북인으로 분열한다. 광해군 때 집권세력이었던 북인은 광해군을 부추겨 폐모살제를 감행하다가 인조반정으로 소멸하고, 이후에는 서인과 남인의 붕당정치가 전개된다.

48) 기호남인의 경세학은 이이의 경세학이 아니라 오히려 정도전의 경세학을 계승한 것이었는데, 그 특징도 역시 복고주의에 있었다. 또 정도전이 주장한 재상권도 신권주의와는 무관한 것이었다.

는 문제를 지적할 수 있다. 이런 논쟁은 심지어 일제강점기까지 지속되었는데, 신라주의를 비판하고 고구려주의를 복권시키기 위해 한국사를 만주의 부여족이라는 주족(主族)과 한반도의 한족이라는 객족(客族)의 투쟁으로 서술한 신채호가 대표적이었다.[49]

요컨대 한국유가사상에서는 신라주의와 고구려주의의 논쟁 때문에 경세사학이 발전하지 못했고, 그 결과 '한유부터 구준까지 한달음에 내달은' 이이의 눈부신 공적에도 불구하고 왕부지의 역사이론에 비견되는 성과는 부재했다. 이런 한계로 인해 마르크스주의의 발전도 그만큼 기형적·불구적이었다는 것이 『봉건제론』의 결론이다.

보론: 문학과 예술의 역사

『문학 비판』은 문학과 예술에 대한 마르크스주의적 관점을 정리하는 작업으로서 알튀세르의 포스트브레히트적 문학 비판을 모레티의 세계체계론적 분석이나 루카치의 역사소설론과 결합하여 역사과학에 적합한 마르크스주의적 문학·예술사를 재구성한다. 다만 그리스의 비극시부터 19세기 영국의 소설, 20세기 미국의 영화까지의 역사는 아무래도 서양을 중심으로 한 것이었으므로, 『봉건제론』은 중국문학사를 통해 『문학 비판』을 보충한다.

『봉건제론』에서 제시된 중국문학사는 물론 중국사상사에 평행하는 것이기도 하다. 노예제가 봉건제로 변혁되고 또 봉건제가 두 번의 순환을 거쳐 진화하는 과정에서 유가사상·경세사학의 역할을 간과할 수 없다면, 같은 맥락에서 문학의 역할에도 얼마간 주목할 필요가 있다. '문으로써 도를 싣는다'는 한유의 말처럼, 시가 대표한 중국문학은 유가의 사상감정을 표현하는 수단이자 교양(Bildung)이었다. 유학에 경학(경세학·수양학)이나 사학과 함께 사장학(詞章學), 즉 문학이 포함되었던 것은 이 때문이다.

49) 고구려주의의 허구성에 대한 자세한 비판은 『봉건제론』을 참고하시오.

서양문학·예술사

『문학 비판』에서 설명한 것처럼, 프로어는 마르크스로부터 '문학의 역사성' 개념을 원용한다. 마르크스는 특히 서양문학의 '달성불가능한 표준'으로서 그리스문학에 주목하는데, 그 중에서도 소포클레스의 비극시는 예술형식으로서 문학의 진정한 기원이다.

그리스의 비극시가 출현하는 배경은 고대 그리스의 전성기로서 기원전 490-480년 이란(페르시아)전쟁부터 기원전 431-404년 펠로폰네소스전쟁까지 고전고대 전기다. 비극시는 디오니소스축제(酒神祭)의 음주가무와 올림픽게임 같은 '생활예술'(헤겔)을 대체하면서 이란전쟁에서 승리한 폴리스시민의 관점에서 호메로스의 영웅신화를 재해석한다. 비극시를 '그리스 이데올로기'나 '폴리스 이데올로기'라고 부를 수 있는 것은 이 때문이다.

아리스토텔레스는 감정이입과 카타르시스 개념을 통해 비극시가 관객을 주체화하는 효과를 설명한다. 감정이입이 관객이 운명과 대결하는 주인공과 동일시하면서 연민과 공포를 느끼는 것이라면, 카타르시스는 극적 긴장이 해소되면서 연민 대신 평정, 공포 대신 용기를 회복하는 것이다. 연민과 공포를 통해 오히려 평정과 용기를 회복하므로, 이러한 과정을 동독요법에 유비할 수 있다.[50)]

마르크스가 주장한 것처럼, 그리스문학은 역사적으로 더 이상 생산될 수 없는데, 그것은 현대에 와서 영웅신화라는 소재가 소멸하기 때문이다. 물론 『문학 비판』에서 강조한 것처럼, 영웅신화나 이란전쟁에서의 승리는 그리스문학이 출현하는 필요조건일 따름이지 충분

50) 아리스토텔레스를 계승하는 헤겔은 비극을 서사시의 객관성과 서정시의 주관성의 결합으로 사고하면서 그 본질을 운명과의 대결로 인식한다. 그런데 '부정의 노동'으로서 변증법 자체가 비극적이므로, 이제 비극은 문학비평적 개념을 넘어 역사철학적 개념으로 승격된다. 비극적 영웅은 '진리의 순간'으로서 위기와 대결하는 '세계사적 개인', 즉 역사적 보편성과 개별성을 동시에 구현하는 개인이다.

조건은 아닌데, 폴리스적 직접민주주의라는 경험 또한 필요하기 때문이다.[51)]

하지만 마르크스가 강조한 것처럼, 그리스문학은 그 역사성 때문에 현대인에게 '예술적 쾌락' 또는 '영원한 매력'을 제공한다. 그래서 현대적 조건에서 그리스문학을 부활시키려는 시도가 반복되는데, 셰익스피어의 바로크주의 비극이나 괴테·실러의 '바이마르 고전주의'(계몽주의) 비극이 그것이다. 하지만 이들의 시도가 결국 실패하면서 19세기 영국에서는 리얼리즘 소설이 비극시를 대체하고, 급기야 20세기 미국에서는 멜로드라마화된 영화가 소설을 대체한다.

19세기의 헤게모니적 예술형식으로서 소설이 지향하는 리얼리즘이란 부르주아적 일상생활을 충실하게 재현한다는 의미다. 세계체계론적 관점에서 예술사를 분석하는 모레티는 소설 이전의 비극이 소멸하는 과정부터 장기19세기 동안 소설의 장르가 교체되는 과정, 그리고 소설이 소멸하고 영화가 출현하는 과정까지 일목요연하게 설명한다. 다만 『문학 비판』에서 비판한 것처럼, 그는 칸트적 미학관으로 인해 몇 가지 한계를 드러내는데, 리얼리즘 소설의 절정을 교양소설(성장소설)로 설정하면서 스코트의 역사소설을 무시하는 것이 대표적인 사례다. 『문학 비판』에서 루카치의 『역사소설』에 주목한 것은 이 때문이다. 이렇게 모레티와 루카치의 분석을 결합한다면, 19세기 영국의 리얼리즘 소설은 연애소설과 공포소설에서 출발하여 역사소설과 교양소설에서 절정에 도달했다가 탐정소설 같은 통속소설로 퇴화했다고 정리할 수 있다.[52)]

---

51) 미국식 영웅신화로서 서부개척이나 2차 세계전쟁의 승리에도 불구하고 헐리웃의 서부영화가 멜로드라마에 불과한 것은 미국적 간접민주주의로서 선거정치의 결함에 기인한다.

52) 루카치는 스코트의 역사소설이 역사적 경향성을 재현하는 '전형적 인물'을 통해 역사적 변혁의 주요한 계기를 반영한다고 주장했는데, 이것은 사실 마르크스의 입장이기도 했다. 스코트의 대표작 『웨이벌리』는 명예혁명으로 퇴위한 제임스(라틴어로는 자코부스) 2세의 후손을 복위시키려는 2차 자코바이트반란을 배경으로 봉건제에서 자본주의로의 이행과정에서 휘그당과 토리당의 갈등을 묘사했다.

리얼리즘 소설에 대한 대안으로 20세기 초에 등장한 모더니즘 소설은 반대중적인 엘리트적 전위소설일 따름이다. 그 결과 대중은 통속소설을 소비할 수밖에 없게 되는데, 교양이 아니라 오락이라는 관점에서 통속소설이 영화와 경쟁할 수는 없다. 결국 20세기에는 소설을 대신해서 영화가 새로운 헤게모니적 예술형식이 된다.

20세기 영화에 대한 모레티의 분석에 따르면, 헐리웃영화의 시장점유율 중 절반은 액션영화가 차지하며, 나머지 절반은 가족영화와 희극영화가 양분한다. 헐리웃영화 중 세계화에 성공한 것은 액션영화인데, 폭력으로서 액션에는 언어의 개입이 최소화되기 때문이다. 게다가 헐리웃은 2차 세계전쟁 이후에 보급되는 텔레비전 드라마와 경쟁하기 위해서라도 액션영화에 전문화할 수밖에 없게 된다. 하지만 멀티미디어의 확산 속에서 영화가 계속 주변화되면서 결국 소수의 블록버스터 액션영화를 제외하면 영화관은 일종의 '시사회장'으로 전락한다.

『문학 비판』은 멜로드라마의 보편화라는 관점에서 모레티의 분석을 한 단계 더 발전시킨다. 비극의 요소 중에서 아리스토텔레스가 가장 중시한 것이 인과관계로서 플롯인데, 멜로드라마에서는 플롯이 최소화되면서 선정적 명장면('미장센')과 도덕적 주제가 과잉된다. 멜로드라마의 본질은 선정주의와 도덕주의에 있다는 것이다.

그런데 멜로드라마의 보편화는 영화에만 국한되는 현상이 아니다. 미국식 선거정치 자체가 미디어를 동원하는 이미지 정치로서 인민주의라는 형태로 멜로드라마화되기 때문이다. 물론 이 과정에서도 영화와 신문을 대체하는 텔레비전의 역할이 중요하다.

1870년대 이후 영국경제가 불황기에 진입하면서 소설이 쇠퇴한 것처럼, 1970년대 이후 미국경제가 불황기에 진입하면서 영화도 쇠

그런데 『문학 비판』에서 강조한 것처럼, 리얼리즘 소설의 절정을 역사소설로 설정하는 루카치의 입장은 부르주아 경제학의 역사에 대한 마르크스의 입장과 유사하다. 1848년혁명 이후 영국 부르주아지가 보수화되면서 고전경제학이 소멸한 것처럼 역사소설도 마찬가지로 소멸했다는 것이 루카치의 인식인데, 이런 상황에서 그는 사회주의 리얼리즘을 제창한다.

퇴한다는 쟁점도 제기할 수 있다. 섹스와 죽음, 즉 육체에 대한 강박을 특징으로 하는 미국식 대중문화는 결국 과학과 예술의 결합으로서 문화의 소멸을 의미한다. 이 대목에서 계시종교의 도전에 취약한 미국식 대중문화의 또 다른 결함도 간과할 수 없다.

마르크스주의적 관점에서 소설을 비롯한 문학의 기능은 부르주아 이데올로기의 재생산에 있다. 물론 '이데올로기적 형식'으로서 문학을 비판하는 예외적 문학이 있는데, 알튀세르가 주목한 바 있는 브레히트의 '과학적 연극'이 그것이다. 하지만 알튀세르 자신이 지적한 것처럼, 예술적 비판과 과학적 비판은 구별해야 한다. 바로 이러한 문제의식에서 『문학 비판』은 문학사에 대한 과학적 비판, 즉 역사과학에 적합한 마르크스주의적 문학사의 재구성을 시도하면서 영화가 소설을 대체하는 20세기까지 분석을 확장한 것이다.[53]

하지만 스피노자가 갈파한 것처럼, 이데올로기에 대한 과학적 비판만으로는 부족하고 예술적 비판도 역시 필요하다. 특히 현정세처럼 경제적 모순이 이데올로기적 모순과 결합하기는커녕 오히려 멜로드라마가 보편화되는 상황에서는 평정심을 회복하기 위한 감정치료의 문제에 다시 주목할 필요가 있다.

그리스의 비극시가 서양문학에서 '영원한 매력'을 제공하는 '달성 불가능한 표준'인 이유는 아리스토텔레스가 강조한 카타르시스, 즉 감정치료의 기능 때문이다. 반면 역사소설과 교양소설로 대표되는 19세기 소설은 감정치료에 미숙한데, 대신 교양이나 오락이라는 기

53) 알튀세르의 포스트브레히트적 문학 비판은 르네(발리바르의 어머니)나 발리바르·마슈레의 작업으로 확장된다. 이들의 핵심적 문제의식은 문학사가 역사과학의 일부라는 것이다. 다만 이들이 역사과학에 적합한 문학사를 직접 제시한 것은 아니므로, 모레티의 세계체계론적 문학사나 루카치의 역사소설론에 주목할 필요가 있는 것이다.

참고로 『일반화된 마르크스주의 개론』은 『역사와 계급의식』을 중심으로 한 루카치의 소외론을 알튀세르적 이데올로기론에 따라 비판하는데, 이러한 관점은 현재로서도 여전히 타당하다. 『문학 비판』은 『역사소설』을 중심으로 한 루카치의 역사소설론이 알튀세르적 문학 비판과 양립할 수 있음을 인정하는 것일 따름이다.

능이 더욱 강조된다. 하지만 교양과 오락의 얼마간 불안정한 균형은 20세기 영화에서 오락 일변도로 퇴행하고, 심지어 정신적 쾌락으로서 오락이 육체적 쾌락에 굴복하는 작금의 사태에 이른다.

『역사학 비판』에 이어 『문학 비판』에서도 행복 개념을 재론했는데, 현대인은 두 가지 의미에서 불행하다고 할 수 있다. 성장의 한계 또는 정상상태가 초래하는 것이 객관적 불행이라면, 과학과 예술의 결합으로서 문화에 대한 무지는 주관적 불행이다.

마르크스가 강조한 것처럼, 문학을 비롯한 예술은 의식주에 대한 경제적·생리적 욕구와 구별되는 '특수하게 인간적인 욕구'로서 문화적 욕구와 관련된다. 문화적 욕구는 과학에 의해 충족되는 이성적 욕구와 예술에 의해 충족되는 감정적 욕구로 구성되는데, 이성과 그것에 적합한 감정을 결합하는 감정치료는 역시 과학이 아니라 예술의 기능이다. 『문학 비판』이 역사과학에 적합한 마르크스주의적 문학·예술사와 더불어 베토벤의 음악이라는 예술적 대안까지 강조하는 이유는 여기에 있다. 그리스의 비극시에 비견되는 또 하나의 '달성불가능한 표준'으로서 베토벤의 『합창』 교향곡을 통해 감정치료를 경험할 수 있기 때문이다.

중국문학사

그리스와 달리 중국에서는 문학이 발전하지 않았는데, 『시경』에서도 비극시는 발견되지 않는다. 영웅신화를 불신한 유가의 영향이 주된 원인일 것인데, 『논어』에 따르면, '공자는 괴력난신(怪力亂神)에 대해 말하지 않았다'.

대신 중국에서는 음악이 발전했다는 사실에 주목할 수 있다. 실제로 『논어』를 보면, 공자가 얼마나 음악을 좋아했는지 알 수 있는 구절이 아주 많다. 공자에게 음악은 단순한 취미가 아니다. 그가 말하는 군자는 학문(知), 감정(情), 의지(意)의 세 가지 인격, 즉 인(仁)을 도야한 선비인데, 이 때 학문은 진(眞), 감정은 미(美), 의지는 선(善)

이기도 하다. 군자가 되려면 진과 함께 미와 선도 알아야 한다는 것이 공자의 지론인데, 감정과 의지는 학문이 아니라 음악을 통해 배울 수 있다. 『논어』에 따르면, '시(詩)로 일어나고, 예(禮)로 서며, 음악(樂)으로 이룬다'는 것이다.

헤겔의 경우와 마찬가지로 공자의 사상도 비극적이다. '군자는 도(道)가 행해지지 않음을 이미 알면서도 출사하여 의(義)를 행한다'는 『논어』의 구절은 헤겔처럼 말해서 운명과 대결한다는 의미다. 반면 도가에서 말하는 은자(隱者)의 태도는 이와 정반대로 희극적인데, 헤겔처럼 말해서 풍자와 야유를 통해 운명을 초월한다는 의미이기 때문이다.

『봉건제론』에서 설명한 것처럼, 수당 이후에는 사학과 경세학을 중심으로 유가가 개혁되는 동시에 문학도 발전한다. 먼저 당황조 전성기인 8세기에는 이백의 낭만주의 시와 두보의 현실주의 시가 출현한다. 『시경』의 전통을 계승한 이들의 시는 전국시대 초 출신 굴원의 사(辭)와 한황조의 부(賦)의 전통을 계승한 위진남북조의 사부를 대체하는 것인데, 본래 운문인 시와 달리 사부는 산문화된 운문이었다. 또 백거이는 민요를 모방한 사(詞)를 발전시켰는데, 아직은 연애감정을 표현하는 유행가 가사가 대부분이었다.

그 후 한유와 유종원은 위진남북조의 변려문을 대체하고 선진(先秦)과 양한(兩漢)의 경학과 사학에서 사용된 산문을 복권시키는 고문운동을 창도한다. 사부와는 반대로 운문화된 산문인 변려문이 대구 같은 형식을 강조한 화려체였던 반면 고문은 사상감정 같은 내용을 강조한 소박체(건조체)였다. 또 문언문(文言文, 문어체산문)이면서도 백화문(白話文, 구어체산문)과 친화적인 고문은 송원에서 산문문학이 발전하는 계기가 되었다.

송황조에서는 구양수와 그의 제자 증공, 삼소(소순과 그의 아들인 소식·소철), 왕안석이 한유·유종원의 고문운동을 계승하는데, 이들은 당송팔대가로 불렸다. 또 연애감정이 아니라 사상감정을 표현하는 사도 출현하는데, 범중엄의 「악양루기」 중에서 '세상 사람에 앞서 걱정하고 세상 사람의 뒤에 즐긴다'는 구절이 유명했는데, 여기서 '선우후락'(先憂後樂, 앞서 걱정하고 뒤에 즐긴다)는 사자성어가 유래했다. 그 후 소식이 발전시킨 사에서는 결국 시와의 차별성이 거의 소멸하게 되었다.

명황조 때는 고문이 팔고문(八股文)이라는 과거용 문체로 퇴보하고 운문에서도 별다른 발전이 없었다.[54] 대신 패관(稗官)의 후예인 소설가가 송원에서 발전한 산문문학을 사대기서로 발전시키면서 순자가 말한 소가진설(小家珍說), 즉 소설을 부활시킨다.

먼저 나관중의 역사소설 『삼국지연의』와 시내암의 무협소설 『수호전』이 출현하고, 그 후 오승은의 신마소설 『서유기』와 소소생의 연애/색정소설 『금병매』가 출현한다. 이들은 문언문이 아니라 백화문을 사용했는데, 『삼국지연의』의 소재는 역사였고, 『수호전』과 『서유기』의 소재는 민간전설이었으며, 『금병매』의 소재는 허구화된 일상생활이었다.

청황조 때는 허구화된 일상생활을 소재로 한 소설이 더욱 발전한다. 먼저 조설근의 교양소설(성장소설) 『홍루몽』이 『금병매』를 대체하는데, 주인공이 결혼에 실패하고 출가한다는 불교·도가적 결말로 인해 '불완전한' 교양소설이었다. 또 오경재의 풍자소설 『유림외사』는 유가사상의 폐해를 고발하는데, 『서유기』와 『금병매』의 풍자적 요소를 계승하는 동시에 노신부터 시작되는 현대소설을 예상하는 것이기도 하다.

중국 현대문학의 창시자인 노신은 신해혁명기의 사학자 장병린의 제자인데, 손문·황흥과 함께 '혁명삼존'이던 장병린이 결국 불교로 귀의한 반면 노신은 마르크스주의로 전향한다. 진독수가 주장한 문학혁명론에서 곽말약이 주장한 혁명문학론으로 이행한 것이다. 그러나 노신은 주로 잡문(수필)을 집필했는데, 사회주의 리얼리즘에 적합한 소설은 모순의 『자야』(子夜, 한밤중)였다.

---

54) 다만 이몽양·하경명과 이반룡·왕세정이 '진한의 산문과 성당의 운문을 본받자'는 문체반정을 시도하기도 한다.

모레티는 2007년 논문에서 '왜 소설은 중국에서 먼저 출현했음에도 불구하고 유럽에서 발전했는가'라는 질문을 제기한다. 그의 주장에 따르면, 중국소설은 명황조 때 이미 사대기서라는 정전(正典, canon)을 성취했음에도 대중에게는 너무 심각했기(serious) 때문에 결국 발전하지 못했다. 사상감정을 표현한 시나 사와 경쟁하려면 어쩔 수 없었다는 것인데, 한 줄 걸러 주석이 달린 『삼국지연의』가 대표적이었다. 반면 비극시를 대체한 19세기 유럽소설은 대중적 소일거리(Zerstreuung)로 성공할 수 있었다는 것이다. 하지만 동일한 이유로 인해 유럽소설이 결국 엘리트적 전위소설과 대중적 통속소설로 분화한 반면 중국소설은 사회주의 리얼리즘 소설로 진화할 수 있었다는 것이 바로 『봉건제론』의 반론이다.[55)]

55) 한국문학사와 일본문학사에 대한 보충 설명은 이 책에 수록된 「부록: 공감개론신서 교정표」에서 『봉건제론』의 별지를 참고하라.

2007-13년 정세분석

박 상 현

서론

『2007-09년 금융위기』와 『2007-09년 금융위기 논쟁』, 그리고 그것들에 후속하는 『2010-12년 정세분석』은 1930년대 대불황 이래 최대의 경제위기로 기록된 2007-09년 금융위기의 원인, 전개과정 및 정책대응, 그리고 위기 이후의 정세를 분석한다. 또 『금융위기와 사회운동노조』는 금융위기라는 객관적 조건에 적합한 주체적 조건으로서 사회운동노조에 대한 분석을 제시한다.

2007-09년 금융위기가 발생한 직후부터 진행된 이러한 정세분석 작업은 금융위기라는 구체적 정세에 대한 구체적 분석 속에서 일반화된 마르크스주의의 유효성을 확인한다. 즉 마르크스의 경제학 비판을 20세기 미국자본주의의 역사동역학에 대한 분석으로 일반화함으로써 금융위기의 원인으로서 신자유주의적 금융세계화의 모순을 인식할 수 있다는 것이다. 이런 측면에서 2007-13년 정세분석은 마르크스적 분석을 단순히 정치적 선언으로 대체하는 대부분의 좌파적 입장과 구별된다.

이와 동시에 2007-13년 정세분석은 금융위기와 그 이후의 상황에 대해 마르크스주의적 관점에서 쟁점을 제기한다. 마르스주의에서 정세(conjuncture)는 일차적으로 경제정세를 의미하지만, 여기서는 알튀세르의 제안에 따라 경제정세에 대한 분석에 이데올로기정세에 대한 분석을 추가한다. 경제정세가 이행의 객관적 조건이라면 이데올로기정세는 이행의 주체적 조건으로 이해될 수 있기 때문이다.[1)]

---

1) 과천연구실은 지난 10년 동안의 작업을 통해 생산양식과 주체화양식이라는 두 개의 원인론에서 구조와 제도의 결합으로서 체계론으로 이행한다. 그러나 주체적 조건으로서 이데올로기정세에 대한 분석은 여전히 유효하다. 오히려 체계론이라는 새로운 관점에서 주체적 조건과 관련하여 이념뿐만 아니라 노조 같은 제도에 대한 분석도 보완할 수 있다.

나아가 경제정세와 이데올로기정세의 관계에 대해서도 사고할 수 있다. 경제적 모순과 이데올로기적 모순이 해후하여 혁명적 정세가 전개되는 정세의 과잉결정(overdetermination)뿐만 아니라 그런 해후가 결여된 정세의 과소결정(underdetermination)도 존재하는 것이다. 특히 2007-13년 정세는 금융세계화의 모순이 폭발해서 금융위기가 전개되는 객관적 조건 속에서도 그것이 이행을 추동할 수 있는 주체적 조건과 결합되지 못하는 과소결정을 특징으로 한다. 즉 20세기 자본주의의 구조적 위기에도 불구하고 그것을 변혁할 세력이 사실상 부재한 것이다. 이런 상황에서 마르크스적 사회운동을 재개하기 위한 방안으로 평의회라는 이념적 대안뿐만 아니라 사회운동노조라는 제도적 대안이 제시되는 것이다.

여기서는 먼저 『일반화된 마르크스주의 개론』과 『2007-09년 금융위기』를 중심으로 2007-09년 금융위기의 역사적 배경이라고 할 수 있는 금융세계화에 대한 분석을 요약한다. 또 『역사적 마르크스주의: 이념과 운동』을 중심으로 대안세계화운동과 공산주의의 재건 및 대안좌파의 건설을 분석한다. 그리고 정세분석 3부작, 즉 『2007-09년 금융위기』, 『2007-09년 금융위기 논쟁』, 『2010-12년 정세분석』을 중심으로 2007-13년의 경제정세와 이데올로기정세에 대한 분석을 검토한다.[2] 자본주의의 위기로서 신자유주의의 위기가 공산주의의 재건과 대안좌파의 건설이 아니라 오히려 그것의 위기와 결합되는 정세의 과소결정이 특히 문제가 된다. 그리고 이 같은 과소결정 상황에서 미국은 경제위기로부터 완전히 회복되지 않은 채 '태평양으로의 선회'를 통해 지역화 전략을 추진하는데, 2007-09년 금융위기 이후의 정세에 대한 분석은 이에 대한 전망을 포함한다.

---

2) 2013년 정세에 대한 좀 더 자세한 분석은 보론으로 수록된 '2013년 정세분석'을 참고할 수 있다.

금융세계화와 대안세계화

『2007-09년 금융위기』와 『2007-09년 금융위기 논쟁』은 2007-09년 금융위기에 대한 마르크스주의적 분석을 제시한다. 정세에 대한 이 같은 즉각적인 개입이 가능했던 것은 『일반화된 마르크스주의 개론』 이래 지속적으로 과천연구실이 미국 자본주의의 역사동역학에 대한 분석과 신자유주의적 금융세계화에 대한 비판을 구체화해 왔기 때문이다. 또한 과천연구실은 『역사적 마르크스주의』 이래 지속적으로 대안세계화운동이라는 맥락에서 공산주의의 재건과 대안좌파의 건설을 모색해왔다.

금융세계화와 미국경제의 이중적자

미국경제의 역사동역학

2007-09년 금융위기에 대한 마르크스주의적 분석은 『자본』에서 제시된 자본주의의 운동법칙을 20세기 미국경제에 대한 분석으로 일반화하는 작업에 근거한다. 그것은 특히 『일반화된 마르크스주의 개론』에서 제시된 바 있는 미국경제에서 이윤율의 운동에 대한 분석을 전제로 한다. 2007-09년 금융위기는 단순한 순환적 위기가 아니라 자본생산성·이윤율이 하락하고 고정자본의 성장이 한계에 근접하는 구조적 위기의 성격을 내포하기 때문이다.

『일반화된 마르크스주의 개론』에서 제시된 미국경제에서 이윤율의 이론궤도와 현실궤도에 대한 분석은 『2007-09년 금융위기』에서도 그대로 활용된다. 이윤율의 장기적 추세를 예측하는 이론궤도는 1965년을 정점으로 해서 대칭적인 형태를 취하는 상승과 하락의 운동으로 요약된다. 즉 미국경제에서 이윤율의 운동은 1910년대부터 1960년대까지 50년 동안의 상승과 1970년대 이후 50년 동안의 하락으로 구성되는 100년 주기의 순환으로 표현되는 것이다.[3] 이 같은 이론궤도를 결정하는 것은 물론 기술혁신이다. 즉 1965년 이후 불황기를 특징짓는 이윤율의 하락 추세는 수익성 있는 기술혁신의 부재로 인한 것이다.

이 같은 하락 추세에 대한 반작용으로 1980년대부터 1997년까지 현실궤도의 이윤율이 반등한다. 1997년에 1970년 수준에 도달한 이윤율은 또다시 1973-75년 수준까지 하락하며 이후에도 1970년 수준과 1973-75년 수준 사이에서 등락을 거듭한다. 즉 이론궤도와 분기하는 현실궤도에서 이윤율의 운동은 일시적인 상승에도 불구하고 결코 1965년 수준을 회복하지 못한다.

『일반화된 마르크스주의 개론』에서 이미 지적한 것처럼, 현실궤도에서 이윤율의 반등이 한계를 갖는 이유는 그것을 주도한 것이 실물경제가 아니라 금융이기 때문이다. 『2007-09년 금융위기 논쟁』은 이를 명확히 하기 위해 기술혁신과 금융혁신을 대비시킨다. 1980년대 이후 미국경제는 기술혁신이 아니라 금융혁신에 주력한다. 그 결과 산업과 상업 같은 실물경제에 대한 금융의 우위, 즉 금융화가 진전된다. 이런 관점에서 볼 때, 1965년 이후 미국경제는 이윤율이 하락하면서 장기적 추세에서 불황기에 진입하지만 1980-2000년대에는 금융화를 통해 일시적으로 이윤율이 상승하는 '벨 에포크'를 경험한 것으로 분석될 수 있다.

금융세계화

『일반화된 마르크스주의 개론』에서 설명한 것처럼, 20세기 미국경제의 금융화는 19세기 영국경제의 금융화와 달리 미국경제의 초민족적 성격을 반영하면서 초민족적인 차원에서 전개된다. 즉 미국경제의 금융화는 세계화와 결합되어 금융세계화라는 형태를 띠는 것이다. 또 자본수출을 특징으로 하는 19세기 영국경제의 금융화와

3) 미국경제에서 이윤율의 운동은 이 책에 수록된 「역사학 비판」을 참조할 수 있다. 20세기 미국경제의 역사동역학과 그것을 둘러싼 이론적 논쟁에 대해서도 역시 「역사학 비판」을 참조하시오.

달리 자본수입을 특징으로 하는 미국경제의 금융화는 이중적자라는 고유한 문제를 낳는다. 금융위기의 원인을 분석하고 그 이후의 정세를 전망하기 위해서는 이에 대한 분석이 필수적이다.

금융세계화가 전개되는 과정을 구체적으로 분석하기 위해서는 미국경제의 평균이윤율을 금융의 이윤율과 실물경제의 이윤율로 분해하고 양자의 격차에 주목할 필요가 있다. 1970년대에 평균이윤율이 하락하는데, 금융의 이윤율이 실물경제의 이윤율보다 좀 더 급격하게 하락한다. 그 결과 금융의 이윤율이 실물경제의 이윤율을 하회하게 되고 이런 이윤율 격차를 극복하려는 시도로서 금융세계화가 개시되는 것이다. 특히 1970년대 초에 브레튼우즈 체제가 붕괴하고 미국의 초민족은행이 런던의 유로달러시장으로 진출하면서 금융세계화가 예고된다.4)

금융세계화의 초기단계인 1980년대에는 평균이윤율이 상승해서 불황기 초기단계인 1974-75년 수준을 회복하는데, 이 과정에서 금융의 이윤율이 실물경제의 이윤율보다 좀 더 빨리 회복된다. 즉 1980년대에는 금융의 이윤율이 실물경제의 이윤율에 거의 수렴하고 양자의 격차가 거의 소멸하는 것이다. 이 시기에 런던의 유로달러시장으로 진출했던 미국의 초민족은행은 뉴욕의 증권시장으로 귀환하고 은행업과 증권업을 결합하는 겸업화가 출현하면서 은행과 증권회사의 구별도 점차 소멸한다. 또 증권시장의 성장을 배경으로 주주가치의 최대화를 요구하는 주주행동주의가 등장하면서 초민족기업 자체도 금융화된다. 나아가 1980년대 이후 케인즈주의를 역전시키는 신자유주의적 경제정책이 출현하여 금융의 우위를 지지한다.

4) 『일반화된 마르크스주의 개론』은 1980년대 신보수주의와 1990년대 신자유주의의 차이를 강조하기 위해 은행 중심의 신보수주의적 금융세계화와 증권시장 중심의 신자유주의적 금융세계화를 구별한다. 그러나 『2007-09년 금융위기』에서는 1970년대를 금융세계화의 맹아로 규정하고 1980년대를 과도기 또는 초기단계로 규정한다. 금융세계화는 1990년대에 본격화되어 2000년대에 완성되는 것으로 서술되는데, 이러한 시기구분은 1990년대에 금융세계화와 함께 그에 적합한 '세계적 통치성'을 확보하기 위한 군사세계화가 평행적으로 출현한다는 세르파티의 시기구분과 일치한다.

1990-2000년대는 금융의 이윤율이 실물경제의 이윤율을 상회하면서 평균이윤율을 상승시키는 금융세계화의 성숙단계다. 이 시기에는 겸업화가 본격적으로 전개되고 글래스-스티걸은행법을 공식적으로 폐지하는 금융서비스현대화법이 제정된다. 또한 정보통신기술과 관련된 나스닥을 중심으로 신경제거품이 형성된다. 그러나 2001년에 신경제거품이 붕괴한 것을 계기로 금융세계화의 새로운 양상이 출현한다. 2001년에 평균이윤율이 1973-75년 수준으로 다시 하락하고 1990년대 동안 평균이윤율의 상승을 주도한 금융의 이윤율이 또다시 실물경제의 이윤율로 수렴하자 금융의 이윤율을 회복시키기 위해 주택시장과 증시를 결합하는 새로운 금융혁신이 전개되는 것이다. 결국 2000년대는 노동자계급까지 포함하는 광범위한 대중적 기초를 갖는 주택시장을 증시와 결합시킴으로써 금융세계화를 완성하는 셈이다.

미국경제의 이중적자

『일반화된 마르크스주의 개론』과 그에 후속하는 작업들은 금융세계화의 또 다른 측면으로 미국경제의 이중적자, 즉 무역적자와 재정적자라는 현상에 주목한다. 특히 2000-01년에 나스닥시장이 붕괴하고 9·11테러가 발생하면서 이중적자의 중요성이 부각되는데, 2003년에는 무역적자가 국민소득의 5% 수준으로 증가하고 재정적자도 5% 수준으로 증가한다. 그리고 이 같은 이중적자와 표리관계를 형성하는 것이 증시를 통한 자본수입이다.

유럽, 라틴아메리카, 동아시아의 국가들은 미국으로 자본을 수출함으로써 미국의 이중적자를 지속시키는데, 그 중에서 가장 중요한 것은 역시 동아시아 국가들이 수출달러를 환류시키는 메커니즘이다.[5] 미국경제가 금융화된 이후 일본과 중국 같은 동아시아 국가들

5) 금융세계화가 전개되는 과정은 동시에 지역적 차원에서 금융위기가 확산되는 과정이기도 하다. 다만 금융위기의 구체적 형태는 변모하는데, 1980년대 라틴아메리카 신흥공업국의 외채위기와 1990년대 동아시아 신흥시장

은 미국에 상품과 자본을 동시에 수출한다. 미국에 대한 상품수출을 통해 성장한 동아시아경제는 그런 성장을 지속하기 위해 수출로 획득한 달러를 재무부증권을 매입하는 방식으로 미국에 환류시킬 수밖에 없다. 달리 말해 미국이 동아시아로부터 상품도 수입하고 자본도 수입하면서 이중적자가 누적되는 것이다.

이 같은 현상이 지속될 수 있는 이유는 물론 미국이 세계화폐로서 달러를 발행하면서 발권이익(seigniorage)을 누리고 있기 때문이다. 브레튼우즈 체제가 붕괴된 이후 더 이상 달러는 금으로 태환되지 않으며 또한 환율도 고정되어 있지 않기 때문에 미국은 거의 아무런 제약 없이 달러를 발행할 수 있다. 그럼에도 불구하고 달러는 여전히 세계화폐로 사용되고 있다. 그 결과 미국은 달러로 표시된 재무부증권을 발행함으로써 동아시아로부터 수출달러를 수입할 수 있는 것이다. 그러나 달러 발권이익과 이중적자가 무한히 지속될 수는 없으며, 이 때문에 2007-09년 금융위기에 대한 분석은 미국의 재정위기·달러위기의 가능성과 함께 이중적자를 지지해온 동아시아 수출달러의 환류 메커니즘에도 주목해야 한다.

대안세계화와 공산주의의 재건

1990년대 이후 금융세계화가 본격화되는 동시에 그것에 평행하여 군사세계화가 전개되는 것에 대응해서 1990년대 말부터 대안세계화 운동도 가시화된다. 이에 따라 『역사적 마르크스주의: 이념과 운동』은 대안세계화운동이라는 맥락에서 마르크스주의가 부활할 수 있는 가능성과 현실성, 즉 대안좌파를 건설하고 공산주의를 재건할 수 있는 가능성과 현실성을 모색한다.

의 외환위기가 그것을 대표한다. 또 이 같은 금융위기는 미국으로의 자본도피를 야기함으로써 미국경제의 이중적자가 지속되는 데도 기여한다. 수출달러의 환류와 구별되는 미국으로의 자본수출의 중요한 형태는 유럽, 라틴아메리카, 동아시아로부터 자본도피다.

대안세계화

1999년에 미국의 시애틀에서 전개된 세계무역기구(WTO) 반대투쟁을 계기로 해서 전세계적으로 결집된 사회운동은 2001년에 브라질의 포르투 알레그레에서 세계사회포럼(WSF)을 출범시킨다. 세계사회포럼은 대안세계화운동의 이념을 '또 다른 세계는 가능하다'는 구호로 압축한다. 이런 관점에서 『역사적 마르크스주의』는 사회운동이 주도하는 아래로부터의 세계화에 주목하고 그것을 부르주아 언론에서 사용하는 반세계화(anti-globalization)라는 용어가 아니라 대안세계화(alter-globalization)라는 새로운 용어로 지칭할 것을 제안한다.

나아가 『역사적 마르크스주의』는 마르크스가 『공산주의자 선언』에서 제시한 사회주의에 대한 분류법을 원용해서 대안세계화운동 내부의 다양한 경향을 분류한다. 먼저 반세계화라고도 불릴 수 있는 퇴보적인 대안세계화운동이 존재한다. 이들은 모종의 인민주의 또는 공동체주의를 자신의 정치이념으로 채택한다. 또 부르주아적이거나 프티-부르주아적인 대안세계화운동도 존재한다. 이들은 자본이 주도하는 세계화를 '인간의 얼굴을 가진 세계화'로 개량할 수 있다고 주장한다. 그 결과 이들은 진보주의 또는 코퍼러티즘을 자신의 정치이념으로 채택한다. 마지막으로 프롤레타리아적 대안세계화운동도 존재하는데, 여기에는 네그리주의 같은 아나키즘적 경향도 있고 이탈리아의 공산주의재건당과 제4 인터내셔널 같은 마르크스주의적 경향도 있다.

『역사적 마르크스주의』는 특히 마르크스주의적인 대안세계화운동을 1980-90년대 마르크스주의의 위기를 극복할 수 있는 결정적인 계기로 간주한다. 예를 들어 이탈리아의 공산주의재건당은 사회운동적 마르크스주의를 부활시키려는 시도를 대표하고, 제4 인터내셔널의 트로츠키주의 정통파는 정당적 마르크스주의를 변모시키려는 시도를 대표하는데, 양자는 대안세계화운동을 매개로 결합된다.[6] 즉 대안세계화운동을 통해 마르크스주의를 이론적·실천적으로 쇄신할 수 있는 가능성이 출현하는 것이다.

공산주의의 재건과 대안좌파의 건설

1990년에 이탈리아공산당(PCI) 내에서 시작된 공산주의재건운동(MRC)은 이탈리아공산당이 1991년에 좌파민주당으로 당명을 변경한 이후 독자적인 정당의 건설로 발전한다. 특히 공산주의재건운동은 잉그라오 좌파와 제1노총(CGIL)의 지도자 베르티노티가 1993년에 입당하고 1994년 2차 당대회에서 총서기로 선출된 이후 의회선거에서 성공을 거두면서 일대 전기를 맞이한다.[7)]

베르티노티 그룹은 1999년의 4차 당대회를 계기로 다수파의 재구성을 시도하는데, 제4 인터내셔널을 대표하는 마이탄 그룹도 여기에 참여한다. 2002년의 5차 당대회에서 베르티노티 그룹과 마이탄 그룹은 공산주의재건당의 쇄신, 즉 역사적 마르크스주의의 쇄신을 시도하는 다수파 테제를 제출한다.[8)] 그리고 같은 해에 출범한 1차 유럽사회포럼에서 베르티노티는 다수파 테제를 발전시킨 자신의 테제를 발표한다.

다수파 테제와 베르티노티 테제는 대안세계화운동과 결합해서 공산주의를 재건할 것을 제안한다. 대안세계화운동과 결합하기 위해서는 무엇보다도 레닌의 제국주의론을 20세기 미국자본주의에 대한 분석에 기초하는 세계화론으로 대체할 필요가 있다는 것이다. 나아가 9·11 이후의 세계화를 경제위기와 무한전쟁을 동반하는 세계화의 두 번째 단계로 규정하면서 대안세계화운동과 반전·평화운동의

---

6) 또한 『역사적 마르크스주의』는 세계사회포럼의 사회운동국제총회를 주도하는 다섯 개의 핵심조직, 즉 프랑스의 아탁, 태국의 글로벌사우스, 브라질의 노총과 무토지농민운동, 그리고 캐나다의 세계여성행진에 주목한다.

7) 1990년 이전의 이탈리아공산당과 제1노총의 역사에 대해서는 이 책에 수록된 「일반화된 마르크스주의」를 참조할 수 있다.

8) 그리고 다수파의 일부를 구성하는 구좌파 에르네스토 그룹은 다수파 테제의 일부에 반대하는 다수파 수정 테제를 제출하고, 소수파를 구성하는 구좌파적 트로츠키주의 그룹은 소수파 테제를 제출한다.

결합을 옹호할 필요도 있다.

또한 다수파 테제와 베르티노티 테제는 스탈린주의에 대한 발본적인 비판이 필요하다고 주장한다. 동시에 노동자계급의 중심성을 폐기할 것을 제안하는데, 그것은 노동자운동의 소멸을 주장하는 것이 아니라 코퍼러티즘을 지양하고 사회운동으로 변모하는 새로운 노동자운동을 옹호하는 것이다. 이 같은 노동자운동의 변모는 공산주의의 재건을 위한 대중적 토대로 이해될 수 있다. 나아가 대안세계화운동 속에서 노동자운동을 비롯한 다양한 사회운동을 강화하는 방향으로 공산주의재건당을 쇄신한다는 입장이 제시된다.

여기서 공산주의의 재건이 공산당의 재건을 의미하는 것이 아니라는 사실에 주목할 필요가 있다. 다수파 테제는 오히려 전위당 개념의 폐기와 함께 공산주의자에 대한 새로운 정의, 좀 더 정확하게 말해서 『공산주의자 선언』에서 제시된 공산주의자에 대한 정의로 복귀할 것을 제안한다. '공산주의자는 다른 노동자당에 대립하는 특수한 정당이 결코 아니다'라는 『공산주의자 선언』의 테제에 따르면, 공산주의자는 공산주의재건당뿐만 아니라 다양한 정당 속에 산개해서 존재할 수 있다. 나아가 '정당 없는 공산주의자', 즉 사회운동 속에 산개해서 존재하는 공산주의자도 있을 수 있으며, 정당이나 사회운동 외부에 산개해서 존재하는 공산주의자, 즉 의견그룹(opinion group)도 있을 수 있다.

또한 베르티노티는 자신의 테제에서 공산주의의 재건과 동시에 이탈리아뿐만 아니라 범유럽적 차원에서 대안좌파를 건설할 것을 제안한다. 대안좌파의 건설은 대안세계화운동이라는 맥락에서 새로운 노동자운동뿐만 아니라 여성운동 같은 다양한 사회운동에 산개하여 존재하는 공산주의자와의 교통과 연대를 지칭한다. 나아가 이탈리아처럼 정치의 위기와 미국화가 전개되는 상황에서 대안좌파는 그런 경향에 적극적으로 대응하는 사회운동과 정당의 새로운 연대를 포함하는 것이다.

2007-09년 금융위기와 경제정세

금융세계화의 모순이 2007-09년 금융위기로 폭발하면서 새로운 경제정세가 전개된다. 금융위기가 발생한 직후에 출판된 『2007-09년 금융위기』와 『2007-09년 금융위기 논쟁』은 기존의 연구성과에 근거해서 금융위기의 원인을 체계적으로 설명하는 동시에 위기의 전개양상을 거의 실시간으로 분석하면서 사태에 대한 전망을 제시한다.

금융위기의 원인

구조적 위기와 순환적 위기

『2007-09년 금융위기 논쟁』은 2007-09년 금융위기에 대한 분석을 위해 『일반화된 마르크스주의 개론』과 『마르크스의 '자본'』에서 설명된 바 있는 경제위기와 금융위기에 대한 마르크스적 분석을 종합하고 체계화한다. 이에 따르면, 경제위기는 기본적으로 실물경제의 위기를 지칭하며, 그것의 가장 중요한 지표는 이윤율의 하락이다. 또 이윤율의 운동은 구조적으로 결정되기도 하고, 순환적으로 결정되기도 한다. 따라서 경제위기도 구조적 위기와 순환적 위기로 구별될 수 있다. 나아가 경제위기와 결합되는 금융위기도 순환적 위기와 구조적 위기로 나누어 분석될 수 있다.

『자본』에서 마르크스는 주로 자본축적론의 관점에서 구조적 위기를 분석한다. 자본주의적 축적에 고유한 특징인 편향적 기술진보, 즉 노동을 절약하고 자본을 소비하는 기술진보로 인한 이윤율 하락이 구조적 위기의 원인이다. 그러나 마르크스가 순환적 위기를 무시하는 것은 아니다. 오히려 그는 경기순환의 다양한 원인을 제시한다. 따라서 문제는 순환적 위기의 다양한 원인을 결합하는 동시에 순환적 위기와 구조적 위기를 결합하는 것이다. 마르크스주의에서 경제위기론 논쟁사는 이러한 문제를 둘러싸고 전개된다.

순환적 위기와 관련된 논쟁의 출발점은 상이한 부문 사이의 비례성이 달성되는 조건을 도출하는 『자본』 2권의 재생산표식론이다. 여기서 도출되는 가장 단순한 위기이론이 바로 '불비례설'이다. 생산수단 생산부문과 생활수단 생산부문의 불비례, 즉 한 부문의 과잉생산 또는 다른 부문의 과소소비가 경기순환의 원인으로 제시되는 것이다. 그러나 두 부문에서 동시에 과소소비·과잉생산이 발생할 수도 있는데, 이 같은 전반적 과소소비·과잉생산에 주목하는 '과소소비설'이 부분적 과소소비·과잉생산에 주목하는 불비례설에 비해 좀 더 큰 타당성을 갖는다. 나아가 경기과열로 인해 실업자가 감소하면서 임금률이 상승하고 그로 인해 이윤율이 하락하는 순환적 위기가 발생할 수도 있다. 일시적인 임금상승으로 인한 이윤압박을 순환적 위기의 원인으로 설명하는 이 같은 논의를 보통 '임금-이윤압박설'이라고 부른다.[9)]

이와 같은 실물경제적 원인뿐만 아니라 금융적 원인으로 인해 순환적 위기가 발생할 수도 있다. 은행신용의 발전은 불비례로 인한 위험을 감축시키지만 동시에 신용과 관련된 고유한 위험을 낳는다. 경기과열에 따라 은행신용에 대한 수요가 증가하면 이자율은 상승하고 이윤율은 하락한다. 결국 기업의 파산으로 인해 신용위기가 발생하면 이자율이 급등하고 이윤율이 급락하면서 순환적 위기가 발생하는 것이다.

경제위기와 금융위기가 결합되는 것과 관련해서 더 중요한 것은 실물경제에서의 경기침체가 금융위기와 결합되어 대불황으로 심화

9) 구조적 위기와 순환적 위기의 지표는 모두 이윤율이지만, 전자는 장기적 이윤율을 지표로 삼는 반면 후자는 단기적 이윤율을 지표로 삼는다. 장기적 이윤율은 이윤과 고정자본의 비율로 정의되고, 단기적 이윤율은 이자와 조세를 공제한 이윤과 재고와 금융자산을 추가한 고정자본의 비율로 정의된다. 물론 장기적 이윤율은 단기적 이윤율의 상한이기 때문에 전자가 하락하면 후자도 하락한다.

될 수도 있다는 사실이다. 버냉키의 금융가속기론이 주목하는 것처럼, 경기침체로 인한 기업의 파산은 신용위기에 그치지 않고 은행의 자산인 대부의 부실화로 인한 은행의 파산, 즉 은행위기로 발전할 수 있다. 은행위기가 발생할 경우 은행신용이 급격히 축소되면서 기업의 파산이 더욱 확산되고 결국 경기침체가 대불황으로 발전할 수 있다. 이런 상황에서 1930년대처럼 증시가 붕괴한다면 은행위기는 더욱 심화될 것이다. 그리고 여기에 재정위기와 외환위기 같은 또 다른 형태의 금융위기도 추가될 수 있다.

『2007-09년 금융위기 논쟁』에 따르면, 마르크스주의적 경제위기론은 자본축적론과 경기순환론, 즉 구조적 위기론과 순환적 위기론을 결합하고, 이 과정에서 특히 금융적 원인을 고려하는 것이다. 실제로 자본축적의 장기적 추세는 경기순환의 진폭에 영향을 미친다. 즉 이윤율이 상승하는 성장기에는 경기순환의 진폭이 약화되는 반면 이윤율이 하락하는 불황기에는 경기순환의 진폭이 강화되는 것이다. 또 이윤율이 상승하는 추세에서는 금융위기의 충격이 상대적으로 작은 반면 이윤율이 하락하는 추세에서는 금융위기의 충격이 파괴적일 수 있다.

금융위기의 원인

2007-09년 금융위기의 원인은 구조적 측면과 정세적 측면으로 나누어 설명할 수 있다. 금융위기의 구조적 원인은 『일반화된 마르크스주의 개론』에서부터 강조되어온 미국경제에서 이윤율의 하락 추세와 관련된다. 그리고 이윤율이 하락하는 불황기에 전개된 금융세계화는 구조적 원인과 정세적 원인을 매개한다. 금융위기의 정세적 원인은 2000년대 금융세계화 속에서 전개된 금융혁신, 즉 주택시장과 증시를 결합하는 새로운 파생금융상품과 관련된다. 그것을 대표하는 것이 주택담보부증권(MBS), 부채담보부증권(CDO), 자산담보부기업어음(ABCP), 나아가 신용부도스왑(CDS)이다. 『2007-09년 금융위기』와 『2007-09년 금융위기 논쟁』은 특히 금융혁신과 그것의

취약성에 대한 구체적인 분석을 제시한다.

주택담보부증권은 1970년대에 국책 모기지회사가 주택담보대출을 위한 자금을 조달하기 위해 주택담보대출증서를 증권으로 전환하면서 등장한다. 그런데 1990년대부터 민간 모기지회사가 특수목적전문회사(SPV)라고 불리는 가공회사를 통해 주택담보부증권을 판매한다. 특히 2000년대에는 민간 모기지회사의 주택담보대출에서 노동자와 빈민을 대상으로 하는 비우량 등급, 즉 서브프라임 등급의 비중이 급증한다.

2000년대 금융혁신의 핵심은 투자은행, 즉 증권회사가 판매하는 부채담보부증권이다. 부채담보부증권은 상이한 등급의 주택담보부증권을 혼합하고 거기에 회사채 같은 다른 증권도 혼합한 새로운 증권이다. 증권회사는 자회사인 기업어음콘딧을 통해 부채담보부증권을 구매하기도 한다. 기업어음콘딧은 자금을 조달하기 위해 자산담보부기업어음을 판매하는데, 그것을 구매하는 것이 바로 화폐시장투자신탁기금(MMMF)이다. 『2007-09년 금융위기』가 강조하는 것처럼, 여기서 특히 중요한 것은 부채담보부증권을 통해 금융기관 전체가 연결된다는 사실이다. 실제로 부채담보부증권이 출현하지 않았다면, 주택담보부증권이 급증할 수 없었을 것이다. 게다가 모기지회사의 주택담보부증권은 증권회사의 부채담보부증권을 거쳐서 투자신탁기금과 연금기금, 나아가 은행과 보험회사로 전달된다.

보험회사가 발행하는 신용부도스왑(CDS)은 보험료를 받고 부채담보부증권 같은 파생금융상품의 부도위험에 대해 별도의 보증을 제공하는 것이다. 신용부도스왑은 2004년부터 급증하여 2005년에는 그것이 보증하는 파생금융상품의 규모를 상회하고 2007년에는 그 3배에 도달한다. 보험회사의 위기로 인해 증권회사뿐만 아니라 은행도 위기에 빠질 수 있기 때문에 신용부도스왑은 '금융대량살상무기'라고 불리기도 한다.

겸업화가 본격화되는 상황에서 수학자와 물리학자 출신의 '금융공학자'가 고안해낸 새로운 파생금융상품은 대부자본과 가공자본의 혼동에 기초한 신용의 증권화를 특징으로 한다. 즉 신용으로서 주택담보대출이 주택담보부증권과 그것에 기초를 둔 다양한 파생금융상품으로 전환된 것이다. 그러나 모기지회사에서 증권회사를 거쳐 은행과 보험회사에 이르는 다단계의 증권화는 금융위기에 취약할 뿐만 아니라 금융위기를 확산·증폭시키는 전달경로가 된다.

금융위기 논쟁

『2007-09년 금융위기』는 2007-09년 금융위기를 구조적 위기라는 관점에서 분석하는 동시에 뒤메닐과 아리기를 비롯한 다른 마르크스주의자들의 분석과 대안을 비판적으로 검토한다. 여기서는 과천연구실이 주목했던 뒤메닐의 『이윤율의 경제학』과 아리기의 『장기20세기』가 아니라 그 이후 그들의 변화된 입장에 대한 비판이 특히 중요해진다.

뒤메닐은 『위기와 탈위기』에서 『이윤율의 경제학』에서 제시된 미국경제의 이윤율에 대한 분석을 수정한다. 그 결과 1900-40년대의 상승추세, 1950-70년대의 하락 추세, 1980-90년대의 상승추세가 대비된다. 그런데 이런 수정은 1990년대 이후의 신경제를 수익성 있는 기술진보의 결과로 해석한 결과이다. 게다가 그는 『위기와 탈위기』에서 구조적 위기를 이윤율이 하락하면서 발생하는 실물경제의 '수익성 위기'와 이윤율이 상승하면서 발생하는 금융의 '헤게모니 위기'로 구별한다. 수익성 위기의 사례가 1890년대 대불황과 1970년대 대불황이라면, 헤게모니 위기의 사례는 1930년대 대불황이다. 이런 관점에서 뒤메닐은 2007-09년 금융위기가 이윤율이 하락하는 국면에서 발생한 실물경제의 수익성 위기가 아니라 이윤율이 상승하는 국면에서 발생한 금융의 헤게모니 위기라는 해석을 제시한다. 달리 말해서 이번 금융위기는 자본주의의 위기가 아니라 신자유주의의 위기라는 것이다.[10]

10) 미국자본주의의 역사동역학에 관한 뒤메닐의 해석에 대한 좀 더 자세한 비판은 이 책에 수록된 「역사학 비판」을 참조하시오.

이 같은 분석은 뒤메닐의 대안과도 관련된다. 그는 금융의 헤게모니 위기 또는 신자유주의의 위기에 대한 대안이 관리자의 헤게모니, 특히 관리자–노동자계급동맹에 기초한 중도좌파적 금융억압이라고 주장한다. 자본가계급과의 투쟁을 위해서는 노동자계급이 관리자계급의 헤게모니를 인정하고 본래적 의미의 사회민주주의를 비판적으로 지지하면서 그것을 점차적으로 급진화해야 한다는 것이다. 이 같은 대안은 자본주의에서 무계급적 공산주의로의 이행 대신 관리주의라는 새로운 계급적 생산양식으로 이행이 불가피하다는 뒤메닐의 정치적 입장을 반영한 것이다.

그러나 『2007-09년 금융위기』가 지적하는 것처럼, 정보통신기술에 근거한 신경제는 수익성 있는 기술진보를 특징으로 하는 산업혁명이 아니라 금융화와 결합된 교통·통신혁명일 따름이다. 또 1980-90년대 이윤율의 상승은 새로운 성장기로의 진입이 아니라 금융화의 효과에 불과하다. 게다가 자본의 기능을 대행하는 관리자는 부르주아지와 구별되는 별도의 계급이 아니며, 따라서 관리자–노동자계급동맹을 통한 자본주의에서 관리주의로의 이행이라는 입장도 불합리한 것이다. 뒤메닐은 노동자운동의 쇠퇴를 기정사실로 예단하고 있을 따름이다.

또한 아리기는 이미 2001년에 신경제가 붕괴하면서 미국경제가 경착륙했고 금융세계화도 종료되기 시작했기 때문에 2007-09년 금융위기는 미국 헤게모니에서 중국 헤게모니로의 이행을 가속화할 따름이라고 평가한다. 나아가 그는 『베이징의 애덤 스미스』에서 산업혁명에 기초를 둔 영미자본주의의 마르크스적 동역학과 근면혁명에 기초를 둔 중국의 '비자본주의적 시장경제'의 스미스적 동역학을 대비시킨다. 그리고 스미스적 동역학은 중국을 중심으로 하는 21세기의 '새로운 반둥'을 위한 논거가 된다. 아리기는 아들 부시 정부의 신보수주의를 계기로 신자유주의적 '워싱턴 컨센서스'를 대체하는 사회민주주의적·사회자유주의적 '베이징 컨센서스'가 출현하고 있다고 부당전제하는 셈이다.

그러나 『2007-09년 금융위기』는 중국이 이미 산업혁명을 경험했고 아리기가 가정하는 스미스적 동역학도 이론적 근거가 없다는 사실에 주목한다. 게다가 중국 헤게모니에 대한 아리기의 예상은 현실성이 없다. 사실 아리기는 중국 개혁·개방의 경제적·사회적·생태적 한계에 대해 맹목적이다. 또 그는 달러의 발권이익에 기초한 수출달러 환류의 메커니즘을 '제국'으로서 미국에 대한 '조공'이라는 경제외적 강제로 간주하는데, 이는 미국과 동아시아의 관계를 영국과 인도의 관계와 혼동하는 것이다.

『2007-09년 금융위기』는 그 밖의 마르크스주의자들의 분석에 대해서도 논평을 제시한다. 특히 뒤메닐의 『위기와 탈위기』에 대해 '마르크스주의 경제학에 대한 불충분한 이해'라고 비판한 국제사회주의 그룹의 하먼은 트로츠키주의 그룹 내 구좌파적 태도를 대표한다.[11] 그는 실물경제와 금융을 분리하면서 2007-09년 위기가 금융의 위기라기보다 실물경제의 위기라고 주장한다. 또 그는 2001년에 미국경제가 사실상 경착륙했다고 주장하면서 2000년대 미국경제의 금융화와 이중적자 같은 현상은 완전히 무시한다.[12] 그러나 하먼의 주장과는 반대로 실물경제의 위기와 금융의 위기는 분리될 수 없으며 금융화 메커니즘에 대한 분석 없이는 이번 금융위기도 이해될 수 없다. 즉 하먼의 주장은 이론적 근거나 구체적 분석을 결여하고 있는 것이다. 이 때문에 그는 금융위기의 전개과정과 미국의 정책대응을 사실상 이해하지 못한다.

---

11) 다른 마르크스주의자들의 분석도 검토되는데, 특히 앵글로-색슨 마르크스주의 학술지 『월간평론』(*Monthly Review*)과 『역사유물론』(*Historical Materialism*)이 주목할 만하다. 『월간평론』의 논문들은 대체로 스위지와 바란의 독점자본론을 채택하는 반면 『역사유물론』의 논문들은 대체로 힐퍼딩의 『금융자본』과 파인의 『자본』 해석을 결합하는 입장을 취한다.

12) 또 하먼은 뒤메닐과 유사한 이윤율의 운동을 제시한 모즐리에 대한 비판도 제시하는데, 그런 비판의 오류에 대해서는 『2007-09년 금융위기』를 참조할 수 있다.

금융위기의 전개과정과 정책대응

금융위기의 전개과정

『2007-09년 금융위기』에 따르면, 이번 금융위기의 단초는 주택가격이 하락하기 시작하는 2006년 5월로 소급된다. 이후 주택담보대출에 기초를 둔 파생금융상품의 가격이 하락하고 부도위험이 상승한다. 급기야 2007년 2월부터 서브프라임 등급 주택담보부증권(MBS)의 부도위험이 급상승하는 서브프라임 위기가 발생하고, 8월에는 서브프라임 위기가 전염되면서 금융위기가 본격화된다. 화폐시장투자신탁기금이 더 이상 자산담보부기업어음을 구매하지 않으면서 금융기관의 유동성위기, 즉 신용위기가 발생한 것이다.

2008년 3월에는 미국 5위의 증권회사인 베어스턴스의 부도위험이 발생하면서 순환적 성격의 유동성위기가 구조적 성격의 건정성위기로 심화된다. 그리고 같은 해 9월에는 3위 메릴린치와 4위 리먼브러더스의 부도위험이 발생하면서 증권회사의 건전성위기가 본격화된다. 이 과정에서 베어스턴스는 모건체이스은행으로 인수·합병되고 메릴린치는 아메리카은행(BOA)로 인수·합병된 반면 리먼브러더스는 결국 파산한다. 또 1위 골드먼삭스와 2위 모건스탠리는 은행으로 전환해서 재무부로부터 구제금융을 제공받는다.

증권회사의 건전성위기에도 불구하고 은행의 건전성위기가 발생하지는 않는다. 그러나 부채담보부증권을 매개로 은행과 증권회사는 매우 복잡하게 연결되어 있다. 또 신용부도스왑을 매개로 보험회사도 깊숙이 연루되어 있다. 따라서 증권회사의 건정성위기는 은행과 보험회사의 건정성위기로 전염될 수 있다. 또 2007년 10월 고점에 대비해서 40% 정도 하락한 증시가 붕괴할 가능성도 배제할 수 없다. 이 같은 은행위기와 증시붕괴로 인한 대불황으로의 발전은 연준이사회 의장 버냉키에 의해 가까스로 저지된다.

한편 금융위기가 악화되면서 2007년 12월부터 시작된 실물경제의 경기침체도 심화된다. 2009년의 경제성장률이 −3.5%를 기록하면서 전후 최악의 경기침체가 전개된다. 또 2007년 상반기에 4.5%이던 실업률은 2009년 10월에 10.1%로 상승한다. 경기침체가 지속되면서 20세기 미국경제를 상징하는 1위 자동차회사인 제너럴모터스(GM)가 결국 파산보호를 신청하고 재무부의 구제금융을 받게 된다.

또한 미국의 금융위기는 유럽연합(EU)으로 확산된다. 유럽연합 회원국인 헝가리와 폴란드에서 2008년 10월과 2009년 5월에 재정위기가 발생하고 2010년 5월에는 유로존(EZ) 회원국인 그리스에서도 재정위기가 발생한다. 또 2010년 12월에 아일랜드에서 재정위기가 발생한 이후 2011년 5월 포르투갈을 거쳐 7월에는 스페인과 이탈리아로도 전염된다.

남부 유럽 국가들의 재정위기는 유럽의 내부적 불균형, 즉 남부 유럽 국가의 무역적자 및 자본수입과 독일의 무역흑자 및 자본수출이 지속되는 상황에서 은행 중심의 금융제도의 취약성이 드러나고 각국 정부가 이에 대응하면서 국가부채가 증가한 결과다. 그리고 남부 유럽의 재정위기에 대한 유럽 차원의 대응 과정에서 '재정동맹 없는 화폐동맹'으로서 유로존의 한계가 노출되면서 유럽연합은 '실존의 위기'에 직면한다.

미국의 정책대응

『2007-09년 금융위기』와 『2007-09년 금융위기 논쟁』은 금융위기가 즉각 대불황으로 발전하는 것을 방지한 미국 재무부와 연방준비제도의 정책대응을 구체적으로 분석한다. 금융위기가 전개되는 과정에서 미국 재무부는 위기 직후 대규모 구제금융과 함께 대규모 적자재정정책도 실행한다. 동시에 연방준비제도는 통화완화정책(ME), 즉 가격완화정책(PE)과 수량완화정책(QE)을 실행한다. 이러한 정책기조는 1930년대 같은 '비상위급상황'의 정책대응으로서 유동성 위기가 건전성 위기로 발전하는 것을 차단하는 데, 즉 신용위기가 은행위기로 발전하는 것을 예방하는 데 목적이 있다.

재무부는 금융위기가 발생한 직후인 2008년 10월에 7000억 달러의 부실자산구제계획(TARP)을 실시한다. 이에 따라 미국 1위 은행 시티그룹과 미국 1위 자동차회사인 제너럴모터스도 구제금융을 제공받는다. 게다가 미국 1위 증권회사이던 골드만삭스도 은행으로 전환하여 구제금융을 제공받으며 심지어 미국 1위 보험회사인 미국국제그룹(AIG)도 구제금융을 제공받는다. 특히 미국국제그룹에 제공된 구제금융은 씨티그룹의 4배가 넘는데, 이는 미국사 전체를 통틀어 최대 규모의 구제금융에 해당한다. 사실 보험회사에 구제금융을 제공하는 것은 경제학적 근거가 전혀 없는 일이다. 그러나 그것은 금융혁신의 일환으로 보험회사가 발행한 신용부도스왑의 부도를 막음으로써 증권회사와 은행의 파산을 예방하기 위한 고육지책이자 비상수단의 성격을 띤다.

은행, 증권회사, 보험회사, 민간기업 등에 대한 재무부의 구제금융은 1930년대 대불황기의 재건금융공사(RFC)를 부활시킨 것으로서 자본확충이라는 방식으로 실행되는 일종의 국유화다. 재무부는 씨티그룹 등에 대해 의결권을 갖지 않는 우선주를 구매하는 '사실적 국유화'를 단행하고 이후 우선주를 보통주로 전환하는 '법률적 국유화'를 실시한다. 그러나 이러한 국유화는 사회주의와는 무관한 것인데, 왜냐하면 경영은 여전히 민간이 담당하기 때문이다. 그것은 은행과 기업의 파산을 예방하기 위한 목적의 구제금융이자 자본확충일 따름이다.

또한 2009년 2월에 미국재건재투자법(ARRA)이 통과되면서 재무부는 7,870억달러의 적자재정정책을 실시한다. 이 정책의 핵심은 가계에 대한 감세와 교육·보건의료·사회안전망과 관련된 이전지출을 통해 경기를 부양하는 데 있다. 그러나 이러한 재정완화정책은 금융위기를 해결하기 위한 것이라기보다 오히려 실물경제에 대한 금융위기의 효과를 완화하기 위한 것이다. 게다가 재정완화정책은 재정적자로 인한 국채의 누적이라는 문제를 야기한다는 점에서 중요한 한계를 갖는다.

한편 연준은 2008년 이후 7차례에 걸쳐 연방기금금리를 하락시키는 가격완화정책(PE)을 채택하고 급기야 12월에는 사실상 금리를 제로로 인하하는 제로금리정책(ZIRP)을 실시한다. 나아가 연준은 은행위기가 발생할 수도 있는 비상위급상황에 대응하기 위해 1930년대 대불황 이후 한 번도 실행된 적이 없는 수량완화정책(QE)을 실시한다. 연준의 1차 수량완화정책은 재무부의 구제금융과 짝을 이루는 것이다.

1차 수량완화정책에 따라 연준은 금융위기가 폭발한 2008년 9월부터 12월까지 신규로 발행된 9000억달러를 은행이나 은행으로 전환한 증권회사, 나아가 보험회사에 공급한다. 게다가 금융위기로 타격을 입은 기업과 가계에게도 자금이 공급된다. 이와 동시에 연준의 자산 구성이 변화한다. 우선 본원통화의 발행으로 인해 연준의 부채인 달러는 급증한다. 반면 연준의 자산 내에서 재무부증권의 비중은 급감하고 대신 금융기관이나 기업이 보유하던 다양한 파생금융상품의 비중은 급증한다. 실제로 2010년 6월에는 자산에서 주택담보부증권의 비중이 재무부증권의 비중을 추월한다. 결국 주택담보부증권과 관련된 다양한 파생금융상품의 부도위험이 민간 수준에서는 해결불가능한 상황에서 중앙은행이 개입하여 부실자산과 달러의 교환을 통해 그런 부도위험을 경감시키려는 시도가 바로 수량완화정책인 것이다.13)

『2007-09년 금융위기』와 『2007-09년 금융위기 논쟁』이 강조하고 있는 것처럼, 금융위기에 대한 미국 정부의 대응은 결국 은행에서 보험회사에 이르는 금융기관에 대한 대규모 구제금융과 정부의 적자재정을 결합하는 것이다. 이는 1930년대와 유사한 사태가 전개되

13) 『2007-09년 금융위기』는 연준이 2009년 2-4월 19개 대형은행을 대상으로 실시한 감독자본평가계획(SCAP), 즉 스트레스테스트에 대해서도 분석한다. 스트레스테스트의 핵심은 주택가격의 하락이 지속되어 금융위기가 심화될 경우에도 은행의 건전성이 유지되는가를 평가하는 것이다. 금융위기로 인해 6대 은행의 자산 10조달러 중 절반이 소멸한 상황에서 스트레스테스트의 결과에 대한 비관적 전망이 확산된다. 그러나 연준은 은행의 금융자산에 대해 시가평가에서 원가평가로 회계표준을 변경하는 편법을 동원해서 6대 은행의 건전성에 큰 문제가 없다고 판단한다.

는 것을 예방하기 위해 대불황에 대처한 정책을 부활시킨 것이지만, 그렇다고 그것이 케인즈주의로의 복귀를 의미하는 것은 아니다. 왜냐하면 대규모의 적자재정을 수반하는 구제금융에도 불구하고 케인즈주의적인 금융억압은 실행되고 있지 않기 때문이다. 1930년대와 달리 구제금융을 받기 위해 증권회사가 은행으로 변모하거나 은행에 합병됨으로써 1990년대 이후 지속되어 온 겸업화 추세는 오히려 강화된다.[14] 게다가 구제금융에도 불구하고 은행의 부실이 지속되기 때문에 미국 내부에서도 은행이 좀비화(zombification)되었다는 비판이 제기되는 실정이다.

금융위기의 전망

출구전략과 더블딥 논쟁

이상과 같은 재무부와 연준의 정책대응의 결과로 금융위기는 얼마간 완화되지만 완전히 해결되지는 않는다. 그리고 실물경제가 경기침체에서 경기회복으로 반전되지도 않는다. 이런 상황에서 『2007-09년 금융위기』와 그것에 후속하는 『2007-09년 금융위기 논쟁』은 더블딥(double dip), 즉 은행위기가 재발하거나 재정위기가 발생하면서 일시적으로 회복된 경기가 다시 침체하는 이중침체를 둘러싼 부르주아 경제학 내부의 논쟁에 주목한다.

2010년까지도 은행위기의 재발이나 재정위기로 인해 더블딥이 발생해서 경기침체가 대불황으로 발전할 수도 있다는 우려는 사라지지 않는다. 게다가 비상위급상황의 정책대응 자체가 더블딥의 원인이 될 수도 있다. 특히 국민소득 대비 국채의 비중이 급상승하고 연준의 재무구조도 악화된 상황이 지속될 수는 없다. 따라서 국채의

14) 2010년 1월 오바마 대통령이 발표한 이른바 '볼커 룰'이 겸업화라는 정책기조를 포기하는 것이 아니다. 경제회복자문위원회(ERAB) 의장인 볼커가 제안한 규칙의 핵심은 겸업은행의 '범위'(scope)와 '규모'(scale)에 대한 제한에 있다. 게다가 의회에서 준비 중인 금융개혁법안(도드-프랭크법안)은 규모가 아니라 범위에 대한 제한만 수용하고 있다.

비중과 연준의 대차대조표를 정상화하는 출구전략(exit strategy)이 요구되는데, 문제는 그 시점이다.15)

좀비은행이 만연하고 경기회복이 지지부진한 상황에서 제로금리 정책과 수량완화정책으로부터 출구전략을 실행한다면, 더블딥이 발생할 수 있다. 실제로 1979-80년 경기침체에 뒤이은 1981-82년 경기침체는 너무 빠른 출구전략의 산물이다. 또 1930년대 대불황기에도 더블딥이 발생한 적이 있다. 1933년에 은행위기가 해결된 이후에도 경기침체가 지속되다가 1937년에 비로소 경기회복이 시작되는데, 이런 상황에서 재무부와 연준이 출구전략을 실시한 결과 1938년에 경기침체가 재발한다. 2007-09년 금융위기는 1981-82년 경기침체보다 1930년대 대불황에 근접한 것이기 때문에 성급한 출구전략은 오히려 은행위기를 초래할 수 있다. 이 때문에 버냉키가 출구전략을 가능한 늦출 것이라고 공언하는 것이다.

그러나 출구전략이 너무 늦어져도 문제인데, 여기서는 특히 재무부의 출구전략이 쟁점이 된다. 구제금융정책과 적자재정쟁책으로 인해 국채의 비중은 국민소득과 대비해서 80% 수준 이상으로 증가했는데, 이런 상황에서 재정완화정책이 지속된다면 비정상적으로 증가한 국채로 인해 재정위기가 발생할 수 있다. 재정위기가 발생한다면, 국채시장을 비롯한 증시가 붕괴할 것이고 달러가치가 급락하는 달러위기가 발생할 수도 있다. 결국 출구전략이 지나치게 늦어질 경우에는 재정위기·증시붕괴·달러위기 등으로 인해 더블딥이 발생할 수 있다는 것이다.

출구전략과 더블딥을 둘러싼 논쟁은 실물경제와 금융, 즉 경기침체와 금융위기 사이의 관계가 무엇인가, 나아가 금융위기가 해결된 것인가 아닌가를 둘러싼 논쟁이다. 또 논쟁의 현실적인 준거는 신용

---

15) 예를 들어 제로금리정책과 수량완화정책 같은 비전통적 통화정책을 종료하고 전통적 통화정책으로 복귀한다는 의미의 출구전략을 실행하는 방법은 상대적으로 단순하다. 출구전략의 1단계는 비정상적 제로금리정책의 종료이고 2단계는 주택담보부증권과 장기국채의 매각을 통한 대차대조표의 정상화인 것이다.

위기가 은행위기로 심화되면서 정상적 경기순환이 대불황으로 귀결된 1930년대의 역사적 경험이다. 이처럼 부르주아 경제학 내에서 대불황을 참조하면서 논쟁이 전개되는 이유는 결국 재무부와 연준의 정책이 '그러저럭 버티면서'(muddling through) '시간을 버는'(buying time) 미봉책에 불과하기 때문이다.

재정위기의 가능성

『2007-09년 금융위기』가 지적하는 것처럼, 재무부의 구제금융이나 연준의 수량완화정책은 민간경제의 부실자산을 연준의 부실자산, 결국 국가의 부실자산으로 이전하는 것이다. 재무부증권은 국가의 부채이며, 연준의 부채인 달러도 결국에는 국가의 부채이기 때문이다. 실제로 2008-09년에만 거의 3조달러에 해당하는 재무부 증권이 발행되고 그 결과 국민소득에 대한 국채의 비중은 2007년의 66%에서 2009년의 86%로 상승한다. 또 수량완화정책을 실행하기 위해 1조달러가 신규로 발행되면서 국민소득에 대한 본원통화의 비중이 6%에서 15%로 2.5배나 증가한다.

이에 따라 미국의 재정위기 가능성이 제기되는데, 『2007-09년 금융위기 논쟁』은 이에 대한 분석뿐만 아니라 재정위기에 대한 마르크스주의적 이론도 제시한다. 우선 관리통화제도 하에서 국가의 부채를 재무부가 발행하는 부채인 국채와 중앙은행이 발행하는 부채인 화폐로 구분한다.[16] 또 재정위기를 국가의 지불능력의 위기로 정의한다. 특히 재정위기는 국가의 파산, 즉 건전성위기가 아니라 유동성위기로 이해될 수 있다. 국가의 지불능력이 국채의 가격과 화폐의 가치를 결정하기 때문에, 재정위기가 발생하면 국채의 가격과 화폐의 가치가 폭락한다. 미국의 경우 재정위기가 발생해서 재무부증

16) 물론 국채는 이자를 지불하고 만기에 원금을 상환해야 하는 반면 화폐는 이자를 지불하지 않고 만기도 없어서 원금을 상환할 필요가 없다. 2008년 10월부터 시행된 부실자산구제계획에 따라 은행이 예치한 지불준비금에 대해 연준이 이자를 지불하는 것은 극히 예외적인 경우다.

권의 가격이 폭락한다면 국채시장이 붕괴하고 증권시장도 붕괴할 것이다. 동시에 재정위기로 인해 달러가치가 폭락하고 '금으로의 도피'가 발생하면서 달러위기가 폭발할 수도 있다. 이 경우에는 이중적자의 메커니즘과 달러의 발권이익이 소멸하면서 금융세계화도 중단될 것이다.[17)]

재정위기에 대한 부르주아 경제학의 설명은 재정적자·경제성장률·이자율이 국채 발행의 지속가능성을 결정한다는 사실에서 출발한다. 『2007-09년 금융위기 논쟁』은 이런 모형을 경제성장률과 고정자본성장률의 장기추세를 설명하는 마르크스주의적 자본축적론과 결합함으로써 성장기와 불황기에 지속가능한 국채 발행의 조건이 달라진다는 점을 증명한다. 즉 성장기에는 재정적자에도 불구하고 국채발행이 지속가능한 반면 불황기에는 국채 발행이 지속가능하려면 재정흑자가 불가피하다는 것이다. 이 때문에 불황기에 접어들면서 신자유주의와 함께 재정정책의 중요성은 감소하고 대신 통화정책이 중요해진다. 이는 또한 2007-09년 금융위기에 대응하는 재무부의 재정완화정책이 장기적으로 지속되기 어렵다는 것을 의미한다. 마찬가지로 동아시아의 수출달러 환류 메커니즘과 결합된 미국의 이중적자도 지속되기 어렵다.

『2007-09년 금융위기 논쟁』은 이러한 분석에 근거해서 임금인상·소득재분배나 공공부문을 통한 총고용보장에 의해 소비를 진작하는 것이 금융위기에 대한 대안이라고 주장하는 좌파 케인즈주의를 비판한다. 임금인상·소득재분배나 총고용보장에 의해 소비를 증가시키려면 통화정책을 재정정책으로 역전시켜야 한다. 그러나 재정위기가 예상되는 상황에서 재정적자가 불가능한 것이 현실이다. 이 때문에 좌파 케인즈주의적 대안은 '정치적으로 올바를지' 몰라도 '경제학적으로 오류'라고 할 수밖에 없다.[18)]

---

17) 국제경제연구소(IIE)의 클라인과 윌리엄슨이 지적하는 것처럼, 역으로 달러가치의 강세가 지속되면 미국의 이중적자가 악화되고 그것이 재정위기와 달러위기를 야기할 수도 있다.

2007-09년 금융위기와 이데올로기정세

금융세계화의 모순이 2007-09년의 금융위기로 폭발하기 이전부터 대안세계화운동 내부에서 좌파의 분열이 발생한다. 『금융위기와 사회운동노조』, 『2007-09년 금융위기』, 『2010-12년 정세분석』에서는 금융위기의 객관적 과정뿐만 아니라 유럽좌파의 위기와 미국노총의 위기라는 주체적 조건도 분석된다. 이 같은 세계적 추세는 남한 노동자운동의 역사에서도 민주노총의 위기라는 형태로 발견된다. 그러나 경제정세와 이데올로기정세의 과소결정이라는 상황에서도 마르크스주의적 대안에 대한 분석은 평의회주의라는 이념에 대한 논의에서 사회운동노조라는 제도에 대한 논의로 심화된다.

유럽좌파의 위기

이탈리아 공산주의재건당의 위기

대안세계화운동을 계기로 사회운동정당으로의 변모를 모색하면서 공산주의의 재건과 대안좌파의 건설을 추진하던 이탈리아의 공산주의재건당은 2005년의 6차 당대회를 계기로 좌초하기 시작한다. 당대회에서 공산주의재건당과 좌파민주당의 공동정부를 둘러싸고 다수파 내부의 갈등이 표출된 것이다. 이런 상황에서도 공산주의의 재건과 대안좌파의 건설을 주도하던 베르티노티는 2006년 총선에서 베를루스코니의 재집권을 막고 좌파민주당과 공동정부를 구성하는 데 성공한다.

그러나 공동정부는 결국 2008년 1월에 해체되고 4월 총선에서 베

---

18) 좌파 케인즈주의의 재정위기에 대한 불감증은 신용을 화폐로 환원하는 케인즈주의적 화폐관의 결함으로 소급하는 것이다. 즉 신용의 토대가 되는 화폐에 대한 인식의 결여로 인해 국가에 의한 무제한적인 신용공급이 가능하다는 주장이 제기되는 것이다.

를루스코니가 세 번째 집권에 성공하게 된다. 그 여파로 공산주의재건당 내부에서는 당을 붕괴시키는 지각변동이 발생한다. 그 직접적인 계기는 공업지대인 북부에서 인민주의적인 북부동맹이 약진하면서 공산주의재건당이 의석을 상실한 것이다. 그 결과 베르티노티는 정계에서 은퇴하고 총서기 조르다노는 사임한다. 대신 프롤레타리아민주주의 계열의 페레로가 구좌파 성향의 에르네스토 그룹과 연대함으로써 베르티노티 그룹의 벤돌라를 패퇴시키고 총서기로 선출되는 데 성공한다.

이런 상황에서 벤돌라와 조르다노를 중심으로 하는 베르티노티 그룹은 결국 2009년 1월에 공산주의재건당에서 탈당한다. 그들은 대안좌파 형성의 기반이었던 무지개좌파연합 또는 다원좌파연합을 계승하는 좌파를위한운동(MpS)을 결성한다. 그러나 좌파를위한운동은 6월의 유럽의회(EP) 선거에서 의석을 상실한다. 또 공산주의재건당도 역시 의석을 상실한다.

『금융위기와 사회운동노조』는 이 같은 일련의 분열과 갈등의 원인을 정세인식을 둘러싼 공산주의재건당 내부의 견해 차이와 제4인터내셔널 정치노선의 전환에서 찾고 있다.

우선 베르티노티는 인민주의가 야기한 '반(反)정치의 위험'이 심각한 수준이라고 판단한다. 또한 그는 좌파민주당과 베를루스코니가 공모하고 있는 '정치의 미국화', 즉 양당제와 대통령제의 도입이 대안세계화운동과 제도권정치를 결합하는 대안좌파의 구성을 원천적으로 차단할 수 있다고 주장한다.[19] 베르티노티는 이에 대응하기 위해 공동정부에 참여해서 좌파민주당 좌파를 견인하려고 시도한다. 그러나 이런 시도가 실패하고 결국 공동정부도 해체되면서 베르티노티에 대한 비판이 제기되는 것이다.[20]

19) 베를루스코니의 전진이탈리아로 대표되는 중도우파와 좌파민주당으로 대표되는 중도좌파의 양당제가 확립될 수 있다는 것이다.

20) 2007년 4월에 좌파민주당 다수파가 마르게리타(과거 기민당 좌파)와 통합하여 미국식 민주당으로 변모하고, 공산주의재건당은 6월에 좌파민주당 좌파와 통합해서 이탈리아유럽좌파당을 건설하기로 합의한다.

게다가 제 4인터내셔널이 독자적인 전위정당 건설로 정치노선을 전환하면서 공산주의재건당 다수파의 일원이었던 마이탄 그룹이 공동정부 해체 직전에 탈당한다. 그들은 정세인식의 문제를 원칙의 문제와 혼동하면서 공동정부 구성에 반대한다. 게다가 그들은 제도권 정당과 사회운동정당의 모순을 대립으로 환원하면서 비제도권의 '급진좌파'를 옹호한다.

그런데 이 같은 정세인식의 이견이나 정치노선의 전환이 공산주의재건당 자체의 해체로 귀결된 데에는 좀 더 심층적인 원인이 존재한다. 이와 관련해서 『금융위기와 사회운동노조』는 베르티노티가 지적한 바 있는 '공산주의재건당의 역설'에 주목한다. 이탈리아공산당을 계승하면서도 이탈리아공산당의 대중적 기반이었던 제1노총(CGIL)의 지지를 확보하지 못하고 있다는 역설이 존재한다는 것이다. 이는 제1노총이 우경화되어 미국식 노총으로 변모하는 동시에 제1노총금속연맹(FIOM)이 약화되어 그런 경향을 저지할 수 없게 된 결과이기도 하다. 즉 노동자운동의 이념적 취약성이 공산주의재건당의 위기의 궁극적 원인인 것이다.

프랑스 좌파의 위기

공산주의재건당에서 균열이 시작된 2005년에는 프랑스 좌파에서도 균열이 시작된다. 2005년의 유럽연합헌법조약 비준반대운동에서 협력했던 프랑스공산당(PCF)과 혁명적공산주의자동맹(LCR)이 운동이 성공한 직후부터 다시 분열되기 시작한 것이다. 이러한 분열에서 가장 중요한 요인은 제4 인터내셔널의 기함조직인 혁명적공산주의자동맹의 정치노선 전환이다. 그들의 새로운 정치노선은 제도권 외부의 급진좌파를 토대로 해서 독자적인 전위정당을 건설하고 나아가 프랑스공산당을 대체한다는 것을 목표로 한다.[21]

21) 제4 인터내셔널 및 그 기함조직인 프랑스의 혁명적공산주의자동맹이 독자적인 전위정당을 건설한다는 새로운 정치노선을 채택하면서 그들과 국제사회주의경향 및 그 기함조직인 영국의 사회주의노동자당(SWP) 사이의

혁명적공산주의자동맹은 결국 2005년 비준반대운동연합을 2007년 대선에서 선거연합으로 발전시키자는 프랑스공산당의 제안을 거부한다. 대신 그들은 대선에서 독자후보를 출마시키고 새로운반자본주의정당(NPA)이라는 독자정당을 결성한다. 그러나 새로운반자본주의정당도 2009년의 유럽의회선거에서 완패하고, 이후 계속되는 선거 패배로 인해 결국 2012년에 분열하고 만다.

이에 대해 발리바르는 '좌파의 갈등적 수렴'을 통한 대안좌파의 건설이 필요한데, 사회운동의 성과를 별도의 전위정당의 건설로 수렴시키려고 시도하는 혁명적공산주의자동맹으로 인해 대안좌파의 건설이 실패로 귀결될 것이라고 비판한다. 또 그는 프랑스공산당과 혁명적공산주의자동맹의 갈등을 마르크스-레닌주의와 트로츠키주의의 갈등보다는 '노조적 좌파주의'와 '포스트68적인 문화적 아나키즘'의 갈등으로 설명한다. 이런 관점에 따르면, 혁명적공산주의자동맹과 새로운반자본주의정당은 트로츠키주의 정치노선이 아니라 '문화적 아나키즘'을 특징으로 한다.

『금융위기와 사회운동노조』는 이탈리아에서와 유사한 정당의 분열과 달리 프랑스에 고유한 분열의 양상도 존재한다는 사실에 주목한다. 공산주의재건당과 함께 대안세계화운동의 가장 중요한 축을 구성하던 아탁의 분열이 바로 그것이다. 아탁의 분열은 전국지도부를 장악한 구세대와 지방활동가로 구성된 신세대의 '세대간 갈등'에서 기인한다. 그런 갈등은 아탁의 조직형태와 활동형태라는 쟁점을 중심으로 전개된다. 조직형태와 관련해서 전국지도부는 아탁이 독립조직이라고 주장한 반면 지방활동가는 다양한 조직이 소통하고 연대하는 네트워크('수렴공간')라고 주장한다. 활동형태와 관련해서

친화성은 강화된다. 다만 사회주의노동자당은 전위정당을 통일전선 내부에서 건설해야 한다는 입장을 제시한다. 그러나 사회주의노동자당의 계획은 결국 완전한 실패로 귀결되고 오히려 그들 내부의 갈등이 증폭된다. 2008년부터 전개된 분파투쟁은 2010년 2월에 통일전선을 옹호했던 리즈와 저먼의 출당으로 귀결된다. 통일전선 내부에서 전위정당을 건설한다는 계획의 실패를 리즈-저먼이라는 '희생양'으로 해결한 셈이다.

전국지도부는 대안세계화운동이 제도권정치와 결합해야 한다고 주장한 반면 지방활동가는 제도권정치와의 분리를 주장한다. 지방활동가의 급진좌파적 지향은 혁명적공산주의자동맹의 문화적 아나키즘의 영향을 받은 것이다.

이 같은 갈등은 2005년 비준반대운동 직후 전국지도부 선거를 둘러싼 갈등으로 비화되고 그 과정에서 결국 구세대가 퇴출당하게 된다. 이와 함께 아탁은 제도권정치와 분리된 급진좌파를 중심으로 하는 일종의 프랑스사회포럼 또는 네트워크로 변모한다. 그 결과 아탁이 달성한 정치적·이론적 성과 자체가 무효화된다. 시민운동단체이자 시민교육단체인 아탁의 핵심을 이룬 학술위원회의 쇠퇴는 특히 심각한 문제가 된다. 미국의 금융위기가 폭발하고 그것이 유럽으로 확산되는 상황에서도 아탁은 과거와 같은 과학적 분석을 제시하지 못한다. 오히려 아탁은 금융위기에 대해 과소소비설을 따르는 이론적 입장을 채택하고 임금인상과 소득재분배를 대안으로 제시한다. 게다가 아탁의 일각에서는 이번 금융위기를 계기로 지구온난화를 완화하기 위해 '탈성장'(décroissance, degrowth)으로 이행할 필요가 있다는 주장까지 제기되는 실정이다.

미국노총의 위기

『2010-12년 정세분석』에서는 유럽좌파의 위기에 대한 분석에 추가해서 미국 비즈니스노조(business union)의 역사에 대한 분석을 제시한다. 1990년대에 사회운동노조를 내걸고 미국노총의 노선전환을 시도했던 스위니 집행부는 대안자유무역협정을 제안하면서 유럽의 대안세계화운동에 영향을 미치기도 한다. 그러나 2005년에 미국노총은 미조직노동자의 조직화 방법을 둘러싸고 분열에 빠지는데, 이는 마르크스적 공산주의와 결합한 적이 없는 미국 노동자운동의 역사적 한계를 보여준다. 또한 그것은 2007-09년 금융위기의 역설을 표현하는 또 다른 사례가 된다.[22)]

미국 비즈니스노조주의의 역사

1886년 결성된 숙련공 중심의 직능별노조인 미국노동연맹(AFL)과 1935년에 결성된 반(半)숙련공 중심의 산업별노조인 산업별조직회의(CIO)는 1955년에 미국노총(AFL-CIO)으로 통합된다. 미국노총은 조직형식이라는 측면에서는 산업별노조를 계승하지만 이념이라는 측면에서는 미국노동연맹의 비즈니스노조를 계승한다. '순전한 노조'(pure and simple union)로 정의되는 비즈니스노조는 조합원에게 단체협상이라는 서비스를 공급하는 비즈니스로서 노조를 의미한다. 비즈니스노조는 어떤 궁극적 목표도 추구하지 않고 오직 '빵과 버터'라는 당면한 목표만 추구할 따름이다.

『2010-12년 정세분석』에 따르면, 미국노총이 비즈니스노조로 전환한 것은 그들이 뉴딜주의, 즉 케인즈주의에 의해 현대화된 자유주의 이데올로기를 수용하기 때문이다. 뉴딜주의에서는 노동자가 미국식 중산층(middle class)의 대표자로 간주된다. 생산성의 상승과 임금의 상승을 연계시킨 생산성임금은 뉴딜주의의 경제적 토대가 된다.[23] 그 결과 1960년대는 미국 자본주의의 황금기인 동시에 중산층화된 미국 노동자계급의 황금기로 기록된다.

그러나 1970년대 이후 미국 자본주의의 구조적 위기가 전개되고 생산성임금이 보장되지 않으면서 비즈니스노조의 황금기도 사실상 종말을 고한다. 이런 맥락에서 『2010-12년 정세분석』은 금융세계화가 산업구조의 변화를 매개로 노동자운동에 미친 영향을 분석한다. 미국경제가 산업과 상업에서 금융서비스와 기업서비스로 무게중심을 이동하면서 이른바 서비스경제가 출현한다. 그리고 이에 보조를

---

22) 나아가 미국 비즈니스노조의 역사에 대한 분석은 남한의 경제적 노동자운동이 독일보다는 오히려 미국의 노동자운동과 더 큰 친화력을 갖는다는 사실을 보여준다.

23) 전후에 자유주의적 생산성임금을 통해 중산층화된 미국의 노동자계급은 보수주의적 사회임금(social wage) 덕택으로 중산층화된 독일이나 프랑스의 노동자계급과는 구별된다.

맞추어 다양한 사회·공공서비스도 증가한다. 특히 금융세계화와 함께 생산적 산업부문이 무노조·저임금을 찾아 해외로 이전하면서 산업노동자의 경제적 토대는 사실상 붕괴한다. 반면 비생산적 서비스부문은 해외로 이전할 수 없다는 의미에서 '육봉'(陸封, landlocked) 되어 있다. 이 때문에 서비스노동자가 단체협상에서 일정한 전투성을 발휘하면서 '상황의 지대'를 획득할 수 있는 것이다.

이런 상황에서 미국노총은 생산적 산업노동자의 조직화에서 비생산적 서비스노동자의 조직화로 무게중심의 이동을 시도한다. 그 결과 자동차노조(UAW), 철강노조(USW), 광산노조(UMW), 통신노조(CWA) 같은 전통적인 노조 대신에 서비스노조(SEIU), 교사노조(AFT), 연방공무원노조(AFGE)와 주·지방공무원노조(AFSCME)가 미국노총을 구성하는 새로운 핵심노조로 부상한다. 서비스노조의 성장은 외형상 미국노총의 전투성의 강화로 드러나지만 그것이 비즈니스노조주의와의 단절을 의미하는 것은 아니다.

미국노총의 분열

『2010-12년 정세분석』은 1995년에 서비스노조 위원장 출신인 스위니가 총재로 선출되면서 미국노총에서 서비스노조의 영향력이 한층 강화된다는 사실을 지적한다. 스위니는 사회운동노조를 대안으로 제시하면서 유럽의 노동자운동에 상당한 반향을 불러일으키기도 하지만 사실 그가 주장한 사회운동노조는 일반노조를 의미할 따름이다.[24] 즉 스위니는 직능이나 산업을 불문하고 미조직노동자를 조직하는 동시에 다양한 부문의 노조를 흡수·통합(M&A)해서 거대노조를 형성하려고 시도했던 것이다. 그 중심을 이루는 것은 물론 육봉된 서비스부문과 관련된 노조다.

---

24) 동시에 미국노총은 북미자유무역협정(NAFTA)에 대응해서 노동표준과 환경표준 같은 사회조항을 추가할 것을 요구하는 대안자유무역협정을 제시하기도 한다. 이 또한 유럽에서 대안세계화운동이 확산되는 데 중요한 영향을 미친다.

게다가 2005년에는 서비스노동자의 조직화를 둘러싸고 미국노총이 분열에 빠진다. 스위니의 후임으로 서비스노조의 위원장이 된 스턴이 스위니를 비판하면서 민주당에 대한 지원을 줄이고 대신 일반노조에 대한 지원을 늘리자고 주장한 것이다. 그는 결국 보건의료노조를 중심으로 하는 서비스노조를 기반으로 승리를위한변화(CTW)라는 제2노총을 결성한다. 제2노총은 민주당에 대해 상대적으로 거리를 두는 등 외견상 더 전투적인 태도를 취한다.

그러나 무디가 지적하는 것처럼, 제2노총은 대안노조를 형성하는 것이 아니라 비즈니스노조를 현대화하려고 시도할 뿐이다. 스턴은 기존 노조의 '경영학적 문맹'을 비난하면서 'corporate unionism', 즉 현대화된 비즈니스노조주의를 옹호하는 것이다.[25] 그러나 2009년에 오바마 정부가 출범하면서 제2노총은 제1노총과의 재통합 압력으로 인해 진퇴양난에 빠진다.

남한 노동자운동의 위기

남한도 정세의 과소결정, 즉 금융위기가 전개되는 와중에도 이데올로기적 반역이 부재한 상황으로부터 자유롭지 못하다. 이런 상황에서 『금융위기와 사회운동노조』는 마르크스적 사회운동의 재개를 위한 제도적 기초로서 노조에 주목한다. 그리고 1985-87년 이후 남한 노동자운동의 역사적 변모 과정을 '정치적 노동자운동'이 아니라 '경제적 노동자운동'을 중심으로 분석하면서 민주노총의 위기의 원인을 추적한다.

---

25) 물론 미국노총의 비즈니스노조를 관료주의라고 비판하고 그 대안으로 현장주의를 제시하는 무디의 비판에도 문제가 있다. 왜냐하면 그는 관료주의라는 명목으로 노총이나 산업별연맹의 집권주의를 비판하면서 지역지부나 기업지부에 근거한 분권주의를 옹호하기 때문이다. 게다가 그는 전위정당을 지향하는 독자정당 결성을 주장하는데, 이런 주장은 사회운동노조를 현장성과 당파성의 결합으로 오해하는 근거가 되기도 한다.

남한 노동자운동의 역사

남한에서 노동자운동이 본격적으로 전개되기 시작한 것은 1980년대 중반이다. 1980년대 노동자운동의 역사에서 전위정당 중심의 정치적 노동자운동에 주목할 경우에는 1985년의 구로동맹파업을 강조하는 반면 노조 중심의 경제적 노동자운동에 주목할 경우에는 1987년의 노동자대투쟁을 강조하는 경향이 있다. 『금융위기와 사회운동노조』는 정치적 노동자운동을 강조했던 피디(PD)적 전통에서 탈피해서 경제적 노동자운동의 부침에 초점을 맞추어 남한 노동자운동의 역사를 분석한다.26)

1985-87년 이후의 경제적 노동자운동은 1988년의 노동법개정투쟁을 통해 민주노조의 합법화를 요구하면서 성장을 계속한다. 1989년 대통령의 거부권 행사로 노동법개정은 무산되지만, 1990년에 건설된 전국노동조합협의회(전노협)는 1991년에 노동법개정투쟁을 다시 전개한다. 그리고 결국 전노협은 1992년에 국제노동기구(ILO)의 노동법개정권고라는 성과물을 쟁취한다. 반면 1989-91년의 현실사회주의의 붕괴 이후 피디의 최대정파인 인천지역민주노동자연합(인민노련)이 합법정당을 통한 노동자계급의 정치세력화를 주장하면서 피디 자체가 형해화된다. 즉 전위정당 건설을 추진했던 정치적 노동자운동이 사실상 소멸되는 것이다.

이런 측면에서 볼 때, 남한 노동자운동에서 결정적 국면은 정치적 노동자운동의 쇠퇴와 경제적 노동자운동의 성장이 교차한 1990년대 초라고 할 수 있다. 그러나 이 시기에 마르크스주의의 위기를 진지하게 사고하자는 제안은 위기를 부정하는 교조주의와 생디칼리즘적 활동가주의에 의해 기각된다. 그리고 1990년대 이후에는 노조의 합

26) 이는 또한 『일반화된 마르크스주의 개론』에서 제시된 남한 마르크스주의의 역사를 보완하는 의미를 갖는다. 정치적 노동자운동을 중심으로 하는 남한 노동자운동의 역사에 대해서는 이 책에 수록된 「일반화된 마르크스주의」를 참조할 수 있다.

법화를 추진하는 경제적 노동자운동이 노동자운동의 대세를 형성하게 된다. 동시에 합법노조에 근거를 두고 코퍼러티즘을 제도화하려는 합법정당이 등장한다. 1993년에 전노협을 상대화하는 전국노동자대표자회의가 결성되고 1995년에 전노협을 대체하는 민주노총이 건설되면서 코퍼러티즘 경향은 한층 강화된다.

민주노총의 위기

민주노총의 초대 지도부를 장악한 국민파는 1997-98년의 경제위기·외환위기를 배경으로 해서 김대중 정부가 주도하는 노사정위원회에 참여한다. 『금융위기와 사회운동노조』는 노사정위원회 참여가 단순한 지도부의 기회주의의 결과가 아니라 노조의 합법화를 추진해온 경제적 노동자운동의 자연스런 귀결이라고 강조한다. 게다가 공공부문노조가 민주노총으로 이전하면서 민주노총이 제1노총으로 부상한 것도 노사정위원회 참여를 자극한다. 또 민주노총의 정치활동이 보장되면서 2000년에는 민주노동당이 건설된다.

그런데 『금융위기와 사회운동노조』가 강조하는 것처럼, 중요한 것은 노사정위원회 참여 여부가 아니라 노사정위원회에서 진행된 협상의 내용이다. 민주노총은 1998년의 노사정협상에서 민주노총 합법화 및 정치활동 보장의 대가로 1990년부터 계속되어온 자본가측의 요구를 대폭 수용한다. 노동의 신축화를 위한 '3제' 중에서 정리해고제와 파견근로제를 전면적으로 수용하고 변형근로제는 부분적으로 수용한 것이다.

노사정협상 직후에 민주노총 대의원대회에서 국민파 지도부는 불신임되고 현장파와 중앙파가 연대해서 지도부를 장악한다. 그러나 이 같은 지도부 교체가 민주노총의 노선 전환을 의미하는 것은 아니다. 지도부를 장악한 중앙파와 현장파는 6년 동안 노사정위원회의 탈퇴와 참여를 반복하다가 노무현 정부 초기의 2003년 노사정협상에서 노동시간단축을 통한 일자리나누기라는 명목으로 40시간 노동주(주5일 근무제)와 변형근로제를 실질적으로 교환한다. 역설적으로 국민파가 시작한 노동의 신축화가 중앙파와 현장파에 의해 완성된 셈이다.

나아가 『금융위기와 사회운동노조』는 국민파와 중앙파·현장파가 공유하는 노동시간단축을 통한 일자리나누기 정책이 비정규직화를 해결하는 것이 아니라 오히려 그것을 심화시킨다고 비판한다. 8시간 노동일 쟁취 같은 노동일 단축은 역전불가능한 성과인 반면 40시간 또는 35시간 노동주 같은 노동주 단축이 변형근로제와 결합될 경우에는 오히려 노동의 신축화를 강화하기 때문이다.[27] 즉 자본의 필요에 따라 노동시간을 신축적으로 변형할 수 있는 변형근로제가 실시되면 자본이 동일한 노동주를 유지하면서도 노동일을 자유롭게 결정할 수 있기 때문이다. 자본가의 꿈은 변형근로제의 완성인 노동년제이다. 1년 단위로 노동시간을 계산하는 노동년제를 통해 자본가는 시장수요가 감소할 때에는 공장가동을 중지하고 반대의 경우에는 잔업과 특근을 정상화하는 방식으로 노동시간을 연장할 수 있기 때문이다. 그리고 노동시간이 개별화되면 임금도 개별화될 수밖에 없는데, 이 같은 노동시간과 임금의 개별화는 궁핍화 또는 불안전화의 또 다른 사례다.

그러나 노사정협상이라는 '제도를 통한 대장정'의 결과로 국민파와 중앙파·현장파가 노동시간단축을 통한 일자리나누기로 수렴하면서 민주노총의 위기는 사실상 만성화된다. 2005년에 발생한 민주노총 대의원대회의 폭력사태나 민주노총 간부의 부정·비리에 대한 기획수사는 민주노총의 위기의 원인이라기보다 오히려 그 결과다.[28] 민주노총 위기의 원인은 경제투쟁에만 몰두하는 경제적 노동자운동의 이념 부재에 있다. 민주노총이 노동자 내부의 경쟁이 아니라 단결을 강화할 수 있는 정책을 실행하지 못한 채 노동의 신축화를 위

27) 실제로 노동일 단축은 역사적으로 단 한번만 발생한다. 1917년 러시아 혁명과 1918년 독일혁명의 영향으로 미국과 유럽에서도 8시간 노동일이 도입된 경우를 제외하면 노동일이 단축된 역사적 사례는 없다.

28) 2007-08년 대선과 총선 패배 이후 민주노동당의 분열도 마찬가지로 노동자운동의 위기의 결과라고 할 수 있다.

한 3제를 수용한 것도 동일한 문제다. 이 같은 문제의식에서 『금융위기와 사회운동노조』는 민주노총을 대안노조로 전환하기 위한 방향으로 사회운동노조에 대한 논의를 심화시킨다.

대안노조로서 사회운동노조

『역사적 마르크스주의』는 노동자계급의 원칙적 조직형태로서 평의회와 노조에 주목하면서 특히 마르크스적 사회운동의 재개를 위한 조건으로서 평의회라는 이념을 상세하게 설명한다. 반면 『금융위기와 사회운동노조』에서는 정세의 과소결정이라는 구체적 상황에 맞추어 마르크스적 사회운동을 재개할 수 있는 현실적 제도로서 노조에 주목하면서 노조의 개혁방향으로서 사회운동노조를 강조한다. 여기서는 특히 임금에 대한 마르크스의 이론적 분석과 노조에 대한 마르크스의 입장을 발전시키면서 사회운동노조의 이론적 근거를 체계화한다.

마르크스의 임금론과 노조론

마르크스의 임금론은 경제학 비판이 심화되면서 계속해서 발전하고 『자본』에서 비로소 완성된다.[29] 특히 1권 3-6편 잉여가치론의 결론과 7편 자본축적론의 결론이 중요하다. 또 『자본』 1권의 임금론에 적합한 노조론은 국제노동자연합(제1 인터내셔널)과 관련된 문헌에서 제시된다. 특히 1865년 국제노동자연합 총평의회에서의 강연 「임금, 가격, 이윤」은 노조론과 관련된 핵심적 문헌이다.

『자본』 1권 3-6편에서 제시된 잉여가치론의 결론은 절대적 잉여가치의 생산과 상대적 잉여가치 생산이 결합된다는 것이다. 즉 자본주의가 발전할수록 상대적 잉여가치의 생산과 함께 절대적 잉여가치의 생산도 발전한다. 기계제대공업이 발전할수록 노동시간은 외

29) 여기서 임금은 엄격한 의미에서는 임금률(wage rate), 즉 임금(wages)을 노동자의 수로 나눈 노동자 1인당 임금을 의미한다.

연적으로든 내포적으로든 연장될 수밖에 없기 때문이다. 이 때 노동시간의 연장은 크게 두 가지 방식으로 전개된다. 첫째, 시간급과 취업자-실업자 경쟁이 상호작용한 결과 노동일이 연장되고 노동자 수도 증가한다. 둘째, 성과급과 취업자-취업자 경쟁이 상호작용한 결과 노동강도가 상승한다.

노동자의 관점에서 보면 임금과 노동자간 경쟁의 상호작용으로 인해 노동력가치에 대해 임금이 괴리되고 지체되는 경향이 출현한다. 그 결과 노동자는 노동력가치와 일치하는 임금을 얻기 위해 더 많은 노동을 해야 한다. 그런 측면에서 저임금과 장시간·고강도노동의 악순환이 자본주의의 본질이라고 할 수 있다.

여기서 마르크스의 노조론의 일차적 근거를 발견할 수 있다. 즉 노동력가치에 대한 임금의 괴리 및 지체라는 경향에 반작용하는 노동자계급의 원칙적 조직형태는 노조일 수밖에 없다는 것이다. 『자본』 1권 7편에서 제시된 자본축적론의 결론도 동일한 함의를 갖는다. 마르크스는 이윤율 하락의 경향을 논증하면서 임금분배율이 일정하게 유지된다고 전제하는데, 이는 노조가 존재하기 때문에 노동력가치와 임금이 비례적으로 상승한다는 것을 의미한다. 결국 노동력가치와 임금의 괴리와 지체라는 의미에서 궁핍화에 대한 반작용요인이 바로 노조의 임금인상투쟁인 것이다.[30]

나아가 마르크스는 「임금, 가격, 이윤」에서 오언주의를 비판하면서 노조주의에 대한 적대로부터 사회주의를 해방시킨다. 그의 비판은 노조에 대해 마찬가지로 적대적인 푸르동주의의 아나키즘과 라살주의의 국가주의에 대한 비판도 함의한다. 동시에 마르크스는 '파업의 협애한 순환'으로부터 노조주의를 해방시킨다. 이는 프랑스식

30) 여기서 궁핍화는 결코 빈곤화를 의미하는 것이 아니다. 마르크스의 자본축적론의 결론은 임금분배율이 일정하게 유지된다는 것인데, 이는 상대적 빈곤화, 즉 임금분배율의 하락을 부정하는 것이다. 또 자본주의에 내재한 기술혁신으로 인해 생활수준이 하락하지 않기 때문에 절대적 빈곤화도 존재할 수 없다. 이런 이유에서 엥겔스가 궁핍화를 불안전성(Unsicherheit)의 증대로 규정한 것이다.

산업별 노조주의, 즉 생디칼리즘에 대한 '선취된 비판'으로 이해될 수 있다. 결국 마르크스는 노조주의에 대한 사회주의적 거부와 생디칼리즘적 노조주의를 동시에 비판한 것이다.

마르크스가 지적하는 노조의 의의는 표준임금의 인상을 위한 투쟁과 표준노동일의 단축을 위한 투쟁에 있다. 이것이 바로 마르크스가 궁핍과 불안전성으로의 경향에 반작용하는 경제투쟁이라고 부른 것이다. 그러나 동시에 그는 경제투쟁이 임금제도라는 원인이 아니라 그 결과에 대한 투쟁에 불과하기 때문에 한계를 갖는다고 강조한다. 결국 마르크스는 노조가 자본주의에 내재하는 노동자간 경쟁을 지양하고 단결을 쟁취함으로써 임금제도의 소멸이라는 공동의 이익을 실현해야 한다고 주장하는 것이다.

이런 맥락에서 『금융위기와 사회운동노조』는 마르크스가 「임금, 가격, 이윤」에서 경제투쟁보다 '더 광범위한 운동'에 참여해야 한다고 강조했다는 사실에 주목한다.[31] 즉 일상적 요구투쟁으로서 경제투쟁보다 더 광범위한 사회운동이 바로 최종적 해방투쟁으로서 정치투쟁이라는 것이다. 정치투쟁으로서 사회운동의 목적은 노동자의 단결, 즉 취업자 내부의 단결뿐만 아니라 비정규직이나 실업자와의 단결을 확대하는 것이다. 경제투쟁에만 몰두하지 않고 사회운동에 참여하는 노조로서 사회운동노조는 『자본』에서 도출되는 노동자계급의 '조직화의 중심', 즉 원칙적 조직형태인 것이다.

이와 동시에 『금융위기와 사회운동노조』는 19세기 말의 특수한 정세적 산물인 정당의 부상을 설명함으로써 마르크스주의의 역사에서 정당을 상대화한다. 1871년에 파리코뮌이 출현하고 마르크스가 이를 지지하자 영국의 노조주의자가 국제노동자연합에서 대거 탈퇴하면서 국제노동자연합의 대중적 토대가 붕괴한다. 이런 상황에서 마르크스는 원칙적 조직형태가 아니라 차선의 정세적 조직형태로서 독자적 정당건설을 선택했던 것이다.[32]

---

31) 또 마르크스는 1866년 국제노동자연합 창립대회를 위한 총평의회의 공식 보고서인 「지침」에서 '더 광범위한 운동'을 '사회·정치운동'이라고 부른다.

또한 『금융위기와 사회운동노조』는 마르크스의 노조론과 관련되는 중요한 비판을 제시한다. 마르크스에게는 노조가 노동자간 차이를 축소할 수 있다는 인식이 부재했다는 것이다. 『고타강령 비판』에서 마르크스는 평등한 임금에 대해 비판하면서 낮은 단계의 공산주의에서는 능력에 따라 노동하고 노동에 따라 분배한다는 원칙을 제시한다. 분배의 차이를 소멸시켜 높은 단계의 공산주의로 이행하기 위해서는 노동능력의 차이를 소멸시켜야 하는데, 이를 위해서는 교육을 통한 지적 차이의 소멸이 선행되어야 하기 때문이다. 나아가 마르크스는 모든 교육이 노동과 결합되어야 한다고 주장한다. 그 결과 그는 노동과 교육이 분리되어 있는 자본주의에서는 임금격차가 소멸될 수 없다고 주장하게 된다. 그러나 임금격차가 노동자계급의 단결에 장애로 작용하는 상황을 고려할 때, 지적 차이의 소멸이라는 원칙뿐만 아니라 노동자 내부의 임금격차의 축소를 위한 노력도 필요하다. 1970년대 이탈리아의 평의회노조를 20세기 사회운동노조의 대표적 사례로 간주하는 이유가 바로 이것이다.

사회운동노조 논쟁

『알튀세르를 위한 강의』에서 이미 언급했던 것처럼, 사회운동노조 개념은 워터먼의 1993년 논문에서 최초로 제시된 것이다. 『금융위기와 사회운동노조』에서는 워터먼의 논의를 대안노조, 즉 볼셰비키노조를 개혁하는 노조의 이념으로 해석하고 사회운동노조의 사례로서 1970년대 이탈리아의 평의회노조에 주목한다. 동시에 사회운동노조에 대한 비판과 몰이해에 대한 반비판을 제시한다.

『금융위기와 사회운동노조』는 1993년 워터먼의 논문에서 세 가지 핵심적 논점을 추출한다. 첫째, 사회운동노조는 볼셰비키노조에 대

32) 전위정당을 노동자운동의 원칙적 조직형태로 승격시킨 사람이 바로 레닌이다. 이런 점에서 1980년대 피디는 '마르크스의 마르크스주의'가 아니라 오히려 '레닌의 마르크스주의'를 지향한 셈이다. 『금융위기와 사회운동노조』는 사회운동노조를 노동자운동의 원칙적 조직형태로 제시함으로써 피디의 이런 편향을 정정한다.

한 대안노조다. 레닌이 아니라 마르크스에 준거할 경우 노조의 정치투쟁은 정당의 지도를 따르는 것이 아니라 사회운동에 참여하는 것을 의미한다. 둘째, 볼셰비키노조를 개혁하기 위해 노동자운동은 특히 새로운 사회운동, 즉 여성운동·생태운동·평화운동 등과 결합할 필요가 있다. 셋째, 볼셰비키정당도 사회운동을 지도하는 전위정당이 아니라 사회운동에 봉사하는 후위정당, 즉 사회운동정당으로 개혁되어야 한다.

『금융위기와 사회운동노조』는 워터먼의 사회운동노조론을 지지하는 하이먼에 준거해서 1970년대 이탈리아의 평의회노조 경험을 다시 한 번 강조한다. 1960년대까지 파시즘이 온존한 이탈리아에서는 파시즘적 노동통제를 대체할 노동법조차 존재하지 않았지만, 평의회노조는 그런 상황을 돌파하는 1969년의 '뜨거운 가을'을 주도한다. 그 결과 1970년에는 이탈리아 최초의 노동법이 제정된다. 나아가 제1노총의 지도자 트렌틴이 '뜨거운 가을'의 주체를 평의회노조라고 명명하면서 제1노총의 개혁을 시도한다.

평의회노조의 핵심적 성과는 3대노총의 행동통일에 기초해서 연동제(*scala mobile*), 즉 정액임금인상제도를 도입하는 노사정협정을 체결한 것이다. 평의회노조는 전체 노동자의 정액임금인상('5만리라')을 통해 숙련노동자와 미숙련노동자의 임금격차, 나아가 육체노동자와 지식노동자의 임금격차를 축소하려고 시도한다. 트렌틴은 이 같은 방법으로 노동자계급의 경쟁을 지양하고 단결을 쟁취함으로써 노동자통제를 실행한다는 이행의 전망을 제시한다.[33] 『금융위기와 사회운동노조』는 트렌틴의 평의회노조론이 노조에 의한 임금격차 축소의 가능성을 무시한 마르크스의 한계를 극복할 수 있는 중요한 사례라고 평가한다.

---

33) 『금융위기와 사회운동노조』는 불황기에는 모든 일상적 투쟁이 이행강령을 구성한다는 트로츠키주의의 이행강령론을 비판하면서 최종적 해방투쟁과 매개될 수 있는 일상적 요구투쟁만이 이행강령일 수 있다는 마르크스적 관점을 강조한다. 이런 관점에서 연동제가 평의회노조가 제시한 이행강령의 핵심을 구성한다.

또한『금융위기와 사회운동노조』는 워터먼의 논의와 이탈리아 평의회노조의 사례에 근거해서 사회운동노조에 대한 국내외의 비판에 대한 반비판을 제시한다.

사회운동노조에 대한 주된 비판은 트로츠키주의 성향의 학자에 의해 제기된 것이다.[34] 대표적으로 매더스는 사회운동이 아니라 '사회변혁'(social transformation)을 강조하면서 사회운동노조에 대한 대안으로 '사회변혁적 노동운동'을 제안한다. 그러나 여기서 사회변혁은 '변혁성'을 담보하는 전위정당의 지도를 전제하는 것인데, 국제사회주의경향과 제 4인터내셔널이 그런 전위정당의 사례로 부당전제된다. 또한 노동자운동 대신 사용된 노동운동이라는 용어는 노조 외부에서 실업자·빈민·이주자 등을 결합하는 새로운 노동자운동을 조직해야 한다는 함의를 갖는다. 이처럼 노조 외부의 세력을 동원하려는 전략의 결과로 전위정당과 '문화적 아나키즘'이 결합하게 되는 것이다.

2000년대의 남한에서도 민주노총의 위기에 대한 대안을 둘러싸고 사회운동노조 논쟁이 전개된다. 민주노총의 중앙파와 현장파는 사회운동노조에 대해 반대로 일관한 반면 국민파는 사회운동노조를 대안노조의 모델로 제시한다.『금융위기와 사회운동노조』는 국민파에 대한 도덕적 비난이 아니라 합리적 비판이 필요하다는 사실을 강조한다.[35]

특히 민주노총의 위기에 대한 대안과 관련해서 한국노동사회연구소(한노사연)의 김유선 소장이 제시한 노사정협상론이 문제가 된다.

---

34) 워터먼 자신도 트로츠키주의적 전위정당을 부당전제하는 무디의 사회운동노조론을 비판하면서 사회운동노조라는 용어 대신 시민사회노조(social union)라는 용어를 채택한다.

35)『금융위기와 사회운동노조』는 국민파의 입장이 궁극적으로 국제노동기구의 구상과 일치한다는 사실을 지적하면서 국제노동기구 산하 연구기관에서 활동하는 바카로의 구상에 대한 비판을 제시한다. 비판의 핵심은 바카로가 제시하는 복수노조, 평조합원의 직접투표, 비정부기구를 포함하는 노사정협의 등이 노동자 내부의 경쟁을 강화시키고 민주노총의 역량을 약화시키는 데 목적이 있다는 것이다.

김유선 소장은 사회운동노조가 연대임금, 즉 정액임금인상제로서 연동제를 중심으로 노사정협상을 진행함으로써 비정규직에 대한 차별을 철폐할 수 있다고 주장한다. 그러나 그는 연동제를 실현할 수 있는 조건으로서 노총의 중앙교섭권에 대해서는 전혀 언급하지 않는다는 한계를 보인다.

『금융위기와 사회운동노조』는 또한 중앙파의 이론적 대변자인 노중기 교수의 사회운동노조론에 대해서도 비판한다. 애당초 사회운동노조에 비판적이었던 그는 이후 모종의 도덕경제론이나 사회경제론을 논거로 삼아 '도덕적 비판'으로서 사회운동노조를 옹호한다. 나아가 그는 민주노총의 코퍼러티즘에 대한 대안으로 전노협의 생디칼리즘을 계승해야 한다고 주장하기도 한다. 그러나 도덕경제론이나 사회경제론은 마르크스의 경제학 비판에 미달하며 생디칼리즘으로의 복귀는 시대착오적인 성격을 갖는다.

사회운동노조를 거부하는 현장파와 트로츠키주의의 한계도 지적된다. 그들은 사회운동노조를 비롯한 모든 노조는 경제투쟁이라는 한계를 갖기 때문에 전위정당의 지도 아래 정치투쟁으로 발전할 필요가 있다고 강변할 따름이다. 이런 측면에서 사회운동노조에 대한 현장파와 트로츠키주의의 몰이해는 그들의 교조주의와 종파주의를 반영한 것이라고 할 수 있다.

이상의 비판을 통해 사회운동노조론이 마르크스의 노조론을 계승하면서 코퍼러티즘과 생디칼리즘을 동시에 비판하는 것이라는 사실이 재확인된다. 또한 그것은 전위정당에 대한 대안으로 제시된 평의회를 구체화하는 것이기도 하다. 즉 사회운동노조는 협애한 경제투쟁에 매몰되는 경제적 노동자운동을 극복하는 동시에 전위정당 및 볼셰비키노조 같은 정치적 노동자운동의 한계를 극복하는 대안인 것이다. 이 경우 사회운동노조는 일차적으로 기업별노조나 산업별노조 같은 조직형식이 아니라 대안노조를 형성하기 위한 이념과 운동으로 이해되어야 한다.

2010-13년 정세분석

『2010-12년 정세분석』은 2007-09년 금융위기 이후의 상황을 분석·예측한다. 미국의 정책당국, 특히 연준이사회 의장 버냉키의 정책대응이 거의 실시간으로 분석되며, 금융과 실물경제에서 회복 여부를 판단할 수 있는 경제지표가 점검된다. 이에 근거해서 『2010-12년 정세분석』은 더블딥을 예방하기 위해 실시된 일련의 정책의 한계를 지적하면서 금융위기가 해결되고 경기도 회복되었다는 통념을 논박한다. 또 연준의 공식 발표를 준거로 해서 '2차 대불황'의 전개를 예상하고 금융세계화의 종결에 대비하는 미국 정책당국의 '플랜 B'로서 대외정책의 변화, 즉 '태평양으로 선회'(pivot toward/to the Pacific)에 주목한다.

2007-09년 이후 정책대응의 성격과 한계

2차 적자재정정책과 2차 수량완화정책

『2010-12년 정세분석』은 위기가 해결되었다는 인식을 비판하기 위해 먼저 2007-09년 금융위기와 경기침체에 대응한 재무부와 연준의 정책이 어떤 성격을 갖는가를 분석한다. 연준의 정책을 대표하는 제로금리정책과 수량완화정책, 그리고 재무부의 정책을 대표하는 부실자산구제계획이 금융위기를 해결하기 위한 정책이라면, 미국재건재투자법은 경기침체를 완화하기 위한 적자재정정책이다. 즉 미국재건재투자법을 제외한 나머지 정책은 모두 금융위기를 해결하려는 정책이었던 것이다. 그 결과 2009년에 금융위기가 완화되지만 그렇다고 해서 실물경기가 회복된 것은 아니다.[36]

---

36) 2007-09년 경기침체는 미국경제가 불황기로 진입한 1970년대 이후 최악의 경기침체로 기록된다. 2009년의 경제성장률 −3.5%는 1982년의 경제성장률 −1.9%를 크게 하회한다.

이런 상황에서 유럽연합의 재정위기로 인한 금융시장의 불안정성이 미국으로 전염되면서 2010년 가을부터 미국의 경기회복세는 둔화되기 시작한다. 그 결과 2010년과 2011년에도 경기회복에 대한 기대보다는 오히려 더블딥에 대한 논쟁과 우려가 지속된다. 『2010-12년 정세분석』은 재무부의 2차 적자재정정책과 연준의 2차 수량완화정책 및 오퍼레이션트위스트를 실물회복의 둔화와 더블딥에 대한 예방이라는 관점에서 분석한다.

재무부는 2009년 2월에 7870억달러 규모의 재정지출과 감세로 구성되는 1차 적자재정정책에 뒤이어 2010년 12월에 8580억 달러의 감세로 구성된 2차 적자재정정책을 실시한다. 그 결과 미국은 2011년에 국내총생산의 10%에 가까운 재정적자를 기록하고, 미국의 국가부채는 국내총생산의 100%에 근접하는 수준으로 상승한다.

연방준비제도의 2차 수량완화정책과 그에 후속하는 오퍼레이션트위스트는 재무부의 2차 적자재정정책을 지지하는 것이다. 연준은 2차 수량완화정책에 따라 2010년 11월부터 2011년 6월까지 6천억달러의 장기국채를 추가로 매입하고 만기 상환된 주택담보부증권의 원금도 대부분 장기국채에 재투자한다. 또 2011년 9월부터 2012년 6월까지 실행된 오퍼레이션트위스트는 단기국채를 매각하고 장기국채를 구매하는 것인데, 그 규모는 4천억달러에 이른다. 재무부의 장기국채를 구매하는 이런 정책들은 달러가치의 급격한 하락을 예방하면서 재무부가 대규모의 적자재정을 운용할 수 있도록 지원하는 것이다.[37)]

재무부의 2차 적자재정정책과 연준의 2차 수량완화정책 및 오퍼레이션트위스트는 2011년에 더블딥이 발생하는 것을 예방하는 데

37) 이와 동시에 제로금리정책의 기한도 계속 연장된다. 제로금리정책을 발표한 2008년 12월에는 '얼마 동안'이라는 표현이 사용되는데, 2009년 3월에는 '상당 기간 동안'이라는 표현이 사용된다. 그리고 2011년 8월에는 그 기간을 '최소한 2013년 중반까지'로 특정하고 2012년 1월에는 '최소한 2014년 말까지'로 연장한다. 또 3차 수량완화정책이 채택된 2012년 9월에는 제로금리정책의 기간을 '적어도 2015년 중반까지'로 또다시 연장한다.

기여하지만, 2012년에도 경기회복세는 크게 개선되지 않는다. 실업률은 그것을 가장 분명하게 보여주는 지표다. 2009년 10%에서 2011년 8% 수준으로 하락한 실업률은 2012년에도 대체로 그 수준을 유지한다. 게다가 공식실업률과 비공식실업률의 격차는 전례 없이 7% 포인트 수준을 유지한다. 그리고 주택시장의 상황도 크게 개선되지 않는데, 2011년 3월에 154로 하락한 케이스-실러지수는 6월에도 154를 유지한다.

3차 수량완화정책과 '2차 대불황'의 가능성

2차 적자재정정책과 2차 수량완화정책에도 불구하고 경기회복세는 크게 개선되지 않는다. 이런 상황에서 국가부채 누적으로 인해 추가적인 적자재정정책은 사실상 실행이 불가능하게 된다. 게다가 2011년의 예산통제법(BCA)에 따라 2013년 초부터 재정지출의 자동삭감(automatic sequestration)이 시작되면 적자재정이 급감하는 이른바 '재정절벽'이 실물경제에 충격을 줄 것이라는 우려도 제기된다. 그 결과 2012년 2/4분기에는 연준의 '최종병기'로서 3차 수량완화정책의 실행시기와 규모를 둘러싼 논쟁이 지속된다. 버냉키 자신도 경제성장을 저해하는 몇 가지 역풍이 존재한다고 강조하면서 3차 수량완화정책을 예고한다.

연준은 결국 2012년 9월에 3차 수량완화정책을 실행한다. 3차 수량완화정책은 주택시장을 부양하기 위해 매월 400억 달러의 주택담보부증권을 구매할 뿐만 아니라 '노동시장의 전망이 본질적으로 개선될 때까지' 대규모의 자산을 추가적으로 구매하며 그 밖의 정책수단도 동원하는 것으로 구성된다. 그것은 특히 그 기한을 특정하지 않는 '무기한의'(open-ended) 수량완화정책이라는 점에서 매우 예외적인 성격을 갖는다.

그러나 연준의 최종병기로 간주되는 3차 수량완화정책이 실물경제의 침체라는 문제를 본질적으로 해결하는 것은 아니다. 이와 관련해서 『2010-12년 정세분석』은 특히 버냉키가 3차 수량완화정책을 실행하면서 경제성장과 경기회복을 저해하는 '세 가지 역풍'으로 유럽연합의 재정위기 및 은행위기, 추가적 적자재정정책의 곤란, 그리고 주택시장의 부진을 지적한 것에 주목한다. 유럽연합의 문제를 논외로 하면 주택시장의 침체와 노동시장의 침체 같은 실물경제의 부진이 지속되는 것이 여전히 문제인 것이다.[38)]

『2010-12년 정세분석』은 실물경제의 회복 전망과 관련해서 연준의 발표가 금융위기 이후에 침체된 실물경제의 현실을 반영하고 있다고 지적한다. 2012년부터 연준은 경기가 완전히 회복되어 완전고용이 달성되는 시점에 대한 예상을 발표하는데, 더블딥이 발생하지 않더라도 회복 시점은 2020년대로 예상된다.[39)] 이 같은 연준의 예상은 결국 금융위기와 경기침체가 1930년대처럼 13년 정도 지속된다는 것을 의미한다. 이는 더블딥이 아니더라도 사실상 '2차 대불황'이 이미 발생했다는 함의를 갖는다.[40)]

재정위기 및 달러위기의 가능성

2011년 5월에 미국의 국채는 그 상한선인 14.29조달러를 돌파한다. 민주당과 공화당은 국채상한을 둘러싸고 의회에서 지리멸렬한 논쟁 끝에 국채상한 증액에 합의한다. 그리고 8월에 역사상 최초로

38) 미국의 주식시장은 회복되어 2012년에는 2007년의 역사적 고점에 접근한다. 『2010-12년 정세분석』은 통념과 달리 미국 주식시장의 상승세가 회복이 아니라 위기의 징후라는 사실을 강조한다. 유럽연합에서 재정위기와 은행위기가 발생한 상황에서 재무부증권은 거의 유일한 안전자산으로 간주된다. 그리고 재무부증권가격의 상승이 주가의 상승을 지지하고 있다. 주식시장의 회복이 위기의 산물이라는 것은 이 때문이다.

39) 즉 경기가 완전히 회복되는 시점은 국민소득이 위기 이전의 수준을 회복하는 시점이 아니라 위기 이전의 추세선을 회복하는 시점인 것이다.

40) 2013년까지도 출구전략을 둘러싼 논쟁이 지속되는 가운데 버냉키는 6월에 3차 수량완화정책의 기한을 특정하는 역치(threshold)로서 실업률 7%를 제시하는 동시에 3차 수량완화정책의 '점진적 축소'(tapering)에 대해 언급한다. 그러나 수량완화정책의 종결이 출구전략을 의미하는 것은 아니다. 오히려 일각에서는 출구전략, 즉 정상화전략을 실행하기보다는 '새로운 정상'(new normal)을 인정하자는 주장도 제기된다. 2013년의 정세에 대한 좀 더 자세한 분석은 보론의 '2013년 정세분석'을 참조하시오.

미국의 국채인 재무부증권의 신용등급, 즉 국가신용등급이 강등된다. 또 그 직후인 9월에 오바마 대통령이 제안한 미국일자리법안(AJA), 즉 3차 적자재정정책이 의회에서 부결된다. 나아가 2013년 10월에는 건강보험개혁법(ACA)에 대한 의회의 논쟁으로 인해 2014년 예산안에 대한 협상이 실패로 돌아가면서 연방정부폐쇄(federal government shutdown) 사태가 발생한다. 이 같은 사태 전개를 배경으로 『2010-12년 정세분석』은 관리통화제도 하에서 국채와 지폐의 관계에 관한 이론적 분석을 심화시키면서 재정위기와 달러위기의 동시적 가능성에 다시 한 번 주목한다.

금본위제와 달리 관리통화제에서는 중앙은행이 발행하는 지폐의 가치가 국가의 지불능력에 의해 결정된다. 지폐는 결국 국가가 발행하는 부채증서에 불과하며 그 가치는 그것으로 구매할 수 있는 국가의 또 다른 부채증서, 즉 국채의 가치에 의해 결정된다. 가공자본으로서 국채의 가치는 미래의 이자를 할인한 현재의 가치로 정의되고 따라서 사실상 그 이자에 의해 결정된다. 그런데 국채의 이자는 결국 민간이 부담하는 조세로 지불된다. 그리고 민간의 조세부담능력은 민부(national wealth)에 의해 결정되며 민부를 대표하는 것은 고정자본이다. 따라서 미래이자의 현재가치인 국채의 가치는 궁극적으로 고정자본이라는 민부에 의해 결정되는 것이다.

『2010-12년 정세분석』은 이런 분석에 근거해서 민족경제의 대차대조표를 연결한다. 중앙은행의 자산은 국채이고 부채는 지폐인 반면 재무부의 자산은 미래조세의 현재가치이고 부채는 국채다. 중앙은행의 자산이자 재무부의 부채인 국채는 상쇄되기 때문에 결국 국가의 자산은 조세이고 부채는 지폐가 된다고 할 수 있다. 또 이런 시각에서 볼 때, 재정위기와 달러위기는 국가의 부채위기라는 형태로 연동된다.

또한 세계시장에서 드러나는 관리통화제도와 금본위제도의 차이에 대해서도 주목해야 한다. 특정 국가의 지폐는 금화와 달리 민족화폐일 따름이기 때문이다. 따라서 관리통화제도에서는 민족화폐와 세계화폐가 구별되어야 한다. 이런 관점에서 볼 때, 달러를 금으로 태환해주는 금-달러본위제가 1971년에 폐기된 이후에도 민족화폐인 달러가 여전히 세계화폐로 기능한다는 것이 문제가 된다. 『2010-12년 정세분석』은 달러의 발권이익을 단순히 '부당한 특권'으로 치부할 수는 없다고 주장하면서 달러의 유동성을 활용해서 재무부증권이라는 미국 국채의 수익성을 획득할 수 있다는 사실을 지적한다. 그 결과 전세계 외환보유액에서 달러와 재무부증권의 비중은 여전히 2/3에 이른다.

그러나 그렇다고 해서 달러위기와 재정위기의 가능성이 완전히 사라지는 것은 아니다. 왜냐하면 2007-09년 금융위기를 해결하기 위해 연준과 재무부가 실행한 일련의 정책은 본질적으로 민간의 부채를 정부의 부채, 즉 재무부증권과 달러로 대체한 것에 다름 아니기 때문이다. 이런 상황에서 금융위기가 완화되더라도 실물경제의 회복이 지지부진하다면 언제든지 재정위기와 달러위기가 발생할 수 있는 것이다.

실제로 미국경제의 역사에서 재정위기와 달러위기가 발생한 사례가 있다. 1979년 4-5월에 3주 동안 1.22억달러의 단기국채에 대한 부도가 발생하고 그 결과 국채이자율이 0.6%포인트 상승한다. 특히 이 시기에 발생한 전후 최초의 달러위기는 이후 달러위기의 가능성을 진단할 수 있는 기준점이 된다. 1979년에 달러위기가 발생한 직후인 1980년 초에 금값이 현재가치로 2400달러까지 상승하는 '금으로의 도피'(flight to gold)가 발생한 것이다.

『2010-12년 정세분석』은 이 같은 역사적 경험에 근거해서 금융위기 이후 달러가치의 변동 추이를 점검한다. 2002년 이후 하락세를 지속하던 달러가치는 2008년 3-7월에 1978년의 역사적 저점 수준에 도달한다. 그리고 금융위기 이후인 2010년 말과 2011년 말에도 역사적 저점에 도달한다. 달러가치는 역사적 저점에서 상승하지 않은 채 그 수준을 유지하는데, 이는 달러의 국제적 지위가 추가적인 충격에 취약할 수 있다는 것을 의미한다.

이런 맥락에서 『2010-12년 정세분석』은 2012년 5월 펜실베이니어 대학에서 재무부증권의 지속가능성에 관한 학술회의가 개최된 사실에 주목한다. 그 회의에서는 특히 경제성장을 통한 증세가 불가능한 상황에서 정부가 동원할 수 있는 수단으로서 4조 달러의 장부가치를 갖는 국가자산의 매각에 관한 논의가 진행된다. 미국 내에서 이 같은 논의가 전개된다는 사실은 재정위기와 달러위기의 가능성이 결코 사라지지 않았다는 점을 방증하는 것이다.

유럽연합의 재정위기

미국의 재정위기가 아직 가능성으로 남아 있다면 유럽의 재정위기는 이미 현재진행형이다. 2010년 5월에 유로존 국가인 그리스에서 재정위기가 발생한 이후 12월에는 아일랜드에서 재정위기가 발생한다. 재정위기는 2011년 5월에 포르투갈을 거쳐 7월에는 스페인과 이탈리아로 전염된다. 게다가 2012년 초에는 긴축재정의 여파로 더블딥이 발생하고 2012년 6월부터 스페인과 이탈리아에서 은행위기가 폭발한다. 이를 배경으로 『2010-12년 정세분석』은 유럽연합의 재정위기에 대한 정책대응의 한계를 분석하면서 이후의 사태전개를 추적한다.

그리스의 재정위기에 대응해서 독일과 프랑스는 국제통화기금의 구제금융 2500억유로에 추가해서 유로존 17개 회원국만을 대상으로 하는 4400억유로의 유럽금융안정기구(EFSF)와 유럽연합 27개 회원국을 대상으로 하는 600억유로의 유럽금융안정화기구(EFSM)의 신설에 합의한다. 그리고 독일의 계획에 따라 이 두 기구는 2013년에 유럽안정기구(ESM)로 단일화·상설화된다.

『2010-12년 정세분석』은 이러한 계획이 유럽의 구조적 모순, 즉 재정동맹(FU) 없는 통화동맹(MU)이라는 모순을 해결할 수 없는 상황에서 시간을 벌려는 정책에 다름 아니라고 평가한다. 그것은 통화동맹을 해체할 수도 없고 재정동맹을 도입할 수도 없는 상황의 산물이기 때문이다. 이후 유로존의 취약성을 감축하기 위해 은행동맹

(BU)이 제안되고 2011년 1월에 유럽은행감독원(EBA)이 신설된다. 그러나 재정동맹 없는 은행동맹은 미봉책에 불과하며, 유럽은행감독원은 유럽 차원의 단일은행감독기관과는 아직 거리가 멀다.

결국 유럽연합 차원의 재정동맹의 필요성이 인식되면서 2012년 3월에 영국을 제외한 유럽연합 회원국이 '경제·화폐동맹의 안정·조정·통치에 관한 조약'(TSCG), 일명 재정협약(FC)에 조인한다. 그러나 재정협약은 재정동맹이라기보다는 오히려 화폐동맹의 조건으로 제시되었다가 유명무실해진 '안정 및 성장에 관한 협정'(SGP)을 개정·보강하려는 시도에 불과하다. 개별 민족국가의 재정주권 포기를 함의하는 재정동맹은 여전히 요원한 것이다.[41]

『2010-12년 정세분석』은 특히 유럽의 지역적 헤게모니로서 독일의 신보수주의적 전략의 한계를 강조한다. 애당초 독일과 프랑스는 안정및성장에관한협정을 무시하고 남유럽 국가를 화폐동맹에 가입시킴으로써 화폐주권을 양도받았다.[42] 만약 여기에 재정동맹까지 추가된다면, 남유럽 국가의 재정주권까지 양도받게 되는 것인데, 이렇게 해서 사실상 경제적 의미의 제국주의·식민주의가 완성된다고 할 수 있다.

그런데 2012년 6월부터 스페인과 이탈리아에서 재정위기의 와중에 은행위기가 발생한다. 유럽평의회(European Council)는 이에 대응해서 유럽안정기구(ESM)가 정부를 매개하지 않고 은행에 직접 구제금융을 제공한다는 데 합의한다. 또 유럽안정기구의 자본금 5000억유로가 스페인과 이탈리아의 은행위기와 재정위기를 해결하는 데 한계가 있다는 예상에 따라 2012년 9월에는 유럽중앙은행이 양국의

---

41) 이와 관련해서 미국이 독립전쟁 이후 화폐동맹을 결성하고 나서 1930년대 대불황 이후에나 재정동맹과 은행동맹을 확립할 수 있었다는 역사적 사실이 지적된다.

42) 『2007-09년 금융위기 논쟁』이 지적하는 것처럼, 포르투갈·이탈리아·그리스·스페인(PIGS) 같은 남유럽 국가는 동유럽 국가와 달리 유로존에 가입한 이후 저금리의 국채를 누적해왔다. 남유럽 국가의 재정적자는 유로의 강세에 따른 무역적자와 관련된다. 그리고 그들의 무역적자·자본수입은 독일의 무역흑자·자본수출과 결합된 것이다.

구제금융에 직접 개입하겠다고 발표한다. 그 결과 국제통화기금의 긴축정책이 부과되었던 그리스·포르투갈의 구제금융과 달리 스페인·이탈리아의 구제금융에는 국제통화기금의 긴축정책이 부과되지 않을 것이라는 예상이 제기된다.

『2010-12년 정세분석』은 이 같은 이중기준이 채택된 데는 총선과 대선에서 인민주의적 쟁점을 제기함으로써 사회당이 승리한 프랑스의 지지가 결정적이었다고 분석한다. 프랑스의 사회당 정부가 스페인과 이탈리아에 대한 구제금융이 유럽연합의 붕괴로 인한 손실보다는 작을 것이라고 주장한 것이다. 그러나 이 같은 주장은 실현가능성이 불확실한 은행동맹과 재정동맹을 부당전제하고 있다는 점에서 결정적인 한계를 갖는다.

태평양으로의 선회

『2010-12년 정세분석』은 2007-09년 금융위기 이후의 정세를 더블딥과 2차 대불황에 대한 플랜 B가 구체화되는 것으로 특징짓는다. 태평양으로의 선회로 집약되는 플랜 B는 금융세계화와 그것에 평행하는 군사세계화의 무게 중심을 아시아로 이동하는 것이다. 경제적인 측면에서 그 핵심은 재정위기·달러위기에 대비해서 아시아태평양지역 경제통합을 추진하는 데 있다. 그리고 정치·군사적 측면에서 그 핵심은 9·11 이후 서아시아에 치중했던 전략적 우선순위를 동아시아로 전환하는 데 있다.

역사적 배경

『2010-12년 정세분석』은 오바마 정부가 시도하는 태평양으로의 선회가 일회적 사건이 아니라고 진단한다. 그것은 냉전 이후 금융세계화와 평행하게 군사세계화가 전개되는 역사적 과정의 일부다. 특히 9·11 이후 미국의 군사적 개입에도 불구하고 서아시아 문제의 해결이 난망한 상황에서 이중적자와 수출달러 환류 메커니즘으로 인해 동아시아의 경제적 중요성이 높아진 결과 오바마 정부가 정책의 중심을 서아시아에서 동아시아로 전환한 것이다.

『2010-12년 정세분석』은 이 같은 전환의 역사적 배경을 설명하기 위해 냉전기 이스라엘과 아랍 사이의 갈등의 역사를 분석한다. 노동시온주의에 입각해서 이스라엘이 건국될 당시 미국은 이스라엘에 전략적 지위를 부여하지 않지만 냉전이 심화되고 아랍민족주의와 시온주의의 대결이 격화되면서 결국 이스라엘과 특수관계를 형성한다. 그러나 냉전의 해체 이후에는 서아시아의 갈등양상도 변화한다. 아랍민족주의는 군사독재로 변질되고 시온주의는 유다민족주의로 변질되는 것이다.

『2010-12년 정세분석』에 따르면, '아랍의 봄'은 군사독재로 변질된 아랍민족주의에 대한 반역으로 해석될 수 있다.[43] 그런데 문제는 반역을 주도한 무슬림형제단이 시대착오적으로 범이슬람주의의 부활을 도모하면서 이스라엘의 유다민족주의와 대결의 악순환을 지속하고 있다는 것이다. 2008년 이후 네 차례에 걸쳐 전개된 하마스와 이스라엘의 무장충돌은 범이슬람주의와 유다민족주의의 '투쟁 속의 공멸'을 상징한다. 이처럼 합리적 해결책이 존재하지 않는 상황에서 오바마 정부가 태평양으로의 선회를 결정한 것에는 불가피한 측면이 있다.

이와 동시에 『2010-12년 정세분석』은 태평양으로의 선회를 미국의 동아시아 정책의 역사 속에 위치시킨다. 애당초 중국혁명에 개입하지 않았던 미국은 한국전쟁을 계기로 동아시아에서 냉전을 개시한다. 지역 차원의 냉전질서가 확립되면서 중국이 봉쇄된 반면 미국의 역개방정책에 힘입어 일본은 발전한다. 그러나 1989-91년에 소련이 붕괴하고 중국이 개혁·개방을 확대하면서 냉전이 종식되고, 급기야 1995년에 클린턴 정부는 중국에 대한 봉쇄정책에서 교류정책으

43) 2010년 12월에 북아프리카에서 시작되어 2011년 1월부터 서아시아로 확산된 아랍의 봄은 이집트와 리비아에서 정권교체를 실현한다. 그리고 시리아에서는 오늘까지도 내전이 진행된다.

로의 이행을 공식화한다. 이는 유럽·대서양주의에서 아시아태평양주의로의 이행을 상징하는 조치다. 아들 부시 정부는 2001년에 '테러주의와의 전쟁'을 선포하고 서아시아 정책에 몰두하지만, 2001년에 중국의 세계무역기구 가입을 허용한 것에서 드러나는 것처럼, 이 시기에도 중국과의 교류는 지속된다. 또 아들 부시 정부 2기인 2005년에는 미·중 전략대화(SD)가 시작되고 2006년에는 전략경제대화(SED)가 시작된다.44)

이 같은 역사적 분석을 배경으로 해서 오바마 정부의 태평양으로의 선회를 인식해야 한다. 오바마 정부는 아들 부시 정부의 아시아태평양정책의 결함, 즉 중국의 경제적·군사적 부상을 방치한 채 서아시아와의 자유무역협정을 추진한 경제학적 문맹을 비판하면서 클린턴 정부의 아시아태평양정책을 복원하려고 시도하는 것이다. 뿐만 아니라 유럽·대서양주의에서 아시아태평양주의로의 이행은 1970년대 이후 축적체계의 구조적 위기에 대한 반작용으로 인식할 수 있다. 『2010-12년 정세분석』이 태평양으로의 선회를 금융세계화와 군사세계화의 종언에 대비하는 미국의 플랜 B라고 해석하는 것은 이 때문이다.

범태평양파트너십

『2010-12년 정세분석』은 2007-09년 금융위기 이후 경기침체가 지속되는 가운데 재정위기와 달러위기의 가능성이 제고되면서 그것에 대비하는 미국의 대외정책, 특히 동아시아 정책에 주목한다. 그리고 동아시아 정책의 경제적 측면과 관련해서는 무엇보다도 자유

44) 남한의 '북방정책' 및 대북정책은 미국의 동아시아 정책의 연장선에서 이해될 수 있다. 노태우 정부가 1990년 한-소 국교를 수립하고 1992년 한-중 국교를 수립한 것이나 1991년에 '남북 사이의 화해·불가침 및 교류·협력에 관한 합의서'와 '한반도 비핵화에 관한 공동선언'을 채택한 것은 아버지 부시 정부의 정책과 관련된다. 또 김대중 정부가 한반도판 교류정책으로서 햇볕정책을 추진한 것도 클린턴 정부의 정책과 관련되고 노무현 정부가 초기에 햇볕정책을 포기한 것도 아들 부시 정부 1기의 정책과 관련된다.

무역협정에 주목한다. 1994년에 클린턴 정부의 제안으로 아시아태평양경제협력체(APEC) 정상회의에서 채택된 바 있는 아시아태평양자유무역협정(FTAAP)이 재추진되는 것이다. 그리고 그것을 위한 출발점으로서 범태평양파트너십(TPP)은 오바마 정부의 최우선 과제로 부상한다.[45)]

범태평양파트너십은 2008년에 협상을 시작하는데 2012년에는 캐나다와 멕시코도 참여한다. 2012년 현재 협상에 참여한 나라는 모두 11개국으로 이 나라들이 세계경제에서 차지하는 비중은 국민소득의 30%, 무역의 20%에 이른다.[46)] 오바마 정부는 2013년까지 협상을 완료한다는 목표를 설정하는데, 그 목표를 달성하지 못하는 대신 일본이 협상에 참여한다. 한국은 아직 참여하지 않는데, 그러나 이미 한·미자유무역협정을 통해 범태평양파트너십 협상을 위한 세계적 표준을 제공한 바 있는 한국의 조기 참여는 큰 문제가 아니다. 2012년의 11개국에 일본과 한국이 추가될 경우 세계경제에서 그 비중은 국민소득의 40%, 무역의 30%에 이른다.

미국의 관점에서 볼 때, 범태평양파트너십은 일단 북미자유무역협정을 태평양자유무역협정으로 발전시키는 것이다. 또 일본과 남한을 참여시킨 다음에는 결국 중국을 참여시켜 최종적으로는 아시아태평양자유무역협정을 체결하는 것이 미국의 목표다. 여기서 결정적인 것은 물론 중국의 참여다. 1997-98년 경제위기 이후에 형성된 동아시아 지역분업을 고려할 때 아시아태평양자유무역협정에 중국을 참여시키는 것이 필수불가결하기 때문이다.[47)]

---

45) 『2010-12년 정세분석』은 또한 클린턴 정부가 추진하던 아시아태평양자유무역협정과 오바마 정부가 추진하는 아시아태평양자유무역협정의 차이도 지적한다. 클린턴 정부는 '세계무역기구를 보완하는 자유무역협정'을 추진한 반면 오바마 정부는 '세계무역기구를 우회하는 자유무역협정'을 추진한다는 것이다.

46) 범태평양파트너십 협상에 참여하는 나라는 북미자유무역협정을 체결한 미국·캐나다·멕시코, 남미의 칠레·페루, 오세아니아의 오스트레일리아·뉴질랜드, 아세안(ASEAN)의 싱가포르·말레이시아·베트남·브루나이 등 모두 11개국이다.

특히 2000년대 이후 미국의 이중적자를 지지한 것은 중국의 수출 달러라는 사실에 주목할 필요가 있다. 이 때문에 미국 내부에서는 위안화의 평가절하에 기초한 중국의 무역흑자가 금융위기를 야기한 '세계적 불균형'의 원인이라는 지적이 지속적으로 제기되는 것이다. 나아가 금융위기 이후에도 위안화 평가절상에 소극적인 중국을 '환율조작국'으로 규정해야 한다는 주장이 종종 제기되기도 한다. 이런 측면에서 범태평양파트너십과 아시아태평양자유무역협정은 중국에게 한·미자유무역협정 수준의 세계적 표준을 부과하고 금융 및 서비스시장을 개방할 수 있는 수단으로 간주된다.

반면 중국은 이에 대응해 한·중·일자유무역협정을 추진한다. 냉전기에 대미수출을 위해 미국의 역개방정책을 활용했던 일본이나 남한과 달리 2000년대 동아시아 지역분업을 활용하는 중국은 미국의 요구를 수용하기보다는 오히려 한·중·일자유무역협정을 통해 기존의 지역분업을 강화하려고 시도하는 것이다. 게다가 중국은 플라자합의에서 일본이 합의한 것처럼 위안화를 평가절상할 의사도 없다.[48] 이 때문에 국제경제연구소의 전임 소장인 버그스텐이 중국을 러시아처럼 잠재적 적성국으로 규정하면서 더 이상 경제적 이익을 안보적 이익에 종속시키지 말아야 한다고 주장하는 것이다.

『2010-12년 정세분석』은 결국 '2차 대불황'에 대한 우려가 지속되는 상황에서 미·중간 경제적 갈등이 폭발할 가능성도 점차 제고되고 있다고 진단한다. 미국은 중국의 경제적 부상이 세계적·지역적 세력균형을 교란시키고 있다고 판단하고, 그와 같은 교란을 조정하기 위해 태평양으로의 선회를 추진한다. 반면 중국도 미국의 압력에

---

47) 미국은 범태평양파트너십 협상을 추진하는 동시에 유럽연합과 범대서양무역투자파트너십(TTIP) 협상도 추진하는데 이는 사실상 자유무역협정을 통해 중국을 포위하는 효과를 갖는다.

48) 중국인민은행(PBOC)은 2005년 7월에 고정환율제를 폐지하고 변동환율제를 채택하지만 금융위기가 폭발하면서 2008년 9월에 고정환율제로 복귀한다. 이후 금융위기에 대응하는 과정에서 미국 재무부가 중국을 환율조작국으로 지정하겠다는 압력을 가하자 중국은 변동환율제로 복귀한다.

적극적으로 대응하는데, 이 과정에서 북한의 핵무장은 군사적 긴장을 강화시킨다.

정치·군사적 전략 변화

오바마 정부는 아시아태평양 경제통합에 보조를 맞추어 정치·군사적인 전략도 전환한다. 2011년 11월 하와이에서 개최된 아시아태평양경제협력체 정상회의를 전후로 힐러리 국무장관은 '미국의 태평양세기'(America's Pacific Century)를 선언한다. 이것은 2011년에 완료된 이라크 철군과 2014년에 완료될 아프가니스탄 철군을 계기로 유럽을 중시하던 부시 정부의 대서양정책이 아시아를 중시하는 오바마 정부의 태평양 정책으로 전환할 것이라는 사실을 공식화하는 것이나.

미국의 태평양정책은 미국이 대외정책에서 국제주의를 축소하는 것이 아니라 오히려 확대한다는 의미를 갖는다. 태평양이 포괄하는 지정학적 범위는 캘리포니아-하와이(미국), 동아시아(일본-남한), 동남아시아(인도네시아), 남아시아(인도), 오세아니아(오스트레일리아) 등이다. 태평양을 중심으로 하는 이 같은 초시역직 징책은 중국을 포위하는 의미를 갖는 동시에 서아시아를 유럽이 아니라 한·미·일과 연계시킨다는 의미를 갖는다.

이런 맥락에서 『2010-12년 정세분석』은 오바마 정부의 새로운 군사전략에도 주목한다. 그 핵심은 작전지역으로의 미군의 접근에 대한 제한과 작전지역 내에서 미군의 작전수행능력에 대한 제한에 적극 대응한다는 것이다.[49] 특히 아시아와 관련해서 그런 정책 전환은 중국·북한·이란 등이 '세계적 공유지'인 바다, 즉 황해·남중국해·페르시아만 등에서 미군의 작전을 방해한다는 인식에 근거한다. 이에 대한 대응으로 2012년 1월에 미국 국방부는 2차 세계전쟁의 연합군과 이후 북대서양조약기구(NATO)이 채택한 바 있는 육·공합동군

49) 이런 제한을 표현하는 것이 바로 'A2/AD', 즉 'Anti-Access/Area-Denial' 개념이다.

의 '지상·공중전'(ALB, AirLand Battle) 개념을 새로운 해·공합동군의 '해상·공중전'(ASB, Air-Sea Battle) 개념으로 대체한다. 요컨대 태평양으로의 선회에 조응하는 군사전략의 변화는 주력군을 육·공군에서 해·공군으로 전환하면서 아시아에서의 갈등을 관리하려는 시도인 것이다.

북한의 핵실험

『2010-12년 정세분석』은 미국의 태평양으로의 선회가 미·중 갈등을 야기할 가능성을 분석하면서 그 핵심적 계기 중 하나인 북한의 핵무장에 주목한다. 특히 중요한 사실은 세계정세의 급변기에 김정일 위원장이 갑자기 사망했다는 사실이다. 그리고 20대의 김정은 씨가 부상해서 3대 세습을 강행함으로써 북한 내부의 불확실성은 크게 증가한다.

『2010-12년 정세분석』은 먼저 김정일 위원장이 약속했던 2012년 강성대국 건설은 실패로 돌아갔다는 사실을 확인한다. 1991년부터 1998년까지 감소하던 북한경제의 국민소득은 1999년부터 2005년까지 얼마간 회복되지만 그 이후에는 더 이상 증가하지 않는다. 게다가 이 시기에 평양과 다른 지역의 격차는 더욱 확대된다. 거주·이전의 자유가 없는 북한에서 평양 시민은 일종의 '봉건제적 신분' 같은 지위이다. 이런 상황에서 권력을 장악한 김정은 씨는 고모부 장성택의 지원을 받아 군부의 대표자 이영호를 숙청한다. 이 때문에 남한 진보주의의 일각에서는 김정은 씨가 개혁·개방을 추진할 것이라는 예상이 제시된다.

그러나 『2010-12년 정세분석』은 이영호의 숙청에 이은 장성택의 숙청처럼 반복적 숙청이 개혁·개방의 추진을 위해 불가결한 권력의 안정화를 의미하는지는 여전히 불투명하다고 지적한다. 나아가 김정은 씨가 개혁·개방을 추진하기보다는 오히려 김정일 위원장의 정책을 충실히 계승하고 있다고 주장한다. 즉 선군정치와 동시에 강성대국을 제창한 김정일 위원장의 정책이 지속되고 있다는 것이다. 김정은 씨가 장악한 권력의 유일한 정당성은 부자세습에 있기 때문이다. 이러한 맥락에서 『2010-12년 정세분석』은 북한이 3차 핵실험을 강행할 가능성이 있다는 예상을 제시한다.

실제로 김정은 씨는 2012년 12월에 김정일 위원장 사망 1주기를 기념한다는 명분으로 미사일실험을 재개한다. 그런데 이러한 미사일실험은 기념일을 위한 '축포' 이상의 의미를 갖는 것이다. 북한이 핵무기를 보유하고 있다는 점을 감안할 때, 그것은 핵무기로 미국 본토를 타격할 수 있는 대륙간탄도미사일(ICBM) 개발에 도전하겠다는 의지를 천명하는 것이기도 하기 때문이다. 그리고 2013년 2월에 강행된 3차 핵실험은 이런 의지를 실현하는 것이다. 이 같은 사태전개는 결국 김정은 씨가 부친의 유훈에 따라 강성대국 건설에 매진하고 있다는 증거에 다름 아니다. 동시에 그것은 미국의 태평양으로의 선회와 맞물려 한반도를 둘러싼 군사적 위험이 한층 증대하고 있다는 사실을 보여준다.[50)]

50) 부시 정부와 노무현 정부가 합의한 전시작전권 반환은 2010년의 연평도 포격을 계기로 2015년까지 일차 연기되는데, 2013년의 3차 핵실험은 사실상 무기 연기의 구실이 된다.

보론: 2013년 정세분석*)

『2010-12년 정세분석』(공감, 2013) 이후에 전개된 경제정세를 2014년 3월까지 미국을 중심으로 간단하게 분석해보겠습니다.

버냉키 쇼크

먼저 다우존스, 금값, 달러가치, 주택가격의 케이스-실러지수, 실업률 같은 주요 경제지표의 동향을 개관해보겠습니다. 2012년 12월의 13100에서 출발한 다우존스는 2013년 2월에 역사적 고점인 2007년 10월의 14100을 돌파하고 5월에 15400까지 상승하다가 6-9월에 14600과 15600 사이에서 변동했지요. 그 후 상승세를 회복하여 12월에 16500까지 상승하다가 2014년 1-3월에 15300과 16500 사이에서 변동했고요.

2011년 8월과 9월에 온스당 1900달러까지 상승하다가 그 후 2012년 말까지 1600달러와 1800달러 사이에서 변동하던 금값은 2013년 6월에 1200달러까지 하락하다가 9월에 1400달러로 반등했습니다. 또 12월에 1200달러까지 하락하다가 2014년 3월에 1400달러로 반등했고요. 반면 달러가치는 2011년 말부터 1978년 말과 1995년 중엽의 역사적 저점에서 보합세를 유지했지요.

2012년 9월부터 2013년 2월까지 158-9의 보합세를 유지하던 케이스-실러지수(2개월 시차)는 3월부터 상승세를 지속하여 9월에 180에 도달했습니다. 그 후 2014년 1월까지 180에서 보합세를 유지했는데, 이것은 대체로 2004년 중반 또는 2008년 중반 수준에 해당하는 것이었지요.

---

*) 이 글은 2014년 3월에 윤소영이 집필한 것이다.

2012년 9월부터 2013년 2월까지 7.7-7.9%의 보합세를 유지하던 실업률은 3월부터 하락세를 지속하여 11월에 7.0%에 도달했고, 그 후 2014년 3월까지 6.6-6.7%에서 보합세를 유지했습니다. 또 공식실업률(U-3)과 비공식실업률(U-6)의 격차도 2012년 9월부터 2013년 2월까지의 6.5-6.9%포인트에서 2013년 11월 이후(12월 제외)의 5.9-6.1%포인트로 하락했고요.

2013년 경제정세에서 가장 주목할 만한 것은 역시 6-9월에 국책모기지회사 주택담보부증권(MBS)과 장기국채의 이자율이 상승하면서 그 가격이 하락한 '버냉키 쇼크'였습니다. 연방공개시장위원회(FOMC)의 6월 18-19일 회의 결과를 부연하는 기자회견에서 버냉키가 3차 수량완화정책의 '점진적 축소'(tapering), 좀 더 정확하게 말해서 '감속'(reducing the pace)에 대해 언급한 것을 금융시장이 출구전략의 예고로 확대 해석한 것이었지요.

7월 10일에 공개된 6월 회의록이나 7월 17일에 반년간 『통화정책보고서』를 제출하면서 진행된 버냉키의 하원증언을 보면, 이런 확대해석은 금융시장의 오해였습니다. 그러나 금융시장의 불안은 계속되었는데, 9월 회의에서 매파의 주장에 따라 3차 수량완화정책의 감속이 결정될 것이라는 예상이 확산된 탓이었지요.

6월 회의록을 보면, 2012년 9월에 시작된 '무기한의'(open-ended) 3차 수량완화정책의 종료시점에 대한 불확실성을 해소할 수 있는 방법을 둘러싸고 토론이 전개되었습니다. 그 과정에서 제로금리정책처럼 3차 수량완화정책도 기한을 특정하는 '역치'(閾値, threshold)를 제시하자는 주장이 제기되었고, 구체적인 내용은 연방준비제도(Fed, 연준) 이사회 의장인 버냉키에게 위임되었지요.

이런 결정에 따라 기자회견과 하원증언에서 버냉키가 실업률이 7%에 도달할 것으로 예상되는 2014년 중반에 3차 수량완화정책을 종료하겠고 또 그렇게 하기 위해서는 '올해 말쯤에'(later this year) 3차 수량완화정책의 감속을 시작하겠다고 언급한 것이었습니다. 달리 말해서 실업률 7%가 3차 수량완화정책의 역치라는 것인데, 연방공개시장위원회는 이미 2012년 12월 회의에서 3차 수량완화정책이 종료된 이후에도 '상당 기간 동안'(for a considerable time) 유지될 제로금리정책의 역치를 실업률 6.5% 및 인플레이션율 2.5%로 제시한 바 있지요.

아울러 버냉키는 역치에 대해 부연하기도 했습니다. 실업률 7%와 6.5%는 3차 수량완화정책과 제로금리정책을 자동적으로 종료시키는 제동장치(trigger)가 아니라는 것이에요. 논리적으로 말해서 정책의 종료를 위한 충분조건이 아니라는 것이기도 하고요. 가장 중요한 이유는 실업자 중 일부가 경제활동인구에서 탈락함으로써 경제활동참가율(=경제활동인구/노동가능인구)과 함께 실업률(=실업자/경제활동인구)이 하락할 수 있다는 데 있습니다. 참고로, 경제활동참가율은 1990년대 이후의 66-67%에서 2012년의 64%와 2013년의 63%로 하락한 바 있지요.

어쨌든 3차 수량완화정책의 종료 그 자체가 출구전략을 의미하는 것은 아니라는 사실에 주목할 필요가 있습니다. 제로금리정책(ZIRP)과 수량완화정책(QE) 같은 비전통적 통화정책을 종료하고 전통적 통화정책으로 복귀한다는 의미의 출구전략은 비정상적 제로금리정책을 정상화하는 동시에 대차대조표의 비정상적 규모와 구성도 정상화하는 것이지요. 따라서 출구전략(exit strategy)을 정상화전략(normalization strategy)이라고 부르기도 하는 것이에요.

2차 수량완화정책이 종료된 2011년 6월의 회의에서 연방공개시장위원회는 출구전략의 원칙에 합의한 바 있습니다. 출구전략의 1단계는 비정상적 제로금리정책의 종료인 반면 '3-5년'에 걸친 주택담보부증권과 장기국채의 매각을 통한 대차대조표의 정상화는 출구전략의 2단계라는 것이 그 핵심이었지요. 물론 제로금리정책을 종료하기 '수개월'(a few months) 전에라도 이미 만기가 도래한 주택담보부증권과 장기국채의 원금 재투자를 중단함으로써 대차대조표가 점진적으로 정상화되기 시작할 수도 있고요. 논쟁의 여지가 많은 출구전략의 실행가능성은 조금 이따가 설명하겠어요.

출구전략의 1단계와 2단계의 차이를 실물경제에 대한 영향이라는 관점에서 설명할 수도 있습니다. 단기이자율을 인상하는 1단계는 전달메커니즘(transmission mechanism)을 통해 간접적으로 실물경제에 영향을 끼치는 반면 장기이자율을 인상하는 2단계는 전달메커니즘 없이 직접적으로 실물경제에 영향을 끼친다고 할 수 있거든요.

연방공개시장위원회는 12월 회의에서 2014년 1월부터 주택담보부증권의 월간 구매는 400억달러에서 350억달러로 감속하고 장기국채의 월간 구매는 450억달러에서 400억달러로 감속할 것이라고 발표했습니다. 또 향후 회의마다 매번 추가적 감속을 실행할 것이라고 발표했는데, 버냉키는 기자회견에서 3차 수량완화정책의 종료를 2014년 중반에서 연말로 연기하겠다고 부연했지요.

버냉키가 주재한 마지막 회의인 2014년 1월 회의에서 연방공개시장위원회는 2월부터 주택담보부증권과 장기국채의 월간 구매를 각각 50억달러씩 추가적으로 감속할 것이라고 발표했습니다. 국제경제연구소(IIE)의 연구원 가뇽은 이런 감속에 따라 10월까지 지속될 3차 수량완화정책의 규모는 1차 수량완화정책과 거의 동일한 1.7조달러에 도달하고, 그 결과 연준의 자산은 2.8조달러에서 4.5조달러로 증가할 것으로 예상한 바 있지요.

또한 두 회의에서 연방공개시장위원회는 제로금리정책의 역치가 제동장치나 충분조건은 아니라는 입장을 좀 더 구체화하기도 했습니다. 인플레이션율이 2%에 미달하는 한 실업률이 6.5% 이하로 하락하는 '시점 훨씬 이후까지'(well past the time that), 따라서 2015년 중반이 아니라 후반까지 제로금리정책을 유지하겠다는 것이에요.

마지막으로 2013년 3월의 3차 종합자본분석평가(CCAR)에서 2개의 대형은행이 불합격했다는 연준의 발표에 대해서도 언급해두겠습니다. 2012년 평가에서 불합격한 씨티그룹은 이번 평가에서 합격했는데, 스트레스테스트를 처음으로 통과한 것이었어요. 반면 2012년 평가에서 불합격한 메트라이프가 은행지주회사 자격을 포기함으로써 이번 평가의 대상은 19개가 아니라 18개의 대형은행이었지요.

버냉키 후임 논쟁

버냉키 쇼크와 동시에 2014년 1월까지가 임기인 버냉키의 후임을 둘러싼 논쟁도 전개되었습니다. 2013년 6월 17일 인터뷰에서 오바마 대통령이 버냉키의 의견을 존중하여 연준 이사회 의장을 경질할 예정임을 시사했거든요. 또 6월 19일 기자회견에서 버냉키 자신도 이번 주요국 중앙은행총재 연례심포지엄(잭슨홀회의)에는 참석하지 않겠다고 언급함으로써 경질을 기정사실화했고요. 실제로 그는 6월부터 통화정책과 관련된 일체의 언급을 자제했지요.

7월 말에 서머스와 옐런이라는 두 후보를 둘러싸고 논쟁이 본격적으로 전개되었습니다. 2009-10년에 국가경제위원회(NEC) 의장을 역임한 서머스는 수량완화정책에 대해 얼마간 비판적이었으므로, 그의 지명은 정책기조의 변경을 의미했지요. 반면 2004년부터 샌프란시스코지역연방준비은행장으로 재직하다가 2차 수량완화정책이 시작되기 직전인 2010년 10월에 연준 이사회 부의장으로 승진한 옐런의 지명은 정책기조의 유지를 의미했고요.

부의장 시절의 옐런은 비둘기파의 대표격이었다고 할 수 있습니다. 예를 들어 그녀는 '균형접근(balanced-approach) 규칙'을 '최적통제(optimal-control) 규칙'으로 대체하자고 주장한 바 있지요. 양자의 차이는 제로금리정책의 기한을 특정하는 데 있는데, 전자를 따를 경우 제로금리정책은 2014년 말까지 시행되는 반면 후자를 따를 경우 제로금리정책은 2015년 말까지 시행되거든요.

'테일러 규칙'과 관련하여 균형접근 규칙이나 최적통제 규칙에 대해 좀 더 설명해보겠습니다. 양자는 국민소득갭과 인플레이션갭을 고려하여 단기이자율을 결정한다는 테일러 규칙을 수정하는 것이에요. 2012년 1월부터 연방공개시장위원회가 공식화한 균형접근 규칙은 인플레이션갭의 가중치는 1/2로 유지한 채 국민소득갭의 가중치를 1로 인상하는 것이지요. 『2010-12년 정세분석』에서 테일러 규칙에 따르면 금리의 장기균형치가 −0.25~0%라고 했는데, 균형접근 규칙에 따르면 0.25~0.5%라는 사실을 지적해두겠어요. 또 2012년 4월부터 옐런이 주장한 최적통제 규칙은 국민소득갭과 인플레이션갭으로 인한 사회적 비용을 최소화하는 것이지요.

연방공개시장위원회는 3차 수량완화정책이 시작된 2012년 9월 회의에서 균형접근 규칙과 최적통제 규칙을 절충하여 제로금리정책을 2015년 중반까지 시행하기로 결정했고, 나아가 12월 회의에서 제로금리정책의 역치를 실업률 6.5%와 인플레이션율 2.5%로 제시했습니다. 또 3차 수량완화정책의 감속이 시작된 2013년 12월과 2014년 1월 회의에서는 인플레이션율이 2%에 미달하는 한 실업률이 6.5% 이하로 하락하는 시점 훨씬 이후까지, 즉 2015년 후반까지 제로금리정책을 유지하겠다고 발표했고요.

2012-13년과 달리 2014년에는 2011년처럼 연방공개시장위원회의 구성에서 매파가 약진할 것이므로, 누가 버냉키의 후임으로 지명될 것인가는 결정적인 사안이었습니다. 그래서 조야에서 격렬한 논쟁이 전개되었던 것인데, 9월 15일에 서머스가 후보에서 용퇴함으로써 옐런이 경제협력개발기구(OECD) 최초의 여성 중앙은행총재로 지명될 수 있었던 것이에요. 그러나 옐런의 편향성을 염려한 오바마 대통령은 2014년 1월에 새케인즈주의자의 대부격인 피셔를 부의장으로 지명했지요. 또 버냉키도 2020년까지가 임기인 이사직을 당분간 유지할 것 같고요.

옐런이 주재한 첫 회의인 2014년 3월 회의도 4월부터 월간 자산구매를 100억달러 추가 감속할 것이라고 발표했습니다. 또 유명무실해진 제로금리정책의 역치인 실업률 6.5%를 철회했는데, 3차 수량완화정책의 역치인 실업률 7%는 그 감속이 시작된 2013년 12월 회의에서 이미 철회한 셈이었지요. 나아가 금리의 장기균형치를 '당분간'(for some time) 4% 이하로 유지하겠다고 발표했고요.

마지막으로 국제경제연구소의 포젠이 주장하는 것처럼, 2007년 이후에 전개된 대침체(Great Recession)에 적합한 통화정책의 새로운 조건, 요즘 유행하는 표현처럼 '새로운 정상'(new normal)에 주목할 수 있습니다. 이제 1983-84년 이후 경기순환의 대완화(Great Moderation)에 적합했던 통화정책의 조건은 비정상으로 간주되어야 한다는 것인데, 예를 들어 연방공개시장위원회가 1990년대에 출현한 테일러 규칙을 얼마간 수정할 수밖에 없는 것도 이 때문이라고 할 수 있겠지요.

2013년 1월에 버그스텐의 후임으로 국제경제연구소 소장직에 취임한 포젠은 출구전략, 특히 그 2단계의 실행가능성에 대해 아주 회의적입니다. 상당 기간 동안 주택담보부증권과 장기국채를 매각하는 것은 곤란한 일일 것이기 때문이지요. 달리 말해서 이미 만기가 도래한 주택담보부증권과 장기국채의 원금 재투자를 중단함으로써 대차대조표의 규모와 구성을 점진적으로 정상화할 수밖에 없다는 것이에요.

그 동안에는 물론 대규모의 지불준비금(지준)이 존재하게 될 것인데, 그럴 경우에도 연방기금금리의 하한인 지준금리를 인상함으로써 출구전략 1단계가 시작된다는 것이 이제까지 버냉키의 주장이었습니다. 그러나 지준금리가 연방기금금리의 상한인 현재의 상황에서는 출구전략 1단계의 실행가능성에 대해서도 회의가 제기될 수밖에 없지요. 이 때문에 가능이 연준의 정책금리를 연방기금금리에서 1일물(overnight) 역환매금리로 변경하고 지준금리도 이것과 일치시킬 필요가 있다고 주장하는 것이에요.

연방정부폐쇄와 국채상한유예

그밖에 주목할 만한 사항에 대해서도 한두 가지만 언급해두겠습니다. 먼저 범태평양파트너십(TPP) 협상은 오바마 대통령의 희망과 달리 2013년 말까지 완료되지 못했는데, 의회와의 갈등 때문이었어요. 물론 2013년 7월부터 일본의 아베 정부가 본격적으로 협상에 참여하면서 새로운 쟁점이 제기된 탓도 있었겠고요.

플랜 B로의 이행이 지지부진한 이런 상황 속에서 2014년 회계연도가 시작되는 2013년 10월 1일에 연방정부폐쇄(federal government shutdown)가 발생했습니다. 2010년에 통과되어 2014년부터 시행될 예정인 '오바마 케어', 즉 건강보험개혁법(ACA)에 대한 논쟁으로 인해 2014년 예산안에 대한 협상이 실패했기 때문이었어요. 16일까지 지속된 연방정부폐쇄는 국채상한에 대한 협상과 함께 예산안에 대한 협상도 타결되면서 간신히 종료될 수 있었지요.

예산안 협상의 실패로 인한 연방정부폐쇄는 레이건 정부에서 7번 발생했고 아버지 부시 정부에서 1번 발생했는데, 대체로 1-3일이나 길어야 5일 동안 지속되었습니다. 레이건 정부에서는 콘트라반군 지원에 대한 상하 양원의 반대로 1일 동안 연방정부폐쇄가 발생한 적도 있고요. 반면 클린턴 정부에서 5일과 21일 동안 2번 발생한 연방정부폐쇄는 국채상한과 관련된 것이었지요.

국채상한에 대한 설명도 보충해두겠습니다. 2011년 5월에 국채발행은 그 상한인 14.3조달러를 돌파했지요. 그 후 2개월 동안 민주당과 공화당은 지리멸렬한 논쟁을 전개하다가 7월에 국채상한을 16.4조달러로 인상하는 데 합의했어요. 그런데 2013년 2월에 또다시 국채상한에 접근하자 양당은 국채상한을 인상하는 대신 그 적용을 5월까지 유예했지요. 또 5월에는 국채상한을 16.7조달러로 인상하여 그간의 국채발행을 추인했고요.

국채상한 적용의 유예는 논란이 많은 국채상한을 폐기하기 위한 수순일 수도 있는데, 유예기간 동안의 국채발행을 추인할 수밖에 없기 때문입니다. 어쨌든 2013년 10월에 국채상한에 접근하자 양당은 그 적용을 2014년 2월까지 유예했지요. 또 2014년 2월에는 국채상한을 17.3조달러로 인상하여 그간의 국채발행을 추인하는 동시에 2015년 3월까지 국채상한 적용을 유예하는 데 합의했고요. 어쨌든 국채상한이 곧 폐기될지도 모르겠다는 생각이 들어요.

서아시아와 북한

2013년 6-7월에 취임 1년만인 이집트의 무르시 대통령이 세속주의적 저항에 직면하여 결국 실각했습니다. 또 그 직전인 5-6월에 집권 10년차인 터키의 에르도안 총리에 대한 세속주의적 저항도 시작되었고요. 그러나 이런 세속주의적 저항이 2010-11년 '아랍의 봄'을 계기로 득세한 범이슬람주의의 퇴조를 의미하는지는 불확실하다고 할 수밖에 없어요.

2013년 12월에 북한 매체는 김정은 씨의 고모부인 장성택의 숙청을 공표했습니다. 알다시피 장성택은 3대 세습을 감행한 김정은 씨의 후견인이었지요. 그가 없었다면 2012년 7월에 군부실세인 이영호를 숙청할 수 없었을 것이에요. 장성택의 숙청에는 항일유격대 시절부터 김일성 주석의 동지였던 최현의 아들이자 장성택 자신이 중용한 바 있는 최용해가 개입했습니다. 그러나 최용해가 장성택을 대신할 수는 없다는 것이 지배적인 관측이에요.

이영호에 이은 장성택의 숙청이 2014년 2월에 만30세가 된 김정은 씨로의 3대 세습의 완료를 의미한다는 주장이 제기되는 경우도 있습니다. 장성택의 숙청을 공표한 직후부터 북한 매체가 김정은 씨를 김정일 위원장과 마찬가지로 '위대한 영도자'라고 부르기 시작했거든요. 그러나 호칭의 변화만으로 3대 세습의 완료를 주장하는 것은 성급한 일이라고 할 수밖에 없겠지요.

부록: 공감개론신서 교정표

윤 소 영

『일반화된 마르크스주의 개론』(개정판)

38쪽 14줄 뇌졸증 → 뇌졸중
48쪽 28줄 경제개발협력기구 → 경제협력개발기구
49쪽 2줄 1990년 → 1991-92년
5·16줄 경제개발협력기구 → 경제협력개발기구
59쪽 22줄 고령화·저출산 → 저출산·고령화
108쪽 14줄 집적 → 집합
135쪽 19줄 집적 → 집합
20·25줄 요소형태 → 원소형태
141쪽 22줄 노동력에 대한 분석에 이어 마르크스는 → 노동력의 본질에 대한 분석에 이어지는 것이 그 기능에 대한 분석입니다. 마르크스는 먼저
144쪽 6줄 일반적 → 보편적
151쪽 26줄 1960년대 → 1950-60년대
160쪽 3줄 일반적 → 보편적
162쪽 그림 29-32 → 29-33; 69-70 → 70; 74-75 → 73-75
12·13·17줄 1969-70년 → 1970년
15·17줄 1974-75년 → 1973-75년
163쪽 27줄 1969-70년 → 1970년
164쪽 1줄 1974-75년 → 1973-75년
13줄 1969-70년 → 1970년; 1974-75년 → 1973-75년
173쪽 1줄 따라서 → 또; 미분방정식 → 성장모형
2줄 미분방정식입니다. → 미분방정식이기도 합니다.
186쪽 18줄 일반적 → 보편적
191쪽 10줄 기업가이득 → 기업이윤; 기업가이득률 → 기업이윤율

192쪽 26줄 1990년 → 1991-92년
193쪽 1줄 경제개발협력기구 → 경제협력개발기구
197쪽 16줄 임금노동자가 관리자가 되지요. → 관리자가 출현하지요.
201쪽 15줄 비료 → 비료·살충제
210쪽 3줄 제너럴모터스를 제압하고 → 삭제
4줄 1920년대 후반 → 1920년대
5줄 다시 → 삭제
213쪽 6줄 캘리포니아공과대학(칼텍) → 삭제
17줄 매서추세츠공과대학이나 칼텍 → 매서추세츠공과대학
214쪽 20줄 1929-32년 → 1929-33년
21줄 30% → 25%
215쪽 16줄 1932년 → 1933년
18줄 국가재건계획 → 전국부흥청
217쪽 1줄 50만 루블인가를 → 40만 루블을; 대통령이던(…)도망가는 → 그 자금을 둘러싸고 내분이 발생하는
222쪽 21줄 운영자금 → 운전자금
230쪽 25줄 도요타는(…)계열입니다. → 재벌이 아니라 계열을 상징하는 도요타는 방직기회사에서 발전한 자동차회사인데, 다만 주거래은행은 존재하지 않습니다.
242쪽 11줄 1880-90년대 → 1880년대
251쪽 24줄 9·11 이후에 → 9·11 이후에 달러 약세에도 불구하고
27줄 2003년에(…)때문입니다. → 삭제
279쪽 22줄 관성력 → 관성
294쪽 6줄 구체적인 → 특수한
302쪽 17줄 부활하여 → 재림하여
310쪽 24줄 정치인과 관료 → 정치인·군인을 포함하는 관료
325쪽 21-22줄 커밍스의(…)따라 → 미국과 소련의 비밀문서가 공개되면서; 냉전이라는 국제적 맥락을 강조하지만 → 냉전이라는 맥락을 강조하기도 하지만

331쪽 20줄 1990년 → 1991-92년
333쪽 27줄 경제개발협력기구 → 경제협력개발기구
337쪽 3줄 직종별노조 → 직능별노조
341쪽 9-10줄 정파성과 현장성의 결합을 → 정파성의 지양과 현장성의 강화를; 정반대가 옳습니다. → 오해의 여지가 많습니다.
353쪽 25줄 사멸과정 → 폐지
354쪽 8줄 사멸하고 → 폐지되고
16줄 알튀세르적 계열 → 알튀세르 계열

『역사적 마르크스주의: 이념과 운동』

8쪽 29줄 아르헨티나조 → 아르헨티나소
9쪽 9줄 실용적 → 실리적
17쪽 24줄 역사적 지위 → 지위
25쪽 4줄 역사적 지위 → 지위
27쪽 6줄 공산주의이란 → 공산주의란
32쪽 14줄 새로운 양식 → 새로운 생산양식
21줄 있기 때문이지요. → 있지요.
33쪽 15줄 소멸하게 되는가 → 소멸하는가
40쪽 10줄 비잔티움 → 이슬람과 비잔티움
12줄 이슬람의 흥륭 → 이슬람의 흥륭과 비잔티움의 위축
15줄 봉토 봉건제를 → 노동지대로 특징지어지는 고전장원제를; 봉토 봉건제의 → 고전장원제의
16줄 주제지만 → 주제인데; 어쨌든 → 심지어
17-18줄 봉토 봉건제가 → 고전장원제가; 데는 별다른 이견이 없습니다. → 데도 이견이 많습니다.
19-20줄 농노제에 기초한(…)부르기도 합니다. → 생산물지대에 기초한 장원제, 즉 순수장원제 또는 지대장원제가 출현합니다.
22-23줄 즉 농노제가(…)부르지요. → 즉 화폐지대를 통해 장원제가 폐지되면서 봉건제가 개혁되지요.
24줄 고전기 → 전성기
26줄 고전 → 삭제
27·29줄 농노제 → 장원제
41쪽 1줄 1970년대 → 1970년대에

11줄 농노제 → 장원제

14-15줄 고전 장원제와(…)있지요. → 삭제; 농노제 → 장원제; 현물지대 → 생산물지대

17줄 농노제 → 장원제

42쪽 9-10줄 이 때문에(…)고전 장원제가 → 이 때문에 장원제가

47쪽 5줄 5월 → 6월

49쪽 4·10줄 1928년 또는 1929년 → 1928년

53쪽 2줄 1928-29년 → 1928년

14줄 레닌주의를 → 레닌을

21줄 1928-29년 → 1929년

66쪽 15줄 à → au

68쪽 25-26줄 이슬람교에서는(…)때문이지요. → 이슬람교에서도 예수가 마호메트처럼 예언자이기

27줄 부활하여 → 재림하여

69쪽 9줄 민중적인 판본 → 대중적인 판본

71쪽 6줄 농노제 → 장원제

7줄 고전 봉건제 → 봉건제

72쪽 22줄 카타리파 → 카타리파와 발도파

85쪽 24줄 리카도 사회주의 → 리카도파 사회주의

28줄 오언주의의 → 오언주의는

86쪽 3줄 직종 → 직능

92쪽 8줄 변혁 → 혁명

116쪽 16-17줄 마르크스는 책의 제목을 바꾸려고 합니다. → 마르크스는 1872년의 재판에서 제목을 바꿉니다.; 빼려고 합니다. → 뺍니다.

117쪽 17줄 계속혁명론 → 부단혁명론이나 계속혁명론

23·24줄 행동강령 → 정강정책·정치노선

118쪽 3줄 『선언』→『선언』 재판

19줄 원동기 → 동력기

134쪽 23줄 변혁 → 혁명
135쪽 27줄 베벨이나 → 특히
170쪽 16줄 무슨(…)썼더군요. → 삭제
17줄 정파성과 현장성의 결합으로 → 정파성의 지양과 현장성의 강화로
18-19줄 사실은(…)지양이고 → 오해의 여지가 많습니다; 그 상징이지요. 그리고 → 상징하는
21줄 대중파업입니다. → 대중파업이기 때문입니다.
171쪽 1·23줄 직종 → 직능
10줄 일반적 → 보편적
172쪽 19-20줄 1973년 → 1972년; 연맹 → 통합연맹
177쪽 5·9줄 1968년 → 1969년
22줄 1963년 → 1961년
178쪽 23줄 1969년 → 1967년
26줄 1, 2년 정도의 공백기가 지나서 → 2년 정도의 공백기를 거쳐 1969년에
181쪽 23줄 1990-91년 → 1989-91년
182쪽 11-12줄 1991년부터(…)1992, 93년쯤에 → 1991년쯤에
20줄 물론(…)복권이 되지만 → 결국 1994년에 총서기에서 물러나면서
190쪽 2줄 공백 → 곤란·공백
191쪽 9줄 1988년 → 1989년
192쪽 25줄 없지만 → 소략하지만
196쪽 10줄 이어지는 것이 → 이어지는
210쪽 25줄 결국 프리 섹스로 → 프리 섹스로
222쪽 21-23줄 그러나 처음부터(…)시작하지요. → 공산주의재건당은 1990년에 시작된 공산주의재건운동(MRC)에서 비롯되지요.
23·26줄 공산주의재건운동 → 공산주의재건당

223쪽 4·5줄 공산주의재건운동 → 공산주의재건당
5줄 잉그라오 좌파 → 베르티노티를 비롯한 잉그라오 좌파
20-27줄 문단 전체 → 공산주의재건당의 초대 총서기는 마그리 그룹의 가라비니입니다. 그러나 1994년의 2차 당대회에서 잉그라오 좌파의 베르티노티가 총서기로 선출되면서 1995-96년에 가라비니를 비롯한 마그리 그룹은 공산주의재건당에서 탈당하여 좌파민주당으로 복당하지요.
226쪽 20줄 가장(…)있으며 → 가장 단호하고 언제나 추동적이며
26줄 좌파민주당이나 사회당 → 좌파민주당
28줄 사회당도 → 삭제
228쪽 11줄 좌파민주당이나 사회당 → 좌파민주당
24·28줄 일반적 → 보편적
229쪽 18줄 좌파민주당이나 사회당이든 → 좌파민주당이든
251쪽 1·20·25·27줄 아르헨티나조 → 아르헨티나소
14줄 캐나다가 → 캐나다를
21줄 19-20일 → 19-21일
25줄 두할데 → 두알데
26줄 급진당 → 정의당
27줄 카세로라조 → 카세로라소
252쪽 7·14줄 카세로라조 → 카세로라소
14줄 아르헨티나조 → 아르헨티나소
18·25줄 두할데 → 두알데
257쪽 24줄 그르노불 → 그르노블
259쪽 13줄 이 책을 영역한 사람 → 이 책의 영역을 주선한 사람
262쪽 19줄 일반적 → 보편적
29줄 국제화를 → 수출을
271쪽 16줄 1979-82년 → 1981-82년
18줄 1970년대 초반의 수준 → 1970년 수준

20줄 1974-75년 → 1973-75년

272쪽 2줄 1974-75년 → 1973-75년

278쪽 10·18·21줄 실용적 → 실리적

295쪽 8줄 독자성 → 고유성

307쪽 5줄 1980년대 → 1990년대

309쪽 17줄 직종 → 직능

『금융위기와 사회운동노조』

31쪽 20줄 어쨌든 → 삭제

33쪽 19줄 계획은 최근에 → 계획도 2007년에

20줄 탄핵을 받는데 → 캘리니코스에 의해 탄핵을 받는데; 저먼은 → 리즈의 파트너인 저먼은

35쪽 2줄 경제개발협력기구 → 경제협력개발기구

37쪽 10줄 직종 → 직능

38쪽 25-26줄 개발했다고 → 개발하여 초과이윤을 획득했다고; 자본간 경쟁으로 인해 → 자본가간 경쟁으로 인해 그 기술이 범용화(凡庸化)되면서

39쪽 11줄 기계대공업 → 기계제대공업

41쪽 10줄 일반적 → 보편적

19줄 지체의 경향을 → 지체를

43쪽 13줄 직종별 → 직능별

44쪽 24줄 불안정성 → 불안전성

54쪽 10-11줄 프랑스에서도(…)없는데 → 프랑스에서도 대동소이한데

63쪽 15줄 독일연방은행(DB)이 → 독일연방은행(DB)의

69쪽 23줄 바로 일반노조원의 → 바로 2009년부터 도입될 예정인 직선제, 좀 더 정확하게 말해서 일반노조원의

76쪽 3줄 2차 세계전쟁 이후 → 2차 세계전쟁 중에

82쪽 7줄 20세기 초 → 1918-19년

83쪽 29줄 간접민주주의, 즉 대표제가 → 간접민주의의가

84쪽 1줄 의미합니다. → 의미합니다. 베르티노티의 말처럼, 참여와 동시에 대표가 필요하다는 것이지요.

87쪽	5줄	나중에 → 삭제
	12줄	반제반독점 → 반제반독점(AMC)
	24줄	뗄래야 → 떼려야
117쪽	26줄	1980년 초에 → 1980년에
120쪽	8줄	팝을 → 포크를
126쪽	22줄	경제개발협력기구 → 경제협력개발기구
127쪽	7줄	동북아금융허브전략 → 동북아경제·금융허브전략

『마르크스의 '자본'』

21쪽 20줄 교수들도 → 교수들을
29쪽 21줄 생산이나 → 생산과
33쪽 17줄 종합 → 종합적 방법
49쪽 22줄 경제학원론'을 → 경제학원리'를
50쪽 2줄 경제학원론 → 경제학원리
52쪽 6줄 '정당한 무장력의 독점' → '폭력의 집적과 조직'
27줄 그런데 → 그러나
53쪽 12줄 나치즘이 득세하사 → 나치즘에 의해 아우슈비츠에 수용되었다가
54쪽 22줄 정치적 형태 → 그 정치적 형태
55쪽 18줄 550 → 5050
64쪽 11줄 카셀과 스피트호프가 → 슈피토프와 아프탈리옹이
20줄 헝가리 출신의 수학자 폰 노이만이 1938년에 → 1938년에 헝가리 출신의 수학자 폰 노이만이 카셀이 재해석한
65쪽 19줄 '자본주의적 발전곡선' → 1세기에 걸친 '자본주의적 발전곡선'
72쪽 15줄 '역사동역학' → '자본주의의 역사동역학'
75쪽 23줄 생태권 → 생태권·건강권
78쪽 10줄 저와 동갑으로 1954년생인데 → 저보다 한 살 위인 1953년생인데
21줄 마르크스가 → 『자본』 1권 재판의 「후기」에서 마르크스가
22줄 진리의 추구자 → 과학적 연구자
27줄 1953년생인 → 크루그먼처럼 1953년생인

86쪽 20줄 자본주의로 → 자본주의로의
89쪽 20줄 소비 형태는 → 소비 형태를 조장하는 광고홍보는
93쪽 17줄 게다가 화폐기능론이 → 게다가 화폐본질론이
95쪽 9줄 인쇄용 전지, → 인쇄용 전지를 16등분한 것,
19줄 잘은(…)것입니다. → 정문길 교수에 의하면, 마르크스와 엥겔스의 장서는 합쳐서 3000권 정도였다고 합니다.
102쪽 12줄 금·은의 → 스미스가 지적한 것처럼, 금·은의
108쪽 14줄 공동·공통 → 공통 또는 공동
111쪽 5줄 비단·도자기·차·향신료 → 비단·도자기
112쪽 7줄 절대가격론 → 절대가격론(화폐수량설)
114쪽 1줄 것이지요. → 것이지요. 반면 교환가치론이나 화폐수량설은 오캄의 윌리엄과 그의 후예가 이미 예상한 것이에요.
17줄 화폐표장 → 화폐의 표장 또는 표장화폐
18줄 표장이에요. → 표장이에요. 표장은 상징이므로, 표장화폐 대신 상징화폐라고 할 수도 있고요.
19줄 화폐표장으로서 → 표장화폐로서
22줄 화폐표장이 → 표장화폐가
116쪽 16줄 화폐표장 → 표장화폐
27줄 가짜어음 → 가짜어음 또는 좀 더 점잖게 (가)공어음(fictitious bill)
28줄 진성어음 → 진성어음(real bill)
118쪽 19줄 차변 → 차변(debit)
20줄 대변 → 대변(credit)
21줄 자기자본 → 순자산(net worth)으로서 자기자본
119쪽 1줄 매입 → 구매
6줄 발전하지요. → 발전하지요. 영국은 1946년에 중앙은행을 국유화하는 반면 미국은 그렇지 않은데, 그러나 기능에 차이가 있는 것은 아니에요.

9줄 '은행의 은행' → '은행의 은행'으로서 신용·은행위기에 대처하는 것

14줄 국가의 자산, 달리 말해서 → 국가의 순자산으로서

120쪽 22줄 금방 캐낸 금 → 캐낸 그대로의 금, 즉 제품으로 가공되지 않은 금

121쪽 14줄 미국이 그런 제안을 거부합니다. → 미국은 그런 유토피아적 제안을 거부합니다.

15줄 없는 → 없던

122쪽 15·25줄 화폐자본 → 금융자본

123쪽 4줄 화폐자본 → 금융자본

129쪽 18줄 '화폐적 생산이론' → '화폐적 생산이론(또는 고용이론)'

135쪽 8줄 '가치저장' → 축장 대신 '가치저장'

24줄 1970년대에 → 1970년대 말에

151쪽 14줄 유통수단 → 가치척도·가격표준과 유통수단

152쪽 3줄 가장 대표적인 → 최초의

154쪽 27줄 화폐의 → 또 화폐의

157쪽 22줄 황제-관료지주 → 황제-지주

27줄 경제적이고 인신적인 자유 → 경제외적 강제와 인신적 구속으로부터의 자유

158쪽 10줄 자영농 → 농민

13줄 목적은 → 최초의 목적은; 공유지를 → 공유지, 특히 공동경작지를; 목초지로 → 목장으로

27줄 핵심이거든요. → 핵심이거든요. 한 마디 덧붙이자면, 『자본』 1권 초판의 「서문」에서 마르크스 자신이 주장한 것과는 달리, 이런 분석이 단순한 '예증'이라고 할 수는 없어요.

164쪽 3줄 화폐가치는 → 임금에 곱해지는 화폐가치는

169쪽 18줄 지주 → 영주

176쪽 3줄 자본의 → 자본주의적 생산의; 자본의 '외재적 강제법칙'을 통해서 표현된다 → '외재적 강제법칙'으로 작용한다

5줄 표현되는 메커니즘이 바로 기술진보의 보편화이지요. → 작용하면서 기술진보가 보편화되는 것이지요.

185쪽 4줄 machinery → system of machinery, machine system

16줄 'equipment' → 'equipment' 또는 'plant'; 'structure' → 'structures' 또는 'buildings'

19·20줄 'machine-tool' → 'machine tool'; 공작기계 → 특수한 작업기인 공작기계

186쪽 11줄 직접적 생산력 → '직접적 생산력'

17줄 집합 → 집단

188쪽 3-5줄 예전에는(…)하지요. → 예전에는 방적기가 도입되는 1760년대라고 하다가 요즘은 방직기가 도입되는 동시에 증기기관도 보급되는 1780년대라고 하지요. 또 산업혁명을 완성하는 '기계에 의한 기계의 생산'은 1820-40년대인데, 1830-40년대에는 철도건설의 열풍도 발생하지요.

12줄 블랑키가 → 블랑키가 1837년에 출판한 『유럽경제사』가; 1845년에 → 또 1845년에

14줄 수용하여 → 수용하면서

18줄 교통·통신혁명이거든요. → 교통·통신혁명, 특히 기차·기선과 전신의 발명이거든요.

19-21줄 게다가(…)계승되지요. → 삭제

189쪽 5줄 아담 → 애덤

194쪽 20줄 노예 → '말하는 도구'로서 노예

196쪽 2줄 『자본』 초판 → 『자본』 1권 초판

198쪽 13줄 설명하기도 하지요. → 설명하기도 하지요. 한 가지만 추가한다면, 세의 판로법칙도 공유한다고 할 수 있고요.

206쪽 9줄 '인구학적 전환' → '인구변천'
215쪽 8줄 핵심 → 절정
224쪽 20줄 불변의 → 임의의
228쪽 12·13줄 국민소득계정 → 국민계정
19줄 자신의 박사논문이 → 자신이 박사논문에서
21-22줄 제가(…)없었거든요. → 삭제
23줄 정성진 교수가 → 그는
24줄 분석한(…)따름이에요. → 분석하거든요.
231쪽 23줄 종속변수이라는 데 → 종속변수라는 데
233쪽 15줄 관성력 → 관성
248쪽 15줄 인구학적 전환 → 인구변천
249쪽 15줄 빈민이나 → 룸펜프롤레타리아, 즉 빈민이나
250쪽 27줄 150-160개국 → 170여개국
251쪽 3줄 도출할 → 논리적으로 도출할
252쪽 10줄 실현할 → 성취할
254쪽 11줄 경제적 해방의 → 해방의
12줄 경제적 형태는 → 경제적 내용은
13줄 본질 → 핵심
255쪽 28줄 사회적 부조 → 사회보장 또는 사회부조
256쪽 17줄 보편적 → 일반적
259쪽 14줄 재건해야 할 → 재건하는 또 다른 장기적 이행과정의
263쪽 11줄 설명한 → 논리적으로 설명한
266쪽 1줄 '무지와 방종' → '무지와 방종·범죄'
27줄 스탈린 → 스탈린이나 트로츠키
269쪽 17줄 일반금융회사 → 일반금융회사인 지이캐피탈
283쪽 1줄 연립방정식이에요. → 연립방정식이에요. 좀 더 정확하게 말하자면, 연립방정식 그 자체는 아닌데, 아직 미지수가 없거든요. 나중에 설명할 것처럼, 미지수가 있는 연립방정식이 바로 마르크스의 전형 문제이지요.

285쪽 27줄 서비스노동으로 → 서비스로
286쪽 2줄 보편적 → 일반적
287쪽 19줄 0.5로 결정된다는 → 0.5라는
288쪽 17줄 0.2이지요. → 0.2일 수밖에 없지요.
289쪽 1줄 0.5로 결정된 다음에 → 0.5일 때
2줄 0.2로 결정된다 → 0.2일 수밖에 없다
3줄 역으로(…)없거든요. → 삭제
290쪽 19줄 2차 연도의 표식 → 1차 연도의 실현조건으로 보증되는 확대재생산의 결과에서 도출할 수 있는 2차 연도의 표식
291쪽 7줄 그런데 2차 연도에서 → 마르크스는 2차 연도에서도
8줄 0.3으로(…)하지요. → 0.3일 수밖에 없다고 주장하지요.
295쪽 13줄 힐퍼딩처럼 → 힐퍼딩처럼 세의 판로법칙을 부활시켜
24줄 카셀과 스피트호프를 통해서 → 슈피토프와 아프탈리옹을 통해서
298쪽 20줄 계승하려는 → 비판적으로 계승하려는
306쪽 7줄 연립방정식을 만족해야 하지요. → 연립방정식을 만족해야 하지요. 아까 전형 문제에서 비로소 미지수가 있는 연립방정식이 나타난다고 한 것은 이 때문이에요.
311쪽 3줄 2114 → 2614
315쪽 4줄 잉여농산물 → 농산물
317쪽 25줄 수렴되지요. → 수렴하지요.
321쪽 18줄 위협할(…)조치입니다. → 위협할 수 있습니다.
20줄 규제를 → 규제와 감독을
322쪽 27줄 강조하거든요. → 강조하거든요. 따라서 레닌은 경향론과 친화성을 갖는 반면 부하린은 단계론과 친화성을 갖는다고 할 수 있지요.
326쪽 22-23줄 실제로는(…)게다가 → 삭제
24줄 것도 → 것은

329쪽 17줄 한계생산력설 → 한계생산성론

24줄 끝난다 → 갑자기 끝난다

334쪽 23·24·28줄 기업가이득 → 기업이윤

335쪽 4줄 아니면 → 나아가; 기업가이득 → 기업이윤

10줄 관리직, 적어도 그 상층 → 관리직

338쪽 3줄 채무불이행이나 지불불능 → 채무불이행/지불불능 (insolvency)

340쪽 15·16·17·20줄 저축성예금 → 정기예금

25줄 모호해지는 것이에요. → 모호해지는 '예금의 증권화'가 발생하는 것이에요. 게다가 주택담보부증권(MBS) 같은 '신용의 증권화'도 발생하고요.

341쪽 1줄 연방준비제도이사회 → 연방준비제도(Fed)

13줄 것이에요. → 것이에요. 화폐로서 유휴자본의 가격이 이자이고, 상품으로서 유휴자본의 가격이 증권가격이라고 할 수 있겠지요.

343쪽 6-7줄 전자의(…)불변이지요. → 전자보다 후자가 일반적이지요. 대신

13줄 나폴레옹 전쟁이 발발하면서 → 프랑스와의 7년 전쟁(1756-73) 직전에

23줄 다음과 → 다음과 같이

345쪽 6줄 중앙은행이(…)정책금리 → 중앙은행이 정책적으로 결정하는 은행간 금리

19줄 주식수익률 → 주식수익률(배당수익률)

21·22줄 기업가이득 → 기업이윤

346쪽 1·9줄 기업가이득 → 기업이윤

24줄 1년 이상인 → 1년을 초과하는

26줄 1년 미만인 → 1년 이하인

347쪽 3줄 대체하지요. → 대체하는데, 그 결과 은행신용에서 노동자에 대한 대부가 증가하지요.

4줄 1년 이상 → 몇 년씩

348쪽 5·20줄 기업가이득 → 기업이윤

349쪽 11·13줄 축적기금 → 유보금

354쪽 23줄 C_1, V_1, S_1 → C_2, V_2, S_2

357쪽 21줄 환율위기에요. → 환율위기에요. 금융세계화로 인해 중심환율에서 괴리되어 하락하던 시장환율이 언젠가는 급등하여 중심환율로 수렴할 수밖에 없거든요.

358쪽 13줄 축적기금 → 유보금

360쪽 22·27줄 축적기금 → 유보금

368쪽 26줄 1권 1편 → 1권 1책

375쪽 27·28줄 화폐표장 → 표장화폐

376쪽 2줄 화폐표장 → 표장화폐

386쪽 13·14줄 알렉산더 → 알렉산드로스

393쪽 23줄 헤겔도 → 알튀세르가 주목하는 것처럼, '주체로 생성하는 실체'로서 정신 또는 관념을 신으로 간주하는 헤겔도

399쪽 27줄 영구혁명 → 영구혁명 개념

400쪽 5줄 의미합니다. → 의미하는데, 『공산주의자 선언』의 이런 개념은 1850년에 출판되는 '프랑스 3부작'의 첫째 권 『프랑스의 계급투쟁』이나 1852년에 출판되는 둘째 권 『루이 보나파르트의 브뤼메르 18일』에서도 그대로 유지됩니다. 사실 영구혁명으로서 프롤레타리아 독재라는 용어 자체는 『프랑스의 계급투쟁』에서 최초로 등장하지요. 또 1844년의 「유다인 문제에 관하여」에서 폄하되던 노동권 개념도 여기서 재평가되고요.

6줄 『프랑스의 내전』 → 셋째 권 『프랑스의 내전』

17줄 1852년에 출판되는 『루이 보나파르트의 브뤼메르 18일』에서도 마르크스는 → 『루이 보나파르트의 브뤼메르 18일』에서 마르크스가

18줄 대신 → 대신 1847년에 출판되는 『철학의 빈곤』에서 유래하는

19줄 사용합니다. → 사용한다는 사실에 주목해두겠습니다.

405쪽 16줄 주목합니다. → 주목합니다. 물론 이런 관심은 1872-75년의 『자본』 1권 불어판이나 1877년의 「미하일로프스키에게 보낸 편지」로 소급되지만요. 또 마르크스의 마지막 글이기도 한 1882년의 『공산주의자 선언』 러시아어 재판 「서문」에서도 반복되고요.

407쪽 8줄 때로는 → 1/4 내지 1/3 정도는

9줄 1848-49년 혁명 → 예를 들어, 1848-49년 혁명

410쪽 1줄 생가는 → 생기는

413쪽 19줄 그 대상이 바로 → 그것은

20줄 법칙입니다. → 법칙만으로 운동을 설명합니다.

418쪽 12·15·17줄 번식 → 생식

419쪽 3줄 자연선택으로 → 자연선택의 작용으로

420쪽 12줄 태양과 달 → 지구와 태양; 지구 → 달

17-18줄 태양과 달 → 지구와 태양; 지구 → 달

422쪽 28줄 경제법칙은 → 경제법칙은 실증주의적 가설과 달리

423쪽 4줄 그는 → 그는 아인슈타인의 선배 플랑크처럼

『현대경제학 비판』

7쪽 16줄 황금률과 → 삭제
10쪽 25줄 작년에 → 2009년에
30줄 프리드먼 → 대학원생이던 프리드먼
11쪽 25줄 경제학과의 시간강사로 → 경제학과에서 임기 1년의 강사로
32줄 경제학과 박사과정 → 경제학 박사과정
12쪽 1줄 개설됩니다. → 개설되는 동시에 교양과정 지원학과(service/support department)의 성격이 지양됩니다.
20줄 신입생 → 3학년생; 교양필수과목 → 교양과목
22줄 신입생 → 학생
14쪽 5줄 생태론자 → 생태주의자
6줄 , 1948년에 재판 → 삭제
7줄 역시(…)것인지 → 삭제; 1955년의 3판과 → 1948년의 재판, 1955년의 3판,
28줄 경제학 교과서 → 경제학을 포함하는 대학 교과서
16쪽 11줄 '경제적 문맹' → '경제학적 문맹'
18쪽 29줄 대학원 미시경제학 → 대학원에서 고급미시경제학
19쪽 2줄 특히 → 특히 1964년의 6판에서 추가된
26줄 6판 → 5판; 도입합니다. → 소개합니다.
29-30줄 '배반관계'(trade-off)에(…)의미해요. → '배반관계'(trade-off), 즉 반비례관계에 주목하지요. 다만 필립스와 달리 새뮤얼슨과 솔로우는 안정적인 장기적 관계가 아니라 불안정한 단기적 관계로 재해석한다는 사실에 주목할 필요가 있어요.

32줄 새뮤얼슨의 → 삭제
20쪽 1줄 필립스곡선은(…)수직선이므로 → 필립스곡선이 단기와 달리 장기에서는 수직선이므로
15줄 가격 인상 → 물가 인상
21쪽 2줄 보론 → 부록; 본문에서 → 본문에서, 그것도 거시경제학의 기본모형으로
6줄 후자는 → $Z-D$모형은
7-8줄 누가(…)것이에요. → 1948년 시카고대학 경제학과 강의록에서 마샤이 $IS-LM$모형을 $AD-AS$모형으로 확장했는데, 당시에는 별로 주목받지 못했어요.
9줄 시작하지요. → 시작한 것이에요.
30줄 제기되는데, → 전개되는데, 1959년에
31줄 1967년에 → 그는 1967년에
32줄 통해 → 통해서도; 제기한 것이에요. → 지적하지요.
22쪽 20줄 중이었다고 해요. → 중이었다고 해요. [결국 2011년 2월에 출판되었다.]
22줄 『사회적 선택과 개인적 가치』→『사회적 선택과 개인적 가치』(개정판, 1963)
24쪽 2줄 재구성해야 한다는 것이 → 재구성해야 하고, 그것은 결국 거시경제학의 소멸을 의미한다는 것이
8줄 프리스콧 → 그의 제자인 프리스콧
20줄 '시행착오학습'(learning by doing)이라는 → '경험을 통한 학습'(learning by doing), 즉 자본축적을 통한 기술진보라는
21줄 장기파동론 → '창조적 파괴', 즉 기술진보의 장기파동이라는 개념
23줄 중립성 → 편향성이 아니라 중립성
28줄 '새케인즈주의 종합' → '새케인즈주의 종합' 또는 '새로운 신고전파 종합'

32줄 화폐적 충격이나 기술진보의 충격 → 화폐충격이나 기술충격

25쪽 23줄 제기되면서 → 본격적으로 제기되면서

26쪽 14줄 유동성선호로 → 유동성선호론으로

31줄 맹큐 → 맨큐

27쪽 9줄 새뮤얼슨 → 새뮤얼슨, 솔로우, 모딜리아니

10·11줄 맹큐 → 맨큐

12줄 남한에서는(…)맞답니다. → 삭제

30줄 과 크루그먼의 『경제학』(2006년 초판) → 삭제

28쪽 1·6·7·13·21줄 맹큐 → 맨큐

4줄 설명하거든요. → 설명하는데, 크루그먼의 『경제학』(2006년 초판)도 마찬가지이지요.

6줄 이것을 → 삭제

10줄 거시경제학 → 거시경제학(경기순환론)

17줄 주로 → 결국

29쪽 26줄 멩어적 전통을 계승하는 것은 아닙니다. → 멩어적 전통이 아니라 마셜적 전통을 계승합니다.

27-28줄 그래서(…)것이지요. → 삭제

28줄 프리드먼의 제자인 → 반면 프리드먼의 제자인

32줄 연방준비제도이사회(연준) → 연방준비제도(Fed, 연준)이사회

30쪽 4줄 중도파 종합 → 새로운 중도파 종합

5줄 어문학 → 문학; ·역사학·인류학·심리학 → 삭제

11줄 미국사회과학회(ASSA) → 미국사회과학진흥협회(AAPSS)

31쪽 13줄 200년여년 → 200여년

37쪽 7줄 과 1995년의 15판 → 삭제

31줄 동료들 → 동료들, 특히 매서추세츠공과대학 출신인 고든

41쪽 9줄 과학아카데미 → 과학아카데미 경제연구소

30줄 3권의 생산가격론 → 2권의 경제성장론과 3권의 생산가격론

45쪽 18줄 경제의 → 경제적

47쪽 23줄 산업경제론 → 산업조직론

48쪽 9줄 제가 → 서울상대 경제학과 마지막 입학생인 제가

10줄 ·법학 → 삭제

17줄 경제의 → 경제적

50쪽 6-10줄 연전에(…)아니에요. → 삭제

25줄 짜골로프 교과서를 → 짜골로프 교과서 최종3판을

51쪽 4줄 3판 → 최종3판

58쪽 21줄 광산대학을 중퇴한 → 폴리테크닉에서 낙방한 다음 광업학교를 중퇴한

59쪽 11줄 수량조정에 → 마셜적 전통에 따라 수량조정에

64쪽 15줄 고전물리학에서 이용하는 → 새뮤얼슨이 최초로 사용한 고전물리학의

16줄 그러나 → 그러나 힉스처럼

65쪽 11-12줄 그냥(…)이거든요. → 영어로도 'decreasing'과 구별하여 'diminishing'이라고 하지요.

78쪽 2줄 소비자선택과 → 소비자선택의

81쪽 7줄 상승한다 → 증가한다

22줄 0에서(…)있습니다. → 두 점 0과 q_{max}라는 사실을 알 수 있습니다.

82쪽 1줄 그래서(…)것이지요. → 삭제

2줄 0에서(…)사실을→ 두 점 0과 $m \times q_{max}$라는 사실을

그림 수평실선을 수평점선으로 수정; 0과 q_{max}에 해당하는 점을 흑점으로 표시

21줄 이윤함수라고 → 새뮤얼슨이 이윤함수라고

96쪽 19-20줄 코즈 → 코우즈; 주장합니다. → 주장하는데, 코우즈는 프리드먼의 동료입니다.

97쪽 1줄 ≧ → =
11줄 규제를 → 규제·감독을
98쪽 24줄 총계 → 총계인 경제잉여
99쪽 11줄 'money-voting' → 'dollar vote'
100쪽 1·4줄 'money-voting' → 'dollar vote'
26줄 정치학에서 애용하는 → 삭제
27줄 정치에서도(…)가능하다 → 정치·정책도 경제처럼 합리적 선택으로 설명할 수 있다
28줄 '정치경제학'(political economy) → '정치경제론'(political economy), 즉 정치·정책에 대한 경제이론
30-31줄 애로우가(…)셈이거든요. → 애로우가 새뮤얼슨처럼 시장실패에 주목하는 반면 프리드먼의 제자인 뷰캐넌은 오히려 정부실패에 주목하거든요.
109쪽 26줄 뒤메닐과 폴리는 수학적 모형에 기여한다 → 폴리와 뒤메닐은 수학적 모형과 통계학적 실증에 기여한다
115쪽 5줄 사회보장 → 사회보장지출
119쪽 14줄 개념인데, → 개념인데, 케인즈는 '행동하려는 자연발생적 충동'으로 해석합니다. 따라서 '야성적 충동'보다는 오히려
121쪽 12줄 한계비용 → 현실비용
16줄 있어요. → 있어요. 물론 총공급을 한계비용으로 해석하고 총수요를 한계효용으로 해석할 수는 없지만요.
123쪽 11줄 기본방정식을 → 기본방정식과 케인즈의 교차를
127쪽 7줄 아니지요. → 아니지요. 경제성장을 설명하려면, 자본축적은 물론이고 인구성장과 기술진보도 고려해야 하거든요.
128쪽 7줄 균형국민소득 → 현실국민소득으로서 균형국민소득; 완전고용국민소득 → 잠재국민소득으로서 완전고용국민소득

141쪽 3줄 마셜의 → 마셜의 화폐수량설, 즉

144쪽 7줄 . → ,

146쪽 9줄 증권 → 본래의 증권

10줄 저축성예금 → 정기예금

153쪽 12줄 ↑↓ → ↓↑

157쪽 17줄 '깁슨의 역설'이라고 불리는 → 『화폐론』에서 케인즈가 '깁슨의 역설'이라고 부르는

158쪽 19줄 절편 → P절편

159쪽 12줄 절편 → Y절편

161쪽 22줄 보통이지요. → 보통이지요. 본래 새뮤얼슨과 솔로우는 1950년대의 자료를 이용하여 u_f, p_f, h를 각각 4%, 2.5%, 2(약간 미달)로 추정한 바 있어요.

162쪽 6줄 현대경제학 → 케인즈주의

12줄 수준으로 근접하고 있지만, → 수준인 5%로 근접하고 있지만, 실망실업자와 비정규직을 포함하는

13줄 'U-7'은 2배 정도 높아요. → 'U-6'와의 격차는 2%포인트에서 4%포인트로 확대되지요.

18줄 1950-60년대 → 1950년대

164쪽 10줄 연방준비제도이사회(연준) → 연방준비제도(Fed, 연준)

22줄 '인플레이션 타겟팅' → '인플레이션 타겟팅'(물가안정목표제)

168쪽 10·14줄 $P^{*\prime}(Y^{*})$ → $p^{*\prime}(Y^{*})$

169쪽 12줄 이미 설명한 것처럼, → 좀 더 자세하게 설명해보겠습니다. 먼저

170쪽 16줄 필립스방정식에서 → 장기균형실업률 u_f와 장기균형국민소득 Y_f가 불변이라고 가정하면, 필립스방정식에서

171쪽 13줄 위로 → 오른쪽 위로

173쪽 6-7줄 그래서(…)것이에요. → 게다가 부가가치세는 누진세가 아니라 역진세이고요.

175쪽 9·10줄 소득분배 → 소득재분배

176쪽 11줄 것이에요. → 것이에요. 나아가 립시처럼 필립스곡선을 노동시장의 균형조건으로 해석할 수도 없고요.

24줄 화폐시장투자신탁기금(MMMF) → 환매조건부채권(RP)·화폐시장투자신탁기금(MMMF)

27줄 화폐시장투자신탁기금 → 환매조건부채권·화폐시장투자신탁기금

189쪽 10줄 근거는(…)p라고 하면, → 근거는, 노동자와 인구의 비율을 p라고 하면,

17줄 노동연령은(…)관례입니다. → 노동가능인구는 15세 이상의 성인인구 중 군인을 제외한 인구를 의미합니다. 그러나

18-19줄 연령을 제외한(…)불러요. 또 → 연령의 인구를 제외하기도 하지요.

19줄 노동자 → 노동자 또는 경제활동인구

20줄 비경제활동인구 → 비노동자 또는 비경제활동인구

21줄 노동자와(…)p를 → 노동자와 인구의 비율 p를

190쪽 1줄 제외되는 → 제외되기도 하는

2줄 청년실업이 존재할 수 없어요. → 청년실업 운운 하기가 곤란하지요.

4줄 더 이상 노동할 수 없는 인구이므로 → 대체로 비경제활동인구이므로

5줄 그런(…)고령화이지요. → 그래서 15세부터 64세까지를 노동연령이라고 부르기도 하는 것이지요. 노동가능인구 중 은퇴인구의 비율이 상승하는 것이 바로 고령화입니다.

194쪽 19줄 k → 종속변수 k

196쪽 18줄 1보다 작아서 → 0보다 크고 1보다 작아서

199쪽 12·18·22줄 의료보험 → 건강보험

206쪽 9줄 양반관료지주 → 양반지주
25줄 의료보험 → 건강보험
27줄 경제성장 → 성장정책
207쪽 9줄 금융세계화 → '금융세계화'(financial globalization)
210쪽 16줄 자본집약도 k나 이윤율 r → 자본집약도 k
21줄 1인당국민소득 y나 임금률 w → 1인당국민소득 y, 결국 자본집약도 k
212쪽 13줄 동시에(…)있거든요. → 동시에 발생한다고 주장할 수도 있거든요. 그것이 바로 순환적 위기와 구별되는 구조적 위기이지요.
220쪽 2줄 지속상태의 조건은 $r=\bar{r}$이므로 → 지속상태에서는 $r=r^*=\bar{r}$이므로
222쪽 7줄 $r^*=\bar{r}$ → $r=r^*=\bar{r}$
223쪽 20·21줄 알 → 아르
227쪽 16줄 1인당균형국부 → 균형1인당국부
230쪽 21줄 국가부도 → 외채위기와 국가부도
231쪽 8줄 외채 원리금을 → 외채를
234쪽 1줄 $r^*=\bar{r}$ → $r=r^*=\bar{r}$
237쪽 14줄 맹큐 → 맨큐
238쪽 1줄 황금률과 → 삭제
7줄 21세에 → 우등졸업시험에서 수석을 차지한 램지는 21세에
13줄 19세라고 → 19세의 신입생 시절이라고
26-27줄 태평양을 횡단하는 것이 아니라 북극을 통과하는 항로인데, → 태평양을 횡단하는 직선항로가 아니라 북극을 통과하는 곡선항로인데,
243쪽 2줄 '지복점'(至福點, bliss point)이라고 → '지복'(至福, bliss) 상태라고
3줄 지복점과 → 지복상태와

32줄 ≧ → >

244쪽 2줄 알 → 아르

5줄 ≦ → <

21줄 신고전파 경제성장론 → 신고전파 경제성장론과 케인즈주의 거시경제학

246쪽 21줄 $\bar{k}$는 → $\bar{k}$와 $\bar{y}=\bar{k}^{\pi}$는

22줄 자본집약도를 → 자본집약도와 1인당국민소득을

247쪽 5줄 이윤율 r이나 → 삭제

6줄 임금률 w나 → 삭제; 1인당국민소득 y → 1인당국민소득 y나 자본집약도 k

14줄 보편상수 → '보편상수'

249쪽 23줄 제기한 → 체계화한

251쪽 10줄 맹큐 → 맨큐

252쪽 23줄 그 반대로 → 아니면 프리드먼의 동료 슐츠처럼; '인적 자본' → '인간자본'

253쪽 4줄 '인적 자본' → '인간자본'

257쪽 18줄 시간 t로 → 삭제

267쪽 10줄 = → ≡

268쪽 8줄 여기에 → at 대신 $at+C$라고 하는 것이 더 정확하겠지만, 어차피 $C=0$이므로 적분상수를 생략한 것이지요. 이제

269쪽 16줄 배로 → 배로우

275쪽 14줄 기각하는 → 채택하지 않는

276쪽 23줄 배로 → 배로우

279쪽 5줄 중립적 기술진보와 → 중립적 기술진보가 존재하는 경우, 또는 오히려 아예 기술진보가 존재하지 않는 경우와

8줄 솔로우 모형에서 → 솔로우 모형에서 기술진보가 존재하지 않을 경우

16줄 $(k^{*}-k_{0})/k^{*}=h$라고 하고, → $k^{*}<k_{0}$일 경우는 경제성장이 아니라 경제쇠퇴가 발생하므로 $0<k_{0}<k^{*}$라고 가정하겠어요. $(k^{*}-k_{0})/k^{*}=h$라고 하고,

280쪽 13줄 $k^{*}<k_{0}$일 경우는(…)가정하겠어요. → 삭제

281쪽 13줄 이윤율 → 이윤율의 하락률

282쪽 13줄 중립적 기술진보를 가정하는 → 아예 기술진보가 존재하지 않는

287쪽 11·20줄 경기후퇴 → 경기수축

21줄 낮다는 것이에요. → 낮다는 것이 경기순환론의 가장 중요한 정형화된 사실이거든요.

289쪽 20줄 '시간의 화살'은 가장 극단적 사례이라고 → '시간의 화살'이 가장 극단적 사례라고

290쪽 20줄 심화되는 → 심화되면서 대불황이 발생하는

293쪽 4줄 전두환 정부 → 전두환 정부, 나아가 김영삼 정부

11줄 42% → 43%

12줄 30% → 2000년 수준인 30%

295쪽 16줄 고등학교 문과수학은 아직 → 미적분법은 여전히

297쪽 14줄 있지요. → 있지요. (새 문단으로 시작) 사실 순환적 위기는 위기라고 할 수도 없습니다. 히포크라테스에게서 유래하는 위기(crisis) 개념은 본래 질병의 현재 상태와 장래 진행에 대한 판단, 즉 병자의 삶과 죽음에 대한 판단을 의미했어요. 이런 위기 개념은 현대에 들어와 정치철학을 거쳐 경제학으로 수입되면서 일종의 '은유적 확장'을 경험했습니다. 이런 맥락에서 고전파나 마르크스가 주목한 위기로서 구조적 위기는 역사적 이행을 의미했지요. 구조적 위기에 대한 대안은 개혁과 변혁, 아니면 공멸이었거든요. 반면 순환적 위기는 위기가 아니라 경기침체일 따름이었고요.

25줄 여기서 → 막대한 외환보유액에도 불구하고

298쪽 14줄 신고전파 경제성장론은 → 솔로우가 강조하는 것처럼, 신고전파 경제성장론은

299쪽 12줄 political economy → political economy of macroeconomics; 노드하우스가 1970년대에 → 노드하우스와 힙스가 1970년대 중반에

13줄 선거제도 → 선거·정당제도

14줄 이행 → 이행과 재무부로부터 중앙은행의 독립

16줄 가장 대표적인 것이 → 예를 들어; '워싱턴 컨센서스' 인데, → '워싱턴 컨센서스'에 주목할 수 있는데,

19·21줄 아세모글루 → 아제몰루

23줄 settlers' → settler

300쪽 12줄 군사적 → 매판적

『사회과학 비판』

10쪽 27줄 구조기증주의 → 구조기능주의

13쪽 10줄 증가로 인해 → 증가 때문에

14줄 구조적 추세라고 → 구조적 추세 또는 초장기적 순환이라고

17쪽 22줄 아세모글루 → 아제몰루

18쪽 4·29줄 아세모글루 → 아제몰루

20쪽 5줄 출생률 → 출산율

21쪽 4줄 5040명 → 가부장의 수를 기준으로 5040명

6줄 5040= → 5040=1×2×3×4×5×6×7=

23줄 기근·질병·전쟁 → 전쟁·기근·질병

23쪽 12줄 기근·질병·전쟁 → 전쟁·기근·질병

25쪽 14·19줄 포스턴 → 포스탄

23줄 부아는 → 1930년대

24줄 계승한다고 할 수 있어요. → 계승하는 부아의 입장은 힐튼에 의해서도 수용되지요.

26쪽 4줄 토지개간 → 토지개간·간척

18줄 따라서 → 따라서 포스탄을 비판하면서 코스민스키가 이미 지적한 것처럼,

27쪽 15줄 방직기의 발명 → 방직기의 발명과 동시에 증기기관의 보급

18줄 합병 → 병합

28쪽 14줄 앨런의 산업혁명론 → 솔로우의 신고전파 경제성장론을 전제하는 앨런의 산업혁명론

23줄 물론 → 삭제

24줄 이윤분배율의 상승도(…)있지만요. → 이윤분배율의 상승만으로 이윤율의 상승을 설명하려는 앨런의 시도에는 문제가 있다는 것이에요.

31쪽 20줄 이른바 → 슐츠의

43쪽 8줄 미국의 재무부증권 → 미국의 국채인 재무부증권

44쪽 3줄 중첩세대모형 →『현대경제학 비판』에서 설명한 램지의 최적성장론을 일반화하는 중첩세대모형

45쪽 5줄 완화하기도 → 개선하기도

24줄 연금이라는 → 급여라는

28줄 사유화 → 사유화·민영화

46쪽 3줄 사유화 → 사유화·민영화

『역사학 비판』

6쪽 6줄 기준 → 표준
10쪽 21줄 gewesen → gewesen ist
22줄 how/what actually/originally happened → what (or how things) originally/actually happened
11쪽 7줄 [즉 사회의 경제적 구조] → 삭제
12쪽 5줄 '논리적 역사' → '이론적 역사'
19쪽 4줄 축적 및 붕괴법칙 → 축적법칙과 붕괴법칙
21쪽 5·6·9줄 자본축적 → 자본주의적 축적
28쪽 20줄 사촌형제 → 형제
36쪽 28줄 2040년 → 2040년대
40쪽 25줄 인구모형의 특수한 사례일 따름입니다. → 인구모형과 대동소이합니다.
29줄 가정하는 반면 뒤메닐은 0로 수렴한다고 가정합니다. → 가정하는데, 뒤메닐도 마찬가지입니다.
41쪽 1줄 그러나 → 경제성장률 g_Y도 플러스 값으로 수렴할 수 있으려면, 역시 폴리의 일반화된 r궤도를 이용해야 하고요. 어쨌든
52쪽 24줄 스탈린의는 → 스탈린주의는
54쪽 11줄 번면 → 반면
62쪽 1줄 그 결과 → 그 결과 심지어
63쪽 4줄 1839-42년 → 1840년
64쪽 9줄 상황의 개선 → 얼마간의 안락
14줄 小康世 → 삭제; 대동세 → 태평세; 大同世 → 삭제
15줄 민주공화제 → 공화제

65쪽 9줄 개방화 → 탈규제
66쪽 3줄 1953-61년 → 1952-58년
67쪽 22줄 선군정치는 → 역시 1998년 신헌법에서 공식화된 선군정치는
69쪽 23·27줄 원예농 → 화전원예농
74쪽 18-19줄 서유럽의(…)분석했다 → 서유럽의 봉건제와 구별되는 아시아의 봉건제에 대한 분석이 불충분했다
26줄 퇴락한 → 후진적이고 불완전한
75쪽 2줄 위·오·촉-(…)-남북조 → 위-진-남북조
3줄 5대10국을 거쳐 → 삭제
21줄 지대 → 토지세; 부역 → 요역·군역
27줄 남아 있기도 한 → 강력한
76쪽 5·8·9줄 재건 → 개혁
13줄 소아시아로 → 아나톨리아(소아시아)와 발칸으로
26줄 편찬한 → 저술한
77쪽 14줄 전호와 노비로 → 전호로; 田戶 → 佃戶
82쪽 10줄 1985-86년 → 1984-86년
98쪽 27줄 역사서 → 사서
99쪽 2줄 경전 → 경서
2·5줄 역사서 → 사서
11줄 정치·외교·군사 → 경세
22줄 그러나 → 그런데
100쪽 6줄 물론 → 그러나
7줄 '사조삼부곡' → 『천룡팔부』와 '사조삼부곡'
114쪽 20줄 이스털린 → 미국의 계량경제사학자 이스털린
115쪽 20줄 '행복추구권'이라는 → '행복추구'(로크)의 권리라는
131쪽 23줄 보수야당의 거두 → 최초의 미국 경제학박사인
138쪽 26줄 주석 → 주석(president)

『문학 비판』

13쪽 18줄 고전고대 → 고전고대(antique age)
18쪽 15줄 아르카익시대(기원전 620-480년의 고대 초기) → 아르카익시대(archaic age, 기원전 620-490년의 고대 초기)
25줄 도리안 → 도리아; 프리지안 → 프리기아
19쪽 4줄 철학 → 사상; 철학사 → 사상사
20쪽 24줄 철학 → 사상
21쪽 11줄 '바이마르 고전주의' → '바이마르 고전주의'(계몽주의)
27줄 연애소설 → 교양소설(성장소설)
22쪽 19줄 특허 → 면허
23쪽 7줄 style is signature → Le style c'est l'homme
9줄 건조체 → 건조체(소박체)
26줄 explanation → explanation/exposition
25쪽 6줄 (Gattungswesen) → (Gattungswesen, 슈트라우스-포이어바흐)
26쪽 9줄 이탈리아의 마르크스주의 문학비평가 → 이탈리아 출신의 미국 마르크스주의 문학비평가
30쪽 17줄 바로크주의 비극이나 신고전주의 비극 → 신고전주의 비극이나 바로크주의 비극
31쪽 15줄 교양소설 → 조지 엘리엇의 교양소설
28줄 도제시대 → 수업시대
32쪽 8줄 서술 → 서사
14줄 도제시대 → 수업시대
20줄 야만의 → 원시적

33쪽 3-4줄 반면 루카치는 자신의 대표작으로 → 반면 1930년에 소련으로 망명한 루카치는 랴자노프가 주선한 리프쉬츠와의 공동작업을 통해 자신의 대표작

27줄 결혼을 전제한 → 결혼으로 귀결되는

34쪽 23줄 전후에 출현한 → 전후로 소급하는

29줄 루카치가 → 루카치가 리프쉬츠와 함께

35쪽 11-12줄 적군과 백군 사이에서 우왕좌왕하는 → 백군과 적군 사이에서 우왕좌왕하다가 마적이 되고 마는

36쪽 24줄 중국철학 → 유가사상

40쪽 5줄 1762 → 1770

41쪽 21줄 특허 → 면허

44쪽 12줄 결혼을 전제한 → 결혼으로 귀결되는

50쪽 6줄 원용할 필요가 있다 → 원용해야 한다

51쪽 9줄 1975년 → 1977년

25·26줄 야만의 → 원시적

52쪽 23줄 베토벤에 → 베토벤에게

53쪽 4줄 박자·악센트·템포 → 박자·템포·악센트

58쪽 26줄 거쉰을 통해 → 삭제

29줄 아니고요. → 아니에요. 또 컨트리도 건재하고요.

63쪽 20줄 Randel, Don, ed. (1978), *The Harvard Concise Dictionary of Music and Musicians*, Harvard University Press, 1999 (2nd ed.) 추가

『봉건제론: 역사학 비판』

6쪽 13줄 '논리적 역사' → '이론적 역사'

12쪽 17줄 운명 → 운명/사명

29줄 체례는 → 체례는 편년체 같은 특정 체재에 따른 내용의 안배, 예를 들어

13쪽 1줄 같은 그 내용의 안배 → 삭제

14쪽 27줄 전설상의 → 신화상의

28줄 당대까지의 역사를 → 당대까지를; 통사 → 통사(通史, 역대(歷代)의 역사 전체)

16쪽 1줄 통사 → 역대의 통사

20줄 편찬한 → 사찬한

17쪽 27줄 전문사 → 전문적 부문사

18쪽 13줄 17사 → 전국시대 이후 17사

21쪽 27줄 이하 자치는(…)유추할 수 있어요. → 자치는 통치의 보좌를 의미했고, 또 통감(通鑑)은 통사라는 거울을 의미했지요.

25쪽 15줄 1920년대에(…)예정이라고 하는데, → 1910-20년대에 편찬된 『청사고(稿)』를 대체할 『청사』를 편찬하는 '청사공정(工程, 프로젝트)'이 올해 10년만에 완료될 예정이라고 하는데,

27쪽 2줄 이홍장 → 증국번과 그의 제자 이홍장

36쪽 13줄 사인(私人, Privatperson) → 민간(Privatperson, 私人)

18줄 사인 → 민간

41쪽 7줄 최초로 → 삭제

47쪽 17줄 문벌지주는 → 문벌지주가

48쪽 8줄 토지사유제 → 토지민유제

49쪽 19줄 씨앗이 → 씨앗에서 싹이 돋아난다고 해서

50쪽 15줄 황제와 치우 → 황제(黃帝, 오제(五帝)의 시조인 헌원씨)와 치우(삼황(三皇) 중 하나인 천황(天皇) 신농씨의 후예)

51쪽 22줄 서울 근처 → 서울 근처, 즉 수도권

58쪽 13-15줄 법가인(…)따라 → 선대에 가의와 조조(晁錯)가 주장한 것처럼; 창설 → 확립

59쪽 7줄 고조선 → 만주

13줄 판매 → 매매

60쪽 8줄 6국 귀족 → 춘추전국시대 노예소유주

61쪽 5-6줄 한무제 때 조조가 실시한 둔전제 → 한무제가 실시한 조조의 둔전제

8줄 사마의 → 사마소(사마의의 둘째 아들)

63쪽 7줄 이연이 → 이연(당고조)이 아들 이세민(당태종)과 함께

14줄 있지요. → 있지요. 따라서 후자는 몰라도 전자를 학벌(學閥)이라고 부를 수는 없겠지요.

64쪽 16줄 당황조의 전성기 → 당현종(당태종의 증손) 이후 당황조의 전성기

65쪽 9줄 이어 → 이어진

23줄 유일한 여자황제인 측천제 → 당태종의 후궁이자 당고종의 황후, 유일한 여자황제 측천제

67쪽 15줄 닦는다 → 다스린다

26줄 출현하기도 했는데, → 출현하기도 했어요.

29줄 유명했어요. → 유명했는데, 여기서 '선우후락'(先憂後樂, 앞서 걱정하고 뒤에 즐긴다)이라는 사자성어가 유래했지요.

68쪽 5줄 건국 → 창업

8줄 흑룡강 → 흑룡강(흑수)

17줄 흑룡강 상류에서 발원한 몽골족 → 선비족의 방계 실위족의 후예인 몽골족

19·24줄 칭기즈칸 → 칭기스칸

69쪽 3줄 조치의 장남 → 주치의 차남

11줄 『농상집요』 → 『제민요술』을 계승한 『농상집요』

23줄 상인과 농민을 제외한 → 삭제

25줄 의사, 기술자, 장인, 창기 → 의원, 수공업자, 사냥꾼, 농민

70쪽 26줄 쌀농사 → 쌀농사(벼농사)

72쪽 5줄 척계광과 → 삭제

73쪽 20줄 이몽양·이반룡·왕세성 → 이몽양·하경명과 이반룡·왕세정

26줄 연애소설 → 연애/색정소설

74쪽 1줄 여소어와 풍몽룡 → 여소어

21줄 1645년에 이자성의 순을 → 1644년에 산해관으로 입관하여 1645년에 순을

75쪽 26줄 없었지만요. → 없었지요. 교육·의료선교의 핵심은 교육·의료가 아니라 선교였을 따름이거든요.

76쪽 17줄 과거제 → 유가사상

77쪽 12줄 감자 → 감자·고구마

14줄 수리관개시설과 농법 → 남북농법

80쪽 8줄 요황조가 중원을 정복하지 못한 채 → 요황조가 만리장성 이남으로 진출했으면서도 중원을 정복하지는 못한 채

22줄 척계광과 → 삭제

81쪽 3줄 지배 → 식민지배

82쪽 15줄 변강역사연구공정 → 변강역사지리연구공정

20줄 변강(邊疆) → 변강(邊疆, borderland)

23줄 서남 → 서부
25줄 다민족국가 → 다민족국가(다종족국가)
27줄 2002년부터 시작된 동북공정의 대상은 → 최초의 변강역사지리연구공정으로 2002-07년에 시행된 동북공정의 주요한 대상은
83쪽 2줄 유득공 → 구양수-유득공
23줄 1645년에 명황조를 → 1644년에 산해관으로 입관하여 1645년에 명황조를
87쪽 4줄 의리(義理) → 의리(義理, 올바른 도리)
88쪽 3줄 민본 → 『서경』에서 유래하는 민본
90쪽 25줄 먼저 → 삭제
91쪽 3줄 토지세 → 인두세
18줄 『논어』를 중시하여 → 『논어』, 즉 유가사상을 그리스 철학보다 중시하여
92쪽 13-14줄 공물을 재배할 수 있는 → 공물의 생산에 필요한
94쪽 2줄 삼경, 즉 → 삭제
11줄 주목했고요. → 주목하면서 그것을 『예기』로부터 독립시켰지요.
12줄 해설의 종합 → 해설
13줄 편집 → 해설
98쪽 11줄 척계광과 → 삭제
22줄 이홍장 → 증국번·이홍장
104쪽 18줄 셈족 → 셈족·함족
105쪽 7줄 셈족 → 함족
9줄 300년 → 400년
113쪽 17줄 농업사회 → 유목사회와 정착농경사회
115쪽 4줄 골족 → 갈리아인
7줄 중계하던 → 중개하던
116쪽 16줄 내탕금을 → 내탕고를

118쪽 28줄 샤를 마뉴 → 샤를 마뉴(카를 대제)
119쪽 26-27줄 사파위왕조의 이란은 중간적이었던 것 같고요. → 이란의 사파위왕조(이란족)는 오스만왕조와 비슷했던 반면 그것을 계승한 카자르왕조(투르크족)는 무굴왕조와 비슷했던 것 같고요.
123쪽 13줄 『팔만대장경』을 간행 → 소실된 『팔만대장경』을 복간
14줄 승려 → 선승
124쪽 3줄 한백겸 → 북인 한백겸
15줄 강조했어요. → 강조했어요. 예를 들어 조조와 사마의가 아니라 유비와 제갈량을 정통으로 간주한 것이에요.
18줄 정구 → 조식의 제자이기도 한 정구
125쪽 3줄 기호남인 중에서는 → 삭제
4줄 유득공 → 북학파(서인(노론)의 이단)의 비조 박지원의 제자인 유득공
7줄 유민이라고 주장하기도 했어요. → 유민이라는 구양수 『(신)당서』의 주장을 수용하기도 했어요.
26줄 동경상과대학 → 동경상과대학-히토쓰바시대학
126쪽 25줄 다 차지 않음 → 붉, 즉 해/하늘
26줄 존재했다 → 존재했었다; 물론 → 그러나
27줄 일만선동조론이었지만요. → 일만선동조론으로 변질될 가능성도 내포했던 것이지만요.
128쪽 2줄 가장 전형적인 → '가장 전형적'인
13줄 기각했어요. → 기각했어요. 반면 백남운의 저서를 출판한 개조사는 일본공산당 비주류인 노농파와 친화성을 가졌지요.
19줄 지지했어요. → 지지하면서 고려의 봉건제를 완성한 것이 조선의 봉건제라고 주장했어요.
129쪽 4줄 출신인 → 동기동창인; 1960년대에 → 1950년대 말, 1960년대 초에

6줄 그러나 → 또

7줄 아시아적 봉건제론은 견지했어요. 반면 1970년대에는 → 아시아적 봉건제론도 비판했는데, 토지국유제를 사적 토지소유제에 미달하는 공동체적 토지소유제의 유물로 오해했기 때문인 것 같아요. 물론 토지국유제는 토지사유제가 아니라 토지민유제의 반대 개념이었지만요. 나아가 1960년대 말 이후에는

134쪽 15줄 김인문 → 김법민

16줄 당황조 → 측천제가 통치하던 당황조

135쪽 23줄 요동뿐이었는데 → 요동이었는데

137쪽 2줄 경순왕과 견훤 → 견훤과 경순왕

10줄 국자감 → 국자감(성균감)

138쪽 2줄 일부 → 남부

139쪽 3줄 환관 → 문벌지주

19-20줄 문벌지주를 혁파하기 위해 조준이 제안한 과전제를 채택했는데, → 문벌지주를 혁파하기 위해 토지제도의 개혁을 추진했습니다. 특히 스스로 문벌지주의 후예이기도 한 조준은 과전제를 제안했는데,

27줄 정몽주와 이색은 → 정몽주는

140쪽 1줄 신진무관 이성계 → 부원파 이안사의 현손(玄孫, 손자의 손자)으로 여진족의 지지를 받은 신진무관 이성계

2줄 재상권 → 『주례』에서 유래하는 재상권

6줄 100만결 → 130만결

7줄 160만결 → 170만결

9줄 세종은 → 세종은 고려왕조가 수입한 『농상집요』를 참고하여

142쪽 22줄 감자·고구마 → 옥수수

25-26줄 『농사직설』이(…)포함했다 → 『농사직설』과 달리 이앙법·이모작·윤작법을 강조했다

143쪽 8줄 18세기부터 토지생산성과 지대율이 하락함에 따라 → 숙종과 영조의 치세에 토지생산성과 지대율이 하락하고 급기야 정조의 치세에는 지대가 감소함에 따라

145쪽 24줄 윤근수 → 윤근수(이언적의 사제)

29줄 또 군역의(…)주장했는데, → 나아가 '10만 양병'을 위한 군역의 개혁(이후의 균역법)도 주장했고요.

146쪽 1-2줄 삭제

23줄 선조의 이간질 → 선조가 동년배인 유성룡을 절대적으로 신임했다는 사실

147쪽 8줄 한걸음 → 한달음

9줄 탓이겠지요. → 탓이겠지요. 또 자신의 스승인 김집과 갈등하던 김육(김식의 현손)을 따르는 것도 쉽지 않았을 것인데, 이이의 경세학을 계승한 것이 바로 윤근수의 제자이기도 한 김육의 대동법이었어요.

23줄 100만결 → 130만결; 160만결 → 170만결

24줄 160만결 → 170만결

148쪽 23줄 홍봉한 → 홍봉한(정조의 외조부)

151쪽 3·10줄 논리적 역사 → 이론적 역사

153쪽 24줄 유형 → 전형

26줄 규범(Norm)/표준(Standard) → '표준'(Muster)

155쪽 19줄 동일성라고 → 동일성이라고

157쪽 9줄 경세·사학사 → 경세학사·사학사

20줄 발견했던 것이지요. → 발견할 수 있었어요.

160쪽 10줄 3배 이상 → 48/15=3.2배

11줄 5000/200=25년을 훨씬 초과한다 → 5000/200×48/15=80년에 해당한다

163쪽 11·25줄 사파위왕조 → 사파위-카자르왕조

164쪽 23줄 토지사유제의 부재였는데 → 토지사유제가 발전하지 못했다는 데 있는데,

165쪽 2-3줄 토지사유제로 진화하기도 → 토지민유제로 발전하기도

166쪽 1줄 1990 → 1989

11줄 베르베르족 → 베르베르인(함족)

176쪽 1줄 관신지주 → 관신지주 같은 관료

21줄 심각했기 → 심각했기(serious)

178쪽 2줄 아니지만요. → 아니고요.

24줄 이 때문에 → 그러나 바로 이 때문에

179쪽 15줄 비역사적 → 비역사주의적

19-20줄 우리와(…)의문이에요. → 삭제

181쪽 11줄 베트남을 논외로 하면, → 삭제

182쪽 29줄 주목했고요. → 주목했다는 공통점이 있지만요.

183쪽 2줄 식읍제(채읍제) → 식읍제

22줄 모종의 → 토인비류의

184쪽 13줄 정(鄭)·손 → 손·정(鄭)

185쪽 8줄 별지의 질의·응답 추가

186쪽 1줄 당황조의 → 당황조 양염의

29줄 할 수는 없었다 → 할 수 없었다

187쪽 10줄 사유화되었다 → 민유화되었다

21줄 치세 → 치세, 즉 '강건성세'

별지

— 중국문학사와 달리 한국문학사에 대해서는 언급하지 않으셨는데, 무엇 때문인가요?

— 중국문학사와 마찬가지로 한국문학사에서도 고대문학(고전문학)과 현대문학을 구별할 수 있습니다. 고대문학에는 중국처럼 유가의 교양인 한시가 대표하는 한문문학 이외에도 김만중(김장생-김집의 후손)의 『구운몽』과 『사씨남정기』 같은 국문소설이 대표하는 국문문학이 존재했지요. 또 고려왕조 후기와 조선왕조 전기에는 패설

이 출현하기도 했는데, 그러나 사림파의 비판 때문에 역사소설로 발전하지는 못했어요.

반면 현대문학은 이광수의 계몽소설 『무정』(1917)에서 출발했습니다. 그 후 현대문학은 염상섭의 가문소설 『삼대』(1931)를 거쳐 사회주의 리얼리즘을 표방하는 이기영의 농민소설 『고향』(1933-34)과 한설야의 노동소설 『황혼』(1936)으로 발전했지요. 그런데 중국과 달리 한국에서는 현대문학이 고대문학과 전혀 관계가 없었어요. 일본의 현대소설이 이식되었던 셈이거든요.

사실 세계문학사적 관점에서 볼 때 일본이 한국은 물론이고 중국보다도 선진적이었다고 할 수 있습니다. 좀 더 자세한 설명은 정판룡을 비롯한 연변대학 조선언어문학학부 교수진의 『세계문학사』(세계, 1989 [1980])를 참고하세요. 물론 마르크스주의 일본문화사학자 이에나가 사부로(家永三郎)의 『일본문화사』(2판, 1982; 국역: 까치, 1999)나 충남대학교 일어일문학과 임종석 교수의 『일본문학사』(제이앤씨, 2006)도 참고할 수 있고요.

먼저 일본사를 간단하게 개관해보면, 율령제를 통해 천황제를 도입한 7세기 중엽의 다이카개신(大化改新), 천황제를 확립한 8세기의 나라(奈良)시대, 외척 후지와라(藤原)씨의 섭정으로 천황제가 동요한 문벌지주정권인 9세기부터 12세기까지 헤이안(平安)시대, 쇼군(將軍)의 지배로 천황제가 형해화한 무신정권인 13세기부터 명치유신까지 바쿠후(幕府)시대로 구분되지요.

전간기에 강좌파는 나라·헤이안시대가 노예제였고 바쿠후시대가 봉건제였다고 주장했습니다. 통일신라·고려가 노예제였고 조선이 봉건제였다는 이청원의 주장은 이런 주장을 무비판적으로 답습했을 따름이고요. 반면 중국봉건제를 표준으로 설정할 때 일본봉건제는 고려나 조선처럼 문벌지주정권이나 무신정권을 청산할 수 없었다는 특징이 있지요. 달리 말해서 품관지주나 관신지주가 출현할 수 없었다는 것이에요.

그러나 덕분에 고대문학이 발전했는데, 나라시대에 한자로 쓴 서사시 『고사기』(古事記)와 편년체 사서 『일본서기』가 편찬되었습니다. 나아가 헤이안시대에 가나로 쓴 모노가타리(物語, 이야기)가 출현했지요. 11세기 여성문학가 무라사키 시키부(紫式部)의 연애소설 『겐지(源氏) 모노가타리』(소재는 헤이안시대 문벌지주의 허구적 일상생활)가 대표작이었는데, 이것이 세계 최초의 소설이었어요. 또 13세기에 시나노노 젠지 유키나가(信濃前司行長)의 역사소설 『헤이케(平家) 모노가타리』(소재는 헤이안시대에서 바쿠후시대로의 이행기)가 출현했고, 17세기에 이하라 사이카쿠(井原西鶴)의 색정소설 『호색일대남』(好色一代男)이 출현했고요.

현대문학의 효시는 명치유신 직후의 자유민권운동을 소재로 한 후타바테이 시메이(二葉亭四迷)의 정치소설 『구름』(1887)이었는데, 특히 러시아현대소설의 영향을 받았습니다. 그 후 현대문학은 나쓰메 소세키(夏目漱石)의 풍자소설 『나는 고양이다』(1905)를 거쳐 사회주의 리얼리즘을 표방하는 고바야시 다키지(小林多喜二)의 이념소설 『당생활자』(1932)로 발전했는데, 파쇼의 탄압으로 31세에 요절한 그는 중편노동소설 「게가공선」(蟹工船, 1929)과 중편농민소설 「부재지주」(1929)도 발표했지요.

『2007-09년 금융위기』

12쪽 그림 29-32 → 29-33; 69-70 → 70; 74-75 → 73-75
13쪽 5줄 2004년 → 2005년
6줄 1969-70년 → 1970년; 2008-09년 → 2007-09년
8줄 1974-75년 → 1973-75년
10줄 2006년 중반 → 2006년 말
20줄 무역적자가 발생하면서(…)메커니즘인데, → 무역적자와 재정적자를 의미하는데,
22줄 수출달러환류 → 자본수입, 즉 수출달러환류
27줄 2007-08년 → 2007-08년[좀 더 정확하게 말해서 2007-09년]
15쪽 14줄 연방준비제도이사회(연준, FRB) → 연방준비제도(Fed, 연준)
15줄 2002년부터 → 삭제
19줄 설명할 것처럼 → 설명할 것처럼,
16쪽 3줄 2002년 이후 → 2000년대
6줄 반면, → 반면
7줄 판매하는 → 다른 금융기관에게 판매하는
19쪽 13줄 어떤 사기꾼 → 사기꾼
26줄 좀 더 정확하게 말해서 1500 → 상하이증시의 주가이익비율도 14 정도라고 가정하면 1700
21쪽 13줄 전개되면서 → 본격적으로 전개되면서
16줄 8월 → 5월
17줄 달러가치가 → 달러가치는
18줄 도달하기 때문인데, → 도달하는데,

23쪽 5줄 인민은행 → 중국인민은행(PBOC)

25쪽 15줄 1974년에(…)최고치를 달성하지요. → 전후 하락세를 유지하던 곡가는 1974년에 급등하여 최고치를 달성하다가 그 후에는 하락세를 유지해요. 그러나 2000년대에 상승세로 반전하여 2008년에는 1974년 수준에 거의 접근하지요.

27쪽 5줄 소속인 → 소속된

30쪽 4줄 어쨌든 → 삭제

32쪽 2줄 계획은 최근에 → 계획도 2007년에

3줄 저먼 → 리즈의 파트너인 저먼

39쪽 13·14줄 무역적자 → 이중적자

40쪽 2줄 연방준비제도이사회(연준) → 연방준비제도(Fed, 연준)

12줄 8월 → 5월

42쪽 13줄 제공할 수도 있고, 경우에 따라서는 → 제공할 수도 있겠지만, 대부분의 경우에는

14줄 제공할 수도 있지요. → 제공한다고 해요.

44쪽 27줄 은행 → 은행의 양도성예금증서(CD)나 환매조건부채권(RP)

45쪽 8줄 2002년 → 2000년대

46쪽 2줄 2002년부터 → 2000년대에

7줄 구조화투자전문회사(SIV)를 → 기업어음콘딧을; 주택담보부증권과 → 삭제

48쪽 7줄 1995년 → 1997년

16줄 급기야 → 조만간

50쪽 2줄 1960-70년대 → 금융세계화의 맹아가 출현하는 1970년대

17줄 2002년 → 2000년대

21줄 9월 → 2008년 9월

24줄 1929-32년 → 1929-33년

27줄 지난달에 폭발한 → 삭제
52쪽 25줄 사회공공성 강화 → 이른바 '사회공공성 강화'
55쪽 10줄 2007년 → 2007년 말
56쪽 9줄 연준의장 → 연준이사회 의장
61쪽 6줄 8월 → 5월
20줄 최초의(…)1980년 → 1979년에 전후 최초의 달러위기가 발생한 직후인 1980년 초
21줄 2200달러 → 2400달러
62쪽 19줄 연준의장 → 연준이사회 의장
25줄 집행위원회 → 유럽위원회
63쪽 7줄 하지요. → 하거든요.
10줄 공공성 → '공공성'
65쪽 24줄 1929년 초 → 1929년 여름; 연말 → 가을
66쪽 4줄 제안에 따라 → 제안처럼
15줄 결국 → 결국 1939년에; 1939-40년 → 1940년
19줄 본격적 → 본격적인
68쪽 그림 29-32 → 29-33; 69-70 → 70; 74-75 → 73-75
69쪽 20줄 9-10년 → 7-11년
23·25·29줄 4-5년 → 3-5년
26줄 9-10년으로 → 10년 정도로
70쪽 3줄 9-10년으로 → 10년 정도로
4줄 1991년 → 1990-91년
12줄 9-10년 → 10년 정도
16줄 4-5년으로 → 5년 정도로
18줄 2010년 → 2009년
71쪽 26줄 1950년대부터 1960년대까지는 → 전후에는
72쪽 17줄 1929년 초 → 1929년 여름
78쪽 19줄 「금융위기와 사회운동노조」 → 「현정세와 사회운동노조」
103쪽 8줄 9-10월 → 9월

11줄 연방준비제도이사회(FRB, 연준) → 연방준비제도(Fed, 연준)

15줄 회복될 → 본격적으로 회복될

104쪽 1줄 나아가 → 게다가

105쪽 4줄 8월 이후(…)반등한다. → 8월에 2700까지 하락한 주가는 10월부터 반등하여 11월 중순에 3300으로 상승한다.

7줄 3-7월 → 4월

8줄 8월부터 → 삭제

28줄 2005년 → 2005년 7월; 인민은행 → 중국인민은행(PBOC)

106쪽 1줄 작년 6월 → 2008년 7월

2줄 20-40% → 25-40%

5줄 3월과 7월 → 3월

6줄 8월 이후 → 삭제

7줄 2월과 6월 → 2월

11줄 9월에(…)유지하다가 → 삭제

19줄 1980년대 이후 최고치 → 전후 최고치인 1974년 수준

107쪽 9줄 없어요. → 없지요.

15줄 목적(goal) 또는 최종목표(objective) → 목적(goal/objective) 또는 최종목표(ultimate target)

16줄 도구(tool) → 수단(instrument) 또는 도구(tool)

17줄 직접적이 아니라는 → 직접적이지 않다는

18줄 수단목표(instrument target) 또는 → 삭제

108쪽 13줄 연준도 한때 → 통화주의가 득세하면서 연준도 1979-82년에는

14줄 통화 개념이 → 통화와 증권이 혼합된 결과 통화 개념이

110쪽 3줄 연준의장 → 연준이사회 의장

5줄 2001년부터 2006년까지 → 1999년의 제로금리정책에 이어 2001년에

23줄 2008년 10월부터 → 삭제
24줄 시행되면서 → 시행되기 직전부터
111쪽 7·9·15·17·19줄 소비자 → 가계
112쪽 1·24줄 소비자 → 가계
113쪽 3줄 상당 부분 → 대부분
9줄 금융안정계획 → 금융안정화계획
114쪽 2줄 소비자 → 가계
15줄 얼마 전 → 1년 전
115쪽 16줄 없겠지요. → 없겠지요. 게다가 버냉키와의 친분도 작용하겠고요.
117쪽 18줄 헐값으로 → 염가로
118쪽 15줄 대부리고 할 수 있거든요. → 대부인 셈인데, 1997-98년 동아시아 경제위기 당시 루빈은 재무부장관, 서머스는 재무부차관, 가이트너는 재무부차관보였거든요.
25줄 때문이에요. → 때문이에요. 파산관리는 소유자를 청산하고 관리자를 교체하는 반면 파산후견은 그렇게 안 한다는 것이 차이라고 할 수 있지요.
27줄 9-10월 → 9월
119쪽 1줄 예비사유화 → 재사유화의 예비단계, 달리 말해서 예비사유화
4줄 2008년 9월 이후 1800억 달러 → 2008년 9월과 10월, 2009년 3월 세 차례에 걸쳐 1825억달러
12줄 증권회사에서 은행으로 전환한 골드먼삭스 → 골드먼삭스와 아메리카은행
120쪽 21줄 주택소유자구매력안정화계획 → 주택소유자구매력안정계획
121쪽 6줄 불황 → 대불황
22줄 9-10월 → 9월
122쪽 25줄 9개 → 8개

124쪽 1줄 헐값으로 → 염가로

125쪽 12줄 더블딥 논쟁 → 출구전략 및 더블딥 논쟁

14줄 경기회복 → 본격적인 경기회복

16줄 회복되다가 → 회복하다가

21줄 아니라고 하면 아닌 → 그렇다고 하면 그런

126쪽 23줄 국제경제연구소 → 전미경제연구소(NBER)와 국제경제연구소

127쪽 4줄 2009년 초에는 → 2009년 초부터

6·16줄 1974-75년 → 1973-75년

7줄 아직 → 2009년 중반까지

8줄 18개월 이상 → 18개월 정도

15줄 1979-80년 → 1980년

24줄 4-5년 → 3-5년

26줄 9-10년으로 → 10년 정도로

128쪽 8줄 1932년 → 1931년

129쪽 21줄 해산을 → 정리를

24줄 해산(resolution)은 → 정리(resolution)는

25줄 파산후견·보호 → 파산관리·후견

26줄 해산기구 → 정리기구

130쪽 1줄 채무불이행이나 지불불능 → 채무불이행·지불불능 (insolvency)

8줄 해산기구 → 정리기구

19줄 작년 → 작년 9-10월

131쪽 16줄 베트남전쟁에서 사용된 → 베트남전쟁 패배 이후에 출현한

22줄 연준의장 → 연준이사회 의장

23줄 1979-80년에 → 1980년의

29줄 1937년에 경기가 일시적으로 회복되자 → 1936년에 국민소득이 1929년의 수준을 회복하자

132쪽 1줄 연준이 → 1937년에 재무부와 연준이
16줄 전세계 → 주요국
133쪽 19줄 9월 말 → 11월 중순; 2.14조 → 2.21조; 약간 → 삭제
20줄 0.77조 → 0.78조; 0.82조 → 0.85조
21줄 2.09조 → 2.16조; 약간 → 삭제; 0.87조 → 0.88조
22줄 0.85조 → 1.11조
23줄 약간 → 삭제
28줄 그럴 경우 → 그럴 경우 재정위기가 심화되면서
29줄 재정위기가 심화되면서 → 재정위기로 인해 증시붕괴와
134쪽 5줄 40% 정도 → 1980년대 초의 40%, 2000년대 초의 60%
6줄 130%까지 → 120% 이상으로
9줄 재무부증권의 가격이 → 재무부증권의 이자율이 폭등하면서 그 가격이
17줄 1929-32년 → 1929-33년
22줄 마찬가지로(…)예상해보겠습니다. → 재정위기로 인해 달러위기가 발생할 수도 있습니다.
28줄 폭등하겠지요. → 폭등하겠지요. 재정위기와 달러위기에 대해서는 조금 이따가 이중적자와 관련하여 다시 설명하겠어요.
135쪽 1줄 7월 → 4월
3줄 5월 → 6월
4줄 주택소유자구매력안정화계획 → 주택소유자구매력안정계획
11줄 2002년 이전의 수준 → 2002년 수준
14줄 2007년 → 2007년 상반기
16줄 6월에(…)아니거든요. → 5월에 9.4%로 상승한 실업률이 6-7월에는 9.5%로 상승하거든요.
19줄 10.2% → 10.1%
136쪽 18줄 이전지출 → 재정지출

20줄 8월 → 5월

137쪽 4줄 때문이지요. → 때문이에요.

138쪽 22줄 대신(…)있습니다. → 대신 재정위기로 인해 국채의 이자율이 폭등하고 가격이 폭락할 수는 있습니다.

140쪽 3줄 3-7월 → 4월

6줄 입장을 지지합니다. → 입장에 찬성합니다.

17줄 입장도 지지하지요. → 입장에도 찬성하지요.

142쪽 1줄 2005년 직후에 → 직후인 2005년 말부터

145쪽 6줄 2/3 → 3/4

146쪽 17줄 시작된 것이지요. → 시작되는데, 그것은 루빈의 재무부장관직을 승계한 서머스가 주도한 것이지요.

149쪽 6줄 유로가 달러보다 → 유로 표시 자산이 달러 표시 자산보다

22줄 중국의 외환보유액 2.1조달러 → 2006년에 1조달러를 돌파한 중국의 외환보유액 2.1조달러

150쪽 11줄 전상회담 → 정상회의

14줄 기후온난화 → 지구온난화

151쪽 4줄 그러나 버그스텐도 → 물론 버그스텐 자신도

152쪽 23줄 설명해보겠습니다. → 설명해보겠어요.

156쪽 그림 29-32 → 29-33; 69-70 → 70; 74-75 → 73-75

18줄 1974-75년 → 1973-75년

157쪽 1·2·5줄 1969-70년 → 1970년

2·5줄 1974-75년 → 1973-75년

11줄 두고 볼 일이지요. → 두고 볼 일이지요. [2011년에 출판된 『신자유주의의 위기』에서 제시되는 시기구분은 1900-50년대는 상승 추세, 1960년대는 과도기, 1970년년대는 하락 추세, 1980년대 이후는 상승 추세라는 것이다. 1900년대와 1980년대가 상승 추세의 출발점이므로, 『위기와 탈위기』의 시기구분과 본질적으로

동일하다고 할 수 있다. 그런데 새 책의 제목은 이번 금융위기가 '자본주의의 위기'가 아니라 '신자유주의의 위기'일 따름이라는 의미이다.]

163쪽 16줄 그러나 → 그런데

26줄 발리바르도 → 발리바르의 경우도

164쪽 8줄 과학역사가 → 과학사학자

26줄 금성의 운동 → 금성

166쪽 28줄 도출하는 → 발견하는

167쪽 2·3줄 서술 → 설명

6줄 몇 가지 → 삭제

7줄 운동 → 가속도

8줄 1권에서 → 삭제

168쪽 1줄 행성운동 → 행성의 운동

169쪽 1줄 셈이에요. → 셈이에요. [뒤메닐의 자본축적론이 신고전파적 경제성장론과 본질적으로 동일하다는 비판에 대한 자세한 설명은 『현대경제학 비판』(공감, 2011)과 『역사학 비판』(공감, 2012)을 참조하시오.]

25줄 1929-32년 → 1929-33년

170쪽 19줄 12월 21일 → 12월 21일 동짓날

171쪽 26줄 서문 → 서문격인 「독자에게 보내는 편지」

27줄 '봉사자'라는 의미이겠지요. → 로크는 '학문공화국'(commonwealth of learning)을 건설하는 대목 밑에서 일하는 잡역부라고 부연하지요.

174쪽 2줄 마르크스 자신의 과학적 방법은 오히려 → 마르크스 자신이 과학적 방법이라고 부른 바 있는 '분석을 전제하는 변증법'은 본질적으로

11·12줄 국가론 → 국가공동체론

175쪽 4줄 루소로 → 디드로를 거쳐 루소로

177쪽 2줄 엘리트이라고 → 엘리트라고

178쪽 17줄 여기서는 → 여기서; 필요가 → 필요는
181쪽 20줄 나아가 → 또; 억압적 → 억압적·경제적
182쪽 16줄 4%라고 했는데, 그럴 경우 → 4%라고 했는데, 그 역수인 자본 대비 자산의 비율 25를 보통 레버리지 비율이라고 부릅니다. 어쨌든 그럴 경우
183쪽 14줄 국민연금이거든요. → 국민연금이거든요. 그렇게 하려고 노무현 정부가 2005년에 국민연금의 주식투자를 허용한 것이지요.
15줄 공무원연금이나 교직원연금 → 사학연금이나 공무원연금
184쪽 2줄 화폐통합 → 화폐동맹
8줄 평가절상이 → 평가절하가
185쪽 19줄 그러나(…)제 생각입니다. → 그러나 아리기의 그런 시도에는 문제가 많다는 것이 제 생각이에요.
186쪽 위의 그림 성장기, 불황기 → 삭제
밑의 그림 → 전체 삭제
187쪽 처음 두 문단과 그림 → 전체 삭제
188쪽 8줄 제 생각이에요. → 제 생각이에요. 스미스적 동역학은 본질적으로 맬서스적 동역학과 동일하거든요. [더 자세한 설명은 『사회과학 비판』(공감, 2011)을 참조하시오.]
16줄 있거든요. → 있어요. 그래서 미국-동아시아의 관계를 영국-인도의 관계와 혼동하는 것이지요.
18줄 같습니다. → 같아요.
25줄 사이트 → 웹사이트
189쪽 5줄 앵글로-색슨 → 그 중에서 특히 앵글로-색슨
6줄 주목할 수 → 게재된 논문들에 주목할 수
26줄 「현정세와 사회운동노조」 → 「현정세와 사회운동노조」의 서론
190쪽 10줄 소득불평등 → 소득불평등 때문에 발생하는 유효수요의 부족

192쪽 24줄 이중적자 → 삼중적자
27·28줄 1969-70년 → 1970년
193쪽 13줄 1969-70년 → 1970년
14줄 상당히 → 삭제
15줄 2006년 중반 → 2006년
194쪽 27줄 스페인어판 서문 → 스페인어판에 붙인 서문
196쪽 21줄 최초로 → 가장 체계적으로
197쪽 11줄 주도하고 있는 → 주도하던
198쪽 8줄 자본주의의 황금기가 아니라(…)없지요. → 자본주의의 황금기라고 할 수 없겠지요.
10줄 그러나 → 삭제
11줄 낭비하는 것이 → 낭비하는 군비가
21줄 따라서(…)아닙니다. → 삭제
23줄 따름이거든요. → 따름입니다.
27줄 없다는 것이지요. → 없다는 것이지요. 요컨대 영구군비경제는 진정한 의미에서 반작용요인이 아니라는 것이에요.
200쪽 16줄 작년과 올해에 들어와 → 2008년 말부터
23줄 올해 → 2009년
201쪽 6줄 완패하고 말거든요. → 완패하고 말거든요. [계속되는 선거 패배로 인해 새로운반자본주의정당도 결국 2012년에 분열하고 만다.]
13줄 두고 볼 일이에요. → 두고 볼 일이에요. [2008년부터 전개된 분파투쟁은 2010년 2월에 리즈와 저먼의 출당으로 종결된다. 통일전선 내부에서 전위정당을 건설한다는 2000-07년 계획의 실패를 리즈-저먼이라는 '희생양'으로 해결하는 셈이다. 그러나 2013년에 발생한 성폭력 사건을 계기로 사회주의노동자당은 결국 사분오열되고 만다.]

	21줄	마지막으로 → 삭제
	27줄	기후온난화 → 지구온난화
202쪽	14줄	아주 → 삭제
	23줄	1970년대 → 1960-70년대
203쪽	2줄	남한 인민 → 10년 동안 인민주의에 시달리던 남한인민
	10줄	신자유주의와 비교할 필요가 있는 것이 아니라 → 신자유주의가 아니라
206쪽	6줄	하나는 발권력이고 또 하나는 은행감독권이에요. → 하나는 고용·물가안정이라는 거시경제적 목적과 관련되는 발권력이고 또 하나는 금융안정이라는 미시경제적 목적과 관련되는 은행감독권이에요.
	10줄	한국은행 → 은행감독원
	11줄	따름이에요. → 따름이에요. 어쨌든 연준이 은행감독권을 갖는 반면 한국은행은 독일연방은행(DB)을 확대·개편한 셈인 유럽중앙은행처럼 은행감독권이 없다는 데 주목해야 하지요.
	21줄	산업은행 → 한국산업은행
210쪽	20줄	인민주의자 → 인민주의자라는 의미
212쪽	2줄	오산·군산의 8공군 → 오산의 7공군
	7줄	어쨌든 → 삭제
214쪽	5줄	고든 → 새케인즈주의자 고든
216쪽	15줄	금융화 → 과소소비로 인한 정체경향을 극복하려는 금융화
218쪽	1줄	다함께 활동가들이 → 사실 정 교수가 다함께의 공식 이론가라면 이상한 일입니다. 소련에서처럼 국제사회주의 내부에서도 국가자본주의론 논쟁이 전개된 적이 있는데, 여기서 국가자본주의론은 국가독점자본주의론의 별명이라고 할 수 있어요. 또 키드런이 단계론을 주장한 반면 하먼은 경향론을 주장한 것도 소련

논쟁과 마찬가지이고요. 그런데 한국사회성격 논쟁에서 국가독점자본주의론에 반대하면서 주변부자본주의론을 고집하던 정 교수는 다함께를 지지한 다음에도 국가독점자본주의론은 스탈린주의적이라고 거부하지요. (이하 새 문단으로 시작) 어쨌든 다함께 활동가들이

20줄 1980년대 → 1980년대 후반; 이윤율 → 자본생산성

219쪽 10줄 지지하는 것이에요. → 지지하는 것이지요. 그러나 두 이론은 상극이에요.

25줄 최초의 → 전후 최초의

27줄 그래서 → 요컨대

220쪽 12줄 1979년 → 1980년 초

221쪽 3줄 보호비용 → '보호비용'

222쪽 5줄 놀랜드가 주장하는 → 놀랜드도 지적하는

224쪽 3줄 물론 → 나아가

226쪽 7줄 베네주엘라 → 베네수엘라

14줄 진보주의자들이 주장한 것처럼 → 진보주의자들의 주장처럼

229쪽 8줄 기후온난화론 → 지구온난화론

231쪽 7줄 굴지말고 → 굴지 말고

233쪽 12줄 공공서비스 → 서비스

25줄 이 대목에서도 → 이 대목에서도 역시

『2007-09년 금융위기 논쟁』

10쪽 14줄 연방준비제도이사회(FRB, 연준) → 연방준비제도(Fed, 연준)

29줄 보통 → 보통 일본식으로

12쪽 그림 29-32 → 29-33; 69-70 → 70; 74-75 → 73-75

10줄 1929-32년 → 1929-33년

13쪽 20·28줄 1974-75년 → 1973-75년

22·24·28줄 1969-70년 → 1970년

25줄 수준에서 → 수준 사이에서

14쪽 4줄 1969-70년 → 1970년

5줄 이윤율이 하락하면서 경기침체가 발생하고, 그 와중에 금융위기가 → 이윤율이 하락함에 따라 금융위기와 경기침체가

16쪽 16줄 1974-75년 → 1973-75년

21쪽 6줄 1990년대에는 → 1990년대에는 연준이사회 의장인 그린스펀의 지론에 따라

16줄 말이에요. → 말인데, 물론 2000년대에 마이크로소프트와 인텔은 나스닥에서 다우존스로 편입되지요.

18줄 1969-70년 → 1970년

19줄 1974-75년 → 1973-75년

24줄 2002년 → 2000년대

27쪽 4줄 구조화투자전문회사(SIV)를 → 기업어음콘딧을

5줄 구조화투자전문회사는 → 기업어음콘딧은

23줄 연준 → 연준이사회

29쪽 11줄 경기회복 → 경기과열

30쪽 1줄 때문이지요. → 때문이지요. 달리 말해서 과잉축적설은 불비례설이나 과소소비설과 달리 재생산표식론이 아니라 자본축적론과 관련된다는 것이에요. 게다가

31쪽 8·9·11줄 가속도원리 → 가속기원리

10줄 투자를 → 투자의 변동을

33쪽 3줄 8월 → 5월

35쪽 17줄 연준의장실 → 연준이사회 의장실

26줄 8월 → 5월

36쪽 1줄 9-10월 → 9월

7·8·9·19·23줄 노령화 → 고령화

24줄 쉽게 → 얼마간

37쪽 13줄 GO-PO → GOPO

39쪽 1줄 2008년 9월부터 2010년 5월까지 여러 차례 → 2008년 9월, 10월과 2009년 3월의 세 차례

40쪽 12줄 사회안전망 → 사회안전망·사회간접자본

13줄 이전지출 → 재정지출

23줄 연준의 통화완화정책 → 연준의 구제금융, 즉 통화완화정책

41쪽 19줄 구제금융과 거의 동시에 → 구제금융 직전에

42쪽 19줄 연준 → 연준이사회

43쪽 14줄 노령화 → 고령화; 사회보장지출 → 사회보험지출

16줄 사회보장지출 → 사회보험지출; 동시에 → 동시에 부시 대통령처럼

17줄 거의 대부분 → 98%

25·28줄 의료보험개혁법 → 건강보험개혁법(ACA)

27줄 미국재건재투자법에(…)경기부양책인 → 삭제

29줄 사회보장관련신탁기금 → 사회보험관련신탁기금

44쪽 6줄 와중에도 → 와중에

46쪽 3줄 심각한 → 위험한

10·11줄 조세 → 과세

27줄 급상승하지요. → 급상승하지요. 또 민간부채의 비중은 포르투갈과 스페인이 그리스와 이탈리아보다 더 높아요.

47쪽 11줄 2010년 2월 → 2009년 12월

13줄 동유럽 구제금융 → 2009년 7월 헝가리 구제금융

15줄 그리스가 → 그리스가 국가부도를 선언하고

49쪽 2줄 더블딥 논쟁 → 출구전략 및 더블딥 논쟁

22줄 1929년 초 → 1929년 중반

50쪽 11줄 9-10년 → 7-11년

12줄 4-5년 → 3-5년

51쪽 9줄 1970년대 → 삭제

52쪽 27줄 1979-80년 → 1980년

28줄 중반 → 후반

29줄 연준 → 연준이사회

53쪽 3줄 1974-75년 → 1973-75년

29줄 균형실업율 → 균형실업률

54쪽 6줄 12월부터 0.25-0.5%포인트로 → 3월부터 0.25%포인트로

9줄 시행된 → 부실자산구제계획의 일환으로 실행된

10줄 금리의 인상 → 금리 0.25%의 인상

55쪽 마지막 문단 저축성예금 → 정기예금

56쪽 1줄 이 대목에서는 → 버냉키도 지적하는 것처럼, 이 대목에서는

16줄 차세대 → 미래세대; 현세대 → 현재세대

25줄 한계 → 금융가속기론의 한계

26줄 그의 → 삭제

57쪽 1줄 발행액 → 잔액

8줄 사회보장관련신탁기금 → 사회보험관련신탁기금

23줄 그에게 → 그의 금융가속기론에

58쪽 14줄 금융 억압 → 금융억압

59쪽 14줄 부채에 → 주로 부채에

21줄 '해산기구' → '정리기구'

22줄 실제로 → 2009년 6월부터; 금융규제·감독개혁법안 → 금융개혁법안(도드-프랭크법안)

62쪽 1줄 건전성위기이라기보다는 → 건전성위기라기보다는

24줄 2년 → 1.5년

64쪽 처음 두 문단 사이에 새 문단 삽입 → 2차 세계전쟁기에는 국채 만기의 평균치가 100개월이어서 현재의 2배입니다. 그럴 경우 국채의 화폐화와 인플레이션 조세를 통해 국채의 비중이 하락할 수 있지요. 이자율 i는 명목이자율 i_n과 인플레이션율 p의 차이이므로,

$$b' = (d+ib) - g_Y b = (d+(i_n - p)b) - g_Y b = (d+i_n b) - (g_Y b + pb).$$

1970년대까지 국채의 비중이 120%에서 40%로 하락할 수 있었던 것은 국채이자를 포함하는 재정적자의 비중 $d+i_n b$의 상승이 국채의 비중을 20%포인트 상승시키는 요인이었음에도 불구하고 경제성장요인 $g_Y b$와 인플레이션요인 pb가 국채의 비중을 50%포인트씩 하락시켰기 때문이에요.

67쪽 8줄 판매세 → 소비세

69쪽 8줄 이것이 → (첫 칸을 띠지 않고 문단 연결)

9줄 투자승수입니다. → 투자승수이지요.

10줄 투자승수방정식을 → (첫 칸을 띠고 문단 분리)

11줄 설명해보겠어요. → 설명해보겠습니다.

71쪽 19줄 in the long run, → in the long run

73쪽 24줄 단기적으로는 물론이고 중기적으로도 → 상당 기간

78쪽 2줄 오산·군산의 8공군 → 오산의 7공군

79쪽 23줄 2009년 6월의 → 2009년 북한의 2차 핵실험 직후에 개최된

26줄 한국 → 남한

83쪽 4줄 부르는 → 불리는

84쪽 12줄 하는 → 부르는

88쪽 27줄 공공부문노조를 → 그렇다고 해서 공공부문노조를; 물론 → 삭제

94쪽 12줄 1918-20년 → 1918-19년

15줄 2500-3000만 → 4000-5000만

95쪽 14줄 여성운동단체 → 여성단체

100쪽 8줄 노령화 → 고령화

101쪽 10줄 출현합니다. → 출현해요.

103쪽 6줄 소멸되면서 → 소멸하면서

『2010-12년 정세분석』

12쪽 8줄 조기상환되거나 → 삭제
19줄 조기상환 또는 → 삭제
17쪽 6-7줄 19일 → 18일; 6일 → 5일
24줄 2.4조달러 → 2.1조달러
45쪽 16줄 1839-42년 → 1840년
47쪽 22줄 획책했다는 → 초래했다는
29줄 60만루블 → 40만루블
56쪽 19줄 2000년대에 들어와 → 유럽연합 가입이 지지부진한 상황에서 2000년대에 들어와
58쪽 7줄 시대착오적으로 → 이슬람사회주의보다는 오히려 이슬람근본주의와 친화성을 갖는
8줄 게다가 → 물론
60쪽 14줄 숙신과 → 삭제
15줄 부여와 한 → 부여·숙신·한
65쪽 7줄 제로금리정책의 기한을 특정하는 정책 → 제로금리정책의 기한과 관련된 다양한 정책, 이른바 '선도적 안내'(forward/future guidance, 선제적 안내)
70쪽 5-9줄 재정정책과(…)있어요. → 삭제
74쪽 6줄 선군정치와 동시에 경제개혁을 제창한 → 1998년에 선군정치와 동시에 강성대국을 제창한
77쪽 8줄 157 → 158
79쪽 18줄 마무리하는데, → 지속되는데,
81쪽 13줄 2.5%에서 2%로 → 2.5% 이하로
19줄 3%포인트 → 2-3%포인트

89쪽 14줄 15.1조달러 → 15.5조달러
15줄 70% → 68%
20줄 연준회원은행 → 12개 지역연방준비은행의 회원은행
94쪽 15줄 신경제 → 지식기반경제·서비스경제로서 신경제
95쪽 20줄 이런 특징 때문이지요. → 이 때문이지요.
97쪽 16-18줄 남한에서도(…)같아요. → 삭제
101쪽 3줄 '무기한'(open-ended) 실행되는 → 실행되는 '무기한의' (open-ended)
102-103쪽 질의와 응답 → 별지로 대체
105쪽 3줄 설립 → 출자
7줄 적자재정정책 → 관리통화제도 아래 적자재정정책
111쪽 16·17줄 이상인 → 이하인
113쪽 10줄 초보적 → 예비적
114쪽 1줄 재정위기를 → 재정위기의
116쪽 13줄 따라서 → 따라서 미국의 이중계산을 고려할 때; 90% → 70%; 60% → 45%
16줄 거의 100%가 되겠지요. → 각각 80%와 60%로 추정되지요.
119쪽 6줄 이번에 김정은 씨가 3차 핵·미사일실험을 강행한 것이 → 김정은 씨가 2012년 12월의 3차 미사일실험에 이어 2013년 2월에 3차 핵실험을 강행한 것이
120쪽 9줄 범이슬람주의는 → 범이슬람주의는 이슬람근본주의처럼
122쪽 16줄 지식기반경제니 → 지식기반경제·서비스경제니

별지

— 더블딥이 예방되었다면, 이번 경기침체는 결국 W자형이 아니라 L자형이라는 말씀인가요?

— 미국에서는 2011년에 실행된 연준과 재무부의 정책 덕분에 더

블딥이 예방되었다고 할 수 있습니다. 반면 유럽연합에서는 재정위기와 은행위기의 여파로 더블딥이 발생했고요. 2012년의 경제성장률이 마이너스이고, 2013년의 경제성장률에 대한 예측도 최대치가 겨우 제로이거든요. 2분기 이상 마이너스 경제성장률이 지속되는 것이 경기침체이므로, 2012년부터 더블딥이 발생한 셈이에요. 따라서 유럽연합의 경기침체는 W자형이라고 할 수 있고, 미국의 경기침체는 W자형과 L자형의 중간 형태라고 할 수 있어요.

그런데 한 가지 설명을 보충할 필요가 있습니다. 2010-12년 정세분석에서 참고한 미국의 경제성장률은 다양한 잠정치와 수정치이지요. 상무부의 경제분석국(BEA)은 잠정치와 수정치를 각각 세 번씩 발표하는데, 3차 잠정치를 잠정치라고 부르고 3차 수정치를 확정치라고 부를 수 있어요. 확정치와 그 이전의 잠정치나 수정치의 오차는 그리 크지 않아요.

그러나 2009-10년에는 예외적으로 오차가 크다는 문제가 있습니다. 2011년 7월에 발표된 2009년의 분기별 경제성장률 −6.7%, −0.7%, 1.7%, 3.8%(2차 수정치)와 2010년의 분기별 경제성장률 3.9%, 3.8%, 2.5%, 2.3%(1차 수정치)가 2012년 7월의 발표에서는 각각 −5.3%, −0.3%, 1.4%, 4.0%(확정치)와 2.3%, 2.2%, 2.6%, 2.4%(2차 수정치)로 수정되거든요. 재작년의 발표에서는 2009년 4/4분기부터 2010년 2/4분기까지 강화되던 경기회복세가 2010년 3/4분기부터 약화된 반면 작년의 발표에서는 2009년 4/4분기만 제외하고 내내 약세인 셈이에요.

따라서 미국의 경기침체는 W자형보다는 오히려 L자형에 가깝다고 할 수 있습니다. 이는 연간 경제성장률로 보면 더욱 뚜렷하지요. 2011년 7월의 발표에서는 2009년의 −3.5%(2차 수정치)에서 2010년의 3.0%(1차 수정치)로 반전한 반면 2012년 7월의 발표에서는 −3.1%(확정치)에서 2.4%(2차 수정치)로 반전하거든요. 또 2011년과 2012년의 연간 경제성장률도 1.8%(2012년 7월에 발표된 1차 수정치)와 2.2%(2013년 3월에 발표된 잠정치)를 유지할 따름이고요.

요컨대 2007-09년에 이미 2차 대불황이 시작되었다고 할 수 있다는 것입니다. 돌이켜 보면, 더블딥이 발생하지 않는 한 2차 대불황도 발생하지 않으리라는 판단은 오류였다고 할 수밖에 없지요. 물론 역사학자가 정리할 일인데, 2008년이 1929년의 재판이었을 가능성이 아주 높아요. 제한된 정보에 의존할 수밖에 없는 정세분석, 나아가 그런 정세분석에 따른 정책대응에는 한계가 있기 마련이지요.

‘과천연구실 세미나’

01 (1995. 06.) 윤소영, 『마르크스주의의 전화와 ‘인권의 정치’: 알튀세르를 위하여』 (문화과학사)

02 (1995. 11.) 에티엔 발리바르 (윤소영 옮김), 『마르크스의 철학, 마르크스의 정치』 (문화과학사)

03 (1996. 06.) 윤소영, 『알튀세르를 위한 강의: ‘마르크스주의의 일반화’를 위하여』

04 (1996. 08.) 루이 알튀세르 외 (윤소영 옮김), 『알튀세르와 라캉: ‘프로이트-마르크스주의’를 넘어서』

05 (1996. 12.) 윤소영, 『알튀세르의 현재성: 마르크스, 프로이트, 스피노자』

00 (1997. 05.) 메이너드 솔로몬 외 (윤소영 옮김), 『베토벤: ‘윤리적 미’ 또는 ‘승화된 에로스’』 (공감예술신서 1)

06 (1998. 03.) 윤소영, 『일반화된 마르크스주의와 역사적 자본주의 분석』

07 (1997. 03.) 장 로블랭 외 (김석진·박민수 옮김), 『세계화와 신자유주의 비판을 위하여』

08 (1997. 09.) 뤼스 이리가레 외 (권현정·김수영·송영정·안주리 옮김), 『성적 차이와 페미니즘』

09 (1998. 04.) 조반니 아리기 외 (권현정·이미경·김숙경·이선화 옮김), 『발전주의 비판에서 신자유주의 비판으로: 세계체계론의 시각』

10 (1998. 09.) 다이앤 엘슨 외 (권현정·이미경·김숙경·이선화 옮김), 『발전주의 비판에서 신자유주의 비판으로: 페미니즘의 시각』

11 (1999. 06.) 윤소영, 『신자유주의적 '금융 세계화'와 '워싱턴 콘센서스': 마르크스적 비판의 쟁점들』

12 (1999. 11.) 이미경, 『신자유주의적 '반격' 하에서 핵가족과 '가족의 위기': 페미니즘적 비판의 쟁점들』

13 (2001. 02.) 윤소영, 『이윤율의 경제학과 신자유주의 비판』

14 (2001. 04.) 김석진·윤종희·김숙경·박상현, 『자본주의의 위기와 역사적 마르크스주의』

15 (2001. 07.) 윤소영, 『마르크스의 '경제학 비판'』 (개정판, 2005. 02.)

16 (2002. 06.) 윤소영, 『마르크스의 '경제학 비판'과 소련사회주의』

17 (2002. 06.) 권현정·오현미·김숙경·정인경, 『마르크스주의 페미니즘의 현재성』

18 (2003. 02.) 윤소영, 『마르크스의 '경제학 비판'과 평의회 마르크스주의』

19 (2003. 07.) 권현정·오현미·이미경·김숙경·정인경, 『페미니즘 역사의 재구성: 가족과 성욕을 둘러싼 쟁점들』

20 (2003. 06.) 윤소영, 『마르크스의 '경제학 비판'과 대안세계화 운동』

21 (2003. 12.) 에티엔 발리바르 외 (윤소영 옮김), 『'인권의 정치'와 성적 차이』

22 (2004. 12.) 윤소영, 『역사적 마르크스주의: 이념과 운동』

23 (2004. 02.) 윤종희·박상현, 『마르크스주의와 정치철학 및 사회학 비판』

24 (2005. 01.) 윤종희·박상현·정인경·박정미, 『대중교육: 역사·이론·쟁점』

25 (2006. 04.) 제이슨 무어 외 (윤종희·박상현 옮김), 『역사적 자본주의 분석과 생태론』

26 (2006. 05.) 비센트 나바로 외 (송인주·이태훈·박찬종·이현 옮김), 『보건의료: 사회·생태적 분석을 위하여』

27 (2005. 08.) 윤종희·박상현·정인경·박정미, 『인민주의 비판』

28 (2006. 02.) 윤소영, 『일반화된 마르크스주의 개론』

29 (2007. 02.) 윤소영, 『일반화된 마르크스주의의 쟁점들』
30 (2007. 05.) 윤소영, 『일반화된 마르크스주의의 경계들』
31 (2007. 10.) 윤소영, 『헤겔과 일반화된 마르크스주의』
32 (2007. 09.) 앨리슨 스톤 외 (윤소영 옮김), 『헤겔과 성적 차이의 페미니즘』
33 (2008. 03.) 윤소영, 『일반화된 마르크스주의와 대안좌파』
34 (2008. 06.) 윤소영, 『일반화된 마르크스주의와 대안노조』
35 (2008. 10.) 윤종희·박상현·송인주·정인경·공민석, 『알튀세르의 철학적 유산』
36 (2008. 12.) 윤종희·박상현·송인주·이태훈·정인경·이현, 『화폐·금융과 전쟁의 세계사』

'공감개론신서'

01 (2008. 07.) 윤소영, 『일반화된 마르크스주의 개론』 (개정판)
02 (2008. 11.) 윤소영, 『금융위기와 사회운동노조』
03 (2009. 06.) 윤소영, 『마르크스의 '자본'』
04 (2009. 11.) 윤소영, 『2007-09년 금융위기』
05 (2010. 04.) 윤소영·윤종희·박상현, 『2007-09년 금융위기 논쟁』
06 (2011. 01.) 윤소영, 『현대경제학 비판』
07 (2011. 10.) 윤소영·박상현·이태훈·공민석, 『사회과학 비판』
08 (2012. 04.) 윤소영, 『역사학 비판』
09 (2012. 10.) 윤소영, 『문학 비판』
10 (2013. 03.) 윤소영, 『2010-12년 정세분석』
11 (2013. 10.) 윤소영, 『봉건제론: 역사학 비판』
12 (근간 예정) 윤소영, 『역사적 마르크스주의: 이념과 운동』 (개정판)
13 (2014. 12.) 윤소영·박상현·송인주·이태훈·공민석·안종석, 『일반화된 마르크스주의 세미나』